國家圖書館出版品預行編目資料

宋代尚書學案（下）／蔡根祥著 — 初版 — 台北縣永和市：花木蘭文化出版社，2006〔民95〕

目 2+298 面；19×26 公分（古典文獻研究輯刊 三編；第 13 冊）

ISBN：978-986-7128-63-8（精裝）
ISBN：986-7128-63-X（精裝）
1. 書經－研究及考訂
621.117　　95015556

古典文獻研究輯刊
三 編 第十三冊

ISBN：978-986-7128-63-8
ISBN：986-7128-63-X

宋代尚書學案（下）

作　　者　蔡根祥
主　　編　潘美月　杜潔祥
企劃出版　北京大學文化資源研究中心
出　　版　花木蘭文化出版社
發 行 所　花木蘭文化出版社
發 行 人　高小娟
聯絡地址　台北縣永和市中正路五九五號七樓之三
　　　　　電話：02-2923-1455／傳真：02-2923-1452
電子信箱　sut81518@ms59.hinet.net
初　　版　2006 年 9 月
定　　價　三編 30 冊（精裝）新台幣 46,500 元

目錄

下　冊

第九章　晦翁尚書學案

第一節　朱　熹

一、生平事略

朱熹，字元晦，一字仲晦，徽州婺源人。父韋齋先生松中進士，嘗爲閩延平尤溪縣尉，罷官猶寓於是，故朱熹生於尤溪。幼穎悟，五歲讀孝經，即題曰:「不若是非人也。」登紹興十八年進士弟，主泉州同安簿，選邑秀民充弟子員，日與講說聖賢修己治人之道，禁女婦之爲僧道者；士思其教，民懷其德，不忍其去，五考而後罷。二十八年，以疾辭。孝宗即位，詔求直言，熹上封事，言帝王之學，必先格物致知，以極事物之變，使義理所存，纖悉畢照，自然意誠心正而可應天下之務，次言修攘之計，所以不時定者，講和之說誤之也；次言四海之利病，係斯民之休戚，而其歸亦在朝廷之用人良否而已。隆興元年，復召對，言君父讎不與共戴天，非戰無以復讎，非守無以制勝。時和議大起，不能用。乾道五年，丁內艱。屢薦召，皆辭。九年再薦而欲辭，孝宗謂熹安貧樂道，廉退可嘉，特改令入官。淳熙二年，除祕書郎，力辭，乃主管武夷山沖佑觀。五年，史浩再相，除知南康軍。值旱災，講求荒政，全活甚多。訪白鹿洞書院遺址，奏復其舊，爲學規俾守之。六年夏大旱，上疏言天下之務，莫大於恤民，其本則在人君正心術以立綱紀，蓋天下之紀綱不能自立，必人主之心術公平正大，無偏黨反側之私，然後有所繫而立，必親賢臣，遠小人，講明義理之歸，閉塞私邪之路，然後乃可得而正；並論時政用人之弊，皆在主上不知。孝宗讀之大怒，宰相以爲可用其長，乃除爲江西提舉常平茶鹽，旋錄救荒之勞，除直祕閣。會浙東大饑，改提舉浙東。入對陳災異之由與修德任人之說。孝宗動容，先生拜命，單車就道，鉤訪民隱，貪官憚之，至自引去，所部肅然。知台州。十年，詔主管台州崇道觀。十四年，以楊萬里薦，除提點江西刑獄。之任入奏，以爲天下之事，繫天子一身。或以爲正心誠意之論，上所厭聞，戒勿言。朱熹曰：「吾生平所學，惟此四字，豈可隱默以欺吾君乎。」除直寶文閣主管西京嵩山崇福宮。未踰月，再召，又辭。因進封事，極言天下之事，必得剛明公正之人而後可任等凡六事。疏入，夜漏七刻，孝宗已寢，亟起秉燭讀之終篇，明日除主管太乙宮兼崇政殿說書。光宗即位，再辭職名，仍舊直寶文閣；居數月，除江東轉運副使，以疾辭，改知漳州，輕賦及減總制錢。以習俗未知禮，采古喪葬嫁娶之儀，揭以示之。明年以子喪請祠。乃除秘閣修撰。寧宗即位，薦除煥章閣侍制侍講，每以所講編次成帙以進，寧宗亦開懷容納。始寧宗之立，韓侂冑謂有定策功，居中用事，熹嘗上疏斥言竊柄之將來，喻勿使之預朝政，後果如其言。四年，以年近七十申乞致仕。五年依所請，六年卒，年七十一，謚曰文。

朱熹少有求道之志，年十四，以父命囑學於胡仲原、劉致中、劉彥沖三人，後又就學於延平李侗，上接伊川之正傳。于是謁其精力，以研窮聖賢之經訓，所著有易本義、啓蒙、蓍卦考誤、詩集傳、大學中庸章句、或問、論語孟子集註、太極圖通書，西銘解、楚辭集註辨證、韓文考異；所編次有論孟集議、孟子指要、中庸輯略、孝經刊誤、小學書、通鑑綱目、宋名臣言行錄、家禮、近思錄、河南程氏遺書、伊洛淵源錄，皆行於世。平生爲文凡一百卷，生徒問答凡八十卷，別錄十卷。理宗時，入從祀孔廟〔註1〕。

二、尚書學之著述與著錄

朱子竭力於經訓，易有本義，詩有集傳，而尚書則闕如。語錄黃罃嘗記曰：

> 問尚書未有解。曰：便是有費力處，其間用字亦有不可曉處〔註2〕。

此條錄在戊甲年，朱子年五十九，其易本義，詩集傳皆成於前，故門人有是問，蓋不欲輕爲之作解也。尙書除有不可曉處外，其於心胸氣度，亦不易體味。語錄曰：

> 問尚書如何看。曰：須要考歷代之變。曰：世變難看。唐虞三代事，浩大闊遠，何處測度，不若求聖人之心〔註3〕。

朱子既不欲輕爲書解，門人請點尙書以幸後學。朱子曰：

> 書亦難點。如大誥語句甚長，今人卻都碎讀了，所以曉不得。某嘗欲

〔註1〕參見宋史卷四百二十九道學三，宋元學案卷四八晦翁學案上，朱子新學案。
〔註2〕見朱子語類卷七八尚書一綱領。
〔註3〕同前。

作書說，竟不曾成〔註4〕。

可見朱子非不欲作書解，乃有所難爲。年譜於慶元四年戊午，年六十九，集書傳。李譜云：

按大全集，二典、禹謨、金縢、召誥、洛誥，武成諸說數篇，及親稿百餘段具在，其他悉口授蔡沈，俾足成之〔註5〕。

語錄又曰：

臨行拜別，李文稟曰：書解乞且放緩，願早成禮書，以幸萬世。曰：書解甚易，只等蔡三哥來便了。禮書大段未也〔註6〕。

此陳淳錄，在戊午年，是朱子確從事書傳工作，故其門人乞且放緩也。及朱子卒前，其於書傳無成書，僅以其所解部份及示例，囑門人蔡沈成之。其答蔡仲默書有云：

年來病勢交攻，困悴日甚，看此氣象，豈是久於人世者。……最是書說未有分付處。因思向日喻及尚書文義通貫，猶是第二義，直須見得二帝三王之心。……千萬便撥置此來，議定綱領，早與下手爲佳〔註7〕。

足見朱熹本亦非立意自成一書，乃爲之草創體例原則，以付蔡沈也。

蔡沈書集傳序云：「二典三謨，先生蓋嘗是正，手澤尚新，惜哉。先生改本已付文集中。」今二典三謨見文集卷六十五，殆即朱子改定蔡沈稿。陳淳北溪集答郭子從云：「尚書，先師只解得三篇。」則朱子親定之說，唯三篇耳。朱子於尚書雖無全書之解，然門人後學多集其說以解書。陳振孫謂朱子有「尚書古經」，所錄分經與序，仍爲五十九篇以存古〔註 8〕。通考云有五卷，經義考謂未見。又有書說七卷。宋志有錄。陳振孫曰：

晦庵門人黃士毅集其師說之遺以爲此書。晦庵於書一經獨無訓傳，每謂錯簡脫文處，多不可強通。今惟二典禹謨、召誥、洛誥、金縢有解，及九江彭蠡、皇極有辨，其他皆文集語錄中摘出〔註9〕。

集朱子說尚書之文者，黃士毅之外，元董鼎作書集傳輯錄纂註，其中輯錄部分，即輯朱子說書之文爲之，以與蔡沈集傳相並觀，亦足參看。朱子語類之中，有收集朱子尚書說成一類，語錄中尚書之說蓋在是矣。

〔註4〕同前。

〔註5〕見錢穆先生朱子新學案第四冊頁 84 引。其同義文字記錄亦見董鼎書集輯錄纂註「正月朔旦」條下。

〔註6〕見朱子語類卷一一七。

〔註7〕見朱子文續集卷三答蔡仲默書。

〔註8〕參見直齊書錄解題卷二，頁2「書古經四卷序一卷」條。

〔註9〕見前書卷二，頁8。

三、朱熹之尚書學

朱子雖無尚書全書之解說，然其言語文集之中，論及尚書者，有義理之指點，有眞僞之考辨，有研讀之方法，有心得之新見，亦有與政治相關之議論，不一而足；其論說於後世影響至鉅。

（一）朱子尚書說之淵源

朱子之學，溯延平李侗而上接伊川，然於尚書一經，則未必然。蓋朱子之意，讀尚書者，在得見二帝三王之心，所謂「聖人千言萬語，只是說箇當然之理〔註 10〕」，而堯舜文武之事，皆切於己〔註 11〕能得二帝三王之心，無所不可，否則各家解說，徒增困擾而已。故語類云：

> 問讀尚書，欲裒諸家說觀之，如何？先生歷舉……，卻云：便將眾說看未得，且讀正文〔註 12〕。

又曰：

> 且就本文理會，牽傍會合，最學者之病〔註 13〕。

又曰：

> 學者只是依先儒註解，逐句逐字與我理會，著實做將去，少間自見〔註 14〕。

朱子之意，欲體聖王之心，當直由經文入手，不然，亦依先儒註解，故朱子解尚書，如制度之類，只以疏文爲本〔註 15〕。又曰：

> 祖宗以來，學者但守注疏。其後便論道。如二蘇直是要論道。但注疏如何棄得〔註 16〕。

是朱子解經，於訓詁名物制度，多本注疏，然朱子於孔安國傳，則以爲非，嘗曰：

> 孔安國解經最亂道，看得只是孔叢子等做出來〔註 17〕。

孔傳雖亂道，然書中不可曉者甚多，且唯古註是用。其言曰：

> 庸庸祇祇威威顯民，此等語，既不可曉，且得用古註。古註既是杜撰，如今便別求說，又杜撰，不如他矣〔註 18〕。

〔註 10〕見董鼎書集傳輯錄纂疏綱領，頁 1。此語亦載在朱子語類卷十一。
〔註 11〕同前註。
〔註 12〕見前書綱領，頁 6。此語亦載在朱子語類卷七十八。
〔註 13〕見朱子語類卷一一八。
〔註 14〕見前書卷四十。
〔註 15〕見前書卷七八尚書一綱領。
〔註 16〕見前書卷一二九。
〔註 17〕見前書卷七八，頁尚書一綱領。
〔註 18〕見前書七十九尚書二康誥。

朱子於孔傳孔疏，有所臧否，而於宋代諸家，亦多所掇取。其貢舉私議曰：

> 漢世專門之學，近世議者深斥之。今百工曲藝，莫不有師。至於學者尊其所聞，則斥爲專門而深惡之，不識其何說也。今欲正之，莫若討論諸經之說，各立家法，而皆以注疏爲主。……書則兼取劉敞、王安石、蘇軾、程頤、楊時、晁說之、葉夢得、吳棫、薛季宣、呂祖謙〔註19〕。

今以董鼎所輯錄朱子說書所引宋代人物，除上述之外，尚有林之奇、史浩、程大昌、陳鵬飛、張栻、陸佃、陸象山、鄭樵、胡旦等。是朱子於宋代諸儒之說，亦不主一家，苟有助於體得聖人之心，當然之理，無可無不可。蓋讀書最忌先立己意而後讀，率古人言語盡入做自家意思中來，如此所推廣者，乃自家意思，如何得古人眞意〔註20〕。故解經不可先立一見，且順聖賢言語意，教往便往，教去便去，若奴隸之聽命於主人焉。故朱熹於尚書之說，淵源甚廣，不主一家，凡有益於聖賢義理者，皆可取而用之。

（二）朱熹治尚書之觀念與方法

朱氏以爲尚書中聖人千言萬語，祇是說箇「當然之理」，苟合於理而切於聖人之心，皆可以取而作解。而欲求聖人之心，自有其法。

1、不存成見

朱子嘗曰：「大抵某之解經，只是順聖賢語意，看其血脈通貫處，爲之解釋，不敢自以己意說道理〔註21〕。」故朱子論解經，常以爲不可因經而作文，蓋註經成文，必存己見於其中，於經義不獨無益，且多妨礙。語類記曰：

> 解經不必做文字，只合解釋得文義通，則理自明，意自足。今多去做文字，少間說來說去，只說得他自己一片道理，經意卻蹉過了。嘗見一僧云：今人解書，如一盞酒，本是好，被這一人來添些水，那一人來又添些水，次第添來添去，都淡了〔註22〕。

朱子謂諸經解當本注疏，蓋傳注惟古註不作文，只隨經句分說，不離經意，疏亦然。今人解書，且圖要作文，又加解說，百般生疑，其文雖可讀，而經意殊遠。

2、熟　讀

尚書一經，乃聖王賢臣謨訓之洪規大法，且其文聱牙詰屈，通讀甚難，然朱子嘗曰：

〔註19〕見朱子文集卷六十九，頁25。
〔註20〕參見朱子語類卷十一。
〔註21〕見前書卷五十二。
〔註22〕見前書卷一〇三。

尚書初讀甚難，似見於己不相干，後來熟讀，見堯舜禹湯文武之事，皆切於己〔註 23〕。

蓋聖人之心，亦猶我之心，舜之與我，本無不同，理自相通，聖人先得我心，以聖人之心為我心，何難之有，唯在熟不熟耳，能精熟，則豁然貫通，自然理會；語類記朱子問可學讀尚書，遂論此法曰：

唐虞三代，事浩大闊遠，何處測度，不若求聖人之心。如堯則考其所以治民，舜則考其所以事君，且如湯誓湯曰：予畏上帝，不敢不正。熟讀豈不見湯之心。大抵尚書有不必解者，有須著意解者，有略須解者，有不可解者。如仲虺之誥，太甲諸篇，只是熟讀，義理分明，何俟於解〔註 24〕。

蓋因心衡慮，虛心切己，以體沐聖人之言，及其精熟，則聖人之心，當然之理，自相契合也。

3、寧闕疑而不鑿

尚書一經，號稱聱牙。朱子每謂尚書盤庚、五誥之類，實是難曉，又謂周公之言便難讀，如立政、君奭之篇是也。其中無逸最好，然亦有「譸張為幻」之語〔註 25〕。是以解書者若從頭至尾解得，便是亂道〔註 26〕；縱使說得出來，恐未必當時本意〔註 27〕，不然則添減字硬說，流於穿鑿，終無益於經。故朱子曰：

尚書只是虛心平氣，闕其所疑，隨力量看〔註 28〕。

能闕疑則不鑿，故朱子於門人問尚書之事，時以不可曉應之。若舜典「肆類於上帝」，朱子曰：

類只是祭天之名，其義則不可曉，與所謂旅上帝同，皆不可曉，然決非是常祭〔註 29〕。

又若臯陶謨「載采采」，朱子曰：

載采采，古語不可曉，當闕之〔註 30〕。

寧闕其疑而不鑿為之說，朱子嘗以此評論宋代解書者。若王安石新義，朱熹謂其傷於鑿，然亦嘗稱其有能闕疑之處曰：

〔註 23〕見董鼎書集傳輯錄纂疏綱領，頁 1 引。
〔註 24〕見前書綱領，頁 2 引。
〔註 25〕見前書綱領，頁 4 引。
〔註 26〕參見前書綱領，頁 3 引。
〔註 27〕同前註。
〔註 28〕同註 25。
〔註 29〕見前書卷一，頁 16。
〔註 30〕見前書卷一，頁 45。

荊公不解洛誥，但云其間煞有不可強通處，今姑擇其可曉者釋之。今人多說荊公穿鑿，他卻有此處；後來人解書則又卻須要盡解〔註31〕。

荊公於洛誥之不可曉處，不強加穿鑿爲說，是以朱子稱之。而呂東萊作書說，朱子數稱之云「說得書好〔註32〕」，然朱子亦評之曰「傷於巧」，蓋在不能闕疑故也。朱子曰：

伯恭直是說得書好。但周誥中有解說不通處，只須闕疑，某亦不敢強解，伯恭卻一向解去，故微有尖巧之病，是伯恭天資高處，卻是太高，所以不肯闕疑〔註33〕。

以此觀之，朱子解書，爲求得經文本旨，寧闕勿濫也。

4、不可放過緊要文字

朱子嘗曰：「看註解時，不可遺了緊要字，蓋解中有極緩散者，有緩急之間者，有極緊要者〔註34〕。」故朱子說尚書，雖時從古註作訓，然於某緊要字，必斤斤計較，絲毫不放鬆。若尚書湯誥「惟皇上帝，降衷於下民」，語類云：

孔安國以衷爲善，便無意思。衷只是中，便與民受天地之中一般〔註35〕。

又如咸有一德「德無常師，主善爲師，善無常主，協于克一」，孔傳止云「言以合於能一爲常德」，朱熹則極論此「一」字曰：

德以事言，善以理言，一以心言，協字卻是如以此合彼之合。此心纔一，便終始不變而有常也〔註36〕。

又曰：

從一中流出者，無有不善。曰常厥德，曰庸德，曰一德，只是一箇。或問一恐只是專一之一，曰：如此則絕說不來〔註37〕。

降衷之衷，克一之一，皆義理關鍵緊要處，豈容放過，若粗略疏忽，則失其精義矣。朱子答江隱君書云：

區區之病，正坐執滯於文字言語之間，未能脫然有貫通處，但精義二字聞諸長者，來教之云，似於名言之間小有可疑，雖非大指所係，然亦學者發端下手處，恐不可略〔註38〕。

〔註31〕見前書綱領，頁5引。
〔註32〕見前書綱領，頁7引。
〔註33〕同前註。
〔註34〕見朱子語類卷十一。
〔註35〕見前書卷七九尚書二湯誥。
〔註36〕見前書卷七九尚書二咸有一德。
〔註37〕同前註。
〔註38〕見朱子文續集卷六。

此朱子自謙之辭，文字言語，雖若干係不大，然於一字之間，或有所忽，則閱理不精矣，亦往往爲學之門徑。

5、深體文氣脈絡

欲見聖人之心，在乎熟讀，蓋熟讀深玩，體貼自家身上，其味自別。且一代有一代之文風，不相混淆。朱子答孫季和書有云：

> 小序決非孔門之舊，安國序亦決非西漢文章。向來語人，人多不解，惟陳同父聞之不疑。要是渠識得文字體製意度耳〔註39〕。

此乃朱子自道深體文氣脈絡之用，而皆由文章精熟而得之。語類之中，亦每每言及。語類曰：

> 尚書序不似孔安國作，其文軟弱，不似西漢人文。西漢文麄豪。也不似東漢人文，東漢人文有骨肋。也不似東晉人文，東晉如孔坦疏，也自得。他文是大段弱，讀來卻宛順，是做孔叢子底一手做。看孔叢子撰許多說話，極是陋。看他文卑弱，說到後面，都無合殺〔註40〕。

朱子辨僞工夫，多從文氣風格著眼，若上條所述，歷說各朝文章特點，非精熟文氣理致者，鮮能及此。故朱熹嘗稱蘇軾書傳，謂「看得文勢好〔註41〕」，亦此意也。朱子於說尚書，亦常本文勢而言。若堯典「克明俊德」，孔傳云「能明俊德之士任用之」，語類嘗記云：

> 顯道問：堯典自欽明文思以下皆說堯之德，則所謂克明俊德者，古註作能明俊德之人，似有理。曰：且看文勢，不見有用人意〔註42〕。

又有記曰：

> 克明俊德，只是明己之德，詞意不是明俊德之士。

所謂「詞意」、「文勢」，皆自文氣脈絡言，非精熟文章者不能意會。蘇東坡文學造詣極高，故能深玩章句之間，得其文勢之脈絡，故朱子稱之。

6・不可忽略訓詁音韻

朱熹嘗題西銘太極圖後，云「近見儒者多議兩書之失，或乃未嘗通其文義而妄肆詆訶〔註43〕」，又於書中庸後云：「學者之於經，未有不得於辭而能通其意者〔註44〕。」

〔註39〕見朱子文集卷五四。
〔註40〕見朱子語類卷一二五。
〔註41〕參見前書卷七八尚書一綱領。
〔註42〕見前書七十八尚書一堯典。
〔註43〕見朱子文集卷八二。
〔註44〕朱子文集卷八一。

故朱熹答楊元範書云：

> 字畫音韻，是經中淺事，故先儒得其大者，多不留意。然不知此等處不理會，卻枉費了無限辭說牽補，而卒不得其本義，亦甚害事也〔註45〕。

故朱熹說書，於文字音韻之事，亦頗理會。若咸有一德「爲上爲德，爲下爲民」，釋文曰：「爲上，于僞反，下爲民同；爲德，上如字，下爲下同。除皆于僞反。」孔傳曰：「言臣奉上布德，順下訓民，不可官所私，任非其人。」是其音讀與釋文同。朱熹於此文則以「爲」皆讀去聲，與徐音同。語類記其言曰：

> 四字皆作去聲。言臣之所以爲上，蓋爲君德，臣之所以爲下者，蓋爲民也〔註46〕。

輯錄引與時舉之問答曰：

> 臣爲上爲德，爲下爲民，諸家說不同，不知此四字當作如何音。先生曰：爲字並去聲。爲上者輔其德而不阿其意之所欲，爲下者利於民而不徇己之所安〔註47〕。

此四「爲」字之音讀，於義理有大影響，不可等閒視之。朱門弟子賀孫嘗論其義曰：「如逢君之惡，也是爲上，而非是爲德；爲宮室妻妾之奉，也是爲下，而非是爲民。」是若如孔傳之意，則失其的鵠所向，易流於私慾；此不可不深究其音義也。又若堯典「欽明文思」之「思」，釋文云：「思，息嗣反，又如字，下同。」是此一字有二讀。釋文於其下解之曰：「道德純備謂之思。」孔傳於堯典「思」字無所釋。輯錄記朱子與潘子善問答曰：

> 潘子善問：欽明文思，某謂恐當從去聲讀，若只作思慮之思，不見其發揮於事業處。先生答曰：作去聲讀爲是〔註48〕。

可見朱熹於音讀字義上，亦不稍加放鬆忽略，蓋如朱子所謂雖淺事，不得其義，亦甚害事也。

7、合於義理之當然及有驗證

朱熹嘗爲書與袁機仲論河圖洛書之眞僞曰：「熹竊謂生於今世，而讀古人之書，所以能別其眞僞者，一則以其義理之所當否而知之，一則以其左驗之異同而質之，未有舍此兩塗而能直以臆度懸斷之者也〔註49〕。」語類中記其論河圖洛事

〔註45〕見前書卷五十。
〔註46〕見朱子語類卷七九尚書二咸有一德。
〔註47〕同前註。
〔註48〕見董鼎書集傳輯錄纂疏卷一，頁2。
〔註49〕見朱子文集卷三十八。

曰：

如河圖洛書之事，論語自有此說，而歐公不信祥瑞，併不信此，而云繫辭亦不足信。且如今世間有石頭上出日月者，人取爲石屏；又有一等石上分明有如枯樹者，亦不之怪也，河圖洛書亦何足怪〔註 50〕？

朱子以爲河圖洛書，於理則孔子所明言，見於論語，於驗證則見於世間有奇石，故知河圖洛書之可信。朱子解書，亦常以理推想爲之。若其說「三監之誅」曰：

安卿問周公誅管蔡，自公義言之，其心固正大直哉，自私恩言之，其情終有不自滿處，所以孟子謂周公之過，不亦宜乎？先生曰：是，但他豈得已哉！莫到恁地較好看，周公當初做這一事，也大段疏脱，他也看那兄弟，不過本是怕武庚叛，故遣管蔡霍叔去監他，爲其至親可恃，不知他反去與武庚同作一黨；不知如何紂出得箇兒子也恁地狡猾，想見他當時日夜去炒那管叔，說道周公是你弟，今卻欲篡爲天子，汝是兄卻只恁地，管叔被他炒得心熱，他性又急，所以便發出這件事事〔註 51〕。

朱熹以情理推想三監之所與武庚同叛，雖無證據可驗，然於理則想當然如是也。朱子說書，亦求證據，無證之說，每多可疑，若伊訓序云「成湯既沒，太甲元年」，孔傳直謂太甲嗣湯爲王，而孟子載則有外丙二年，仲壬四年，故朱子弟子有問當如何訓釋。朱子曰：

書序恐只是經師所作，然亦無證可考，但決非夫子之言耳〔註 52〕。

又朱熹說「九江彭蠡」曰：

自湖口而下，江本無二，安得有三，且於下文之震澤又懸隔遼敻而不相屬也，又安能曲說而彊附之哉！問諸吳人，則曰震澤下流實有三江以入于海。彼既以自驗之，恐其說之必可信而於今尚可考也，因并論之，以俟來者有所質焉〔註 53〕。

其說震澤下流實有三江，且引當時吳人之言爲驗證，是不以己見爲準，必參驗有徵而後信也。不獨求證諸人，亦親臨而驗之，以眼見爲信。其言曰：

始余讀禹貢，即有所疑於此數條。復見鄭漁仲所論，以東爲北江，入于海者爲衍文，初亦意其有理，既而思之，去其所謂北江者，則下文之中江者無所措矣。晚以蒙恩假守二年於彭蠡之上，乃得究觀其山川地理之

〔註 50〕見朱子語類卷六七。

〔註 51〕見書集傳輯錄纂疏卷五，頁 33。

〔註 52〕見前書卷三，頁 1。

〔註 53〕見前書卷二，頁 25 引九江彭蠡辨。

實，而知經文之不能無誤也〔註54〕。

朱熹前見鄭樵之說，始信之，後思之又疑焉，卒以親驗爲據，而遂定經文不能無誤之說。則其求驗實之心，無有懈怠矣。

（三）辨尚書篇章之僞跡

朱熹於尚書之學，雖無完整之論著，然其影響之至深，成就之至鉅，莫若辨尚書小序、大序、孔傳、古文之僞。蓋朱熹既精熟於文章辭氣，又力求解釋之及乎本義，復多方尋求驗證，則其求眞辨僞之精神，興起勃發，無所不施，所謂因其已知之理而益窮之，以求至乎其極，至於用力之久，而一旦豁然貫通焉〔註55〕，此朱子學問方法精義所在。朱子於答孫季和書中云：

> 讀書玩理外，考據又是一種功夫，所得無幾而費力不少。向來偶自好之，固是一病，然亦不可謂無助也〔註56〕。

考據功夫，其終極之旨在乎辨眞僞，朱子亦以爲有助於義理也。故朱子於其可疑處，勇於辨決。朱子答呂伯恭云：

> 近看吳才老說胤征、康誥、梓材等篇，辨證極好，但已看破小序之失，而不敢勇決，復爲序文所牽，亦殊覺費力耳〔註57〕。

吳棫已見可疑而不敢勇決，朱子評之以爲可惜，則朱子之於可疑處勇於決斷是非，無拖沓之病可知矣。其辨尚書之僞，分述如下：

1、辨小序

朱子數稱吳棫辨證極好，已看破小序而不敢勇決。朱子則勇決之，以爲非孔子之作。朱子曰：

> 書序恐只是經師所作。然亦無證可考，但決非夫子之言耳〔註58〕。

又曰：

> 書序是得書於屋壁已有了。想是孔家人自做底。如孝經序亂道，那時也有了〔註59〕。

朱子屢言書小序非孔子作，與詩小序同〔註60〕。然小序作者其爲誰乎？朱子以爲或經師所作，或孔家人作，然未有明證，不敢定論。朱熹之言小序之僞，其理有二：

〔註54〕同前註。
〔註55〕參見朱熹中庸章句中「格物補傳」之義。
〔註56〕見朱子文集卷五四，頁3。
〔註57〕見朱子文集卷三四，頁22。
〔註58〕見朱子文集卷五十一，頁11，答董叔重。
〔註59〕見朱子語類卷七八，頁9呂燾錄。
〔註60〕參見前書卷七八，頁9。

（1）文辭氣勢不倫

小序相傳爲孔子所作，然孔子之言見錄於論語，與書小序不同。朱子曰：

書序不可信，伏生時無之，其文甚弱，亦不是前漢人文字，只似後漢末人〔註61〕。

（2）書小序與經文乖違

尚書各篇爲孔子所編定，若小序出於孔子之手，則自與經文相合，無所違戾；朱子考序與經文有不吻合者，其必非孔子手成無疑也。朱子曰：

今按此百篇之序出孔壁中。漢書藝文志以爲孔子纂書而爲之序，言其作意。然以今考之，其於見存之篇雖頗依文立義，而亦無所發明；其間如康誥、酒誥、梓材之屬，則與經文又有自相戾者。其於已亡之篇，則伊阿簡略，尤無所補，其非孔子所作明甚〔註62〕。

彼以小序之說無所發明，又與經文相違戾，以證必非孔子作。所舉康誥、酒誥、梓材之例，朱子亦論之曰：

書小序又不可考。但如康誥等篇，決是武王時書，卻因周公初基以下錯出數簡，遂誤以爲成王時書。然其詞以康叔爲弟，而自稱寡兄，追誦文王而不及武王，其非周公成王時語，的甚。至於梓材半篇，全是臣下告君之詞，而亦誤以爲周公誥康叔而不之正也。其可疑處，類此非一〔註63〕。

語類亦記徐彥章問疑書小序之事，朱子答曰：

誠有可疑。且如康誥第述文王，不曾說及武王，只有乃寡兄是說武王，又是自稱之詞。然則康誥是武王誥康叔明矣，但緣其中有錯說周公初基處，遂使序者以爲成王時乎；此豈可信〔註64〕。

經文顯然爲武王時書，而序云成王、周公時書，是有乖戾之處，此乃序書者之誤會，決非孔子所爲。經、序之戾，不獨康誥三篇爲然，若堯典、舜典，亦復如此。朱子曰：

書小序亦未是。只如堯典、舜典便不能通貫一篇之意。堯典不獨爲遜舜一事；舜典到歷試諸艱之外，便不該通了。其他書序亦然〔註65〕。

以此證書小序之作者非孔子，而爲後世經師所作。且小序於尚存之篇說之頗詳，

〔註61〕見前書卷七八，頁9。
〔註62〕見朱子文集卷六五，頁3。
〔註63〕見朱子文集別集卷三，頁1，與孫季和書。
〔註64〕見朱子語類卷七八，頁1。
〔註65〕見前書卷八十，頁11。

而於既亡之篇則阿伊支唔，是朱子疑其與孔安國傳、序同出一系，是以有出於漢末之說。

2、辨孔安國序

古文尚書出孔壁，孔安國以今文讀之，因以起其家。故相傳其書前之序文，爲孔安國所作；朱子則以爲非。朱熹曰：

> 尚書序不似孔安國作，其文軟弱。不似西漢人文，西漢文麄豪。也不似東漢人文，東漢人文有骨肋。也不似東晉人文，東晉如孔坦疏也自得。他文是大段弱，讀來卻宛順，是做孔叢子底一手做。看孔叢子撰許多說話，極是陋，看他文章卑弱，說到後面，都無合殺〔註66〕。

一代有一代文章風格，朱子深體文氣，以斷孔安國序非孔安國作，乃晉以下人所爲，甚至可能晚及唐人〔註67〕。文氣之外，朱子以爲可疑論者，尙有描述背景之不倫，措辭用語之反常。朱子曰：

> 孔氏書序與孔叢子、文中子大略相似，所書孔臧不爲宰相，而禮似如三公等，事皆無其實〔註68〕。

此論即指孔序中所云「王又升孔子堂，聞金石絲竹之音，乃不壞宅，悉以書還孔氏」，而其所謂「金石絲竹之音」，即是「禮如三公」之謂也。此於身份背景有所不倫。朱子又曰：

> 傳之子孫，以貽後代。漢時無這般文章〔註69〕。

此就漢代文章措辭用語，無有此語此義者，以明孔安國序非漢代文章也。

3、辨孔安國書傳

朱熹既辨小序，孔安國序不出於孔子，孔安國之手，而孔傳與小序、孔序往往相爲表裡，則孔傳之可疑乃所必然。朱子曰：

> 棐本木名，而爲匪字。顏師古註漢書云：棐古匪字通用是也。天畏棐忱，猶曰天難諶爾，孔傳訓作輔字，殊無義理。嘗疑今孔傳並序皆不類西京文字氣象，未必眞孔安國所作，只與孔叢子同是一手僞書，蓋其言多相表裏，而訓詁亦多出小爾雅也。此事先儒所未言，而予獨疑之。未敢必其然也，姑識其說以俟知者〔註70〕。

〔註66〕見前書卷一二五，頁7。

〔註67〕參見前書卷七八，頁9。

〔註68〕見朱子文集卷五四，頁3，答孫季和。

〔註69〕同註67。

〔註70〕見朱子文集卷七一，頁18，記尚書三義。

此據小序、孔序與孔傳相爲表裏，而孔傳訓義多出小雅爾，用後世訓義，知其不出於孔安國也。語類中亦多記如此之論。若輔廣記曰：

尚書孔安國傳，此恐是魏晉間人所作，托安國爲名，與毛公詩傳大段不同〔註71〕。

余大雅又錄之曰：

某書疑孔安國書是假書，此毛公詩如此高簡，大段爭事。漢儒訓釋文字多是如此，有疑則闕，今此卻盡釋之；豈有千百年前人說底話，收拾於灰燼屋壁中，與口傳之餘，更無一字訛舛，理會不得〔註72〕。

又曰：

況孔書至東晉方出，前此諸儒皆不曾見，可疑之甚〔註73〕。

據上所引，可歸納朱子之辨孔傳之僞者有五：其一，文字氣象不類西漢文字；其二，與小序、孔序相爲表裏，似同出一手；其三，訓義有用後世小爾雅者；其四，出現時間太晚；其五，訓釋太過完整，無任何缺逸或訛舛，甚不可能。總此五者，可見孔傳之可疑，朱熹雖言未敢必，然言之確鑿，其豈曰不然哉。

4、辨孔壁所多出古文

朱熹深於義理，明於訓詁，精於文章脈絡氣象，故其於尚書五十八篇中，體味出有難易兩類，而難者皆今文，易者皆古文，此一奇怪現象，足致疑辨之思於其間。朱子嘗曰：「尚書中盤庚、五誥之類，實是難曉〔註74〕。」又曰：「尚書前五篇大槩易曉，後如甘誓、胤征、伊訓、太甲、咸有一德、說命，此皆易曉，亦好，此是孔氏壁中所藏之書〔註75〕。」書有難、易兩體，此說早有言之者矣。孔穎達嘗評陳壽之言曰：

皐陶之謨略而雅，周公之誥煩而悉，何則？皐陶與舜陳謨，周公與群下矢誓也。其意亦或然乎！而謂君奭、康誥乃與召公康叔語，其辭亦甚委悉，抑當時設語好相煩復也〔註76〕。

林之奇評孔穎達之失，以爲未悟渾渾噩噩之體，自有詳略之不同也。林之奇於此現象，亦創爲一說曰：

蓋有伏生之書，有孔壁續出之書。夫五十八篇皆帝王所定之書，有坦

〔註71〕見朱子語類卷七八，頁８。
〔註72〕見前書卷七八，頁9。
〔註73〕同前註。
〔註74〕見董鼎書集傳輯註纂疏綱領，頁4。
〔註75〕見前書綱領，頁3。
〔註76〕見林之奇尚書全解卷二八，頁2引孔穎達評陳壽之言。

> 然明白者，有艱深聱牙而難曉者，如湯誓、湯誥，均成湯時誥令，如說命、高宗肜日，均高宗時語言，如蔡仲之命、微子之命、康誥，皆周公誥命，然而艱易顯晦，迥然不同者，蓋有伏生之書，有孔壁續出之書，其文易曉，不煩訓詁可通者，如大禹謨、胤征、五子之歌、仲虺之誥、湯誥、伊訓、太甲三篇、咸有一德、說命三篇、泰誓三篇、武成、旅獒、微子之命、蔡仲之命、周官、君陳、畢命、君牙、冏命，此二十五篇，皆孔壁續出，其文易曉；餘乃伏生之書，多艱深聱牙，不可易通。伏生之書所以艱深不可通者，伏生齊人也，齊人之語多艱深難曉，如公羊亦齊人也，故傳春秋語亦艱深；如昉於此乎，登來之也，何休註曰：齊人語。以是知齊人語多難曉者。伏生編此書，往往雜齊人語於其中，故有難曉者。衛宏序古文尚書，言伏生老不能正言，使其女傳言教鼂錯，齊人語多與穎川異，鼂錯所不知者二三，僅以其意屬讀而已，觀此可見。以是知凡書之所難曉者，未必帝王之書本如是，傳者汩之矣〔註 77〕。

林氏此說，已能明見孔壁古文與伏生今文難易之別，然林氏以爲尙書本皆順易，其所以有難曉者，或伏生齊語，或伏生女傳言，或鼂錯屬讀，遂使之今文轉變聱牙難通，皆傳者汩之之故。然此說未能得其要；何則？蓋孔壁古文書始出，無能曉者，孔安國以今文讀之，因以起其家。若古文本平順，則以今文讀之當有所改易修正，然今本尙書今文各篇，仍舊難曉，是屬讀之時，無所改易，而多依今文爲本也。若讀之無所改正，則今文所無諸篇，其緣何能識讀，又何以能讀之以成如此平順之文哉？此有不可理會之處也。林氏主辨其所以難，而不辨其所以易，是不得其要領也。

朱子於此則不然，既取林之奇古文易、今文難之見，遂辨其所以易。朱熹曰：

> 然漢儒以伏生之書爲今文，而謂安國之書爲古文。以今考之，則今文多艱澀而古文或平易；或者以爲今文自伏生女子口授鼂錯時失之，則先秦古書所引之文，皆已如此。或者以爲記錄之實語難工，而潤色之雅詞易好，則暗誦者不應偏得所難，而考文者反專得其所易。是皆有不可知者〔註 78〕。

朱熹於此反駁林氏之說，舉伏生以前，先秦典籍引書之文，與今本伏生所有之篇無異；黃罃錄曰：

> 及觀經傳及孟子引享多儀，出自洛誥，卻無差。只疑伏生偏記得難底，卻不記得易底〔註 79〕。

〔註 77〕見林之奇尚書全解序頁 2、3。
〔註 78〕見朱子文集卷八二，頁 2，書臨漳所刊四經後。
〔註 79〕見朱子語類卷七八，頁 2。

以此知伏生今文，本即如此，非傳者汩亂之也。語類又記余大雅錄問「林之穎說盤誥之類，皆出伏生，如何」，朱子曰：

> 凡易讀者皆古文，況又是科斗書，以伏生書字文攷之，方讀得。豈有數百年壁中之物，安得不訛損一字？又卻是伏生記得難讀，此尤可疑〔註80〕。

此朱熹以古文乃科斗書，屬讀不易，必借今文讀之始讀得，而論古文之易，尤可疑；此駁林氏止疑今文所以難，而不論古文之所以易也。朱熹亦有論今文之所以難者，其言曰：

> 若盤庚之類，再三告戒者，或是方言，或是當時曲折說話，所以難曉〔註81〕。

朱熹論微子曰：

> 如微子、洛誥等篇，讀至此，且認微子與父師、少師哀商之淪喪，已將如何，其他皆然，若其文義，知他當時言語如何，自有不能曉矣〔註82〕。

又其論周公諸篇曰：

> 周公不知其人如何，其言聱牙難考，如書中周公之言便難讀。如立政、君奭之篇是也。最好者惟無逸一書中間用字亦有譸張爲幻之語。至若周官、蔡仲等篇卻是官樣文字，必出於當時有司潤色之文，非純周公語也〔註83〕。

可知朱熹以爲今文之所以難者，蓋一代有一代之語言，當時語言與今世語言異，故有難曉者，此一觀念，與朱子以文氣辨小序、孔序之法相通，實爲精當之論。反觀其論古文之所以易，除以科斗古文不可能讀之如此平順之外，其論仲虺之誥曰：

> 云若苗之有莠，若粟之秕，他緣何道這幾句，蓋謂湯若不除桀，則桀必殺湯；又如天乃錫王勇智，他特地說他勇智兩字，便可見。尚書多不可曉，固難理會，然這般處古人如何說得恁地好，如今人做時文相似〔註84〕。

是其亦本文章結構風格，以論古文之所以易，即疑古文之或爲後世所作，雖未明言定論，其意已顯然可知矣。

5．辨伏生今文

〔註80〕同前註。
〔註81〕見前書卷七八，頁1。
〔註82〕見書集傳輯錄纂疏綱領，頁3。
〔註83〕見前書綱領，頁4。
〔註84〕見前書卷三，頁2。

伏生今文諸篇，雖曰流傳有緒有源，然其中亦有可疑者，若今本舜典「愼徽五典」前二十八字，皆後人所加者，信可疑也。朱子辨小序、孔序、孔傳、古文之外，兼及今文，其識解之精卓，膽力之宏決，誠有過人之處。語類曰：

舜典玄德難曉，書傳中亦無言玄者〔註85〕。

釋文謂此舜典二十八字曰：「曰若稽古帝舜曰重華協於帝，此十二字，是姚方興所上，孔氏傳本無。阮孝緒七錄亦云然。方興本或此下更有濬哲文明，溫恭允塞，玄德升聞，乃命以位，此二十八字異，聊出之，於王注無施也。」孔穎達疏亦謂王、范之注，皆以愼徽已下爲舜典之初〔註86〕；是此二十八字，唯姚方興本有之，其書晚出，本已可疑，朱子以「玄」字書傳所無，而獨見於此，「玄」字乃老莊書所常用，魏晉之時，其用尤頻，與姚方興之時代頗吻合，是誠可辨其疑。朱子又論典謨中「百姓」之義曰：

典謨中百姓，只是說民，如罔咈百姓之類。若是國語中說百姓，則多是指百官族姓〔註87〕。

就姓氏起源言之，則國語所用乃古義，尙書中典謨所用，則轉爲後代義矣。語類又曰：

大抵古今文字，皆可考驗。古文自是莊重。因舉史記所載湯誥并武王伐紂，言辭不典，不知是甚底齊東野人之語〔註88〕。

史記稱引，必有來歷，決非司馬遷自作僞，朱子直斥之曰齊東野語，則是尙書固有戰國時人所僞造，若百姓解作庶民，即戰國時所用之義也。

總合朱子辨僞之學，其辨小序，孔安國序、孔傳，言辭勇決，已成定論；至於辨尙書古文、今文，則恍惚其辭，未予決斷。朱子曰：

書中可疑諸篇，若一齊不信，恐倒了六經，如金縢亦有非人情者……。盤庚更沒道理……。呂刑一篇，如何穆王說得散慢，直從苗民蚩尤爲始作亂說起〔註89〕。

若依朱熹所辨，去其疑僞者，則一本尙書，所餘者無幾矣。依此以往，六經之文，其以爲必無疑者，當寥寥可數，可謂聖人言語，義理心性，皆一切推倒，然則學者尙何所據哉！故朱熹緩其辭曰可疑，曰不可解，曰未易理會者，皆不欲倒了六經之意也。

〔註85〕見朱子語類卷七八尚書一舜典。
〔註86〕參見孔穎達尚書正義卷三，頁1。
〔註87〕見朱子語類卷七八尚書一堯典。
〔註88〕見前書卷一三八。
〔註89〕見前書卷七九，頁6～29。

（四）疑經改經

朱熹既辨尚書之可疑處，以為偽作，於小序則以為經師作，於孔安國序，則以為東晉以後人作，於孔傳則以為與孔叢子偽書一手而出，於孔氏古文雖止曰不可理解，然既疑而辨，辨之且明，雖曰疑辭，其實辨偽也。朱熹於尚書經文之無可辨處，亦常有疑改之議。

1、疑衍文

堯典曰：「靜言庸違，象恭滔天。」朱子以為「滔天」一辭乃衍文。其曰：

> 滔天二字，羨文也，因下文而誤〔註90〕。

謹按下文有「懷山襄陵、浩浩滔天」之句，朱子以為此「象恭滔天」之「滔天」，乃涉下文而衍也。蓋象恭謂貌若恭而心不然也，滔天二字，於文辭義理皆兀突，無可解釋。諸家多強作釋義，若釋文則曰「外貌恭敬而心中實包藏滔天莫測」，東坡書傳則謂「滔滅天理」，史記作「似恭漫天」，孔傳曰「貌象恭敬而心傲很，若滔天而不可用也」，然皆說理難通。故齊唐謂「古文竹簡容二十字，自象恭至滔天，始及一行，故傳者誤書滔天二字〔註91〕」。朱子之意，蓋出於此。而屈萬里先生尚書集釋堯典「象恭滔天」下注云：「此言共工貌似恭敬，實則並天亦可傲慢之也。」屈先生又於皋陶謨「何畏乎巧言、令色、孔壬」下注云：「巧言令色孔壬指共工言，堯典謂共工『靜言庸違，象恭滔天』與『巧言令色孔壬』相似。」是「孔壬」與「象恭滔天」相對。然考之論語公冶長篇云：「巧言令色足恭，左丘明恥之，丘亦恥之。」相對觀之，則「孔任」、「足恭」相對，而「象恭滔天」所指為同事同人，前者皆二字，此獨四字，似有衍贅之詞，故朱子此說，不為無理。又舜典記命夔之語，有「夔曰：於，予擊石拊石，百獸率舞」十二字，朱子曰：

> 夔曰於予擊石拊石，是重出〔註92〕。

謹按此說首見於劉敞七經小傳，東坡書傳亦以為乃益稷脫簡重出。蓋命夔典樂，而夔遽言其擊石拊石，致百獸率舞之效，非事辭之序，而益稷又有此文。以事理觀之，其疑或然也。朱子，蓋承用劉敞、東坡之論，然此「夔曰」衍文之說亦未必為是，請參看前劉敞學案中相關論題之分析說明。又禹貢「三江」之說，朱熹嘗論之曰：

> 始余讀禹貢，即有所疑於此數條，復見鄭漁仲所論，以東為北江入于海者為衍文；初亦意其有理，既而思之，去其所謂北江者，則下文之中江者，無所措矣。晚以蒙恩假守二年於彭蠡之上，乃得究觀其山川地理之實，

〔註90〕見前書卷七八尚書一堯典。
〔註91〕見林之奇尚書全解卷一，頁25引之。
〔註92〕見董鼎書集傳輯錄纂疏卷一，頁28。

而知經文之不能無誤也〔註 93〕。

又曰：

莆田鄭樵漁仲獨謂東匯澤爲彭蠡，東爲北江入于海十三字爲衍文，亦爲得之。予既目睹彭蠡有原，兩江不分之實，又參之以此三說者，而深以事理情勢求之，然後果得其所以誤也。蓋洪水之患，惟河爲甚……以致此誤，宜無足怪者，若其用字之同異，則經之凡例亦自可考，顧讀者未深思耳。今但刪去東匯北江之衍字，而正以洞庭爲九江，以經之凡例通之，則過九江至于東陵者，言導岷山之水，而是水之流，橫截乎洞庭之口以至東陵也，是漢水過三澨之例也〔註 94〕。

是朱熹亦主鄭樵之說，以「東匯澤爲彭蠡，東爲北江入于海」十三字爲衍文也。

朱子疑經文有衍文外，亦疑書序有衍文。其論畢命序曰：

畢命古文有此篇，……但古文之序，冊下有畢字，孔傳以爲命爲冊書以命畢公，如此則全不成文理。本文似亦有闕語，疑作冊二字乃衍文，而闕一公字也〔註 95〕。

此朱熹論武成之文而及論畢命，以爲序文有衍文，有闕文也。

2、疑錯簡

朱熹屢謂尚書伏生今文難讀，蓋其中有錯、脫之文也。語類記其論舜典曰：

同律度量衡，修五禮、五玉、三帛、二生、一死贄，如五器，卒乃復。舊說皆云如五器謂即是諸侯五玉之器。初既輯之，至此禮既畢，乃復還之。看來似不如此，恐書之文顛倒了。五器、五禮之器也，五禮者，乃吉凶軍賓嘉之五禮，……如者亦同之義。言有以同之，使天下禮器皆歸於一。其文當作：五玉、三帛、二生、一死贄，同律度量衡，修五禮，如五器，卒乃復。言諸侯既朝之後，方始同其律度量衡，修其五禮，如其五器，其事既卒而乃復還也〔註 96〕。

是朱熹以爲舜典此段之文，當作「肆覲東后。五玉、三帛、二生、一死贄，協時月、正日，同律度量衡。修五禮，如五器，卒乃復」，「五玉、三帛、二生、一死贄」爲錯簡。朱熹又論康誥曰：

康誥三篇，此是武王書無疑，其中分明說：王若曰孟侯，朕其弟小子

〔註 93〕見前書卷二，頁 25。

〔註 94〕見前書卷二，頁 24。

〔註 95〕見前書卷四，頁 11。

〔註 96〕見朱子語類卷七八尚書一舜典。

封。豈有周公方以成王之命命康叔，而遽述己意而告之乎？決不解如此。五峰、吳才老皆說是武王書。只緣誤以洛誥書首一段置在康誥之前，故敘其書於微子之命後〔註97〕。

朱熹於此採用胡宏、吳棫之說，以爲康誥三篇乃武王時書，故疑康誥篇首四十八字，即「惟三月哉生魄」至「洪大誥治」一段，乃洛誥錯簡。此說見東坡書傳卷十二康誥篇，實東坡首創之，而胡宏、吳棫繼用其說也。朱子於梓材一篇，亦有疑。其言曰：

梓材一篇則又有可疑者，如稽田垣墉之喻，卻與無相戕，無胥虐之類不相似。以至於欲至于萬年惟王子子孫孫永保民，卻又似洛誥之文，乃臣戒君之詞，非酒誥語也〔註98〕。

朱熹以爲梓材篇之後半，乃臣戒君之詞，與康誥、酒誥、及梓材前段乃君誥臣者不倫，故以爲似洛誥錯簡也。此說亦本諸吳棫。朱熹嘗曰：

吳才老說梓材是洛誥中書，甚好。其他文字亦有錯亂而移易得出人意表者，然無如才老此樣處，恰恰好好〔註99〕。

朱子數稱吳棫長於考證，故其說康誥、梓材，多取吳棫之意也。

3、疑誤字

錯簡之外，朱熹亦疑經文文字有誤，或形近，或訛變，或以義有不通而疑之也。益稷「敷納以言，明庶以功，車服以庸」，朱子云：

明庶以功，恐庶字誤，只是試字〔註100〕。

按舜典有「敷奏以言，明試以功，車服以庸」，與此極似，孔傳解舜典「明試以功」曰：「明試其言，以要其功。」解益稷「明庶以功」曰：「明之皆以功大小爲差。」是「明試」與「明庶」義不同也。朱熹則以爲舜典之文與益稷之文當爲同一文句，故疑「庶」爲「試」，然則其解義亦無不同矣。又泰誓之序云「十一年」，經云「十三年」，此事自歐陽修以下，論之者甚眾，或用孔傳觀兵之說，或以爲文字有誤。朱子曰：

伊川說周書惟十有三祀與惟十有一年，三與一須有一字錯。泉州高某說一字錯；下面十有三祀是。洪範本文見得武王釋箕子囚了，問他；若十一年釋了，十三年方問他，恐不應如是遲遲。此說頗是〔註101〕。

朱熹引高某之說以證十一年乃十三年之誤，蓋釋囚與訪問當不至相去兩年之久，此

〔註97〕見前書卷七九尚書二康誥。
〔註98〕見前書卷七九尚書二梓材。
〔註99〕同前註。
〔註100〕見朱子語類卷七八尚書一益稷。
〔註101〕見董鼎書集傳輯註纂疏卷四，頁18。卷四，頁2泰誓篇亦有相同之說。

據理推之也。

4、疑脫簡、闕字

蘇東坡於書傳卷三皋陶謨篇中，嘗疑皋陶謨「允迪厥德，謨明弼諧」之下，有闕文，蓋二典禹謨之文，首必有形容之辭，若此八字爲形容皋陶之德，則其下「禹曰俞如何」之文，無所根據矣，故蘇東坡以爲其中有闕文。朱子答潘子善論此曰：

> 問允迪厥德，謨明弼諧，疑是稱皋陶。先生曰：若以爲稱皋陶，則下句禹曰俞者爲何所俞邪！此八字是皋陶之言，禹善之而問其詳，故皋陶復說下句，解此八字之義。或云此八字是言皋陶之德，諧字下別有皋陶之言，今脫去，未知是否，姑存之可也〔註102〕。

朱熹於語類則偏主無脫簡，遂解八字爲皋陶之言。然朱子亦未斷定其非闕脫也，故云兩存之。又武成篇，劉敞七經小傳謂「余小子其承厥志」之下，當有闕文。程伊川改本武成，移「恭天成命」以下三十四字，屬於「其承厥志」之下以補之。朱熹則以爲尚未然也。朱熹曰：

> 程先生徙恭天成命以下三十四字屬于其下，則已得其一節，而用附我大邑周之，劉氏所謂闕文，猶當有十數語也。此蓋武王革命之初，撫有區夏，宜有退託之詞，以示不敢遽當天命，而求助于諸侯，且以致其交相警勅之意，略如湯誥之文，不應但止自序其功而已也〔註103〕。

然則朱熹於此採用劉敞之說，疑其下尚有脫簡也。又洛誥篇「王曰：公功棐迪篤，罔不若時。王曰：公予小子其退即辟于周。命公後。」朱子曰：

> 上文王曰兩段，周公無答辭，疑有闕文〔註104〕。

此朱熹據文章義例，兩「王曰」之間，周公宜有對答之辭，今無有，是故疑有闕文也。

5、改武成

朱熹有「考定武成次序」一篇，改武成之文句，重加排列。武成一篇，歷來議者甚多。戰國之時，古本武成未亡，孟子即有取其二三策之說；及漢，武成已佚，而後僞古文出，疑議者尤夥。唐孔穎達以疏解經文之立場，猶疑其闕文錯簡。迨宋劉敞、王安石、程頤，各有改本，然皆以意改之耳。朱熹則不然。嘗爲「武成日月譜」以考其干支順序，得下列結論：

> 一月壬辰旁死魄，越翼日癸巳，王朝步自周。戊午師度孟津。
>
> 二月，癸亥陳于商郊。甲子勝商殺紂。

〔註102〕見前書卷一，頁44。
〔註103〕見朱子文集卷六五，頁33考定武成次序。
〔註104〕見前書卷六五，頁29。

閏月

三月

四月。王來自商。既生魄，諸侯受命于周。丁未祀周廟。庚戌柴望大告武成〔註 105〕。

按朱熹用李校書之說，置閏二月；蓋以一月壬辰旁死魄推之，若不置閏，即下文四月無丁未、庚戌矣。朱子又曰：

以孔注、漢志參考，大抵多同，但漢志二月既死魄，越五日甲子爲差速，而四月既生魄與丁未、庚戌先後小不同耳。蓋以上文一月壬辰旁死魄推之，則二月之死魄後五日，且當爲辛酉或壬戌，而未得爲甲子，此漢志之誤也。又以一月壬辰，二月甲子并閏推之，則漢志言四月既生魄，越六日庚戌當爲二十二日，而經以生魄居丁未、庚戌之後，則恐經文倒也。歷法雖無四月俱小之理，然亦不過先後一二日耳，不應所差如此之多也〔註 106〕。

朱熹於此據歷法推知既生魄不應在丁未、庚戌之後，是其求證之有法也。朱子又曰：

宗廟宗內事，日用丁己，漢志乃無丁未而以庚戌燎于周廟，則爲剛日，非所當用，而燎又非宗廟之禮；且以翌日辛亥祀于天位，而越五日乙卯又祀馘于周廟，則六日之間，三舉大祭；禮數而煩，近于不敬，抑亦經文所無有，不知劉歆何所據也〔註 107〕。

朱熹於此則據宗廟用日多用丁、己，且禮數則瀆，近於不敬，亦所不當有者；故其考武成日月，以「既生魄，諸侯受命于周」置於丁未之前也。朱熹復據事件發生先後之理，推論其致動之次曰：

先儒以王若曰宜繫受命于周之下，故定生魄在丁未庚戌後，蓋不知生魄之日，諸侯百工雖來請命，而武王以未告天地，未祭祖宗，未敢發命，故且命以助祭，乃以丁未、庚戌祀于郊廟，大告武功之成而復始告諸侯；上下之交，人神之序固如此也〔註 108〕。

以是朱熹改武成如下：

惟一月壬辰，旁死魄至于征伐商

厎商之罪，告于皇天后土至罔不率俾

〔註 105〕同註 103。
〔註 106〕同註 103，頁 31。
〔註 107〕同註 103，頁 31、32。
〔註 108〕同註 103。

惟而有神，尚克相予至萬姓悅服

厥四月哉生明至示天下弗服

既生魄，庶邦冢君暨百工受命于周

丁未祀于周廟至大統未集，予小子其承厥志

恭天成命，肆予東征至用附我大邑周

自註：此下當有闕文

列爵惟五至垂拱而天下治〔註109〕

朱熹謂劉敞所言自「余小子其承厥志」之下，當有缺文，說程伊川移「恭天成命」以下三十四字補之，已得其一節，然尚有退託之辭未見，不應止自序其功，故疑尚有闕文也。是朱熹之改武成，多取於劉敞、程頤者，復加己意以考成者也。其用功之深，於此可見。

（五）朱子尚書學中之義理

朱子嘗謂：「經之有解，所以通經；經既通，自無事于解；借經以通乎理爾，理得則無俟乎經〔註110〕。」是研解經書，其要旨終乎通理也。通理之道，莫如執經沈潛；朱熹曰：「大凡理會義理，須先剖析得名義界分，各有歸著，然後於中自然有貫通處。雖曰貫通，而渾然之中所謂粲然者，初未嘗亂也〔註111〕」是通理不可離經，必先通經，一文一字，莫不有理，沈潛反復之間，自有所得。

尚書一經，世皆以爲難讀，朱熹更屢言之。經文不通，止求其大槩而已，精義深理，抒發無由矣，故朱子言讀尚書，多勸人先「看易曉處」。朱子曰：

> 某嘗患尚書難讀，後來先將文義分曉者讀之，聱牙者且未讀。如二典三謨等篇，義理明白，句句是實理，堯之所以爲君，舜之所以爲臣，皐陶、稷、契、伊、傅輩所言所行，最好紬繆玩味，體貼向自家身上來，其味自別〔註112〕。

又曰：

> 二典三謨，其言奧雅，學者未遽曉會，後面盤誥等篇，又難看。且如商書中伊尹告太甲五篇，說得極切，其所以治心修身處，雖爲人主言，然初無貴賤之別，宜細讀極好〔註113〕。

〔註109〕同註103，頁32、33。

〔註110〕見宋元學案卷四八晦翁學案，頁877。

〔註111〕見朱子文集卷四二答吳晦叔。

〔註112〕見董鼎書集傳輯錄纂註綱領，頁1。

〔註113〕見前書綱領，頁3。

易曉之篇，其義理可發，而難讀之篇，強通則流於穿鑿，雖通亦未必有深理大義焉。朱子曰：

> 如盤庚之類，非特不可曉，便曉了，亦要何用。如周誥諸篇，周公不過是說周所以合代商之意，是他當時說話，其間多有不可解者，亦且觀其大意所在而已〔註 114〕。

以是之故，或問朱熹讀尚書，答曰「不如且讀大學」，問致知讀書之序，曰：「須先看大學。……知尚書收拾於殘闕之餘，卻必要句句義理相通，必至穿鑿〔註 115〕。」雖然，尚書之中，亦有其不可不讀，不可不求之精義深理存焉。

1、政治論

朱子語類記其論尚書曰：「唐虞三代之事，浩大闊遠，何處測度，不若求聖人之心。如堯則考其所以治民，舜則考其所以事君。……如洪範則須著意解〔註 116〕。」此所言堯舜之事，皆就爲政言之；而洪範者，即爲政之大經大法，故必須著意解者也。然則朱子之於尚書，政治之理乃其一大重點。朱子嘗爲「皇極辨」一文，極論「皇極」之道，其解「皇極」亦與諸儒異。朱子「皇極辨」曰：

> 故自孔氏傳訓皇極爲大中，而諸儒皆祖其說。余獨嘗以經之文義語脈求之，而有以知其必不然也。蓋皇者君之稱也；極者，至極之義，標準之名，常在物之中而四外望之以取正焉者也。故以極爲在中之準的則可，而使訓極爲中則不可。若北辰之爲天極，脊棟之爲屋之極，其義皆然，而禮所謂民極，詩所謂四方之極者，於皇極之義爲尤近。……今以余說推之，則人君以眇然之身，履至尊之位，四方輻湊，面內而環觀之。……此天下之至中也。既居天下之至中，則必有天下之純德而後可以立極之標準。……使夫面內而環觀者，莫不於是而取則焉。語其仁則極天下仁，而天下之爲仁者莫能加也；語其孝則極天下之孝，而天下之爲孝者莫能尚也；是則所謂皇極者也〔註 117〕。

朱子所謂「皇極」，乃以君皇爲取法之標準也。然人君之所以能爲四方之標準，端在其德之純乎天下，然後可以立極，其義與大學修齊治平之道相表裏，是以朱熹解堯典「克明俊德」，不用孔傳「能明俊德之士任用之」之義，而用大學「明明德」之義，亦與皇極之說相通。天下既以人君爲極，則凡誥命措政之出於人君者，當拳拳奉行

〔註 114〕見朱子語類卷七八尚書一綱領。
〔註 115〕見前書卷七八尚書一綱領。
〔註 116〕同前註。
〔註 117〕見朱子大全文七十二，頁 11。

而勿失；而人君既本其純德以出政令，則所爲必皆合乎道理，慶賞誅殺，寬仁嚴刑，各隨所當。夫如是，然後可無偏黨反側，而入平平正直之境，此皇極之效也。

朱熹評孔傳之說，謂依其義而爲治，可招致覆亂禍敗之弊，有害政治之理。其皇極辨又曰：

> 但先儒未嘗深求其意，而不察乎人君所以脩身立道之本，是以誤訓皇極爲大中；又見其詞多爲含洪寬大之言，因復誤認中爲含糊苟且，不分善惡之意。殊不知極雖居中而非有取乎中之義，且中之義，又以其無過不及，至精至當而無有毫釐之差，亦非如其所指之云也，乃以誤認之中爲誤訓之極，不謹乎至嚴至密之體，而務爲至寬至廣之量，其弊將使人君不知脩身以立政，而墮於漢元帝之優游，唐代宗之姑息，卒至於是非顚倒，賢否貿亂，而禍敗隨之，尚何斂福錫民之可望哉〔註 118〕！

依孔傳之義，則爲政者務在寬廣，則有所偏而非平蕩正直矣。朱子所謂「至嚴至密之體」，非謂嚴刑苛政也，乃指周延中理，隨所當爲，其嚴寬之間，自有分寸也。故其論舜典象刑曰：

> 欽哉欽哉！惟刑之恤之者，則常通貫乎七者之中，此聖人制刑明辟之意，所以雖或至於殺人，而其反覆表裏，至精至密之妙，一一皆從廣大虛明心中流出，而非私智之所爲也〔註 119〕。

此所謂「至嚴至密」、「至精至密」，乃指中理無失之謂也。中理雖嚴刑不過，不中理雖寬仁亦失也。故朱子論四凶皆流者，蓋共工、驩兜朋黨，鯀功不就，其罪本不至於誅，而三苗蠻夷之國，聖人以荒忽不常待之，亦姑竄之而已，非故欲輕其刑也，正得其宜者耳〔註 120〕。

朱子皇極之說，以爲人君爲立政之標準，而人君之所以能爲極者，又以其純德足以爲天下之標準也。朱子此義，亦曾施展於其政治奏議之中。孝宗時，朱子嘗上封事曰：

> 帝王之學，必先格物致知，以極夫事物之變，使義理所存，纖悉畢照，則自然意誠心正，而可應天下之務〔註 121〕。

又於淳熙六年上疏曰：

> 天下之務，莫大於恤民，而恤民之本，在人君正心術以立紀綱。蓋天

〔註 118〕同前註，頁 14。
〔註 119〕同前書文卷六七，頁 5 舜典象刑說。
〔註 120〕同前註，頁 6。
〔註 121〕見宋史本傳。卷四二九，頁 2。

下之紀綱不能以自立，必人主之心術公平正大，無偏反側之私，然後有所繫而立。君心不能以自正，必親賢臣，遠小人，講明義理之歸，閉塞私邪之路，然後乃可得而正〔註 122〕。

此正與朱子皇極辨之論同出一轍，是朱子之論皇極之義，非唯解經，亦其爲政之指導要領。朱子奏章之中，此義甚明而見之甚夥也。

2、心性論

朱熹中庸章句序云：「蓋自上古聖神，繼天立極，而道統之傳有自來矣。其見於經，則允執厥中者，堯之所以授舜也。人心惟危，道心惟微，惟精惟一，允執厥中者，舜之所以授禹也。堯之一言，至矣盡矣；而舜復益之以三言者，則所以明夫堯之一言，必如是而後可庶幾也。」危微精一之語，出於古文大禹謨，朱子以爲道統相傳之心法，所以明允執厥中之理，而此理至重要。朱子又曰：「夫堯舜禹，天下之大聖也；以天下相傳，天下之大事也。以天下之大聖，行天下之大事，而其授受之際，丁寧告戒，不過如此，則天下之理，豈有以加於此哉〔註 123〕！」危微精一之心傳，其重如此，故朱子論之極切極夥。此十六字傳心訣之見重於世，亦由朱熹所倡導。朱熹亦據此展現其心性之論，其言曰：

心之虛靈知覺，一而已，而以爲有人心道心之異者，則以其或生於形氣之私，或原於性命之正，而所以爲知覺者不同，是以或危殆而不安，或微妙而難見耳。然人莫不有是形，故雖上智，不能無人心，亦莫不有是性，故雖下愚不能無道心，二者雜於方寸之間，而不知所以治之，則危者愈危，微者愈微，而天理之公，卒無以勝夫人欲之私；精則察夫二者之間而不雜也，一則守其本心之正而不離也。從事於斯，無少間斷，必使道心常爲一身之主，而人心每聽命焉，則危者安，微者著，而動靜云爲，自無過不及之差矣〔註 124〕。

朱熹以爲雖有「人心」「道心」之異，亦有「危而不安」、「微而難見」之憂，然其心本一，上智下愚皆有此心。然則「心」者何物？朱熹曰：

心者，人之神明，所以具眾理而應萬事者也〔註 125〕。

此言心之本質功能也。朱熹又曰：

性是心之道理，心是主宰於身者，四端便是情，是心之發見處〔註 126〕。

〔註 122〕同前註，頁 3、4。
〔註 123〕見朱子文集卷七十六。
〔註 124〕前註中庸章句序。
〔註 125〕見朱熹孟子集註盡心注。

又曰：

> 蓋主宰運用底便是心，性便是會恁地做底理；性則一定在這裡，到主宰運用卻在心；情只是幾箇路子，隨這路子恁地做去底卻又是心〔註 127〕。

夫道理必落實表現而爲人性，而性理猶須依心然後有眞正具體之表現，以主宰運用人之情欲也。此心之本然如此，即心本虛靈不昧，兼具眾理也。此性理之心，人皆有之，上智下愚無不有此心。故此心本一。然人有情欲之念，或有蔽阻此心中性理之發現，具此心之運用，時見異同，非心有二也，其運用表現之所據者有異也，是以有所謂道心、人心也。朱子曰：

> 只是一箇心，知覺從耳目之欲上去，便是人心，知覺從義理上去，便是道心〔註 128〕。

又文集答許順之有云：

> 心一也，操而存則義理明而謂之道心，舍而亡則物欲肆而謂之人心。（原註：亡不是無，只是走出逐物去了）自人心而收回便是道心，自道心而放出便是人心〔註 129〕。

此即所謂「或生於形氣之私」，與「或原於性命之正」也。生於形氣之私者，人心也；原於性命之正者，道心也。故程子曰：「人心、人欲也；道心、天理也。」其意亦同。人心雖曰人欲，然亦未必不好。朱子曰：

> 人心，人欲也。此語有病，即知覺得聲色臭味底便是人心，雖上智不能無此，豈可謂全不是〔註 130〕。

人欲者，人皆有之，以其未全不是，故止曰危。朱子曰：

> 人欲也未全是不好，謂之危者，危險欲墮之間，若無道心以御之，則一向入於邪惡，又不止於危也〔註 131〕。

此朱子於程子之說，有所修正，乃據此危字而得，蓋人心本非全不好，然無性理之心以率之，則易入於邪惡，故其本質爲危，所謂「不好底根〔註 132〕」也。故必有以修養貞定之，始免於流入邪惡，即精一執中也。朱子曰：

> 精一是兩截工夫。精是辨別得這箇物事。……辨別了又須固守他。若

〔註 126〕見朱子語類卷五。
〔註 127〕同前註。
〔註 128〕見董鼎書集傳輯錄纂註卷一，頁 38。
〔註 129〕見朱子文集卷三九答許順之第十九書。
〔註 130〕見董鼎書集傳輯錄纂疏卷一，頁 4。
〔註 131〕同前書卷一，頁 38。
〔註 132〕同前書。

> 不辨別得時，固守箇甚麼！辨別得了，又不固守，則不長遠。惟能如此，所以能合於中道〔註 133〕。

能精，則能辨天理人欲之是非；能一，則能持之勿失而優入聖域，所謂惟狂克念作聖也。能克至於盡，則聖也矣。語類之中，於道心、人心，有一段討論與發揮，彌足注意者：

> 因鄭子上書來問人心道心。先生曰：此心之靈，其覺於理者，道心也，其覺於欲者，人心也。……大雅云：前輩多云道心是天性之心，人心是人欲之心，今如此交互取之，當否？曰：既是人心，如此不好，則須絕滅此身，而後道心始明，且舜何不先說道心，後說人心？大雅云：如此則人心生於血氣，道心生於天理，人心可以爲善，可以爲不善，而道心則全是天理矣。曰：人心是此身有知覺有嗜欲者。如我欲仁，從心所欲，性之欲也。感於物而動，此豈能無，但爲物誘而至於陷溺，則爲害爾。故聖人以爲此人心有知覺嗜欲，然無所主宰，則流而忘反，不可據以爲安，故曰危。道心則是義理之心，可以爲人心之主宰，而人心據以爲準者也。……故當使人心每聽道心之區處方可。然此道心卻雜出於人心之間，微而難見，故必須精之一之，而後中可執，然此又非有兩心也，只是義理與人欲之辨爾〔註 134〕。

朱子以人心不可無，人欲不可絕，惟不能據此以爲安，必須以道心爲主宰。此一見解，於朱子學說之中，始終莫變，蓋其據尚書經文爲說，而經文字義固如此也。

（六）朱子尚書學之新說

朱子於尚書，既辨小序、孔序、孔傳、古文、今文，而於尚書中之訓義，雖多依二孔傳疏爲根底，亦間採宋代先輩學者之說，然於義理不通，事理不合之處，亦往往創爲新說以出之。朱子論禹貢曰：

> 古今讀書者皆以爲是既出於聖人之手，則固不容復有訛謬，萬世之下，但當尊信誦習，傳之無窮，亦無以覈其事實是否爲也，是以爲之說者，不過隨文解義，以就章句〔註 135〕。

聖人之說，既未必無誤，後世注疏，又沿襲因循，是故朱熹以爲當就其誤者正之，其因循者易之，勇於求其合義合事之說。朱熹又嘗曰：

> 今世上有一般議論，成就後生懶惰，如云不敢輕議前輩，不敢妄立論

〔註 133〕同前書卷一，頁 4。

〔註 134〕見朱子語類卷六十二。

〔註 135〕見朱子大全卷七十二，頁 5，九江彭蠡辨。

之類，皆中怠惰者之意。前輩固不敢妄議，然論其行事之是非何害！固不可鑿空立論，然讀書有疑，有所見，自不容不立論，其不立論者，只是讀書不到疑處爾。將諸家說相比，並以求其是，便是有合辨處〔註136〕。

以是之故，朱熹正勇於立論以救先輩之失，以求其正理。朱子既無完整尚書之著作，然嘗針對其中數事，著爲專篇，其論說與前人不同而又能自成一說者，若論皇極則有「皇極辨」，論禹貢則有「九江彭蠡辨」，論刑典則有「舜典象刑說」，皆朱熹精思深掘之成績也。茲舉其說如后：

1、皇極乃以君皇為標準說

朱熹「皇極辨」曰：

蓋皇者君之稱也，極者至極之義，標準之名，常在物之中央而四外望之以取正焉者也〔註137〕。

朱子評孔傳以皇爲大，讀極爲中乃誤解，於文辭語義本即不倫，於理則若訓皇極爲大中，而其詞又多含洪寬大之言，遂苟且不分善惡，以此爲即皇極之義，乃惑辭聖典，有禍敗之危；故朱子就義言之曰：

人君以眇然之身，履至尊之位，……既居天下之至中，則必有天下之純德而後可以立至極之標準。……語其仁則極天下之仁，而天下之爲仁者莫能加也；語其孝則極天下之孝，而天下之爲孝者莫能尚也；是則則所謂皇極者也。……其曰曰天子作民父母，以爲天下王云者，則以言夫人君能立至極之標準，所以能作億兆之父母而爲天下之王也。不然則有其位，無其德，不足以首出庶物，統御人群而履天下之極尊也〔註138〕。

此就義以言君皇之所以能居天下之至尊，蓋必有純德至孝，始足立其極而四方共仰。朱子亦就字訓而言曰：

若北辰之爲天極，脊棟之爲屋極，其義皆然。而禮所謂民極，詩所謂四方之極者，於皇極之義爲尤近〔註139〕。

考爾雅極訓至，無中之義。朱熹列古代用極之語辭，皆當訓作準則之義。合義理與字訓觀之，朱子訓皇極爲君皇爲天下之標準，實爲有見。

2、禹貢所記詳於北略於南

朱子作「九江彭蠡辨」，既採鄭樵之說，以「東匯澤爲彭蠡，東爲北江入于海」

〔註136〕見宋元學案卷四八晦翁學案，頁877。

〔註137〕同註117。

〔註138〕同註117，頁11～14。

〔註139〕同前註，頁11。

十三字爲衍文，又參胡旦、晁說之之說，合以己見，以證九江即彭蠡，因知經文之不能無誤也〔註 140〕。朱子論禹貢之所以有誤曰：

蓋洪水之患，惟河爲甚，而兗州乃其下流，水曲而流緩，地平而土疎，故河患於此尤甚，而作治之十有三載，然後同於諸州。竊料當時惟此等處事急民困，勢重役煩，禹乃親蒞而身督之，不可一日而舍去。若梁、雍、荊、揚，地偏水急，不待疏鑿，固已通行，則分遣官屬往而視之，其亦可也。況洞庭彭蠡之間，乃之苗氏之所居，當是之時，水澤山林，深昧不測，彼方負其險阻，頑不即工，則官屬之往者，固未必遽敢深入其境，是以但見彭蠡之爲澤，而不知其源之甚遠而且多，但見洞庭下流之已爲江，而不知其中流之嘗爲澤而甚廣也，以此致誤，宜無足怪〔註 141〕。

朱子以爲禹貢之所以致誤，蓋因禹治水之時急於兗而略於其他，故禹貢九州，非禹皆曾至也，而官屬又困於山林阻障，三苗頑抗，於地理不能細察焉，故有是誤。禹既未蒞他州，於地理不能察而詳載，故禹貢之文，於江南水勢記之尤略也。朱熹曰：

禹治水時，想亦不曾遍歷天下。……往往是使官屬去彼，相視其山川，具其圖說以歸，然後作此一書爾。故今禹貢所載南方山川，多與今地面上所有不同〔註 142〕。

又曰：

禹貢四方，南方殊不見禹施工處。緣是山高少水患，當時只分遣官屬，而不了事底記述得文字不整齊耳〔註 143〕。

禹既不必徧歷西南諸州，且西南水患淺於兗，故記之有誤而亦甚略也。

3、流宥肉刑，贖免鞭扑

朱子作「舜典象刑說」以論上古刑政之事，以爲象刑者，乃畫象以示民所以知法也。因論其下文曰：

其曰流宥五刑者，放之於遠，所以寬夫犯此肉刑而情輕之人也。其曰鞭作官刑，扑作教刑者，官府學校之刑，所以馭夫罪之小而未麗于五刑者也。其曰金作贖刑，使之入金而免其罪，所以贖夫犯此鞭扑之刑，而情之又輕者也〔註 144〕。

〔註 140〕參見董鼎書集傳輯錄纂註卷二，頁 23、24、25。

〔註 141〕同前註。

〔註 142〕見朱子語錄卷七九尚書二禹貢。

〔註 143〕同前註。

〔註 144〕見朱子大全文六十七，頁 4。

是朱子以爲流宥者，寬肉刑者也，贖刑者，贖犯鞭扑之人也。蓋聖人用刑之意，在懲奸警惡，使民不犯；其有犯者，考實其情辭，定之以刑，則雖不忍甚慘，畏刑之甚而不得赦也。然聖人畏刑恤刑，閔夫死者之不可復生，斷者之不可復續，惟恐察之有不審，施之有不當，故雖得其情辭，而猶有不忍也。然又不可不加懲罰而赦之，故爲流法以宥之，亦以警之也。若乎鞭扑之刑，則雖刑之至小，而其情之輕者，亦必許其入金以贖。若贖可上及肉刑，其弊則富者皆無罪罰矣，貧者無由救，世風將沿此而壞也。尙書之中，言贖刑有及於肉刑者，詳在呂刑，故朱子論呂刑曰：

> 若夫穆王之事，以予料之，殆必由其巡遊無度，財匱民勞，至其末年，無以爲計，乃特爲此一切權宜之術以自豐，而又託於輕刑之說，以違道而干譽耳〔註 145〕。

朱子說呂刑，若東坡之說胤征，以爲夫子存之以示戒；此意程伊川亦嘗發之矣。然則呂刑不足據爲典範以解舜典，必也流專以宥肉刑而不下及於鞭扑，贖專以待鞭扑，而上不及於肉刑，以此明聖人恤刑不忍之義理也。

四、朱子尙書學之影響及評價

朱子歿後，其高弟黃榦撰其師行狀云：「其爲學也，窮理以致其知，反躬以踐其實，居敬者所以成始成終也。……謂聖賢道統之傳，散在方策，聖經之旨不明，則道統之傳斯晦，於是竭其精力以研窮聖賢之經訓。……深得古人遺意於數千載之上，凡數經者，見之傳注，其關於天命之微，人心之奧，入德之門，造道之域者，既已極深而研幾，探賾索隱，發其旨趣而無遺矣。至於一字未安，一辭未備，亦必沈潛反覆，或達旦不寐，或累日不倦，必求至當而後已；故章旨字義，至微至細，莫不理明辭順，易知易行。於書則疑今文之艱澀，反不若古文之平易；……是數經者，亦嘗討論本末，雖未能著爲成書，然其大旨固已獨得之矣。」黃榦論其師之學，於尙書獨標今文艱澀，古文平易一條，是此論實朱子尙書學中最重要而影響最大者也。若夫命蔡沈作書傳，遂成科場準式。此亦朱子尙書學影響後世至深且大者焉。茲析論朱子尙書學之影響及成就如后：

（一）辨古文之僞

朱熹今文艱澀，古文平易之說，上承林之奇之論，繼以吳棫之議而復加推論，古文之僞跡推之甚明，呼之欲出矣。故其後王柏有書疑之作，即繼朱熹之疑辨，然尙未定其僞。陳振孫復據朱子之論，添以古書所引文見於古文者，漢、晉大儒皆注

〔註 145〕同前註，頁 6。

曰逸書一論，使古文僞跡更顯而有據。迄元代有趙孟頫、吳澄、王充耘等，始明列今、古文之異。

趙孟頫著有「今古文集註」，其體例乃分編今文、古文。其自序曰：「秦火之後，惟易僅全，而樂遂無存。……由漢以來，諸儒有意復古，殷勤收拾，而作僞者出焉，在書爲尤甚，學者不察，尊僞爲眞，俾得並行於世。……嗟夫！書之爲書，二帝三王之道，於是乎在，不幸而至於亡，於不幸之中，幸而有存者，忍使僞亂其間耶？又幸而覺其僞，忍無述焉以明之，使天下後世常受其欺耶？」是趙氏已眞且確明其僞矣。

吳澄著有「書纂言」，屏棄古文，專釋今文。其序曰：「及梅賾二十五篇之書出，則凡傳記所引書傳語，諸家指爲逸書者，收拾無遺，既有證驗，而其言率依於理，比張霸僞書遼絕矣。析伏生二十八篇爲三十三，雜以新出之書，通爲五十八篇，并序一篇，凡五十九篇，有孔安國傳及序。世遂以爲孔壁所藏也。……伏氏書既與梅賾所增混淆，誰復能辨？竊嘗讀之，伏氏書雖難盡通，然辭義古奧，其爲上古之書無疑，梅賾所增二十五篇，體製如出一手，采集補綴，雖無一字無所本，而平緩卑弱，殊不類先漢以前文。夫千年古書，最晚乃出，而字畫略無脫誤，文勢略無齟齬，不亦大可疑乎？」其論多據朱熹「文勢平順，文氣卑弱」之說，復參陳振孫漢儒註爲逸書之言，明指梅賾二十五篇同出一手，是爲僞作矣。

王充耘有「讀書管見」之作，其亦據文辭氣勢以論大禹謨曰：「且堯典、舜典，雖紀事不一，而先後布置，皆有次序、皋陶、益稷，雖各自陳說，而首尾答問，一一相照。獨禹謨一篇，雜亂無敘，其間如益贊堯一段，安得爲謨？舜讓禹一段，當名之以典；禹征苗一段，當名之以誓。今皆混而爲一，名之曰謨，殊與餘篇體製不類。……故嘗謂禹謨必漢儒傅會之書，其征苗之事，亦不可信。」其不信古文之言明矣。

迨夫明代，繼宋、元兩朝朱、吳之疑後，有梅鷟、鄭曉、歸有光、郝敬、羅敦仁諸家。

梅鷟尚書之作，見於今者唯有「尙書考異」六卷，收入四庫全書中。清道光間，鄉人朱琳重刻其考異，作跋曰：「疑古文者始于朱子，元草廬吳氏因而撰書纂言，謂古文爲東晉晚出之書，故但註今文而不註古文。先生則力辨其僞，曲證旁通，具有根據。後儒閻百詩古文尙書疏證，惠定宇古文尙書考，其門徑皆自先生開之。」夫疑古文雖不始於梅鷟，而用考據之法，鉤沈抉隱，使僞古文之襲用先秦引尙書之跡，彰彰明白者，則自梅氏始。

鄭曉有「尙書考」，經義攷云「二卷。闕。」朱彝尊考按曰：「中多辨證古文之非，蓋公自撰也。」閻若璩古文尙書疏證云：「鄭端簡亦疑古文泰誓，謂僞泰誓無孟子諸書所引用者，人遂不之信，安知好事者不又取孟子諸書所引用者，以竄入之，以圖取信於人乎〔註 146〕？」其法與梅鷟相似，皆足明古文之僞。

歸有光有「尚書敘錄」之著。其序云：「余少讀尚書，即疑今文古文之說。……因念聖人之書，存者年代久遠，多爲諸儒所亂，其可賴以別其眞僞，惟其文辭格制之不同，後之人雖悉力模擬，終無以得其萬一之似。學者由其辭，可以達於聖人，而不惑於異說。今伏生書與孔壁所傳，其辭之不同，固不待於別白而可知。」其論全據朱熹，蓋歸有光乃一文士故也。

郝敬有「尚書辨解」之著。閻若璩謂之曰：「近代郝氏敬始大暢厥旨，底蘊畢露，讀書三十條，朱子復起，亦不得不歎如積薪〔註 147〕。」郝敬之論曰：「盤庚、大誥、康誥等篇，文辭如流雲雜霧，烝涌騰沓，不可摶埴而自然煙潤；孔書二十五篇豐姿濟楚，如礱石疑玉，刻木肖花，漸染嫵媚之氣；古言盤鬱，今言清淺；古言幽雅，今言高華；一覽而盡者，今人之辭；三復而愈遠者，古人之辭也〔註 148〕。」其法與朱熹所謂文氣格制相同也。

至清朝，則有閻若璩之「尚書古文疏證」，惠棟之「古文尚書考」出，僞古文之辨，遂成定讞。

閻若璩之作，集疑古文論據之大成，爲清代考據家經典之作。阮元爲之作傳曰：「年二十，讀尚書，至古文二十五篇，即疑其僞。沈潛三十餘年，乃盡得其癥結所在。作尚書古文疏證八卷，引經據古，一一陳其矛盾之故，古文之僞大明。又以朱子以來，已疑孔傳之依托，遞有論辨，仍作疏證，其事愈明。復爲朱子尚書古文疑，以申其說〔註 149〕。」可見閻氏取於朱熹者特多，惟恨其疑之不力耳。

惠棟所著「古文尚書考」，有兩卷。上卷總論其相關問題，下卷則將二十五篇僞古文所有剽竊模仿之文句，一一註明來源，其中采閻氏者甚多，而亦足補閻氏之不備者。

總觀辨僞古文之沿革，雖後出而轉精，然皆由朱熹立其鵠作始，其影響至深至鉅，可以想見。

（二）命九峰作書傳，成科場準式

朱子尚書之說，未有成書，其弟子屢促爲之，晚年亦曾親爲書傳而未成。年譜於慶元四年戊午，朱子年六十九，集書傳。又云：

〔註 146〕見閻若璩古文尚書疏證卷一，頁 22、23。

〔註 147〕見前書卷八，頁 14。

〔註 148〕見前書卷八，頁 15 引。

〔註 149〕見李桓國朝耆獻類徵初編卷四百十五錄引。說見戴君仁先生閻毛古文尚書公案第三章總，頁 33。

按大全集二典、禹謨、金縢、召誥、洛誥、武成諸說數篇，及親稿百餘段具在，其他口授蔡沈，俾足成之〔註150〕。

蔡沈書經集傳序有云：

慶元己未冬，先生文公令沈作書集傳。

是朱熹以其書說囑蔡沈，作集傳。朱子歿後十年，其書始成。蔡沈於序又云：

二典三謨，先生蓋嘗是正，手澤尚新，惜哉！先生改本已附文集中，其間亦有經承先生口授指畫而未及盡改者，今悉更定，見本篇。集傳本先生所命，故凡引用師說，不復識別。

是蔡沈作書傳，乃承師命爲之，其中取用朱熹之說爲多。今考蔡傳雖亦有異於其師者，然亦不失其爲朱學之傳也。

元仁宗延祐二年頒爲考試準式，尙書以蔡傳爲主，兼用注疏，因此蔡傳大行於世，亦即朱子之書說大行於世也。其時學者於尙書之學，亦多祖述朱說。若王天與、陳櫟、董鼎、朱祖義、趙孟頫、吳澄等皆是也。

及明太祖洪武三年，下令鄉試會試，書傳以蔡傳、古注疏爲主，亦用夏僎書解。洪武二十七年詔儒臣定正蔡傳，凡六十六條。永樂中，胡廣等奉詔修書傳大全十卷，廢注疏不用，其中大旨一本於陳櫟所撰尙書集傳纂疏，一本於陳師凱所撰蔡傳旁通，皆蔡傳之嫡裔，由是蔡傳遂幾定爲一尊矣。

迨清朝入主中原，爲籠絡漢家士人，開科取士，尙書仍以蔡傳爲主。是以清初蔡傳依然盛行不衰，亦可謂朱熹尙書之說盛行不衰也。

（三）朱子尙書學之評價

朱子說尙書，突破古人窠臼，深識古文、今文之所以異，明指孔序、孔傳之僞，亦知小序之不出於孔子之手，確然燭照千古之秘隱，遂使謎團大明於世。元、明以降，朝廷科試，多宗蔡傳，家傳人誦，更鮮有異辭。唯明洪武年間修書傳會選，乃命劉三吾總其事，改訂蔡傳六十餘條〔註151〕。清代修欽定書經傳說彙纂，亦多所考訂，然皆針對蔡傳，非專對朱子而發。四庫提要云：

蓋朱子之說尚書，主於通所可通，而闕其所不可通，見於語錄者，不啻再三，而沈於殷盤、周誥，一一必求其解，其不能無憾也固宜〔註152〕。

雖然，清閻若璩於朱熹，則稍有微詞。其古文尙書疏證第一百十四條曰：

朱子於古文嘗竊疑之，至安國傳則直斥其僞，不知經與傳固同出一手

〔註150〕同註5。

〔註151〕參見日知錄卷二十書傳會選條。

〔註152〕見四庫總目卷十一經部書類提要，頁20、21。

也。其於古文似猶爲調停之說。曰：書有二體，有極分曉者，有極難曉者。又曰：尚書諸命皆分曉，蓋如今制誥，是朝廷做底文字，諸誥皆難曉，蓋是時與民下說話，後來追錄而成〔註 153〕。

閻氏所評，蓋有二事：其一指朱子之方法觀念之不周密，孔序、孔傳既僞，而經傳同出一手，其僞可知。其二指立場之不堅，尙爲僞書作調停。閻氏爲文詰之曰：

尚書諸命皆易曉，固已，然所爲易曉者，則說命、微子之命、蔡仲之命、畢命、冏命、皆古文也，故易曉；至才涉於今文如顧命、文侯之命，便復難曉。尚書諸誥，皆難曉，固已；然所謂難曉者，則盤庚、大誥、康誥、酒誥、召誥、洛誥，皆今文也，故難曉，至才涉於古文，如仲虺之誥、湯誥，便又易曉；此何以解焉，豈誥出於成湯之初者易曉，而出於盤庚以後及周初者難曉耶？豈命出於武丁、成湯之際者易曉，而出於平王之東者難曉耶？不特此也，顧命出於成王崩，康王之誥出於康王立，相距才十日，以同爲伏生所記，遂同爲難曉，尚得謂命易曉耶？不特此也，周官，誥也，出於成王。君陳，命也，亦出於成王，相距雖未知其遠近，以爲同爲安國所獻，遂同爲易曉，尚得謂誥難曉耶？論至此，雖百喙亦難解矣〔註 154〕。

閻氏辨朱熹之論，其分析精密至確，誠朱熹復出亦難置其喙。同條後閻氏又引朱子之說而復辨之。其言曰：

又按朱子曰：漢書有秀才做的文字，有婦人做的文字，亦有載當時獄辭者。秀才文章便易曉，當時獄辭多碎句難讀。尚書便有如此底。此論頗合。余謂尚書中如堯典、皐陶謨，可稱秀才文章，但不可以之擬微子之命、蔡仲之命、冏命諸篇。何者？諸篇古文自易曉，如殷三盤、周八誥，則與獄辭相類，蓋俱今文。試問二十五篇有一似此否？此亦今古文斷案〔註 155〕。

此條與前段之論相同，皆就朱熹調停之說不周延而評駁之；閻氏說皆有理。郝敬亦嘗評朱熹之說〔註 156〕，亦與閻氏無大異。郝、閻二氏之辨，誠然。然前輩篳路藍縷，以啓荊榛，其功至大，後出者功夫轉深，固當然耳，未可以睨哂前修，以小眚泯大勞也。

戴君仁先生爲「閻毛古文尙書公案」，其中嘗論朱子曰：「朱子說孔壁所出尙書

〔註 153〕見閻若璩古文尚書疏證卷八，頁 3。
〔註 154〕見前書卷八，頁 4、3。
〔註 155〕見前書卷八，頁 9。
〔註 156〕參見前書卷八，頁 15 引。

皆平易，伏生所傳皆難讀。如何伏生偏記得難底，至於易底全記不得？都是從文字上，即歸有光及閻爻所謂文辭格制方面看出古文之可疑〔註157〕。」其意謂朱子辨古文之可疑，其方法唯有「文辭格制」，未能進而抉剔剽襲之處，一如梅鷟，閻若璩者。閻若璩早有此評。其書第一百十六條曰：「朱子反復陳說，只是一義，曰伏生倍文暗誦，乃偏得其所難，而安國考定於科斗古書錯亂摩滅之餘，反專得其所易，則不可曉〔註158〕。」皆就朱熹考證之論過於單調而立評論。然一如前述朱子辨古文、辨今文之法，其法多樣，非止一端。茲復析其辨古文之法以證之：

1、就僞古文出現之時代論之

語類記余大雅錄朱子語曰：

孔書至東晉方出，前此諸儒皆不曾見，可疑之甚〔註159〕。

朱子所謂「孔書」，實包含孔序，孔傳及孔氏古文。其書東晉始出，而漢、魏、晉諸儒，於古書所引尙書之見於孔氏古文者，皆云逸書，是不曾見也。此論即後來陳振孫所據而論之者。閻若璩古文尙書疏證中，有第十五條「言左傳、國語引逸書皆今有」，第十六條「言禮記引逸書皆今有，且誤析一篇爲二」，第十八條「言趙岐不曾見古文」，其方法論據之理，即與朱子此條同也。

2、據僞古文引用後世材料證之

「朱子嘗曰：「玄德難曉，書傳中亦無言玄者〔註160〕。」玄德一辭，見於老子，莊子天地篇亦有之，然玄德之加於舜者，始見於淮南鴻烈曰：「舜執玄德于心而化馳若神〔註161〕。」朱子提出「玄德」一辭不見於書傳其他篇中，而獨見於此，而此正姚方興所獻本始有之辭。可見此舜典經文一段，包含後世之材料，進則可考其僞以爲證矣。

又朱子曰：「平章百姓，只是近處百姓，黎民則合天下之民言之矣。典謨中百姓，只是說民，如罔咈百姓之類；若是國語中語百姓，則多是指百官族姓〔註162〕。」朱熹以百姓之義，於國語則爲「百官族姓」，於典謨則爲「民」之義；百姓古義本是「百官族姓」，「百姓」作民解則爲後世義。朱子一眼覷及此，而言大禹謨「罔咈百姓以從己之欲」有異於古義，其意即以爲此「百姓」有用後世義也。

〔註157〕見戴先生書第五章閻氏著書之方法，總頁59。
〔註158〕見閻若璩古文尚書疏證卷八，頁13、14。
〔註159〕見朱子語錄卷七八，頁9。
〔註160〕見前書卷七八尚書一舜典。
〔註161〕見皇清經解卷三百五十二，頁1惠棟古文尚書考中引。
〔註162〕見朱子語類卷七八尚書一堯典。

朱子此法，與閻若璩疏證第六十四條「言胤征有玉石俱焚語爲出魏晉間」之說，其法無異，特未之明言詳說耳。以此觀之，朱子辨古文僞跡，其法並非一途，閻氏、戴氏之說，未爲允當。

考朱子既辨古文僞跡甚明，而猶爲之調停者，蓋亦自有其立場。朱子嘗曰：

> 書中可疑諸篇，若一齊不信，恐倒了六經。如金縢亦有非人情者。雨反風，禾盡起，也是差異；成王如何又恰限去啓金縢之書？然當周公納策於匱中，豈但二公知之？盤庚更沒道理。從古相傳來，如經傳所引用，皆此書之文，但不知是何故說得都無頭。且如今告諭民間一二事，做得幾句如此，他曉得不曉得？……呂刑一篇，如何穆王說得散漫，直從苗民、蚩尤惟始作亂說起〔註 163〕？

蓋朱子以爲於可疑諸篇一齊不信，不特孔氏古文部分，至於伏生今文亦并倒棄，則聖言大義，何由而發，何由而據哉！

朱子治尚書，勸人且讀易曉者，蓋義理之所發，多由孔氏古文，而伏生今文則難讀難通，義理無由而發也。朱子曰：

> 二典三謨其言奧雅，學者未遽曉會，後面盤誥等篇又難看。且如商書中伊尹告太甲五篇，說得極切，其所以治心修身處，雖爲人主言，然初無貴賤之別，宜取細讀，極好〔註 164〕。

朱子既勸人讀易曉之古文，從中體切義理；而朱子之心性論，亦每據孔氏古文大禹謨十六字傳心訣而來，若證其實僞，則義理無據矣。朱子又曰：

> 如盤庚之類，非特不可曉，便曉了亦要何用。如周誥諸篇，周公不過是說周所以合代商之意。是他當時說話，其間多有不可解者，亦且觀其大意所在而已〔註 165〕。

朱子此說，可謂之「盤誥無義論」也。夫如是，古文既倒，今文又多「無頭」、「散漫」、「難解」，是眞一本尚書全倒也。以是之故，朱子雖已見古文之僞跡，而未確然指定其僞，其中苦心，亦難言也。錢穆先生曰：

> 此條恐倒了六經一語，大堪咀嚼。故知朱子疑經，其深情密意，有遠出後人所能想像之外者。……朱子不欲深入研尋，故勸人且觀其大意也。是則後人專辨尚書古文之僞，與朱子意見實是大有距離〔註 166〕。

〔註 163〕見前書卷七九，頁 6 李賢孫錄。
〔註 164〕見前書卷七八尚書一綱領。
〔註 165〕見前書卷七八尚書一綱領。
〔註 166〕見朱子新學案第五冊，頁 268、269，朱子辨僞學。

能體味朱子解尚書之立場與苦心，斯可以評朱子之尚書學。

前述諸家之評，似皆未能覈其要害，惟郝敬嘗曰：

> 朱元晦謂書不須盡解，固緣孟子盡信書不如無書之意。然朱所謂易解者，乃其不必解之僞書，而所謂難解者，正其刪定之原籍。然則棄嘉穀而收稂莠也，可乎〔註167〕？

斯言始正中朱子要害。然錢穆先生所謂「深情密意」，眞宜「大堪咀嚼」也。

第二節　蔡　沈

一、生平事略

蔡沈，字仲默，建陽人，西山蔡元定季子也。隱居九峰，當世名卿物色求訪皆不就，學者稱之爲九峰先生。自勝衣趨拜，入則服膺父教，出則師事朱子，蓋蔡元定與朱子乃師友之間者也。朱子晚年，訓傳諸經略備，唯獨於尚書未之及爲，環視門下諸生，求可付託者，遂以囑沈。朱子歿後十年，書集傳成。其父元定精於洪範之數，未及論著，亦嘗曰：成吾書者沈也。是以沈亦有洪範皇極內篇之作。慶元初，僞學之論起，隨父遠謫道州，跋涉數千里，道楚粵窮僻處，以從九疑之麓，山川風物，悲涼悽愴，居者率不能堪，蔡氏父子相對以理義自怡悅，殊無楚囚之泣。元定歿，沈徒步護柩以歸，有遺以金而義不可受者，輒謝卻之，曰：「吾寧隨所止而殯，不忍累先人也。」紹定三年卒，年六十四。年三十，即摒棄舉子業，一以聖賢爲師。其文長於辯論；詩早慕太白，晚則入陶、韋社中。明正統初，追諡文正。著有書經集傳，洪範皇極內篇。其書經集傳，元時與古注並立學官，明洪武時則與夏僎書解並立學官〔註168〕。

二、尚書學之著述與著錄

蔡沈著有書經集傳，及洪範皇極內篇。書經集傳，宋志著錄六卷，今四庫全書總目亦題曰六卷：考其子杭上書集傳表云：

> 所有先臣沈書集傳六卷，小序一卷，朱熹問答一卷，繕寫成十二冊〔註169〕。

是其書於經文傳註者本有六卷，而別附小序一卷，朱熹問答一卷。其朱熹問答一卷

〔註167〕見閻若璩古文尚書疏正卷八引。

〔註168〕參見宋史卷四百三十四儒林傳四，頁6、7蔡元定傳中。宋元學案卷六七九峰學案。經義攷卷八二，頁1～3。宋人傳記資料索引冊五，頁3783。

〔註169〕見經義攷卷八二，頁2引。

久佚，董鼎書集傳輯錄纂注稱淳祐經進本錄朱子與蔡仲默帖及語錄數段，今各類入綱領輯錄內〔註 170〕。以理推之，乃蔡杭輯其父與朱子往還書帖及論及尚書之言而成，其目的在證書集傳之作，實受朱子之命，而書傳之義，亦承之師門也；此以見其書之可信且可貴。其上表所言：「先臣沈從遊最久，見道已深，俾加探索之功，以遂發揮之志，微辭奧旨，既得之講習之餘，大要宏綱，盡授以述作之意；往復之緘具在，刪潤之墨猶新〔註 171〕。」其意甚明。今此卷雖不見，然當散見於董鼎書中，其條目則不可復考矣。至於小序一卷，四庫提要云：

> 小序一卷，沈亦逐條辨駁，……今其文猶存，而書肆本皆削去不刊。考朱升尚書旁注稱古文書序自爲一篇，孔注各冠篇首，蔡氏刪之而置諸後，以存其舊……。是元末明初刊本，尚連小序。然宋史藝文志所著錄者亦止六卷，則似自宋以來，即惟以集傳單行矣〔註 172〕。

按提要所言是也。今小序一卷，尙見於董鼎書集傳輯錄纂注中。

夫書集傳之作，乃蔡沈承其師命而爲之者也。蔡沈書集傳序云：

> 慶元己未冬，先生文公令沈作書集傳。明年，先生歿；又十年，始克成編。……集傳本先生所命，故凡引用師說，不復識別〔註 173〕。

朱子以書集傳命蔡沈事，不僅沈自言之，朱子語類、文集中亦屢及之。語類云：

> 臨行拜別，李文稟曰：書解乞且放緩，願早成禮書，以幸萬世。曰：書解甚易，只等蔡三哥來便了；禮書大段未也〔註 174〕。

蔡三哥即蔡沈也。此條陳淳所錄，歲在戊午。而文集中答謝成之書有云：

> 熹病老益衰，今年尤甚。此中今年絕無來學者。只邵武一朋友見編書說未備，近又遭喪，俟其稍定，當招來講究，亦放詩集傳作一書〔註 175〕。

按此所謂邵武一朋友者，即指蔡沈。邵武爲建陽鄰縣，即蔡沈故家所在；時慶元黨錮之禍方熾，故朱子不欲明言也。戊午蔡沈父元定卒，故朱子謂其遭喪也。朱子與蔡沈書信中，亦多言及尙書義說者，朱子曰：

> 年來病勢交攻，困悴日甚，看此氣象，豈是久於人世者。諸書且隨分如此整頓一番，禮書大段未了；最是書說未有分付處。固思向日喻及尚書文義通貫，猶是第二義，直須見得二帝三王之心，而通其所可通，毋強通

〔註 170〕參見其書凡例第一條，頁 8。
〔註 171〕同註 169。
〔註 172〕見四庫全書總目卷十一，頁 19 經部書類一。
〔註 173〕見書集傳前附。
〔註 174〕見朱子語類卷一一七。
〔註 175〕見朱文公文集卷五八。

其所難通；即此數語，便已參到七八分。千萬便撥置此來，議定綱領，早與下手爲佳。諸説此間亦有之，但蘇氏傷於簡，林氏傷於繁，王氏傷於鑿，呂氏傷於巧；然其間儘有好處。如制度之屬，祇以疏文爲本，若其間有未穩處，更與挑剔令分明耳〔註 176〕。

按此書信寫於蔡沈未來之前，朱子修書促其來也。其中云「向日喻及尚書文義通貫」，是此以前朱子已有囑付之意，特未明言耳。而此書中所言解尚書之綱領原則，並謂早下手爲佳，或蔡沈來見朱子之前，即已受命集書傳矣。朱子又有另一書答蔡沈曰：

示喻書説數條，皆是〔註 177〕。

可見蔡沈來見其師之前，即嘗試爲之矣。元董鼎纂注於大禹謨「正月朔旦」下云：「朱子親集書傳，自孔序止此，其他大義，悉口授蔡氏，並親稾百餘段俾足成之〔註 178〕。」凡此皆足見蔡沈承師命、師說而爲書集傳也。

至於洪範皇極內篇，則承其家學而來。家史本傳云：「洪範之數，學者久失其傳。沈父元定獨心得之，然未及論著，曰：成吾書者，沈也〔註 179〕。」宋史蔡元定傳謂有洪範解之作，而經義攷云「未見」。或蔡沈洪範皇極內篇，即據其父洪範解而增益之。元定長於數，以數解洪範五行、九疇之義，蔡沈所論，視之如出一轍，足見其相承之迹。董鼎纂註云：

西山蔡氏有洪範説，傳多用之，餘見纂註〔註 180〕。

以此推知，蔡沈不僅於洪範皇極內篇承其父學，其書集傳中洪範一篇之說，亦有用西山蔡氏之論也。

三、蔡沈之尚書學

蔡沈之學術傳世者，唯書集傳最著，元、明以來，列爲科舉程式，蓋淵源有自且附驥尾而名益顯也。然宋末黃景昌等各有正誤、辨疑之作，金履祥作尚書表注；元陳櫟、董鼎、皆篤信朱子之學者，而陳櫟作書傳纂注，於蔡沈書集傳，斷斷有辭；明洪武中修書傳會選，改定至六十餘條；清朝修定書經彙纂，亦多所考訂釐整之；是蔡氏書集傳，歷世皆有議之者焉。元吳澄甚至疑蔡傳自洪範以後，非蔡氏手筆〔註 181〕。是蔡氏尚書之學，不可不論也。

〔註 176〕見朱文公文續集卷三。
〔註 177〕同前註。
〔註 178〕見其書卷一，頁 42。
〔註 179〕見宋史卷四三四儒林傳蔡元定傳附沈傳中。
〔註 180〕見其書卷四，頁 18。
〔註 181〕參見經義攷卷八五，頁 7，吳澄序董鼎書集傳輯錄纂註語。

（一）蔡氏尚書學之淵源

蔡沈書集傳既承師訓而作，且其中有經朱子點定之二典、大禹謨，又有師說手澤百餘段，以及朱子平日講習者，皆取之以作書傳也。蔡沈序其書云：

> 沈自受讀以來，沈潛其義，參考眾說，融會貫通，迺敢折衷，微辭奧旨，多述舊聞，二典、禹謨，先生蓋嘗是正，手澤尚新。集傳本先生所命，故凡引用師說，不復識別〔註182〕。

是蔡沈自稱其作書集傳，所以承朱子之囑，而述其師之學也。元董鼎作書集傳輯錄纂注，取書集傳爲經，輯朱子語錄、文集中尙書語爲緯，以見朱子之學，其序嘗云：「得文公朱子有以折其衷而悉合於古。雖集傳之功未竟，而委之門人九峰蔡氏，既嘗親訂之，則猶其自著也〔註183〕。」是董鼎以蔡氏書集傳與朱熹尙書說等量齊觀也。然則蔡沈書傳之說，果皆步武其師說而無所改易變式歟？然則後世歷代於書集傳多有評議改訂之事，又何由而發乎？欲明其間原委，則必先明蔡傳之學說淵源。

1、蔡傳與朱子尚書說之關係

蔡沈稟師命作書經集傳，其中多所引用師說，自不待言，然亦有與師說相悖異者，此後世學者有辭之所由生也。茲以朱子尙書說與蔡沈書集傳相校，以見其同異焉。

（1）蔡傳同於朱子說者

朱熹與蔡沈書信中，每言及解尙書之綱領與法則，蔡沈爲書集傳，或多遵用。

甲、關於書小序

朱熹對於小序，承吳棫之說而更勇決之，指爲非孔子所作，乃經師所作，其中或頗與經文不合〔註184〕。蔡傳承其師說，亦以爲小序非孔子所作。其書序篇於甘誓序下云：

> 經曰大戰於甘者，甚有扈之辭也。序書者宜若春秋筆。然春秋桓王失政，與鄭戰於繻葛，夫子猶書王伐鄭，不曰與，不曰戰者，以存天下之防也，以啓之賢，征有扈之無道，正禮樂征伐自天子出也。序書者曰與曰戰，若敵國者何哉？孰謂書序爲夫子作乎〔註185〕？

朱熹辨小序非孔子作，乃據文體格制爲言，蔡氏爲之增飾，謂其筆法與孔子立場相異，故定爲非出孔子手。又說命序下云：

〔註182〕同註173。
〔註183〕見經義攷卷八五，頁6董鼎自序之言。
〔註184〕參見本論文朱熹之尚書學一節。
〔註185〕見董鼎書集傳輯錄纂註前書序卷，頁2。

案經文乃審厥象，俾以形旁求于天下，是高宗夢得良弼形狀，乃審其狀貌而廣求於四方。說築傅巖之野，與形象肖似。如序所云，似若高宗夢得傅說姓氏，又因經文有群臣百官等語，遂謂使百官營求諸野，得諸傅巖。非惟無補經文，而反支離晦昧，豈聖人之筆哉〔註 186〕。

蔡沈以爲序文與經文之意不合，若小序爲孔子所作，當不應謬誤如此，故以爲非孔子所作。又康誥、酒誥、梓材序云：

案胡氏曰：康叔，成王叔父也，經文不應曰朕其弟；成王，康叔猶子也，經文不應曰乃寡兄。其曰兄曰弟者，武王命康叔之辭也。序之謬誤，蓋無可疑。詳見篇題。又案書序似因康誥篇首錯簡，遂誤以爲成王之書，而孔安國又以爲序篇亦出壁中，豈孔鮒藏書之時已有錯簡邪，不可考矣。然書序之作，雖不可必爲何人，而可必其非孔子作也〔註 187〕。

此蔡氏引胡宏皇王大紀之說，以爲康誥等三篇皆武王時書，蓋其經文語氣絕非成王所當有也。而序則以爲成王時書，其說與經文中語氣、稱謂相悖，是以蔡傳指小序非孔子作。復以東坡謂此康誥四十八字爲錯簡，誤置在此，遂生此序言；蔡氏取之，以爲小序若爲孔子所作，必先正其簡之文，而序之無誤也。蔡氏所引胡宏此說，朱子語錄中亦有論及。是蔡沈取師說作此傳言也。

朱熹既辨小序非孔子所作，序文所言又時與經文相悖，於經義之探研，無甚益處。故一改孔氏本之形式，復合小序於一篇，置之經文篇章之外。陳振孫直齋書錄解題云朱子有書古經四卷，序一卷，曰：「晦庵所錄，分經與序，仍爲五十九篇以存古也〔註 188〕。」朱子文集於書臨漳所刊四經後云：

至諸序之文或頗與經不合，如康誥、酒誥、梓材之類，而安國之序又絕不類西京文字，亦皆可疑。獨諸序之本不先經，則賴安國之序而可見。故今別定此本，一以諸篇本文爲經，而復合序篇於後，使覽者得見聖經之舊，而不亂乎諸儒之說〔註 189〕。

按陳振孫所云尚書古經，或即指此臨漳所刊者。蔡沈所作書集傳，據其子蔡杭上進表曰：「集傳六卷，小序一卷，朱熹問答一卷。」小序一卷，即朱子復合冠首序文爲一篇者也。朱升尚書旁注曰：

古文書序自爲一篇，孔注移之各冠篇首，序文與書本旨往往不協，蔡

〔註 186〕同前書序卷，頁 5。
〔註 187〕同前書序卷，頁 1。
〔註 188〕見經義攷卷八一，頁 1 引。又見齋書錄解題卷二「書古經四卷、序一卷」條下。
〔註 189〕見朱文公文集卷八二，頁 2。

氏刪之而置於後，以存其舊，蓋朱子所授之旨也〔註190〕。

按朱升之言誠是也。然則蔡氏所據尚書之本，或即朱子臨漳所刊者焉。總之，於書小序，朱子、蔡沈二者之見解及處置方式相同，乃蔡沈承其師說也。

乙、關於孔安國序

朱熹於孔安國尚書序，以其文字善軟，不類西漢人文章，卻似魏晉人文字〔註191〕。蔡氏書集傳六卷中，並無孔安國序。自宋以來，坊間刻本不可得而知矣，若董鼎爲書集傳輯錄纂注，以爲蔡傳猶朱熹自作，想其所據以爲注者，必爲蔡傳原來形式。今考董氏書前亦無孔安國序，惟朱熹文集卷六十五中，有關孔安國序辨證雜文乙篇，其中於孔序全引其文，復引漢書藝文志、唐孔穎達疏之說，而後加案語以辨其非西漢文章〔註192〕。蔡傳於引孔序之下，復傳之曰：

今案安國此序不類西京文字，疑或後人所托，然無據，未敢必也。以其本末頗詳，故備載之，讀者宜考焉〔註193〕。

蔡傳之言，較其師說溫婉，曰未敢必，然其以爲非孔安國所作者，唯就文章格制言之，無其他明顯證據，殆爲實情，蔡沈雖曰未敢必，其實已遵其師說而廢孔安國序矣，其所以尚錄其文者，以其述本末頗詳耳。

丙、關於古文、今文之分別

書有兩體，朱子屢屢指明之，即伏生所傳之篇，皆詰屈聱牙，不易通解；而謂壁中所出古文者，則皆平易分明，一如時人作文，其中又頗有後代用語存焉，故朱子疑之甚切。然朱子慮其疑之泰過，恐倒六經，故未明說耳〔註194〕。而蔡沈於書集傳，雖並傳注今、古文，而每每於篇題之下，注明古文、今文之有無，以示識別，以見凡古文有而今文無者皆平易分明，而凡今文有者皆難曉聱牙。此一標示，實承其師說而來，不言可知。

丁、關於疑改經文之說

自北宋劉敞、蘇軾、程頤以來，於經文疑改之風日熾，凡有可疑，多出新意解之。朱熹既以求眞古人意爲事，復能辨經文體味格制，釐析古文、今文之異，故於前人所議疑改者，多表贊納；蔡氏承之，於集傳中每取其說。若其疑堯典「象恭滔天」之「滔天」爲衍文，諸家多以義強解之，唯齊唐主衍文之說，朱熹承用之，而

〔註190〕見經義考卷八二，頁3引。
〔註191〕參見朱子語類卷七八，頁9。
〔註192〕見其書卷一前附書卷，頁1～8。
〔註193〕同前註。
〔註194〕參見朱子語類卷七九，頁6中。

蔡傳則繼其師說曰：

象恭，貌恭而心不然也。滔天二字，未詳。與下文相似，疑有舛誤〔註 195〕。

朱熹於舜典「夔曰於予擊石拊石百獸率舞」十二字，主衍文，用蘇東坡、劉敞之說。蔡沈集傳曰：

夔曰以下，蘇氏曰：舜方命九官，濟濟相讓，無緣夔於此獨言其功。此益稷之文，簡編脱誤，復見于此耳〔註 196〕。

又朱熹有疑錯簡者，其於舜典「肆覲東后、協時月正日，同律度量衡，修五禮五玉三帛二生一死贄，如五器，卒乃復」一段，以爲有錯簡顚倒，其文當爲「五玉、三帛、二生、一死贄」在「肆覲東后」之下。蔡氏書集傳云：

五玉、三帛、二生，一死，所以爲贄而見者。此九字當在肆覲東后之下，協時月正日之上，誤脱在此；言東后之覲，皆執此贄也〔註 197〕。

此說蓋朱熹所首創，蔡沈承用之於集傳也。朱熹又取蘇軾之說，以康誥首段四十八字爲洛誥之文，遂用胡宏、吳棫之說，主康誥乃武王時書。蔡沈集傳康誥篇題下曰：

特序書者不知康誥篇首四十八字爲洛誥脱簡，遂因誤成王之書〔註 198〕。

又於康誥首四十八字至「洪大誥治」下云：

蘇氏曰：此洛誥之文，當在周公拜稽首之上〔註 199〕。

可見蔡沈之說一如朱子。至於改易武成一篇經文次序，則蔡沈全襲師說，並朱子案語一齊列入，此同於朱熹者，自不待言矣。

戊、關於經文説義者

朱熹於尚書雖無成著，然其尚書之說，每於平日講習中論之。而其中於舜典之「象以典刑」，洪範之「建用皇極」，禹貢之「九江彭蠡」，朱子特爲文專論〔註 200〕，可見其於此數題，特有心得創見。而大禹謨中十六字傳心訣，朱子倚之而發揮其心性義理之學，此亦朱子學術之重鎭，凡此皆足明朱子尚書學之特徵。蔡沈爲書經集傳，於上述諸論，均全部取用其師說。若其解舜典「象以典刑」一段，則曰：

金作贖刑者，金、黃金，贖贖其罪也。蓋罪之極輕，雖入於鞭扑之刑，

〔註 195〕見書集傳卷一，頁 5，此用大方出版社國學叢書書經讀本本。以下引書集傳文，皆用此本。

〔註 196〕見前書卷一，頁 16。

〔註 197〕見前書卷一，頁 1。

〔註 198〕見前書卷四，頁 137。

〔註 199〕同前註。

〔註 200〕朱子大全文七十二，頁 11 有「洪範皇極辨」；文卷六七，頁 5 有「舜典象刑說」；文卷七十二，頁 5 有「九江彭蠡辨」。

而情法猶有可議者也。……據此經文，則五刑有流宥而無金贖，周禮秋官亦無其文，至呂刑乃有五等之罰，疑穆王始制之，非法之正也。蓋當刑而贖，則失之輕，疑赦而贖，則失之重，且使富者幸免，貧者受刑，非所以爲平也〔註201〕。

此與其師「舜典象刑說」，以「金作贖刑」止贖鞭扑之輕者，而不及五刑，又評穆王之法非正，乃巡遊無度，財匱民勞所致。兩者說義全同也。其論洪範「皇極」一疇，則曰：

皇，君；建，立；極猶北極之極。至極之義，標準之名，中立而四方之所取正焉者也。言人君當盡人倫之至，語父子則極其親而天下之爲父子者，於此取則焉。語夫婦則極其別，而天下之爲夫婦者於此取則焉。語兄弟則極其愛，而天下之爲兄弟者，於此取則焉〔註202〕。

此釋「皇極」，不用孔傳之謂「大中」，而取朱子「皇極辨」之說。朱子曰：「蓋皇者君之稱也，極者至極之義，標準之名，常在物之中央而四外望之以取正焉〔註203〕。」是蔡沈不獨其釋義出於師說，其辭亦襲之而成章者也。蔡傳論禹貢「九江彭蠡」曰：

九江即今之洞庭也。水經言九江在長沙下雋西北。楚地記曰：巴陵瀟湘之淵在九江之間。今岳州巴陵縣，即楚之巴陵，漢之下雋也，洞庭正在其西北，則洞庭之爲九江審矣。……本朝胡氏以洞庭爲九江者得之。曾氏亦謂導江曰過九江，至于東陵；東陵，今之巴陵，今巴陵之上即洞庭也〔註204〕。

蔡氏「九江即洞庭」之說，亦出自朱子「九江彭蠡辨」，所引胡氏旦、曾氏旼之說，亦見於朱子文中；可見其相因之跡。又朱子謂禹貢詳於北，略於南，故有以九江彭蠡爲二之說，蓋禹治水之時河患爲急，梁、雍、荊、揚諸州，則地偏水急，不待疏鑿，水流固已通行，故禹止屬官往治，而屬官阻於水勢與三苗負頑，遂以所見書之，致有是誤。蔡傳釋之曰：

蓋嘗以事理情勢考之，洪水之患，惟河爲甚，意當時龍門九河等處，事急民困，勢重役煩，禹親蒞而身督之；若江淮則地偏水急，不待疏鑿，固已通行；或分遣官屬往視亦可；況洞庭彭蠡之間，乃三苗所居，水澤山林，深昧不測，彼方負險阻，頑不即工，則官屬之往者亦未必遽敢深入，

〔註201〕見書集傳卷一，頁11、12。
〔註202〕見前書卷四，頁12。
〔註203〕見朱熹「皇極辨」之文。
〔註204〕見書集傳卷二，頁45。

是以但知彭蠡之爲澤，而不知其非漢水所匯，但意如巢湖江水之淤而不知彭蠡之源爲甚眾也，以此致誤〔註 205〕。

其說與朱子同，而文辭亦因「九江彭蠡辨」也。至於大禹謨「人心」「道心」之說，朱子於中庸章句序中，有系統之說明。而蔡沈解之，恪遵其師訓。其訓之曰：

心者，人之知覺主於中而應於外者也。指其發於形氣者而言，則謂之人心；指其發於義理者而言，則謂之道心。人心易私而難公，故危；道心難明而易昧，故微。惟能精以察之，而不雜形氣之私，一以守之，而純乎義理之正道心常爲之主而人心聽命焉，則危者安，微者著，動靜云爲，自無過不及之差，而信能執其中矣〔註 206〕。

按朱子謂「心者，人之神明，所以具眾理而應萬事」，「或生於形氣之私，或原於性命之正」，「或危殆而不安，或微妙而難見」「精則察夫二者之間而不雜，一則守其本心之正而不離〔註 207〕」，可見蔡沈之說，全出於朱子，惟稍改易其文辭耳。

蔡傳除解義與其師說相同之外，於引用他人之論，亦多相沿用。若蔡沈解咸有一德「德無常師，主善爲師，善無常主，協於克一」曰：

張氏曰：虞書精一數語之外，惟此爲精密〔註 208〕。

此所引張氏爲張栻之說，朱子語類論咸有一德此段，亦嘗記其引張栻此語。至於字辭之訓釋，蔡傳亦多因其師說。若禹貢「三苗丕敘」，朱子嘗言曰：

三苗，想只是如今之溪洞相似。溪洞有數種，一種謂之猫，未必非三苗之後也。史中說三苗之國，左洞庭，右彭蠡，在今湖北、江西之界，其地亦甚闊矣〔註 209〕。

蔡沈書集傳曰：

今湖南猺洞時猶竊發俘而詢之，多爲貓姓，豈其遺種歟〔註 210〕！

則蔡沈之說「三苗」，顯然因朱子說而來也。猶有甚者，朱子語類中，於秦誓無甚說明解釋，蔡沈遂從大學末章所引秦誓文之章句中，引其師說，可謂用心良苦矣。朱子大學章句末章云：

斷斷，誠一之貌。彥，美士也。聖，通明也。……娼，忌也。……殆，危也。

〔註 205〕見前書卷二，頁 56。
〔註 206〕見前書卷一，頁 22。
〔註 207〕參見本論文朱熹之尚書學一節。
〔註 208〕見書集傳卷三，頁 83。
〔註 209〕見朱子語類卷七八，頁 2、22。
〔註 210〕見書集傳卷二，頁 51。

蔡傳釋秦誓曰：

> 斷斷，誠一之貌。……彥，美士也；聖，通明也。……冒，大學作娼，忌也。違，背違之也；達，窮達之達；殆，危也〔註211〕。

其義訓出於朱子大學章句，尙何疑哉！

（2）蔡傳異於朱子說者

朱熹於尙書既無全書之解，生平論尙書之說，亦時有改易，門人所記每有先後異同，甚至相反之說；而蔡沈承師命，於朱子臨終前，尙得其尙書最後之說。蔡沈夢奠記云：

> 慶元庚申三月初二日丁巳，先生簡附葉味道來約沈下考亭。當晚即與味道至先生侍下。是夜，先生看沈書集傳，說數十條，及時事甚悉。精舍諸生皆在，四更方退。只沈宿樓下書院。初三日戊午，先生在樓下改書傳兩章，又貼修稽古錄一段。是夜說書數十條〔註212〕。

考朱子卒在三月初九，此所述在其卒前六、七日事，可見朱子於尙書之說，至臨終尙有耳提親稿點定之事。故語錄所載朱子平日訓教門人之說，未必即朱子最終之論。若以蔡沈集傳之所載，與語錄所記相較，其有相異之處者，未必即蔡沈違悖其師說，或即朱子臨終最後定說也。若金縢「我之弗辟」一句，孔傳以「辟」爲殺，鄭玄以「辟」爲避居。朱子嘗曰：

> 周公東征，不必言用權，自是王室至親，與諸侯連橫背叛，當國大臣，豈有坐視不救之理，帥師征之，乃是正義，不待可與權者而後能也。若馬、鄭以爲東行避謗，乃鄙生腐儒不達時務之說，可不辨而自明〔註213〕。

朱子亦嘗答董銖云問，其亦以爲「辟字當從古註說〔註214〕。可見朱子本依孔傳之義作解。然朱子文續集有答蔡仲默曰：

> 金縢弗辟之說，只從鄭氏爲是。向董叔重亦辨此條，一時信筆答之，謂當從古註說，後來思之不然。是時三叔方流言於國，周公處兄弟骨肉之間，豈應以片言半語便遽然興師以誅之。聖人氣象大不如此。又成王方疑周公，周公固不應不請而自誅之。若請之，王亦未必見從，則當時事勢亦未必然〔註215〕。

〔註211〕見前書卷六，頁222。

〔註212〕見錢穆朱子新學案第四冊，頁86朱子之書學引。

〔註213〕見董鼎書集傳輯錄纂註卷四，頁42引答徐元聘。

〔註214〕同前註。

〔註215〕見朱子公文續集卷三。

可見朱子後來之說推翻以前之說以告蔡沈也。故蔡沈書集傳解「我之弗辟」曰：

> 辟讀爲避。鄭氏詩譜言周公以管蔡流言辟居東都是也。漢孔氏以爲致辟于管蔡之辟，謂誅殺之也。夫三叔流言，以公將不利於成王周公豈容遽興兵以誅之耶！且是時王方疑公，公將請王而誅之耶！將自誅之也？請之固未必從，不請自誅之，亦非所以爲周公矣〔註216〕。

此蔡沈分明用朱子後來改定之說，故不可因前後二說不同，而定蔡沈之有違師說也。抑又有難者，朱子臨終前所授蔡沈者，其中是否有與平日所言相異處，不可得而知之矣。茲就所見現存之說，列述朱、蔡之異如後：

甲、解書之原則不同

朱子未爲尚書作解，蓋尚書中有不可解者，又於諸家之說不能兼容曲徇故也〔註217〕。朱子嘗曰：「大抵尚書有不必解者，有須著意解者，有略須解者，有不可解者〔註218〕。」又曰：「看尚書漸漸覺得曉不得，便是有長進，若從頭尾解得，便是亂道〔註219〕。」其中所謂不可解者，即五誥、盤庚之類是也。故朱子以爲解尚書應虛氣平心，闕其所疑，隨力量而爲，不必預爲計較，必求赫赫之功，而爲全書作解也〔註220〕。今蔡沈書集傳，於禹貢言「不詳」者五條，盤庚下一條，康誥二條，洛誥一條，多士一條，君奭二條，康王之誥一條，呂刑一條，召誥一條謂「難解」；其餘皆句句解之，與朱熹所謂「從頭尾解得」相類；然則蔡沈解書，實亦冀能句句作解，與朱熹解尚書之原則有異。四庫提要云：

> 朱子之說尚書，主於通所可通而闕其所不可通，見於語錄者，不啻再三，而沈於殷盤周誥，一一必求其解，其不能無憾也固宜〔註221〕。

此正朱、蔡師徒之間，解尚書之大異也。

乙、解說經文義訓之不同

子、大禹謨「神宗」

蔡沈解「神宗」爲堯廟，並引蘇東坡書傳曰：「堯之所從受天下者，曰文祖；舜之所從受天下者曰神宗。受天下於人，必告於其所從受者。禮曰：有虞氏禘黃帝而郊嚳，祖顓頊而宗堯，則神宗爲堯明矣〔註222〕。」然朱熹則未以爲然。按元董鼎作

〔註216〕見書集傳卷四，頁119。
〔註217〕參見董鼎輯纂綱領卷，頁4。
〔註218〕同前註，頁2。
〔註219〕同前註，頁3。
〔註220〕同前註，頁4。
〔註221〕同註172。
〔註222〕見書集傳卷一，頁23。

書集傳輯錄纂疏，於「神宗」之下引新安陳氏曰：

> 朱子訂傳，元本有曰：正月、次年正月也；神宗，說者以爲舜祖顓頊而宗堯，因以神宗爲堯廟，未知是否如帝之初等事。蓋未嘗質言爲堯廟。今本云云，其朱子後自改乎？抑蔡氏所改乎？語錄嘗云堯廟當立於丹朱之國；又云祭法之說，伊川以爲可疑，更當博考〔註 223〕。

據陳櫟所言，則朱子既不信祭法之說，以舜宗堯，則堯廟在丹朱之國，亦不必往告，其意不以爲「神宗」即堯廟；今蔡氏質言之，並引蘇氏、引祭法，是與師說有異也。

丑、皐陶謨「九德」

皐陶謨「九德」之義，孔傳云：「言人性行有九德，以考察眞僞則可知。」蔡沈集傳云：

> 亦行有九德者，總言德之見於行者，其凡有九也。……而，轉語辭也，正言而反應者，所以明其德之不偏；皆指其成德之自然，非以彼濟此之謂也〔註 224〕。

蔡傳以爲九德之目，正起而反應，十八種皆成德之自然。而朱子語德則曰：「皐陶九德，只是好底氣質。然須兩件湊合將來，方成一德，凡十八種〔註 225〕。」是朱子以爲此九德之十八種氣質，須相濟方成一德，蔡傳特謂之「非以彼濟此」，是明與朱熹說義不同。

寅、胤征「胤侯、羲和之叛忠」

胤征篇中胤侯之立場，孔傳以爲胤征「受王命往征之」，蔡沈書集傳用孔傳之義云：

> 仲康丁有夏中衰之運，羿執國政，社稷安危在其掌握，而仲康能命胤侯以掌六師，胤侯能承仲康以討有罪，是雖未能行羿不道之誅，明羲和黨惡之罪；然當國命中絕之際，而能舉師伐罪，猶爲禮樂征伐之自天子出也〔註 226〕。

胤征之說，自蘇東坡首倡異說，以爲「胤侯數羲和之罪，至于殺無赦，然其實狀止于酣酒，不知日食而已，此一法吏所辦耳，何至六師取之乎？夫酒荒廢職之人，豈復有渠魁脅從之事，是強國得眾者也〔註 227〕」。自是以後，論胤侯、羲和者，或忠

〔註 223〕見董鼎書卷一，頁 42 纂註中引。
〔註 224〕見書集傳卷一，頁 26。
〔註 225〕見朱子語類卷七八尚書一總，頁 219。
〔註 226〕見書集傳卷二，頁 64。
〔註 227〕見東坡書傳卷六，頁 6。

或奸；論仲康、后羿，或出命，或失命，不一而足。蔡氏於此用孔傳之言解胤征，以爲胤侯受王命徂征，而仲康亦尙能發號施令也。蔡氏並評東坡之說曰：

> 或曰蘇氏以爲義和貳於羿，忠於夏者，故羿假王仲康之命命胤侯征之。今按篇首言仲康肇位四海，胤侯命掌六師；又曰胤侯承王命徂征。詳其文意，蓋史臣善仲康能命將遣師，胤侯能承命致討，未見貶仲康不能制命而罪胤侯之爲專征也〔註228〕。

蔡氏據「文意」爲言，未能推翻蘇氏之說。其實朱子亦嘗論及之，見於語類。其言曰：

> 問東坡疑胤征。曰：袁道潔考得太康失河北，至相方失河南。然亦疑義和是箇歷官，曠職誅之可也，何至誓師如此。大抵古書之不可考，皆此類也〔註229〕。

則是朱熹亦以爲東坡書傳之言有理。雖袁溉考得太康時失河北而已，國之餘力尙在，未必即爲后羿所挾，然東坡之疑亦不可一概否之也。今蔡沈未用袁溉之說，而僅以文意爲定奪；又不取其師之意，顧省於東坡之疑，而直以東坡之說爲非，是亦或違師說矣。

卯、金縢「丕子之責」

金縢曰：「惟爾元孫某遘厲虐疾，若爾三王，是有丕子之責于天，以旦代某之身。」孔傳曰：「大子之責，謂疾不可救於天，則當以旦代之；死生有命，不可請代，聖人敘臣子之心，以垂世教。」蔡氏集傳曰：

> 言武王遇惡暴之疾，若爾三王是有元子之責于天，蓋武王爲天元子，三王當任其保護之責于天，不可令其死也，如欲其死，則請以旦代武王之身。于身之下，疑有缺文〔註230〕。

蔡傳之說，蓋出於孔傳。孔傳謂「疾不可救于天」者，即三王在天上，當有保護武王之責，今若不能去其疾而救之于天，則以周公身代之也。朱子則以爲不然。朱子曰：

> 乃立壇墠一節，分明是對鬼，若爾三王有丕子之責于天，以旦代某之身，此一段先儒都解錯了，只有晁以道說得好，他解丕子之責如史傳中責其侍子之責，蓋云上帝責三王之侍子，侍子指武王也。上帝責其來服事左右，故周公乞代其死；云以旦代某之身，予仁若考，能多材多藝，能事鬼

〔註228〕同註226。
〔註229〕見董鼎書集傳輯錄纂註卷二，頁35。
〔註230〕見書集傳卷四，頁128。

> 神，乃元孫不若旦多材多藝，不能事鬼神，用能定爾子孫於下地，四方之民，罔不祇畏。言三王若有侍子之責於天，則不如以我代之，我多材多藝，能事上帝，武王不若我多材多藝，不能事鬼神，不如且留他在世上定你之子孫與四方之民。文意如此〔註231〕。

是朱子之說，以爲孔傳之說爲非，「丕子之責于天」意謂「天責取武王以服事」。蔡沈於同條下云：

> 舊說謂天責取武王者非是。詳下文。予仁若考，能事鬼神等語，皆主祖父人鬼爲言，至於乃命帝庭，無墜天之降寶命，則言天命武王如此之大，而三王不可墜天之寶命，文意可見。又按死生有命，周公乃欲以身代武王之死，或者疑之。蓋方是時天下未安，王業未固，使武王死則宗社傾危，生民塗炭，變故有不可勝言者。周公忠誠切至，欲代其死，以輸危急，其精神感動，故卒得命於三王〔註232〕。

蔡沈所謂舊說，正與朱熹所云相同，或其所指即朱子之舊說，而朱子後更有新說，而蔡沈從其後說歟？皆不可知也。要之以今所見，蔡傳之說確與朱熹之言不類也。

辰、大誥「予不敢閉天降威用寧王遺我大寶龜」

朱子語類記朱子論王荊公尚書新義曰：「因論點書。曰：人說荊公穿鑿，只是好處亦用還他，如天降割于我家，不少延。用寧王遺我大寶龜，皆非註家所及。」按孔傳之句，原作「天降割于我家不少，延洪惟我幼沖人」，「予不敢閉天降威用，寧王遺我大寶龜」，而王安石則以爲「延」字當上屬，「用」字當下屬，蘇東坡雖以反王爲能事，然亦從此句讀：朱熹論王荊公，深取其標點新說。而蔡沈集傳，於「天降割于我家，不少延」用王氏之說，與朱子所說同，而於「予不敢閉天威用，寧王遺我大寶龜」，則用孔傳點讀，以「用」字上屬，而云：「今武庚大不靖，天固誅之，予豈敢閉抑天之威用而不行討乎〔註233〕。」其義亦與孔傳同也。此顯然不遵師說而改用孔傳也。元董鼎嘗謂朱子深取王氏點句，而蔡沈不盡從，遂此責之也〔註234〕。

巳、大誥「天棐忱辭」

大誥「天棐忱辭」一句，孔傳謂「言我周家有大化誠辭，爲天所輔」。蔡傳於此句則曰：

〔註231〕見董鼎書集傳輯纂卷四，頁4。

〔註232〕同註230。

〔註233〕見書集傳卷四，頁131。又上述朱熹之說參見董鼎輯纂卷四，頁46輯錄引。

〔註234〕見董鼎書集傳輯纂卷四，頁46。董鼎曰：「案朱子深取王氏點句，而蔡氏不盡從，何也！」

棐，輔也。……民獻十夫以爲可伐，是天輔以誠信之辭，考之民而可見矣〔註 235〕。

按蔡傳解「棐」字，用孔傳義訓。而朱子則不然。朱子曰：

如棐字，並作輔字訓，更不曉得。後讀漢書，顏師古注云：匪、棐通用。如書中有棐字，止合作匪字義〔註 236〕。

朱子又曰：「棐用與匪字同。……天棐忱，如云天不可信〔註 237〕。」是朱子據漢書顏師古注，以爲棐、匪二字通用，尙書中棐字皆當作「匪」字解。而蔡沈解書中「棐」字，全仍依孔傳訓作「輔」，是又與師說不同也。

午、無逸「君子所其無逸」

無逸「君子所其無逸」，孔傳曰：「歎美君子之道，所在念德，其無逸豫。」蔡氏集傳則曰：

所，猶處所也。君子以無逸爲所，動靜食息，無不在是焉，作輟則非所謂所矣〔註 238〕

按孔傳訓「所」爲「所在」，蔡傳則云「猶處所」，又曰「無不在是」，是亦「所在之處」之意也。然則蔡傳用孔傳義也。朱子語類記朱子論「所其無逸」一句曰：

萍鄉柳兄言呂東萊解無逸一篇極好。先生扣之曰：伯恭如何解君子所其無逸。柳兄曰：東萊解所字爲居字。先生曰：若某則不敢如此說。諸友請曰：先生將如何說。先生曰：恐有脫字，則不可知，若說不行而必強立一說，雖若可觀，只恐道理不如此〔註 239〕。

是朱熹以爲恐有脫字而不以「所」字不當訓「居所」之義，蔡沈於此不云「恐缺文」，不云「未詳」，而依孔傳作解，是不依師門之說也。

總括上述兩項，可見蔡沈書經集傳，其同於朱熹者多，而異於朱熹者少。吳澄雖云蔡傳自洪範以後，多悖師門之說。考洪範以後諸篇，即朱子所謂不可解者在焉，朱子論之者本即寡鮮，或以此之故，蔡沈多別取其他諸家之說補之，是以與朱子說不盡相同也。

（3）蔡傳與其他諸說之關係

朱子命蔡沈作書傳，爲之點定稿本，親稿百餘段予之，並口授解尙書之法，耳

〔註 235〕見書集傳卷四，頁 134。
〔註 236〕見朱子語類卷七九總，頁 254。
〔註 237〕同前註。
〔註 238〕見書集傳卷五，頁 166。
〔註 239〕見董鼎輯纂卷五，頁 21 輯錄引。

提面命，可謂勞矣、詳矣。然朱子終無尚書全本之說以授蔡沈，故蔡沈必斟酌於諸家之說，有所汰納，以補其師說之闕如也。朱熹亦嘗示諸家之良窳勝劣，以爲或可取以參攷者，其言曰：

諸經皆以註疏爲主，書則兼取劉敞、王安石、蘇軾、程頤、楊時、晁說之、葉夢得、吳棫、薛季宣、呂祖謙〔註240〕。

朱子以爲，欲通尚書，註疏、程、張之外，蘇氏說亦有可觀，而林少穎之說亦詳備，吳才老長於考據，頗有發明；介甫解亦不可不看，蓋其數處標點，非他家可及；曾旼、程大昌、薛季宣長於地理山川，呂祖謙天資高，說解甚熱鬧。此外，歐陽修、陳鵬飛、葛子平、晁以道、胡宏、胡旦、鄭樵、張栻、蔡元定、李叔易、張庭堅、張景、史浩、吳仁傑，皆朱子所嘗酌取者〔註241〕。蔡沈集註書經，其明稱其名氏而引用者，有歐陽修、程伊川、王安石、劉敞、蘇軾、范祖禹、曾旼、楊時、程大昌、陳鵬飛、晁以道、吳棫、林之奇、呂祖謙、夏僎、薛季宣、張栻、胡旦、葛子平、施氏、周氏、李氏、程伯圭，其引用諸家，與朱子所稱許者相若，而其中以稱引蘇軾、林之奇、呂祖謙、吳棫、王安石等五家爲最多，蓋朱熹於此五家，許之甚殷也。朱子嘗謂：

諸說此間亦有之，但蘇氏傷於簡，林氏傷於繁，王氏傷於鑿、呂氏傷於巧；然其間儘有好處〔註242〕。

又曰：

才老於考究上極有功夫，只是義理上自是看得有不子細〔註243〕。

朱子既盛稱其人其說，故蔡沈於此數家，取之獨多。而其中又以引呂祖謙者四十九條，蘇東坡者四十七條爲最，蓋東坡書傳每倡新說，於孔傳而言則爲創新，於王氏三經而言則爲力辯故也；而呂祖謙則擅長發揮文辭義理，觀省二帝三王氣象，朱子雖謂之失於巧，然其說於理學諸家尚書學中，說義理最契最盡。至於周誥、殷盤，亦無不巧爲旨說，故朱子稱之甚篤，而蔡沈取之最多也。蔡氏集傳引東坡書傳四十七條，然其中引之而復加批評者六條，此或因理學者之與東坡立場不同，而程伊川與東坡意見又相牾逆故也。

蔡沈集傳序云：「集傳本先生所命，故凡引用師說，不復識別。」然則書集傳中，凡未稱名指爲引用他家學說者，皆朱子之說也。今考之集傳，其實不然；蓋朱熹於

〔註240〕見董鼎輯纂綱領卷，頁5引朱子學校貢舉私議。
〔註241〕參見朱子語類卷七八綱領，及諸篇語錄。又董鼎輯纂之綱領中亦多言及。
〔註242〕見董鼎輯纂綱領卷，頁7引與蔡仲默書。
〔註243〕見朱子語類卷七八，頁1988。

尙書，其既定之成說，惟二典、禹謨，定正武成暨日月譜，舜典「象刑說」、洪範「皇極辨」、禹貢「九江彭蠡辨」、禹謨十六字傳心訣，見於中庸章句序，秦誓部份見於大學末章，其他尙有所謂「親稿百餘段」，如是而已，而其餘篇章之說解敷義，除雜錄於語類，並文集中斷章餘論外，其他皆闕如也。是以蔡沈集書傳，必於諸家有所資取，然未必皆一一指名稱引也。若洛誥「命公後」之解，朱熹嘗謂曰：

如命公後，眾說皆云命伯禽為周公之後，史云成王既歸，命周公在後。看公定，予往矣一言，便見得是周周公且在後之意〔註244〕。

朱子明稱史浩之說，而蔡沈集傳則云：

此下成王留周公治洛也。成王言我退即居于周，命公留後治洛。……謂之後者，先成王之辭，猶後世留守，留後之義，先儒謂封伯禽以爲魯後者非是〔註245〕。

又於「公定、予往已」下曰：

定，爾雅曰：止也。成王欲周公止洛而自歸往宗周〔註246〕。

按蔡沈之解，分明用其師說，而朱子言其說出於史浩，而蔡沈用之則沒其原主姓氏，或因行文方便，或因其師說既如此而不煩贅引也。雖然，於其他篇章，朱子之未嘗論述及之者，蔡傳更時加引用他說而不指名，尤以周官篇以下爲甚。茲以畢命一篇與諸家對校，以見一斑。

「命畢公保釐東郊」

蔡傳曰：

保、安；釐理也。保釐即下文旌別淑慝之謂。蓋一代之治體，一篇之宗要也。

呂祖謙東萊書說曰：

保者養也，釐者治也。曰保釐則所謂旌別淑慝，表厥宅里之類。……觀保釐二字，而一篇治體可舉矣〔註247〕。

王若曰：嗚呼。父師。惟文王、武王敷大德于天下，克受殷命。

蔡傳曰：

畢公代周公爲太師也。文王武王布大德于天下，用能受殷之命，言能之之難也。

〔註244〕見前書卷七八，頁1988。
〔註245〕見書集傳卷五，頁159。
〔註246〕見前書卷五，頁16。
〔註247〕見增修東萊書說卷三十二，頁7。以下簡稱東萊書說。

孔傳曰：

歎告畢公代周公爲太師，爲東伯，命之代君陳。言文武布大德於天下，故天祐之，用能受殷之王命〔註 248〕。

「惟周公左右先王、綏定厥家，毖殷頑民，遷于洛邑，密邇王室，式化厥訓，既歷三紀，世變風移，四方無虞，予一人以寧。」

蔡傳曰：

十二年曰紀，父子曰世。周公左右文武成康、安定國家，謹毖頑民，遷于洛邑，密近王室，用化其教，既歷三紀，世已變而風始移，今四方無可虞度之事，而予一人以寧，言化之之難也。

孔傳曰：

十二年曰紀，父子曰世〔註 249〕。

呂氏曰：

以周公之左右輔相，始能綏定厥家，言安之難也。所謂殷之頑民，則尤其難安者，周公尤謹之而不敢忽；遷于洛邑，密邇王室，親與之居，朝夕浸漬，入於典訓，既歷三紀，世已變而風方移，言教養浹洽之難也。今四方無虞，予一人以寧矣〔註 250〕。

「惟公懋德，克勤小物，弼亮四世，正色率下，罔不祇師言，嘉績多于先王，予小子垂拱仰成。」

蔡傳曰：

言畢公既有盛德，又能勤於細行。輔導四世，風采凝俊，表儀朝著，若大若小，罔不祇服師訓，休嘉之績，蓋多於先王之時矣。今我小子復何爲哉！垂衣拱手，以仰其成而已。康王將付畢公以報釐之寄，故敘其德業之盛而歸美之也。

呂氏曰：

惟勉於德者，貫稚耄而不息，故勤於物者，一小大而無閒。康王此言，不特善形容畢公之德，亦見其拳拳於師保。……言畢公輔導四世，風采凝峻，表儀朝著，若小若大，罔不祇服，父師之訓，德容之威重，眾望之孚信，養之者蓋非一日之積也。休嘉之績，在於先王之世者，固不可一二數矣。康王於此復何疑哉！惟知委心以聽之而已。極敘畢公之功德，所以歸

〔註 248〕見尚書孔傳卷十二，頁 1。
〔註 249〕同前註。
〔註 250〕同註 247。

重畢公而將付以保釐之寄也〔註 251〕。

「王曰：嗚呼！父師，今予祇命公以周公之事。往哉。」

蔡傳曰：

今我敬命公以周公化訓頑民之事，公其往哉，言非周公所爲，不敢屈公以行也。

孔傳曰：

今我敬命公以周公所爲之事。往爲之哉，言非周公所爲，不敢枉公往治〔註 252〕。

「旌別淑慝，表厥宅里，彰善癉惡，樹之風聲，弗率訓典，殊厥井疆，俾克畏慕，申畫郊圻，慎固封守，以康四海。」

蔡傳曰：

旌善別惡，成周今日由俗革之政也。表異善人之居里，如後世旌表門閭之類，顯其爲善者，而病其爲不善者，以樹立爲善者風聲，使顯於當時而傳於後世，所謂旌淑也。其不率訓典者，則殊異其井里疆界，使不得與善者雜處。禮記曰：不變移之郊，不變移之遂。即其法也。使能畏爲惡之禍而慕爲善之福，所謂別慝也。圻與畿同。郊圻之制，昔固規劃矣，曰申云者，申明之也。封域之險，昔固有守矣。曰謹云者，戒嚴之也。疆域障塞，歲久則易湮，世平則易玩，時緝而屢省之，乃所以尊嚴王畿，王畿安則四海安矣。

林之奇尚書全解曰：

旌即所謂表厥宅里，別即所謂殊厥井疆。……使善者有以表暴於天下，而惡者以爲病，則是立之也。自漢以來，閭巷之民有事親居喪著至行者，有數世同居者，天子皆旌表其門閭，正表厥宅里之遺制。其有不率訓典，則殊別其井居之疆界，俾能畏爲不善之禍，而慕爲善之福，則其俗丕變矣。王制曰：司徒上賢以崇德，簡不肖以絀惡命，鄉簡不帥教者以告。耆老皆朝于上庠，元日習射上功，習鄉上齒，大司徒帥國之俊士與執事焉，不變，命，國之右鄉；簡不帥教者，移之左，命國之左鄉，簡不帥教者，移之右，如初禮。不變移之郊，如初禮。不變移之遂，如初禮；不變屏之遠方，終身不齒。移之左，移之右，移之郊，移之遂，所謂殊厥井疆也〔註 253〕。

〔註 251〕見東萊書說卷三十二，頁 8。
〔註 252〕見尚書孔傳卷十二，頁 2。又東萊書說卷三十二，頁 8 亦有相似之言。
〔註 253〕見林之奇尚書全解卷三十八，頁 9、10。

呂氏曰：

郊遂之制，建都之始，固已晝矣，曰申晝者，復治之也。溝封之險，建都之始固有守矣，曰愼固者，謹備之也，疆域障塞，歲久則易堙，世平則易玩，時緝屢省，乃所以尊嚴王畿，王畿安則四海安矣〔註254〕。

「政貴有恒，辭尚體要，不惟好異，商俗靡靡，利口惟賢，餘風未殄，公其念哉。」

蔡傳曰：

對暫之謂恒，對常之謂異，趣完具而已之謂體，眾體所會之謂要。政事純一，辭令簡實，深戒作聰明，趨浮末，好異之事，凡論治體者皆然，而在商俗則尤爲對病之藥也。蘇氏曰：張釋之……。

呂氏曰：

政事安重，辭令省實，深懲作聰明，趨浮末之異好，凡論治體者固皆然，在商俗言之，尤爲對症之藥〔註255〕。

「我聞曰：世祿之家，鮮克由禮，以蕩陵德，實悖天道，敝化奢麗，萬世同流。」

蔡傳曰：

古人論世祿之家，逸樂豢養，其能由禮者鮮矣，既不由禮則心無所制，肆其驕蕩陵蔑有德，悖亂天道，敝壞風化，奢侈美麗，萬世同一流也。康王將言殷士怙奢滅義之惡，故先取古人論世族者發之。

呂氏曰：

此論商民之病源也。故先取古人論世族者證之。世祿之家，不可槩謂之無禮法也。逸樂豢養之所移，其能由禮則鮮矣，既不由禮則心無所制，肆其驕蕩，陵蔑有德，不知忌憚。天道虧盈而益謙，則悖天道也甚矣。……家之衰敝，其化未有不奢麗，蓋萬世而同流也〔註256〕。

「茲殷庶士，席寵惟舊，怙侈滅義，服美于人，驕淫矜侉，將由惡終，雖收放心，閑之惟艱。」

蔡傳直引呂氏曰：

呂氏曰：殷士憑藉光寵，助發其私。……〔註257〕

「資富能訓，惟以永年；惟德惟義，時乃大訓，不由古訓，于何其訓。」

蔡傳曰：

〔註254〕見東萊書說卷三十二，頁9。

〔註255〕同前註。

〔註256〕同前書卷三十二，頁1。

〔註257〕此條蔡傳直引呂氏曰。

言殷士不可不訓之也。資，資射也。資富而能訓，則心不遷於外物，而可全其性命之正也。然訓非外立教條也，惟德惟義而已。德者心之理，義者理之宜也；德義人所同有也，惟德義以爲訓，是乃天下之大訓，然訓非可以己私言也，當稽古以爲之說，蓋善無證則民不行，不由古以爲訓，于何以爲訓乎！

呂氏曰：

畢公治商民，承三紀富庶涵養之餘，訓迪而閑其邪者，蓋不可後也。惟德惟義，時乃大訓，夫豈外立其教以訓之哉！心之實然者謂之德，心之當然者謂之義，體用具舉，此盡心之學，訓莫大於是也。不由古訓，于何其訓者，善無證則民不從，然亦不出其心之所同然也〔註258〕。

「王曰：嗚呼！父師。邦之安危，惟茲殷士。不剛不柔，厥德允修。」

蔡氏曰：

是時四方無虞矣，蕞爾殷民，化訓三紀之餘，亦何足慮，而康王拳拳以邦之安危惟繫於此，其不苟於小成者如此。又武王、周公之澤……

呂氏曰：

康王之時，四方既無虞矣，猶曰邦之安危，惟茲商士，蓋保治兢業之心也。……〔註259〕

「惟周公克慎厥始，惟君陳克和厥中，惟公克成厥終。三后協心？同底于道，道洽政治，澤潤生民，四夷左衽，罔不咸賴，予小子永膺多福。」

蔡傳曰：

殊厥井疆，非治之成也，使商民皆善，然後可謂之成。此曰成者，預期之也。三后所治者洛邑，而施及四夷，王畿四方之本也。吳氏曰：道者……。

呂氏曰：

三后所治者洛邑，而施及四夷，無它，王畿四方之本，自源流瀕推而放之也〔註260〕。

「公其惟時成周，建無窮之基，亦有無窮之聞，子孫訓其成式惟入。」

蔡傳曰：

〔註258〕見東萊書說卷三十二，頁11。

〔註259〕同前註。

〔註260〕同前書卷三十二，頁12。

建、立；訓、順；式，法也。成周指下都而言。呂氏曰：畢公四世元老，……〔註261〕。

「嗚呼！罔曰弗克，惟既厥心；罔曰民寡，惟慎厥事。欽若先王成烈，以休前政。」蔡傳曰：

蘇氏曰：曰弗克者，畏其難而不敢為者也；……。前政，周公、君陳也〔註262〕。

總觀畢命一篇，全篇注解，幾皆旁引孔傳、蘇東坡書傳、吳棫書裨傳、林之奇全解、呂祖謙書說為之，而尤以呂東萊之說為大宗。而其引用諸家之說，多未指稱其名氏，而文辭亦多襲取之而稍事改易，或撮取其要，如是而已。此與蔡沈序云「凡引用師說，不復識別」之語，並不相符。或謂此亦朱子所面授取納諸家書說之旨意；然其說既出於他人，而文辭相襲如是類似，其不指名徵引以淵識其源所自，實有掠美之嫌。且朱子論尚書，凡引他人之說，多稱其名氏，今蔡氏如此，亦失其師為學宗旨。或謂行文措語之間，有不容一一識別者；今蔡氏書傳中，既已有指名徵引者矣，若於引自諸家者皆一一指名識別，雖稍增語句段落，諒亦無礙；今蔡傳隱其源而用之，而謂「凡引師說，不復識別」，實易導後人於歧路，並陷其師於嫌疑之域也。吳澄謂蔡傳自洪範以下，傳說彌與師說疏脫，亦非無得之見也。

（4）蔡傳與孔傳之關係

蔡傳遵用師說，復旁引諸家之論以成其書，而宋代學者，於孔傳雖仍有沿用者，然每多微辭。朱子至謂「孔安國解經最亂道〔註263〕」，而疑其不出於孔安國手，乃孔叢子等做出來。蔡傳既多採宋儒及師說，而指評孔傳者，達三十一條次之多。雖其間亦引用孔傳之說，乃孔傳於時尚古，且書又既不可曉，義無由起，遂延用古註耳，非必謂孔傳為是也。若康誥「庸庸祇祇威威顯民」，蔡傳曰：

庸，用也。用其所當用，敬其所當敬，威其所當威。言文王用能敬賢討罪，一聽於理而已，無與焉〔註264〕。

按孔傳於此云：「用可用，敬可敬，刑可刑，明此道以示民。」此處顯然採用孔傳之義而略加修改。朱子曰：

庸庸祇祇，威威顯民。此等語既不可曉，只得且用古註。古註既是杜

〔註261〕此亦直引呂氏曰。
〔註262〕此直引蘇氏曰。
〔註263〕見朱子語類卷七八，頁9湯詠錄。
〔註264〕見書集傳卷四，頁138。

撰，如今便別求說，又杜撰，不如他矣〔註265〕。

可見蔡傳雖時用孔傳，類多出於此意者也。蔡傳批孔傳而非之者，若舜典「月正元日，舜格于文祖」下，蔡傳曰：

月，正月也；元日，朔日也。漢孔氏曰：舜服堯喪三年畢，將即政，故復至文祖廟告。蘇氏曰：受終告攝，此告即位也。然春秋國君皆以遭喪之明年正月即位於廟而改元。孔氏云喪畢之明年，不知何所據也〔註266〕。

蔡傳於此據春秋所行事之例，以知月正乃堯既卒之明年正月，即位以告於堯廟也，並引蘇氏說以佐之，遂批孔傳之說爲無據也。又金縢篇「執事對曰信噫公命我勿敢言」，孔傳云：「史百執事言信有此事，周公使我勿道，今言之則負周公。噫，恨辭。」蔡傳曰：

諸史百執事，蓋卜筮執事之人，成王使卜天變者，即前日周公使卜武王疾之人也。二公及成王得周公自以爲功之說，因以問之，故皆謂信有此事。已而歎息言此實周公之命，而我勿敢言爾。孔氏謂周公使之勿道者，非是〔註267〕。

按蔡氏評孔傳，以爲諸史執事之勿敢言，非周公有意使之不言，乃執事者以此爲周公命誓禱神之辭，故不敢輕言於外；若乃周公使之不可言，是周公有機心於其中，非出於至誠幾微之本然矣。故蔡傳於「公命」之下斷句，以「我勿敢言」自爲一句。可見蔡沈固以孔傳於解義及句讀，均有失誤也。

（5）蔡傳洪範說與蔡元定洪範學之關係

宋史蔡元定傳附蔡沈傳云：「洪範之數，學者久失其傳，沈父元定獨心得之，然未及論著。曰：成吾書者，沈也。」是蔡沈尚書洪範之學，其源有二，師說之外，亦承家學；蔡沈有「洪範皇極內篇」之作，蓋其源於家學者也。全祖望云：「蔡氏父子兄弟祖孫，皆爲朱學干城，而文正之皇極，又自成一家〔註268〕。」其言是也。

考董鼎書集傳輯錄纂註，於洪範篇「惟十有三祀，王訪于箕子」下，纂註中加案語云：

愚案西山蔡氏有洪範說，傳多用之，餘見纂註〔註269〕。

其書於洪範篇纂註，共引「西山蔡氏曰」凡七條，是蔡元定之說今雖失傳，而董鼎

〔註265〕見朱子語類卷七九總，頁256。
〔註266〕見書集傳卷一，頁12。
〔註267〕見前書卷四，頁13。
〔註268〕見宋元學案卷六七，頁125。
〔註269〕見該書卷四，頁18。

實曾見之，並以之參校蔡沈集傳洪範之說，知蔡傳洪範義多用之也。如是可知蔡沈承自家學者，不特見於「洪範皇極內篇」，亦用之於書集傳中矣。

（二）蔡傳之特色與新意

蔡沈秉承師學，考究眾家之說，前後歷十餘年之久，其書集傳始成；其書一出，學者宗之。蓋其書集眾家之長，而有突破窠臼之舉也。茲析論蔡傳之特色與新意於后：

1、復合小序為一篇，置之卷末

朱熹既考小序非孔子所述，而小序之說每與經文相抵觸，故其說經，不依小序之說。蔡沈承其師說，於小序亦多不稍顧之，故復合小序爲一篇，而置之全書之末。其言曰：

> 漢劉歆曰：孔子修易，序書。班固曰：孔子纂書，成百篇而爲之序，言其作意。今考序文於見存之篇，雖頗依文立義，而識見淺陋，無所發明，其間至有與經相戾者；於已亡諸篇，則依阿簡略，尤無所補，其非孔子所作明甚。顧世代久遠，不可復知，然孔安國雖云得之壁中，而亦未嘗以爲孔子所作，但謂書序，序所以作者之意，與討論墳典等語，隔越不屬，意亦可見。今姑依安國壁中之舊，復合序爲一篇，以附卷末，而疏其可疑者於下云〔註 270〕。

按書集傳既成，其子蔡杭於淳祐中表進於朝，稱集傳六卷，小序一卷，朱熹問答一卷。則其書六卷中不含小序，而小序自別爲一卷也。蔡沈所以存書序而辨之者，蓋其文雖非孔子之作，亦乃先儒書說，傳之既久，寖漸已深，存而辨之，既保其說以參考，復明其失以正學，不亦宜乎！

今書集傳所附小序一卷，見於董鼎輯錄纂註書中，然置之全書之首，而四庫提要云書肆本多削去不刊，元何異孫十一經問對謂吉州所刊蔡傳，仍以書序置之各篇之首，亦刊版之異，非通例也，乃後世之無知者所爲耳。宋史藝文志錄其書止六卷，是元時其書多單行，而使小序與經文漸離漸遠矣。

2、每篇之下，註明古、今文之有無

朱熹每言孔壁古文之易明，而伏生今文之難曉，以爲有不可解者，蓋朱子不欲盡倒六經，故雖辨古文、今文之異，指僞跡而可見矣，而尙鬱而不發也。蔡沈繼其師說，於每篇之下，皆註明其有無。於伏生所傳諸篇之下，註曰「今文、古文皆有」，於僅見於孔傳本之諸篇下，註曰「今文無、古文有」。如此標註，使今文所有諸篇之

〔註 270〕見董鼎書集傳輯纂序卷，頁 1。

難，及古文獨有之諸篇皆易，顯然易見，且文辭格制之不倫，不相混淆。皆有助後人起疑之辨思。

3、重今文、輕古文

朱熹論尚書，於同出於東晉者皆疑其僞作，然言及義理，若二帝三王之德政仁心，則每據孔傳本獨有者而大加發揮，蓋伏生所傳諸篇，文辭既難通讀，則義理無從言說，若毛之於皮焉；而古文諸篇，則文從字順，宛如後世文章，句句皆可出義言理也。是朱子於尚書之論，求眞與求善之間，時左右爲難矣。蔡沈承其師說，復加斟酌，轉重今文，稍輕古文。此於下列諸事可見：

（1）蔡傳於每篇之下，註明古文、今文之有無，其標註之法，皆先今文而後古文，若曰「今文古文皆有」，曰「今文無，古文有」，若蔡沈重古文，如傳統尚書學者，必皆先明古文之有無，然後說今文之有無也。今其文不如是，是可示今、古文輕重之跡。

（2）蔡傳於金縢篇「惟朕小子其新逆我國家禮亦宜之」下註曰：「新當作親。……今天動威以明周公之德，我小子其親迎公以歸於國家，禮亦宜也。按鄭氏詩傳成王既得金縢之書，親迎周公。鄭氏學出於伏生，而此篇則伏生所傳，當以親爲正。親誤作新，正猶大學新誤作親也〔註 271〕。」蔡傳以「新」「親」有互用之例，蓋出於其師朱子大學章句。朱子註曰：「程子曰：親當作新。」是也。而蔡氏據鄭玄詩傳謂「親迎」，而以爲鄭氏所見本作「親」而非「新」字，遂信之；而謂鄭玄學出伏生，而此篇即伏生傳本所有之文，故當可信，以親爲正。其重伏生今文而以爲可信之意，不言而喻。

（3）蔡傳於今文尚書各篇，多所發揮義理；朱子每謂伏生今文難曉，而謂「如盤庚之類，非特不可曉，便曉了，亦要何用。如周誥諸篇，周公不過是說周所以合代商之意，是他當時說話，其間多有不可解者〔註 272〕。」，蔡傳則於今文各篇，多發揮義理，以見今文之可取。若大誥一篇，朱子嘗曰：「今大誥大意，不過說周家辛苦做得這基業在此，我後人不可不有以成就之而已。其後又卻專歸在卜上，其意思緩而不切，殊不可曉〔註 273〕。」朱子之意，謂周公處此外有管、蔡之亂，內有成王相疑之時，作爲此書，決非備禮苟且爲之，必欲以此聳動天下也〔註 274〕。今其文緩而不切而又歸於神卜，於義難有可取。蔡沈於大誥篇，則每據以言義理。蔡沈集傳

〔註 271〕見書集傳卷四，頁 13。
〔註 272〕見朱子語類卷七八總，頁 1984。
〔註 273〕見前書卷七九總，頁 253。
〔註 274〕同前註。

曰：「按此篇誥語多主卜言，如曰寧王遺我大寶龜，曰朕卜并吉，曰予得吉卜，曰王害不違卜，曰寧王惟卜用，曰矧亦惟卜用，曰予曷其極卜，曰矧今卜并吉，至於篇終，又曰卜陳惟若茲，意邦君御事有曰艱大不可征，欲王違卜，故周公以討叛卜吉之義，與天命人事之不可違者，反復告諭之也〔註275〕。」是朱子以爲緩而不切之辭，蔡沈則以爲諄諄開導之語，並以爲天命所在，實所以聳動天下之言，非如朱子所謂言不及義也。

以此三事察之，蔡沈之重今文，並爲發義理，與其師不同，斯論足可立定也。

4、尚書經文中原本有序，乃史官所述

朱熹既以書小序非孔子所作，而蔡沈遂復合小序而單卷別之，使不與經文相混淆。且又以爲書小序每與經義相近；而經文之中，前段多敘述經文之所以成之因，故蔡沈以爲此說明來由之文句，即尚書經文之本序也；蓋書序者，所以言其作意也，故蔡沈既辨書小序非孔子作，而於旅獒篇「惟克商遂通道九夷八蠻，西旅厎貢厥獒，太保乃作旅獒，用訓于王」下曰：

> 此旅獒之本序也〔註276〕。

又於多士篇「惟三月，周公初于新邑洛，用告商王士」下曰：

> 此多士之本序也〔註277〕。

又周官篇「惟周王撫萬邦巡侯甸，四征弗庭，綏厥兆民，六服群辟，罔不承德，歸于宗周，董正治官」下云：

> 此書之本序也〔註278〕。

按蔡傳周官篇題下云：「成王訓迪百官，史錄其言，以周官名之，亦訓體也〔註279〕。」蔡沈於經文之中，每注「此史官之言」，如盤庚三篇篇首數句下之下，蔡沈曰：

> 史臣言盤庚欲遷于殷，民不肯往適有居，盤庚率吁眾憂之人，出誓言以喻之，如下文所云也〔註280〕。

又於盤庚中「盤庚乃登進厥民」下云：

> 此史氏之言〔註281〕。

又於盤庚下「綏爰有眾」下曰：

〔註275〕見書集傳卷四，頁131。
〔註276〕見前書卷四，頁125。
〔註277〕見前書卷五，頁162。
〔註278〕見前書卷六，頁191。
〔註279〕同前註。
〔註280〕見前書卷三，頁84盤庚上。
〔註281〕見前書卷三，頁85。

此史氏之言〔註282〕。

又於金縢篇題下云：

史錄其冊祝之文，并敘其事之始末，合為一篇，以其藏於金縢之匱，編書者因以金縢名篇〔註283〕。

並引唐孔氏曰:「篇首至王季文王，史敘將告神之事。……」其他若召誥、西伯戡黎、呂刑、顧命、武成、泰誓三篇、伊訓、胤征，皆於篇首數語下，明言有史官之言，史官所錄，而書經之中，有篇首數語言作書之由來者，尚有康誥、牧誓、蔡仲之命、畢命等，亦可類推。

又考蔡傳於咸有一德篇「伊尹復政厥辟，將告歸，乃陳戒於德」下云：

此史氏本序〔註284〕。

又於五子之歌篇自篇首「太康尸位」至「述大禹之戒以作歌」下云：

史臣以其作歌之意，序於五章之首；後世序詩者，每篇皆有小序，以言其作詩之義，其原蓋出諸此〔註285〕。然則蔡沈以為今所謂小序既非孔子所作，乃後人所述，而書篇之中，史官記述之時，同時已有述其作意之言，此即書篇本來之序，而作者乃錄史之官。以此推之，若孔子眞有所謂序書之事，則必據此史官所記為之。林之奇以為書序本史官所作，而孔子據而修之〔註286〕；蔡沈此說，或亦有取於林之奇，而更有進之，故指諸篇首數語即書篇本序，並以為乃史官所作者也。

5、書篇次序之疑誤

朱熹用蘇軾、吳棫、胡宏之說，以為康誥篇首四十八字至「洪大誥治」為洛誥之文，錯簡於康誥，故學者皆以為康誥、酒誥、梓材三篇為成王時書；蓋此三篇本武王之書，其次序當在金縢之前，朱子雖未明說，然其意極明顯如此〔註287〕。蔡沈則於康誥篇題下云：

特序書者不知康誥篇首四十八字為洛誥脱簡，遂因誤為成王之書。是知書序果非孔子所作也。康誥、酒誥、梓材，篇次當在金縢之前〔註288〕。

〔註282〕見前書卷三，頁91。
〔註283〕見前書卷四，頁127。
〔註284〕見前書卷三，頁82。
〔註285〕見前書卷二，頁62。
〔註286〕參見本論文林之奇之尚書學一節。
〔註287〕參見朱子語類卷七九總，頁254。
〔註288〕見書集傳卷四，頁137。

康誥三篇之外，蔡傳亦以爲蔡仲之命篇篇次當在洛誥之前〔註289〕。其言曰：

> 仲、叔之子，克常敬德，周公以爲卿士。叔卒，乃命之成王而封之蔡也。周公留佐成王，食邑圻內，圻內諸侯孟、仲二卿，故周公用仲爲卿，非魯之卿也〔註290〕。

蔡氏之意，雖蔡叔卒年不知何時，然必在周公留佐成王營洛邑之前也。故蔡傳云「篇次敘當在洛誥之前」。

上述五者，乃蔡傳之創樹，雖或前有所承，然至蔡沈始定其說而見於著作也。若夫蔡傳解書經文義，於前儒師說之外，亦自有其新意出乎其間也。茲條述如次：

（1）微子「我其發出狂，吾家耄遜于荒」

孔傳曰：「我念殷亡，發疾生狂，在家耄亂，故欲遯出於荒野，言愁悶。」孔傳意謂「我」指微子自己，則遜於荒者蓋指微子欲去之意。宋代諸家，皆遵孔傳，若蘇氏謂「我其奔走出國若狂人然」，呂氏曰「欲遯荒野，使耳目不聞見紂所爲」，張栻謂「此微子有去之之意」。然蔡傳解之，則曰：

> 言紂發出顛狂，暴虐無道，我家老成之人，皆遯遁於荒野，危亡之勢如此〔註291〕。

蔡傳訓「我」非指微子本人，而以爲大我之辭，若我國、我眾、我君也。蔡傳之意，微子初無出國之意，彼詢於父師、少師者，以國之危亡如此，若之何其可濟；而父師以「王子出迪」告之，示「人自獻於先王」之義，故「我」不訓作「微子」也。案蔡傳於大誥之「我」，皆訓大我之意，考諸經文，義有可取；若前云「我祖厎遂陳於上」，「我用沈酗于酒，用亂敗厥德于下」之「我」字，皆不可指微子而言；以此推之，「我其發出狂」之我，當亦非指微子也。蔡傳訓「吾家耄」亦然，吾與我皆大眾之意，故亦不可指微子一人，是以蔡沈謂「吾家耄」爲「我家老成之人」，蓋爲大眾之稱謂也。

（2）泰誓中「百姓有過，在予一人」

孔傳曰：「己能無惡于民，民有過，在我教不至。」此所謂「過」者，過錯也。百姓有犯過錯者，在君之教化不及故也。蔡傳則曰：

> 過，廣韻曰：責也。武王言天之視聽，皆自乎民，今民皆有責于我，謂我不正商罪，以民心而察天意，則我之伐商，斷必往矣。蓋百姓畏紂之

〔註289〕見書集傳卷五，頁176。
〔註290〕見前書卷五，頁177。
〔註291〕見前書卷三，頁11、12。

虐，望周之深，而責武王不即拯己於水火也〔註292〕。

蔡傳所謂「責」者，即責求，督責之意，言民之有責望於我，使救民於暴虐之中。而民之責望，即天之責望也，故百姓、天命皆欲我之往伐，是以下曰「今朕必往」，以應天命民心也。考朱子論語集註堯曰篇「百姓有過，在予一人」下，無註解，而於「萬方有罪，罪在朕躬」下云：「民有罪，實君所爲，見其厚於責己，薄於責人之意。」朱子以爲「萬方有罪，罪在朕躬」與「百姓有過，在予一人」二句之義相同，故註其前而略其後。以此推知，朱子之意與孔傳同也。孔傳之意，在我之所當爲，盡其在我，往伐商紂，意出於我心之仁，不忍見百姓之蹈水火暴虐之中，我之仁心，即天之仁心，天亦必不忍見百姓如此，則救之之責在我一人之身也。而蔡傳之義，主旨在伐紂之事，一聽乎天命、民心，而無一己之見，絲毫私意出乎其間。「私欲」之當去，亦如朱子義理之學者所常云。孔傳意謂伐紂之事出於內，蔡傳意謂伐紂之事應乎外，此孔、蔡之大異處也。

（3）金縢「惟朕小子其新逆，我國家禮亦宜之」

孔傳曰：「周公以成王未悟，故留東未還，改過自新，遣使者迎之，亦國家禮有德之宜。」孔傳解「新」爲「改過自新」，解「逆」爲「遣使者迎之」。蔡沈以爲如此解於義不合於「禮」尊之義，於文則「新逆」不應分離解釋，故蔡傳云：

> 新當作親。成王啓金縢之書，欲卜天變，既得公冊祝之文，遂感悟執書以泣，言不必更卜，昔周公勤勞王室，我幼不及知，今天動威以明周公之德，我小子其親迎公以歸，於國家禮亦宜也。案鄭氏詩傳成王既得金縢之書，親迎周公。鄭氏學出於伏生，而此篇則伏生所傳，當以親爲正。親誤作新，正猶大學新誤作親也〔註293〕。

按經文「新逆」若如孔傳之說，實於辭不順，且成王無自言改過自新之理，經文前既謂「執書以泣」而命「勿穆卜」，並謂自言「予沖人不及知」，是深自悔過之意甚明，不煩於下復自言「改過自新」也。而「遣使以迎」，實匪能示其改過之誠；然則「禮亦宜」之義亦失著落處。蔡傳以此之故，遂主張「新逆」當爲「親逆」，其所據之者，除於義於辭較順合之外，尚有鄭玄詩傳，及程氏大學之說〔註294〕，以證「新」本作「親」。復按尚書正義亦曰「新逆，馬本作親迎〔註295〕」，然則蔡傳之義，實較孔傳爲優。於考證則有據，於文辭則無穿鑿之嫌，於義亦合乎尊禮之儀也。

〔註292〕見前書卷四，頁18。
〔註293〕見前書卷四，頁13。
〔註294〕參見朱子四書章句集注大學章句「在新民」句下引文。
〔註295〕見正義卷十三，頁13。

（4）大誥「爽邦由哲；亦惟十人，迪知上帝命」

孔傳曰：「言其故有明國事用智道十人，蹈知天命。謂人獻十夫來佐周。」孔傳之意，以爲此十人乃指大誥前「今翼日，民獻有十夫予翼」之十人也。林之奇全解謂武庚之亂，邦君御事皆疑，此十人者惠然肯來，以爲可以明紂之可征伐，則此十人者，乃紂臣民之哲人也。而蔡傳則以爲「十人」指「十亂」。書集傳曰：

> 言昔武王之明天命於邦，皆由明智之士，亦惟亂臣十人蹈知天命。……按先儒皆以爲十人爲十夫，然十夫，民之賢者爾，恐未可以爲迪知帝命。未可以爲越天棐忱。所謂迪知者，蹈行眞知之詞也；越天棐忱，天命已歸之詞也；非亂臣昭武王以受天命者，不足以當之。況君奭之書，周公歷舉虢叔、閎夭之徒，亦曰迪知天威；於受殷命，亦曰若天棐忱。詳周公前後所言，則十人之爲亂臣，又何疑哉〔註296〕！

按蔡傳於前文「民獻有十夫」，用孔傳義，指爲「民之賢者」，於「亦惟十人」，則改指爲「十亂」，其說不然。考經文云「亦」，乃上有所承之辭，故當指前文之「民獻有十夫」，此其一也。經文所以訓眼前庶邦君越眾御事，當引目前之事以爲說；今蔡傳解之，遠指武王之「十亂」，不合言辭之常理。故元陳櫟謂「自爽邦至棐忱十七字中，本略無武王時之意」，不過硬說上耳〔註297〕，其說的當；此其二也。蔡傳謂「民獻有十夫」者，恐未可以爲「迪知天命」，其論不差；然經文之意，所謂「迪知天命」者，非指此十人知天命也，乃謂因此十人之來佐，而得知天之授命我往征四國也。蓋四國之賢者十人既來，則是四國之政亂，民心不協，天命已離，賢者叛去，此豈非天示我以可伐乎！蔡傳知其理之不當，而不知文辭之相關，遂陷孔傳之窠臼而不能全身拔去，故費辭辨之而無益也；此其三也。若「十人」即「十亂」，周公乃十亂之一，自無自言己「蹈知天命」之理；此其四也。蔡傳又據君奭篇周公歷舉文王、武王時虢叔，閎夭之徒，又曰迪知天威，亦曰若天棐忱，皆與大誥之文相近似，然則其所指之人當亦相同；君奭既指閎夭之徒，此「十人」當亦指閎夭之徒，即「十亂」也；然考諸君奭之文，雖有「迪知天威」、「若天棐忱」等語，唯「迪知天威」者，乃文王也，非此「十人」也；而「若天棐忱」與「越天棐忱」雖同，然君奭非指「十人」若天棐忱，乃謂「我不敢知曰：厥基永孚于休，若天棐忱」，意即我不能肯定吾國基業，必能長保上天信用之美命，蓋天命無親，唯德是輔，天命難知也；朱子語類亦曰：「天棐忱，如云天不可信〔註298〕。」是大誥、君奭之文，所指不同，

〔註296〕見書集傳卷四，頁135。
〔註297〕見陳櫟書集傳纂疏卷四，頁43。
〔註298〕見朱子語類卷七九，頁254。

不可互證；且蔡傳以「越天棐忱」與「迪知上帝命」解義相聯，本即與君奭「若天棐忱」不倫，今取彼此互證，於理不合；此其五也。以是可見蔡沈之意雖新，然費辭而無益，不如仍舊貫也。

（5）秦誓「惟截截善諞言，俾君子易辭，我皇多有之」

孔傳曰：「惟察察便巧，善爲辯佞之言，使君子回心易辭，我前多有之。」蔡傳曰：

> 辯給巧言，能使君子變易其辭說者，我遑暇多有之哉！良士謂蹇叔，勇夫謂三帥，諞言謂杞子。先儒皆謂穆公悔用孟明，詳其誓意，蓋深悔用杞子之言也〔註299〕。

按穆公既復得孟明等三帥，不責其失而反復用之，終破晉軍，是穆公非悔用孟明等三帥也，蔡傳得之矣。經文之意，雖於「仡仡勇夫」云「我尚不欲」，然亦未有離棄之意，而於「諞言」之徒，而曰「我皇多有之」，是棄之恐無暇矣。蔡傳謂穆公深悔用杞子之言是也。

復考黃度尚書說曰：「截截一切善爲辯言，能使君子惑之，變其初辭如此者，我大有之。雖然，理不可易也。我實昧昧思之不精，乃至於此。襲鄭，蹇叔之謀豈爲不盡，獨奪於壯勇之必往，士貪功一切之言，而遂惑之；穆公初亦以爲難，而爲辯口變其意，故自以爲昧昧不思之咎；此言殆爲杞子輩也。襲鄭，杞子爲謀主〔註300〕。」其說與蔡傳大體相類。黃度與朱熹、葉適相友善，於輩分早於蔡沈，或蔡沈之說有取於黃度者歟！

（三）蔡沈之洪範學

全祖望於宋元學案中九峰學案下曰：「蔡氏父子兄弟祖孫，皆爲朱學干城；而文正之皇極，又自爲一家。」蔡沈洪範、皇極之學，蓋得自家傳。經義攷謂蔡元定本有洪範解之作而復云未見；宋史謂元定未及論著，曰「成吾書者沉也」。考董鼎曰：「西山蔡氏有洪範說，傳多用之，餘見纂註〔註301〕。」是蔡元定本有洪範之作，蔡沈爲尚書集傳，已用其父之說矣。然亦有與朱熹之說相近者。若朱子言五行配五事，用吳仁傑之說，以貌配水，以言配火，以視配木，以聽配金，以思配土；又以五行配庶徵，曰以雨屬水，暘屬火，燠屬木，寒屬金，風屬土〔註302〕。蔡沈書集傳於五事下曰：

〔註299〕見書集傳卷六，頁222。
〔註300〕見黃度尚書說卷七，頁2。
〔註301〕見書集傳輯錄纂註卷四，頁18。
〔註302〕參見朱子語類卷七九，頁243。

> 貌澤，水也；言揚、火也；視散，木也；聽收，金也；思通，土也〔註303〕。

此與朱子語類引吳仁傑之說同也。又八庶徵下曰：

> 雨屬水，暘屬火，燠屬木，寒屬金，風屬土。吳仁傑曰：易以坎爲水，北方之卦也。又曰。雨以潤之，則雨爲水矣。離爲火，南方之卦也；又曰：日以烜之；則暘爲火矣。小明之詩首章云：我侯徂西，二月初吉；二章云：昔我往矣，日月方燠。夫以二月爲燠，則燠之爲春爲木明矣。漢志引狐突金寒之言；顏師古謂金行在西，故謂之寒，則寒之爲秋爲金明矣〔註304〕。

此可見五行、五事、五徵之相配，蔡沈用其師說，皆用吳仁傑之說也。西山蔡元定之說五行配五事則不同，其言曰：

> 貌言視聽思，五行相克之序也，即五常之序也。貌以生爲木，言以斷爲金，視以明爲大，聽以聰爲水，思以通爲土，皆自然之理也〔註305〕。

然則蔡傳於洪範五行、五事、五徵之相配，從師說而不用父說也。又「皇極」之義，蔡傳亦用師說，訓「極」爲「至極之義，標準之名」，「皇」者指君主也〔註306〕，與朱子「皇極辨」同也。

蔡傳於「稽疑」一疇「立時人作卜筮，三人占則從二人之言」下曰：

> 凡卜筮必立三人以相參考。舊說卜有玉兆、瓦兆、原兆；筮有連山、歸藏、周易者，非是。謂之三人，非三卜筮也〔註307〕。

按此所謂舊說者，批孔傳也。孔傳曰：「立是知卜筮人，使爲卜筮之事，夏殷周卜筮各異，三法並卜，從二人之言。」考西山蔡元定曰：「恐非是。禹敘洛書之時，未有原兆與周易也〔註308〕。」蔡元定就時間言之，夏禹之時，周代之原兆、周易固尚未出現，而洪範之作，在周朝初立之時，箕子以殷商遺臣之位，亦無由言及相傳爲文王所演之周易也；故以孔傳爲非。蔡沈亦以孔傳爲非，雖未明言其理之所從出，或即用其父說也。

又蔡傳論「一曰五行」至「次九曰嚮用五福，威用六極」曰：

> 此九疇之綱也。在天惟五行，在人惟五事，以五事參五行，天人合矣。八政者，人之所以因乎天；五紀者，天之所以示乎人；皇極者，君之所以建極也；三德者，治天所以應變也；稽疑者，以人而聽於天也；庶徵者，

〔註303〕見書集傳卷四，頁119。
〔註304〕見前書卷四，頁123。
〔註305〕見董鼎書集傳輯錄纂註卷四，頁22纂註下引西山蔡氏曰。
〔註306〕參見書集傳卷四，頁12。
〔註307〕見前書卷四，頁123。
〔註308〕見董鼎輯纂卷四，頁3纂註下引西山蔡氏曰。

推天而徵之人也；福極者，人感而天應也〔註 309〕。

此說旨在言「天人合一」之理，唯「皇極」一疇，轉用朱子之說，其餘皆說天之與人相關之理，可見此段論說，除皇極外，皆不出於朱子者也。朱子嘗曰：

蓋皆以天道人事參互言之。五行最急，故第一；五事又參之於身，故第二；身既修，可推之於政，故八政次之；政既成，又驗之於天道，故五紀次之；又繼之皇極居五，蓋能推五行、正五事，用八政，修五紀，乃可以建極也；六三德，乃是權衡此皇極者也；德既修矣，稽疑庶徵繼之者，著其驗也；又繼之以福極，則善惡之效，至是不可加矣〔註 310〕。

以朱說與蔡傳比校，可見其異處頗多，朱子多就人事而論之，自五事以後即如是矣。又朱子論三衢夏唐老之九疇圖，其弟子記曰：

三衢夏唐老作九疇圖，因執以問。讀未竟，至所謂：皆天也，非人之所能爲也。遂指前圖子云：此乃人爲，安得而皆天也；洪範文字最難作，向來亦將天道人事分配爲之，後來覺未盡，遂已之〔註 311〕。

然則此段蔡沈之說，本諸「天人合一」之主旨，或與夏唐老九疇圖之說有關；亦或出於其父洪範說。要之必非朱子之說。而西山蔡元定曰：

皇極之君，以人謀未免乎有心，有心未免乎有私，此所以洗心齋戒，以聽天命而無所容其心也〔註 312〕。

考蔡傳謂「稽疑者，以人而聽於天也」，此正與蔡元定之說「以聽天命而無所容其心」同也；由此可證蔡沈洪範之說，確有用元定之義，董鼎之言不謬。

蔡沈洪範之學，除書集傳洪範篇之說外，尚有洪範皇極內篇之作。宋史本傳謂蔡元定長於易，而洪範之數，久失其傳，西山蔡氏獨心得之，未及論著而曰「成吾書者，沈也」。今蔡沈洪範皇極內篇序云：

體天地之撰者，易之象；紀天地之撰者，範之數。數者始於一，象者成於二。一者奇，二者耦也；奇者數之所以行，耦者象之所以立；故二而四，四而八；八者，八卦之象也；一而三，三而九；九者九疇之數也。由是重之……九而八十一，八十一而六千五百六十一，而數周矣。：…先君子曰：洛書者，數之原也。余讀洪範而有感焉〔註 313〕。

〔註 309〕見書集傳卷四，頁 118。
〔註 310〕見朱子語類卷七九總，頁 241、242。
〔註 311〕見前書卷七九總，頁 249。
〔註 312〕見董鼎輯纂卷四，頁 29 纂註下引西山蔡氏曰。
〔註 313〕見宋元學案卷六七九峰學案總，頁 125～128。

是蔡沈亦以數論洪範，承其父元定之說也。亦有洪範皇極圖，首出洛書，次以「九九圓數圖」，以九九八十一配四季分至；又有「九九方數圖」，「九九行數圖」，配以二十四節氣；末以「九九積數圖」。而皇極內篇，則是其說理之所寄。析其所論之理，可得下列數端：

1、以數言洪範

蔡沈承乃父之學，作洪範皇極內篇，以數言洪範也。其皇極內篇曰：

數者，彝倫之敍也，無敍則彝倫斁矣〔註 314〕。

又曰：

卦者，陰陽之象也；疇者，五行之數也；象非耦不立，數非奇不行，奇耦之分，象數之始也〔註 315〕。

蓋蔡沈以爲天地自然，有數存焉，蓋「理之所始，數之所起〔註 316〕」，有理則自有其數；由太極而二氣，由二氣而五行，「無極之眞，二五之精，妙合而凝，化化生生，莫測其神，莫知其能〔註 317〕」，天地之成，由陰陽二氣而成，故謂「太極，形而上之道；陰陽，形而下之器〔註 318〕」。天地既成，象數自形，象以屬卦，數以屬疇，斯其當也；以數言卦，以象言疇，則若洞極用書，潛虛用圖，非無作也，而牽合傅會，而自然之數益晦矣〔註 319〕。

蔡元定嘗謂「洛書者，數之原〔註 320〕」，而世傳洪範源於洛書，而洪範之疇有九，何邪！蔡沈曰：

九者生數也，十者成數也；生者方發而未形，成者已具而有體〔註 321〕。

又曰：

洛書數九而用十，何也？十者，數之成也，數成而五行備矣〔註 322〕。

洪範九疇之數，而其首曰「五行」，其五曰皇極，故「一」、「五」、「九」之數最緊要，九與一共爲十，十乃雙五之數五則爲皇極之疇，亦合五行之數，故曰成於「十」也。蔡沈又曰：

〔註 314〕見前書，頁 1211。
〔註 315〕見前書，頁 1212。
〔註 316〕見前書，頁 129。
〔註 317〕同前註。
〔註 318〕見前書，頁 121 引朱子之說。
〔註 319〕見前書，頁洪範皇極內篇序文。
〔註 320〕同前註。
〔註 321〕見前書，頁 1213。
〔註 322〕同前註。

一，數之始也；九者數之終也；一者不變而九者盡變也。三五七者，變而少者也，二四六八者，變而耦者也。……奇耦相參，多寡相函，其惟九數乎〔註 323〕？

數之中，自一至九，皆有其性，與天地陰陽合，與鬼神吉凶合，與人身五臟五行合。蔡沈曰：

數始於一，參於三，究於九，成於八十一，備於六千五百六十一。八十一者，數之小成也，六千五百六十一者，數之大成也。天地之變化，人事之始終，古今之因革，莫不於是著焉〔註 324〕。

數既著乎天地、人事，古今因革，則緣數可以知吉凶矣。其說曰：

自一而九，自九而一，一逆一順，一九、二八、三七、四六，互相變通，五則常中，有吉無凶，禍亡而福隆，君子之所爲宮。是故一變始之始，二變始之中，三變始之終，四變中之始，五變中之中，六變中之終，七變終之始，八變終之中，九變終之終〔註 325〕。

緣數可以合陰陽矣。其言曰：

一，數之周，一歲之運也；九、數之重，八空之分也。一一，陽之始也；五五，陰之萌也；三三，陽之中也，七七，陰之中也。二二者陽之長，四四者陽之壯，六六者陰之長，八八者陰之壯，九則陰極矣。一九首尾爲一者，一歲首尾於冬至也〔註 326〕。

若夫人之身體，亦稟陰陽之氣而生，順五行之性而有五德之顯，故亦可以數合之。其說曰：

數者，所以順性命之理也。一爲水而腎，其德智也；二爲火而心，其德禮也；三爲木而肝，其德仁也；四爲金而肺，其德義也；五爲土而脾，其德信也〔註 327〕。

2、明數與理之關係

朱子之說，有理有氣；理先氣後，理氣不離，理一而分殊也。蔡沈本乎其師說曰：

有理斯有氣，有氣斯有形，形生氣化，而生生之理無窮焉〔註 328〕。

然「氣著而理隱」、「形著而氣隱」，人莫能知其理；夫數者，一分之至微，等之至著

〔註 323〕同前註。
〔註 324〕同前註。
〔註 325〕同前註。
〔註 326〕同前註。
〔註 327〕見前書，頁 1212。
〔註 328〕見前書，頁 129。

〔註 329〕」，天地自然之理，亦自有其序列排比之結構形式，而數之至微至著功，正由理而起。數者，所以順性命之理也。數雖非理，然沿數可以推既隱之理而知其序，此所謂「順」也。故蔡沈曰：

> 物有其則，數者，盡天下之物則也；事有其理，數者，盡天下之事理也。得乎政（數），則物之則，事之理，無不在焉。不明乎數，不明乎善也；不誠乎數，不誠乎身也。故靜則察乎數之常，而天下之故無不通，動則達乎數之變，而天下之幾無不獲〔註 330〕。

然則數者，乃理之外顯形式。聖人固理以著數〔註 331〕，此洪範之之所以成也；天下因數以明理〔註 332〕，此洪範之所以傳也。數者，聖人所以教天下後世者，此洪範之大義也。

3、蔡沈洪範皇極內篇與書集傳洪範篇說義之異同

書集傳言九疇之義，多主「天人合一」之旨，皇極內篇之言，既以數緣理而起，理者天地萬物之所以生生也，而聖人因理明數，因數以教天下後世以理；然則其思想之基礎，亦本夫「天人」之間者也。然書集傳之說，於「皇極」之疇，遵用朱熹「標準」「至極」之義，遂以人事論之。而蔡沈於皇極內篇，其解說「皇極」，則與集傳不同。皇極內篇云：

> 形氣之元，極實先焉；極無不中，氣或偏矣，形又偏矣。中無不善，偏不善矣〔註 333〕。

又曰：

> 中者，天下之大本乎，自一而九，自九而一，雖歷萬變，而五常中焉〔註 334〕。

蔡沈以數言洪範，於「五」多云「中」，曰「五，變中之中〔註 335〕」，曰「五常中焉」，而「五」於九疇之中，即爲皇極疇，皇極居五，以數言之，則「中五特立，而當時者獨盛〔註 336〕」，「五則常中，有吉無凶〔註 337〕」。是「極建則大本立，極明則大用

〔註 329〕上引諸句，皆見前書，頁 129。
〔註 330〕見前書，頁 1214。
〔註 331〕參同前註。
〔註 332〕參同前註。
〔註 333〕見前書，頁 1210。
〔註 334〕見前書，頁 1213。
〔註 335〕見前書，頁 1213。
〔註 336〕見前書，頁 1212。
〔註 337〕見前書，頁 1213。

著」，天地之立，元氣之先，建極爲先，「極無不中」，「中無不善」矣。夫其說如此，則所謂「皇極」者，非如朱子所謂皇、君；極、至極、標準之義，乃仍用孔傳訓皇爲大，訓極爲中之義也。

以此論之，蔡沈尚書洪範之說，實有二源，一源於師說，一源於父說，其書集傳則多用朱子之說，其皇極內篇則純用父考之理。全祖望以爲「文正之皇極，又自爲一家」，與朱子異，遂別立九峰學案，而不以蔡沈全歸晦翁學案之下，良有見也。然蔡沈既本二源而分爲二說，各相異辭，未能融合匯通，此亦蔡沈學術未圓融之處也。

四、蔡沈尚書學之評價及影響

蔡沈秉其師之囑，爲書集傳，其書成於朱子既卒之後十年，書一出而眾家之說不復行於世矣〔註 338〕。其書大體以朱熹之說爲主，又多取注疏之精而正其失，堪稱力作。故元初定法，尚書一經，以蔡傳與古註並行；明洪武間，頒定科舉程式，以蔡傳及夏僎尚書詳解二書爲主〔註 339〕；至永樂中，敕令修書傳大全，大旨本陳櫟尚書集傳纂疏，陳師凱書傳旁通，刪棄異說，獨存蔡傳之說〔註 340〕，而後蔡傳立於一尊。迨入清之初，朝廷功令，仍以蔡傳爲主，並有欽定尚書著作，若欽定書經傳說彙纂是也。乾、嘉之際，清學昌盛，說書之家罕及蔡傳，然咸、同以後，宋學復興，故研此書者復盛。時至今日，既得甲骨文、鐘鼎文及諸考古史料，以佐尚書之研究，定古文尚書之僞，考古說之失，成績斐然矣，然言尚書之義理者，蔡傳仍不失爲最佳之著作也。

夫蔡沈書集傳之能有如許成就地位者，蓋因其師朱子之故也。朱熹爲宋代理學之集大成者，後世尊之不替，然朱熹於諸經之中，獨書無著作；而朱子既以己說傳授於蔡氏，爲訂草稿及親稿百餘段予之，臨終之前，尚殷殷於尚書說之改訂及討論。故蔡傳之成書，亦集朱熹尚書說之大成而爲之者。後世既尊朱學，於尚書則取蔡傳以補所闕，是以呂光洵序黃度書說云：

> 九峰蔡氏得紫陽朱子之學，作集傳，學者尤宗之，於是諸家言尚書者不復行於世〔註 341〕。

蔡沈書集傳，既以驥尾沾榮，然其集傳之中，亦非全用師說，其異說見於語類者，斑斑在焉；是以後世評蔡傳者，多就朱、蔡異同論之。四庫提要云：

〔註 338〕參見經義攷卷八一，頁 7 引呂光洵序黃度尚書說之言。
〔註 339〕參見前書卷八一，頁 4 夏僎尚書詳解下引楊愼之言。又四庫提要亦有是說。
〔註 340〕參經義攷卷八十七，頁 6 引吳任臣曰。
〔註 341〕同註 338。

序所謂朱子點定者，亦不免有所竄易，故宋末黃景昌等各有正誤辨疑之作；陳櫟、董鼎、金履祥，皆篤信朱子學者，而櫟作書傳纂註，履祥作尚書表注，斷斷有辭；明洪武中，修書傳會選，改定至六十條，國朝欽定書經傳說彙纂，亦多所考訂釐正；蓋在朱子之說尚書，主於通所可通，而闕其所不可通，見於語錄者不啻再三，而沈於殷盤周誥，一一必求其解，其不能無憾也，固宜。然其疏通證明，較爲簡易，且淵源有自，大體終醇。

提要所云，其大略也。今復徵引諸家詳論蔡傳之文於下，以補提要之未備。

（一）宋末及元代諸家評蔡傳之說

1、金履祥

有尚書注十二卷，尚書表注二卷。金履祥學出朱熹，蓋其師王柏，受業於何基之門，何基爲黃榦弟子，黃榦乃朱子之徒兼婿也。其尚書表注自序云：

朱子傳注諸經略備，獨書未及，嘗列出小序，辨正疑誤，指其要領以授蔡氏而爲集傳，諸說至此有所折衷矣。但書成於朱子既沒之後，門人語錄未萃之前爾。

此其意以爲蔡沈雖有師授，然亦未得其全，中間枝葉謬，所在難免，故究其義理之微，考正文字之誤，表諸四闌之外。

2、陳　櫟

著有書傳折衷及尚書集傳纂疏六卷。今折衷已佚，惟其序尚存。其序曰：

朱子說書，謂通其可通，毋強通其難通，而蔡氏於難通罕闕焉；宗師說者固多，異之者亦不少。予因訓子，遂掇朱子大旨及諸家之得經本意者，句釋於下。異同之說，低一字折衷之。

若金縢篇「若爾三王，是有丕子之責于天」下，陳櫟曰：

蔡氏謂任保護之責于天，故疑于天之下有缺文。若依語錄用晁說，則二句文意渙然矣〔註342〕。

3、董　鼎

著有尚書輯錄纂註。自序稱其學得朱子之再傳。其序曰：

惜夫安國之傳不無可疑，而穎達之疏惟詳制度。……又得文公朱子有以折其衷而悉合於古。雖集傳之功未竟而委之門人九峰蔡氏，既嘗親訂定之，則猶其自著也。

董鼎既自謂得朱子之再傳，又以蔡傳猶朱子自著，故其書本乎蔡傳爲宗，蒐輯語錄

〔註342〕見其著書集傳纂疏卷四，頁35。

相關之言於其次，又增輯諸家之注有相發明者次之。庶幾會粹於成朱子之一經。然蔡傳之有異於朱者，董鼎皆用朱而非蔡。若大誥「予不敢閉於天降威用，寧王遺我大寶龜」一句，朱子以爲句讀當用王安石之說，「用」字下屬，作「用寧王遺我大寶龜」，蔡傳則仍用孔傳句讀。董鼎曰：

> 愚案朱子深取王氏點句，而蔡氏不盡從，何也〔註343〕？

4、吳　澄

著有書纂言四卷，僅註伏生所傳二十九篇，此其創舉者也。其序董鼎輯錄纂註曰：

> 朱子嘗欲作書說，弗果。門人嘗請斷書句，亦弗果。得非讀之有所疑而爲之不敢易耶！訂定蔡氏書傳，僅至百官若帝之初而止，他篇文義，雖承師授，而周書洪範以後，浸覺疏脫，師說甚明而不用者有焉。豈著述未竟而人爲增補與？抑草藁初成而未及修改與！金縢弗辟，鄭非孔是昭昭也，既迷於自擇而與朱子詩傳文集不相同。然謂鴟鴞取卵破巢，比武庚之敗管蔡及王室，則又同於詩傳，而與上文避居東都之說自相反。一簡之內而前後牴牾如此，何哉！召洛二誥，朱子之說具在，而傳不祖襲之，故切疑洪範以後，非蔡氏之手筆也〔註344〕。

凡此者，皆就朱、蔡之異而論評之。其類尚有王充耕、王文興、陳師凱等。至於直論蔡傳之失者，亦有張葆舒之蔡傳訂誤，黃景昌之尚書蔡傳正誤，程直方之蔡傳辨疑，余芑舒之讀蔡傳疑等，諸書今皆佚失，其內容皆對蔡傳有所詰難者也。

（二）明代諸家評蔡傳之說

1、劉三吾

明實錄謂明太祖與群臣論天與日月五星之行，臣下以蔡傳左旋之說爲對。太祖以爲否，左旋乃儒家之說，當爲右旋。遂於二十七年詔徵儒臣定正宋儒蔡氏書傳。命劉三吾董其事，九月書成，名曰書傳會選。劉三吾序曰：

> 宋九峰蔡氏本其師之命，作爲集傳，發明殆盡矣。然其書成於朱子既歿之後，有不能無可議者，如堯典天與日月皆左旋，洪範相協厥居爲天之陰騭下民，有未當者，宜考正其說，開示方來〔註345〕。

其書改定蔡傳者六十六條。其所以改者，一以蔡傳不合師說，一以蔡傳本即不合於

〔註343〕見其所著書集傳輯錄纂註卷四，頁46。
〔註344〕見經義攷卷八五，頁7引吳澄之言。
〔註345〕見經義攷卷八十七，頁2。

理而改之者。若天左旋之說，朱熹一再主之，蔡氏本之師說耳。然明太祖以爲非，則并朱說亦否之矣。

2、袁　仁

著有尚書砭蔡編一卷，今載於學海類編中，題曰「尚書蔡傳考誤」。其自序曰：

> 余弱冠時曾誦壁經正文，至是始取蔡氏閱之，則悖理者種種也。因博考先儒舊語，參以己意，正其謬誤。

其他若朱右曾、胡廣、王樵者，皆祖宗於蔡傳，而馬明衡則有尚書疑義一卷。

（三）清代諸家評蔡傳之說

清代沿明代之制，科舉功令，仍用蔡傳。有清一代，於尚書凡經三次欽定敕修。一爲庫勒納等編纂之日講書經解義，二爲王頊齡等編纂之欽定書經傳說彙纂，三爲孫家鼐等編纂之欽定書經圖說。三書皆祖宗蔡傳，亦有所修訂，且存別說以相參考。

此外，學者之研究尚書，於蔡傳亦多所採用，有篤信蔡傳而發揮者，有宗主蔡傳而有所補訂者；亦有駁詰蔡傳者，若左眉之蔡傳正訛六卷，陸奎勳之今文尚書說三卷，姜兆錫之書經蔡傳參議等，書今皆不見，然四庫提要皆謂辨蔡傳之誤，補蔡傳之失，或求之文字句辭之間也〔註 346〕。茲列舉諸家評說，以見一斑：

1、方宗誠

方宗誠，字存之，號柏堂，方東樹之族弟也，著有詩書集傳補義，其自序曰：

> 朱子詩集傳，蔡氏書集傳，大體純正無疵，予反覆玩味有年，間嘗引申其義以發明二書之大綱要旨；至集傳中偶有所疑，附記於後，以質世之君子〔註 347〕。

是方氏乃以朱、蔡爲宗者，而於蔡氏集傳，指或有所疑，是欲補訂蔡傳者也。

2、朱鶴齡

朱鶴齡，字長孺，吳江人，明諸生，入清不仕，隱居著述；著有尚書埤傳及禹貢長箋，其埤傳凡例曰：

> 漢唐二孔，去古未遠，名物度數之學，多得其眞；蔡氏訓釋義理，迥出注疏之上，然稽古卻疏；又一事而前後異解，往往有之。

又云

> 仲默解天文歷律得之家傳，其粹義精言，又多得朱子。今人盡讀蔡傳，

〔註 346〕參看古國順著清代尚書學第一章第二節，頁 15～30。

〔註 347〕見前書總，頁 26 引。

蔡傳實未易讀也；今於其難解疑特詮釋一二〔註 348〕。

其書大抵以蔡傳爲主，而名物數度，則別取于注疏，以補訂蔡傳之或訛。

3、孫承澤

孫承澤，字耳伯，山東益郁人，崇禎辛未進士，入清官至吏部侍郎。著有尚書集解二十卷。今其書未見，經義考引其自序云：

程、朱俱不註書，朱子僅屬之蔡仲默氏。仲默每註一篇，輒請正朱子，然止訂二典禹謨，遽捐館舍，其餘未經訂正者，果盡合朱子之意乎？……朱子既不注書，而仲默所注，或曾面授意旨；況同時有東萊之書說，後百年有金仁山之表注，許白雲先生之叢說，其精粹不遜於朱子〔註 349〕。

是其疑集傳未必得朱子之意，未能盡善，故以爲蔡傳不合於義者，可用呂東萊書說及金履祥、許謙二家補訂之。

4、閻若璩

閻若璩，字百詩，自號潛邱，其著尚書古文疏證，引證一百二十八以明孔傳本古文二十五篇之僞，乃尚書學史中一大功臣。

閻氏於蔡沈集傳，頗有貶辭，尤以蔡氏集傳禹貢之說爲尤甚。其書中有第八十二條「言以歷法推堯典蔡傳猶未精」，第九十三條「言蔡傳濰淄二水解不屬兗州」，第九十四條「言蔡傳不諳本朝輿地」，皆專門針對蔡傳而發。其書評蔡傳曰：

蔡氏地理，譌舛不可勝摘，茹而不吐，不止逆己，且病人焉，然已流毒四百八十二年矣〔註 350〕。

又每謂蔡傳之說不可考，並譏之曰：「余嘗譬蔡氏宛如今童子作小題時文，翻剔字眼以爲新，曾何當於經學。」又曰：「正蔡傳之譌，如掃敗葉，愈掃愈多〔註 351〕。其友黃子鴻亦極詆蔡傳者，謂閻氏乃「於蔡傳亦可謂憎而知其善」者也。

上述乃歷代學者於蔡傳之評價，亦可見其影響矣。然諸家之評，多以朱子之說爲正，蔡傳之異於朱說者，則以爲非。此一批評之觀點，純粹以宗朱爲正。然而朱子之說尚書，終其一生，有屢次改易者，記者先後有異，然則以何者爲是，何者爲非哉！若大誥「我之弗辟」，朱子嘗宗孔傳，然其與蔡沈書中則謂鄭說「避居東方」爲正者是也。且若一一皆依朱子之說，則朱子未有全部之解，就以語類暨文集合而輯之，亦未能得其全；若然，則蔡沈之書傳不可作矣。又此書集傳之作者乃蔡沈，

〔註 348〕見前書總，頁 196 引。經義考卷九十二，頁 4、5 引之。

〔註 349〕見經義考卷九十二，頁 2 引之，亦見歷代經籍典總，頁 625 引。

〔註 350〕見尚書古文疏證卷天下，頁 29。

〔註 351〕上四條分別見於前書卷六下，頁 48、60。

宗主師說，自無不可，若一一皆錄其師之說，亦步亦趨，則此書不可謂蔡沈所作，當謂之蔡沈所錄而已，作者應爲朱熹；此書之作者既爲蔡沈，自不可以朱子之說一一求索於蔡傳也，當以其同中見其師承之傳，於異中見其一己之得。而蔡沈博取諸家，輯錄講授所聞於師者，足成一家之言，其功自在；況其中尚有蔡氏一己之獨特見解存焉，豈能以之與朱熹說等量齊觀哉！

蔡氏尚書之學，其源有二，而於洪範皇極之疇，遂有異辭，於集傳則曰「君之標準」，於皇極內篇則曰「大中」，二者未能統合圓融，自成一體系，斯可見蔡沈之學多囿於師父之說，而未堪奉爲一代大師，開宗立派也。宋元學案立九峰學案，以其承西山蔡元定之學，而非能自立一門也；此黃宗羲、全祖望之深有見於此也；斯洵爲蔡沈尚書學之大病也。

第三節　陳大猷

一、生平事略

陳大猷，號復齋，東陽人。紹定二年進士，由宣差充兩浙路轉運司準備差遣，歷從事郎，以進所著書集傳，遷六部架閣而卒。所著有尚書集傳，尚書集傳或問〔註352〕。

二、尚書之著述與著錄

陳大猷官位不顯，故知之者鮮；其所著述唯見尚書集傳及或問耳。舊東陽志云：

> 紹興間，陳大猷嘗用朱子釋經法、呂子讀詩記例，採輯群書，附以己意，著書集傳。宋季其說盛行云〔註353〕。

其書宋史藝文志無著錄，其見著錄之最早者，在元董鼎書集傳輯錄纂注前所引「書蔡氏傳輯錄引用諸書」表，其中有「陳氏大猷　尚書集傳」，又於「纂註引用諸家姓氏」表中，引「陳大猷　更齋　集傳」，通志堂本之作「更齋」，乃「東齋」之誤也。然東齋者，非東陽陳大猷之號。考宋有兩陳大猷，東陽陳氏，號復齋，即本文所論之陳大猷也。而又有都昌陳大猷者，號東齋，乃陳澔之父；開慶元年進士，爲黃州軍州判官，當理宗之末年；受業於饒魯而上接黃榦、朱熹，爲朱門嫡傳學者也；著有書傳會通〔註354〕。此兩陳大猷世多混淆，董鼎所列，或偶誤而書之也。蓋董鼎書

〔註352〕參見宋人傳記資料索引冊三總，頁2541；鐵琴銅劍樓藏書目錄中，有陳大猷集傳，其中有官銜資料可參考，見金華經籍志志二，頁7、8、9。

〔註353〕見金華經籍志志二，頁7引。

〔註354〕可參見四庫提要中之說明，又經義考，通志通經解或問序，皆有言及，亦見宋元學

中既於輯錄中引「東齋集傳」，又引「復齋集義」〔註 355〕，而於纂註中亦引「東齋云」〔註 356〕，又有引作「陳氏大猷」者。今此兩陳大猷：以時代論之，東陽陳大猷乃紹定二年進士，都昌陳大猷乃開慶元年進士，相距三十年；又東陽陳大猷進其所著書於朝廷，時在嘉熙二年〔註 357〕，後二十二年都昌陳氏始登第也，是都昌陳氏爲晚輩；今書集傳或問所引宋代學者之說，止於蔡沈書集傳、袁燮書鈔、陳經尚書詳解，其時間正與東陽陳大猷吻合。以思想言之，都昌陳氏乃朱子嫡傳，由黃榦而饒魯，其必尊朱無疑，今就或問考之，其說於朱子、蔡傳，頗示異同之論；且其中屢引三山陳經、袁燮絜齋之說，陳、袁二氏，皆象山弟子、門人，朱子之門，必不相容；又其論堯典敬字一條，引孔叢子「心之精神謂之聖」一語〔註 358〕，此語乃陸象山門人楊簡慈湖思想所宗者；以此觀之，必非朱門嫡傳之論，故其書必非都昌陳氏之書也。以董鼎所引「陳氏大猷」與今本「尚書集傳或問」較之，二者論說及文辭相合，雖二書性質不同，然其論說文字有幾完全相同者焉；若仲虺之誥篇「能自得師者王，謂人莫己若者亡」，董鼎纂註引陳氏大猷曰：

> 能自得師則天下之善皆歸己，故可以王；謂人莫己若則驕矜侮慢，善日消，惡日長，亡之道也〔註 359〕。

尚書集傳或問則云：

> 人君能自得於所師，則天下之善始爲我有，故可以王；如顏子之師夫子，心契神會，終日不違，乃自得師也。〔註 360〕

又禹貢「治梁及岐」，董鼎引陳大猷曰：

> 魏志梁山北有龍門，禹所鑿，此最用功處；水患莫甚於河，河莫險於龍門，呂梁鑿闢，疑就狹處鑿而廣之，未必如賈讓所謂墮斷天地之性也〔註 361〕。

或問則曰：

> 或問林氏言鑿龍門，止就淺狹處鑿而廣之。何以知其然？曰禹貢凡施功處，或治或修，或績或乂，皆隨輕重載之；使其果如賈遜之說，則他處

案卷八三雙峰學案總，頁 1594。

〔註 355〕參見董鼎書集傳輯錄纂註中禹貢篇之各條輯錄中，東齋集傳、復齋集義各引七條。

〔註 356〕參見前書卷六，頁 24。

〔註 357〕參見金華經籍志二，頁 8。

〔註 358〕參見尚書集傳或問卷上，頁 3，以下簡稱「或問」。提要亦論及之。

〔註 359〕見董書卷三，頁 5。

〔註 360〕見或問卷上，頁 53。

〔註 361〕見董書卷二，頁 2。

功用皆不及此之多，何以止言載與治，而略不及於墮斷之跡邪〔註362〕！

可見董鼎所引之陳大猷尚書集傳與尚書集傳或問之說完全相配；不獨此也，陳櫟書集傳纂疏亦引用陳大猷之說，且多與董鼎所引相同，亦有數條爲董鼎所未引者，對比或問之說，亦皆相符。若仲虺之誥「慎厥終，惟其始，殖有禮，覆昏暴」，陳櫟引陳大猷曰：

仲虺慮君恃功業而驕，故欲其謹終，惟在如其始耳，非方戒其謹始也〔註363〕。

而尚書集傳或問曰：

或問張氏說謹終之道，當先謹始，始之不謹，克終者鮮矣；復引召誥若生子罔不在厥初生爲證，如何？曰：此說於句文甚順，但成王幼沖即政，召公慮其不能謹始，故以謹始爲重；若成湯取天下，德業如此，豈不能謹始者，仲氏慮其恃功業而驕，故欲其謹終如始耳，非方戒其謹始也。夏氏謂湯之始興非不善，所謹者惟在於終而已，此說是也〔註364〕。

陳櫟所引陳大猷之言，與或問之說，不僅論調相同，甚且文辭亦一致。以董鼎、陳櫟二者之書與或問相較觀之，足證作集傳或問之陳大猷，與董、陳所引之陳大猷，實同一人也。而都昌陳大猷雖著書傳會通，然無或問之作。以上所述三事，可證董鼎書集傳輯錄纂註引用諸家姓氏中，稱「陳氏大猷　東齋　集傳」之「東齋」，蓋誤書爾，當爲「復齋」也。至於董書所引「東齋集傳」、「東齋云」者，以無可比較對觀者，姑存而不論。

經義考有「陳氏大猷東齋書傳會通十一卷、佚」，又列「尚書集傳或問二卷、存」，以爲乃同一人之作，是混二陳大猷爲一也。而朱氏按語曰：

按葉文莊菉竹堂書目有陳大猷尚書集傳一十四冊，西亭王孫萬卷堂書目亦有之，其書雖失，或尚存人間，未知其爲東陽陳氏之書與？抑都昌陳氏之書與？考鄱陽董氏書纂注，列引用姓氏，於陳氏書集傳，特注明東齋字，正未可定爲東陽陳氏之書而非都昌陳氏所撰也〔註365〕。

按朱彝尊唯以引用姓名立論，而未考按內文，故有是疑。四庫提要於「尚書集傳或問」曰：

董鼎書傳纂註所引，其見於輯錄者，有東齋書傳，復齋集義，其見於

〔註362〕見或問卷上，頁34。
〔註363〕見陳櫟書集傳纂疏卷三，頁5。
〔註364〕見或問卷上，頁54。
〔註365〕見經義考卷八三，頁5。

> 纂註者，則一稱復齋陳氏，仍連其號，一稱陳氏大猷，惟舉其名。所列大猷諸說，此書不載，蓋皆集傳之文，唯甘誓怠棄三正一條，採用此書，亦稱陳氏大猷，則所謂陳氏大猷者，即此人而非東齋矣。又此書皆論集傳去取諸說之故，與朱子四書或問例同；董鼎書於禹貢冀州引東齋書傳一條，謂與蔡傳梁州錯法不合，然蔡亦未的云云；於此書之例，當有辨定，而書中不一及之，知其集傳中無此條矣〔註 366〕。

按四庫提要所論，以爲董鼎所引之陳大猷，即或問之作者陳大猷，其說是也。然其所謂甘誓一條，以爲乃引自或問，則未必然，蓋集傳與或問既相表裏補充，其文相近似，乃所當然，不必據此而指其出於或問而非集傳也。前論所引，足見一斑矣。又董書所引集傳諸條，有可議論而見於或問者，有無可論而亦見於或問者，不可執或問之有無立論也。今董書所引，亦非全璧，不可細論。而董書於禹貢篇輯錄屢引「東齋集傳」、「復齋集義」之文，無可與或問比觀者；然考董鼎書之凡例曰：「是書以朱子爲主，故凡語錄諸書，應有與書經相關者，靡不蒐輯，倣輯略例，名曰輯錄，附蔡傳之次〔註 367〕。」是輯錄所記，乃朱子之說，與東陽陳大猷無關；所記「東齋書傳」、「復齋集義」，當是朱子門弟子或後學所作有記朱子之言者，而東陽陳大猷非朱子門人，其書本不足以入輯錄者也；而都昌陳大猷與朱子淵源一脈，或有可錄者也。

提要於夾註中云：

> 是書標氏標名，例不畫一，大抵北宋以前，皆稱其氏，南宋以後，則入朱子學派者稱某氏，不入朱子學派者，雖王十朋、劉一止，皆稱其名〔註 368〕。

按提要就稱氏稱名以論其爲朱子門人學派與否，蓋以意妄指爾。考董鼎書中，稱引氏名，乃在分別學說之所屬何人也。蓋北宋學者尚書之著作少，姓氏不相重複混淆，且時代爲先，稱謂既定，若王氏則專指荊公，蘇氏則指東坡，陳氏則指少南，張氏則指無垢；逮南宋作者日出，姓氏重複，不加名號、籍貫、官銜，則無以別之，有相混淆之弊，故王十朋、王炎皆稱名以別於王荊公，陳大猷、陳經、陳傅良、新安陳氏之別於陳鵬飛，稱南軒、張庭堅之別於張九成也；若眞德秀則無重複之嫌，故稱眞氏；袁燮絜齋乃象山門人，而亦以氏無相混者，止稱袁氏爾〔註 369〕。

〔註 366〕見四庫總目提要卷十一經部書類一，頁 27、28。

〔註 367〕見董書前綱領，頁 8。

〔註 368〕同註 366。

〔註 369〕考董鼎書中所引纂註引用諸家姓氏，有袁默、袁燮，其文作「袁氏　默　思正　全解」，焦竑經籍志有「袁默書解　闕」，經義考亦著錄此書。今考董書卷五，頁 4 中引「袁氏曰」一段，見絜齋書鈔卷十一，頁 2，可證「袁氏」即袁燮，非袁默，或

總上所論，提要既混陳大猷之「復齋」與董琮之「復齋」爲一，又妄生凡例以說董氏書，其論證不可遽據，要之其主陳大猷非東齋則是也。以理推之，董書輯錄所引用諸書中，列「陳氏大猷尚書集傳」，乃都昌陳大猷之東齋尚書集傳，即輯錄中所引之「東齋集傳」也，而董書所列纂註引用諸家姓氏中之「陳大猷東齋集傳」，即書中纂傳所引之陳大猷，當爲「復齋」也。

瞿氏鐵琴銅劍樓藏書目錄云：

> 書集傳十二卷，或問二卷，題陳大猷集傳，前有綱領及書始末、書序、傳注傳授、集傳條例、進書上表錄本、其末題嘉熙二年二月日，從事郎前宣差充兩浙路轉運司準備差遣臣陳大猷上表，十三日奉聖旨降付尚書省，送後省看詳申；又後省看詳申狀錄本，其末題嘉熙二年五月日……十九日奉聖旨：陳大猷與六部架閣差遣，其書集傳并或問，付秘書省〔註370〕。

是陳大猷之書，當時尚存人間，爲瞿氏所得，至爲珍寶，惜今下落不明，無由取以讚研矣。

經義考謂陳大猷之書，菉竹堂書目有十四冊，萬卷堂書目則列十一卷，鐵琴銅劍藏書目錄則爲十二卷，或問二卷。瞿氏云：

> 進書表云：臣所編書集傳一十二卷，集傳或問三卷，繕寫成十五冊。蓋每卷爲一冊，或問當有三卷，此本僅有卷上、卷下，其中初非有闕；又卷一首行題書傳會通卷第一，次行題陳大猷集傳，餘卷則並題書卷之若干；越數格題陳大猷集傳，而其進表申狀，並稱集傳，初無書傳會通之目，豈進書後更定此名，並改併或問歟？抑坊刻所爲歟？書中匡、筐、恒、貞、徵、勛、桓、愼、惇、慜等字皆有闕筆……亦屬宋槧之精者〔註371〕。

據此而論，陳氏書集傳及或問，原共十五冊、十五卷，後或問改編爲二冊、二卷，則瞿氏書目所述與菉竹堂書目同也。萬卷堂書目作十一卷，朱彝尊經義考或即據以爲說也。然何以止十一卷，則不可知。又其書名，瞿氏謂書名本作「集傳」，申狀進表皆然，或問序及其內文，亦數稱其書曰「集傳」，無「會通」之名。意後世刻者以名「集傳」者甚多，故擅易其名作「會通」也。

今陳大猷集傳不見，唯有或問二卷刻入通志堂經解，而集傳逸文，則董鼎、陳櫟之書多引之。

董鼎亦誤二者爲一歟！

〔註370〕見金華經籍志志一，頁7、8。

〔註371〕見前書志二，頁8、9。

三、陳大猷之尚書學

鐵琴銅劍樓藏書目錄記陳大猷集傳云：「此書博採諸家，參以己意。條例云：依經文爲次敘，先訓詁而後及意義；或先用甲說，次用乙說，而後復用甲說者，則再出甲說姓氏〔註372〕。」而陳大猷或問序亦云：

> 大猷既集書傳，復因同志問難，記其去取曲折以爲或問；其有諸家駁難已盡，及所說不載於集傳而亦不可遺者，併附見之，以備遺忘；然率意極言，無復涵蓄，辨論前輩，有犯僭妄〔註373〕。

可見陳大猷尚書之學，誠博採諸家，參以己意，務使其意義貫穿，如出一家之言，其體例則蓋仿呂氏讀詩記也。以董鼎所引集傳之文與或問所論察之，陳氏或問中所論採用諸家學說，集傳文中皆未見標明姓氏，是集眾說以爲己論也。茲述其尚書學如后：

（一）陳氏尚書學之淵源

陳氏既集諸家尚書說，並以己意融匯之，以成一家之言，成尚書集傳，又作或問以明其去取之意，故即或問可見其尚書學說淵源所近也。四庫提要以陳氏或問之中，有孔叢子「心之精神是謂聖」一語〔註374〕，而此乃象山門人楊簡爲學思想之宗旨，遂定陳大猷爲慈湖門人〔註375〕；宋元學案補遺據提要之說，亦列陳大猷於慈湖門人之列〔註376〕。考陳氏或問中所引諸家，雖不乏三山陳經、絜齋袁燮等象山學者之說，然引其他諸家如程、朱之說尤夥，故不可據此一條而定陳氏爲象山之學也；此猶董鼎之學，上接董夢程而承黃榦勉齋、朱子，而其書亦引袁燮之說，亦不可據之而定董鼎爲象山之門也〔註377〕。以是欲論陳氏尚書學之淵源，當就或問求之。

1、服膺程、朱之說

陳大猷書集傳或問所引諸家，止於蔡沈書傳，蔡傳以前，上自漢之馬、鄭、王以下，皆多所引及，而其中稱引程伊川、朱晦菴爲最力。若其論「五禮」曰：

> 或問五禮孔氏以爲吉凶賓軍嘉之五禮，諸儒多從之，今從程說何也？曰：陳少南推程說曰：修五等諸侯之秩序，故以贄定其差，非謂修五禮而又修五玉也。愚按五禮依程說，則於下文義順，如孔說非惟下文斷續，而

〔註372〕同註370。

〔註373〕見通志堂經解尚書集傳或問卷一，頁1前附。

〔註374〕參見或問卷一，頁3。

〔註375〕同註366。

〔註376〕參見宋元學案補遺卷七四，頁66。

〔註377〕參見董鼎纂註書前附自敘。又引袁氏之說參見註369。

於諸侯事亦不甚相切；夫既定諸侯五等之禮，則吉凶賓軍嘉之五禮皆在其中，而變禮易樂，改制度，易服色之事，皆可推矣〔註378〕。

此以程氏之說與孔氏相較，見程伊川之說可包孔氏而推擴之，義蘊深廣。不獨解文義用程子之說，於義理思想，亦取之以立論。若其論湯誥曰：

或問王氏謂善者常性，不善非常性，不幾於善惡混乎？曰：程子謂有義理之性，有血氣之性；血氣之性有善有不善，義理之性，無不善；常性，義理之性也，非常性，則血氣之性也；水性本清，鐵氣本剛，而或濁或軟者，亦不可謂非二物之性，然謂水性濁、鐵性軟，則不可；蓋謂清與剛者，其常性，濁與軟者，非常性也；至於濁者，澄則清，軟者鍊則剛，則學者有變化氣質之功焉〔註379〕。

陳氏引程子本性之論立說，以辨性本善之理，非善惡混之說，此乃義理之深層礎石，可見陳氏思想深契乎伊川之脈也。朱熹集伊川一門之大成，於尚書一經，頗樹獨見，若辨古文易、今文難，解洪範皇極與孔傳大異，多所闕疑等皆是也。陳大猷集傳尚書，取於朱子獨多且深。若論「人心道心」，陳氏曰：

或問心之知覺，一耳，發之於人欲，則爲人心，發之於道義，則爲道心，而所以爲心則一，如何？曰：譬猶水火，用之於灌溉烹飪，則是道心，用之於漂蕩廷燎，則是人心，然所以爲水火則非有二也；譬人之強勇，用於爲善則爲道義之勇，用於忿鬭則爲血氣之勇，然豈有二勇哉！但人心之說，不如晦菴之全耳〔註380〕。

或問所論，是心之內蘊有二，亦即心有二也；朱子以爲心本一也，發生於形氣之私，則爲人心，根源於性命之正，則爲道心，是心一而所以爲知覺者不同，故有人心、道心之異也〔註381〕。朱子之論，以心之知覺方向言，陳氏之論，以心之知覺發用言，然陳說之根於朱子者，則顯而易見，故以爲晦菴之說爲全也。又陳氏論洪範之數，引朱子之言立論；其釋「皇極」曰：

或問孔氏以皇極爲大中，諸儒多祖其說；晦菴祖五行志謂皇者君之稱，謂人君立極也，二說如何？曰：中道固大，而大亦中之體也；然謂中爲天下之大本則可，謂爲大中之道，則義蘊未爲穩暢，故六經語孟言中多矣，而未嘗有大中之說；夫以皇極爲大中猶可也，以皇建有極爲大建其極

〔註378〕見或問卷上，頁17。

〔註379〕見或問卷上，頁55、56。

〔註380〕見或問卷上，頁28。

〔註381〕參見朱子中庸章句序之文。

猶可也，以皇則受之爲大則受之猶可也，至於惟皇作極爲惟大作極，時人斯其惟皇之極爲惟大之極則非辭矣；故知晦菴取漢志之說爲當然〔註 382〕。

陳氏解「皇極」，說同朱子，而「皇極」乃「爲君之準則」，此朱熹之獨見，可見陳氏之說淵源所自矣。故陳氏稱朱子之爲學甚嚴謹。其言曰：

晦菴楚詞辨證曰：古書之誤類多，若讀者能虛心靜慮，徐以求之，則邂逅之間，或當偶得其實，顧乃安於苟且，狃於穿鑿，牽於援據，僅得一說而遽就之，便以爲是，以故不能得其本眞，而已誤之中，或復生誤，此邢子才所以獨有日讀誤書之歎，實天下之名言也。然則此說非乎？曰：晦菴之言極爲至當，夫學者觀書，安於循製者未免失於苟同，而喜於矯枉者，亦未免失於苟異；如吳才叔書裨傳，專是致疑於前人之說，至於聖經所載而無可疑者，或併疑之，所得處固有之，所失處亦不少；此晦菴所以有虛心靜慮，徐以求之，或得其實之說〔註 383〕。

按朱子說尚書屢稱吳才老棫之說，以爲考證精詳，故說康誥、酒誥、梓材等篇，多援吳說立論，然朱子之說，未如吳氏之果毅勇決也。陳氏之所以稱朱子者亦在此。陳氏不惟學說宗於朱熹，陳氏作書集傳或問，即仿朱熹大學或問而作；陳氏解書多闕疑，此亦朱子一貫之主張也。總而言之，東陽陳大猷雖非朱門學者，然其學術淵源則自程、朱一脈無疑，可謂程、朱學之私淑者也。四庫提要據陳氏一句「心之精神是謂聖」，遂定陳氏爲慈湖一脈，彼不考陳氏宗朱爲深，而於象山則有微辭。其論「無極而太極」曰：

或問周子無極而太極一語，先儒辨論角立，如何？曰：象山以無極爲非，則以爲此非周子之言；南軒以爲此乃莫之爲而爲之之意，非眞言無；是皆不欲言無之一字而爲此辨也。夫天地之造化，若人若物，其初皆自無而至有，有者復歸於無，而無者復能有，觀人物之生死可見，……夫謂之太極，則其有已肇矣，非有則何所指以爲極；夫既肇於有，則未有之先，非無而何！其曰無極而太極，此理之自然而然者也，但聖人不言而周子言之耳，何疑之有〔註 384〕。

此陳氏以爲象山未徹乎自然之理，而執於「無」爲老、釋之論而忌諱不言，是亦見道未深者也。以此觀之，豈可謂陳氏爲慈湖一脈哉！且「心之精神是謂聖」一語，亦非楊簡所專利，學者皆可引而用之；而陳氏引用斯語，亦非獨用，蓋與其他學說

〔註 382〕見或問卷下，頁 21、22。
〔註 383〕見或問卷下，頁 28。
〔註 384〕見或問卷下，頁 19、20。

相提並論也。其言曰：

> 或問東萊謂敬乃百聖相傳第一字，其義何如？而人之於敬，若何而用力邪？曰：心之精神是謂聖。蓋心者神明之宗也，所以具萬理，靈萬物，應萬事，是爲斯道之統會也。……敬者，心法也，即文王所謂宅心也，即孟子所謂存其心、求放心也，即揚子雲所謂存神而神不外，即程子所謂主一無適，心常在腔子裏也，即謝上蔡所謂常惺惺法也，即和靖所謂此心收斂，不容一物也〔註385〕。

陳氏引此語，蓋與孟子、楊雄、程頤等相連類，而未與象山、慈湖並聯而說之，是其引之而非出於慈湖之意也。且象山、慈湖，素不喜伊川，慈湖亦以爲孟子存心之說爲未是，益足見陳氏與象山、慈湖之學，相去甚遠也。雖然，陳大猷亦非專宗一家者，博採眾說，以濟吾言，偶引象山一門之說，亦無不可，故或問有引三山陳經、絜齋袁燮之說，蓋二者說尚書，猶未過於偏激故也。

2、博採於漢、唐、宋諸家之說

陳大猷解說尚書以宗程、朱爲近，然猶徧採諸家之精義，融合粹煉，以成一家。若其論禹貢「任土作貢」曰：

> 或問無垢張氏任土之說如何？曰：文句似善，意實不然，古人制賦，固不責其所無，然有而不取者，後世尚多有之，況古制乎！今言不廢其所有，則是凡有者一物不遺也，不強其所難得，是即不責其所無也，兼止及有無，則不包輕重多寡之意，不如馬說訓詁切而意包也。曰：新安王說如何？曰：此說於興地利爲切，然此任亦包彼任之意；要之，合二說意味方全，故附而足之〔註386〕。

是陳氏揉合馬說、新安王炎說及無垢張九成說以說「任土」之義也。

陳氏引諸家，於漢則有馬融、鄭玄、王肅、班固、孔安國，於唐則有孔穎達、韓退之；於宋則多矣，計有蘇軾、王安石、程頤、楊時、謝良佐、林之奇、呂祖謙、張九成、陳鵬飛、劉元城、吳棫、沈存中、曾旼、陳經、邵雍、葉夢得、孫覺、王炎、陸九淵、袁燮、夏僎、朱熹、蔡沈、蔡元定、張載、張栻、應鏞、蘇洵、永嘉趙氏、永嘉馬氏、永嘉鄭氏。諸家之說，除程、朱之外，以林之奇、呂祖謙、張九成、工炎爲多，蓋皆伊川之後學也。

（二）陳氏治尚書之觀念與方法

〔註385〕見或問卷上，頁3、4。
〔註386〕見或問卷上，頁32。

陳氏既博採諸家，融合一爐，以己意鍛之；然諸家學說，時相齟齬，若無標準法則以統整之，則時有自相矛盾之弊。今析論陳氏治尚書之觀念與方法如后：

1、據經文以為正

夫經文既爲聖王之言，又爲孔子手定，故其文其義，無可疑者，故後世解經，當以經文所記爲準，其義亦以經文爲正。是以無經據者不可取。若其論益稷「安汝止」曰：

> 或問安汝止，諸家多作心之所止，如何？曰：言止則心身與凡事皆在其中，獨指心，則餘其餘矣，且無經據〔註387〕。

而尚書一經，自古即爲學者所研讀講習，今見於先秦諸子著作中，每有引及尚書之文，其文字及說義與今本孔傳異；陳氏以爲：

> 經傳所引經文，姑借以發明己意，非必盡與出處本意相合〔註388〕。

故其論堯典「克明俊德」，用孔傳「俊德之士」義，然亦以爲大學「克明峻德，皆自明也」亦可通，蓋大學之意與經文本意不必盡同也。

陳氏說書，亦多引孟子立論，故其議孟子「盡信書不如無書」，以爲尚書經秦火兼漢儒之滅亂，確有難盡信之處，然孟子所云「血流漂杵」，卻不必疑；其言曰：「孟子又幾曾錯〔註389〕。」然若孟子之言與經文相阻不合，則雖孟子之書亦指爲誤。若其論牧誓序「虎賁三百」曰：

> 或問孟子史記皆言虎賁三千人，諸儒皆從之而以書序爲誤，如何？林氏曰：虎賁之士，必擇其驍勇絕人者爲之，在王左右，以爲宿衛，……其有三百人已爲多矣，安得尚疑其少而以爲三千人邪！蓋史記、孟子之書誤矣〔註390〕。

夫傳記之書，既多與經文不合，則當捨傳記而以經文爲正也。故其論無逸「祖甲」，不用孔傳之說，而用鄭玄指祖甲即帝甲，與國語、史記同。陳氏引新安王氏之論曰：

> 孔氏因國語稱帝甲亂之，七世而殞，意爲帝甲必非周公所稱者，又以不義惟王與太甲茲乃不義文相似，遂以此祖甲爲太甲耳。其實不然；此書言小人皆謂小民，非以爲不賢也，況先言不義惟王，繼言舊爲小人，語無倫次，作其即位，亦不見太甲復政思庸之意，國語說帝甲亂殷，又無可見之迹；且堯舜之有朱均，禹之有太康，豈可歸罪於父祖，況七世之後乎？

〔註387〕見或問卷上，頁30。
〔註388〕見或問卷上，頁6。
〔註389〕見或問卷下，頁9。
〔註390〕見或問卷下，頁7。

學者其當捨傳記而從經文可也。鄭康成之說，雖未見其所據，要於經文爲合耳。此說是〔註 391〕。

陳氏既以經文爲準，故說與經文合者，雖孔叢子之文，亦信而用之，其與經文不合者，雖孔安國之傳，孟子之文，亦棄而不取。

2、說經義重在有補名教

經者，所以記聖人之至理大道，故其言不獨可立萬世法典，亦足教化君民。是以解經而不能彰其教化之功者，則說之無益而不可取，況異端邪說乎！王安石解洛誥「復子明辟」，破孔傳之說，以爲「復」乃「復逆」「還復」之復，不用「還政於君」之說，林之奇稱之曰：「明於君臣之大分，而有功於名教〔註 392〕。」陳大猷解經，亦主此意。若其論舜典「百揆」曰：

林氏曰：書所載於名分之際最嚴，蓋懼其涉於疑似，以起後世異同之論也。如舜之居攝，疑其稱帝，故於命禹稱舜曰，以見前此未嘗帝也；周公攝政，疑其稱王，故於多方言周公曰王若曰，以見周公雖攝，而號令皆成王之命也；而後世猶有謂舜南面而立，堯率諸侯北面而朝之，周公負黼扆以朝諸侯於明堂者，蓋妄說也。唐孔氏謂舜本以百揆攝位，今既即位，故求置其官，此說是也。蓋舜雖受禪，其實居百揆之官，但攝行天子之政耳，而堯之位自若也。……愚按此說有補於名教，既載其要於集傳，又附其詳如此〔註 393〕。

論經義有補於名教，則雖或稍離經文本旨，亦可參考。若旅獒「爲山九仞，功虧一簣」，陳氏引呂東萊之言，謂「大抵王業雖有成，聖人之心未嘗有成」，陳氏按語曰：

愚按此說雖未必是經之本旨，然聖人之心實然〔註 394〕

夫能發明聖人之心，則有功於教化，故惟未必爲經本旨，亦有足取者也。

3、解經順經文以明正意，不務穿鑿

陳大猷論解經，主得經文正意，不務穿鑿。若其論舜典「明四目，達四聰」曰：

或問明四目，達四聰，諸家謂舜不自視，用四方之視以爲視，舜不自聽，用四方之聽以爲聽，如何？曰：此說雖高，而未免於過。夫釋經者但當順經文以明正意，不及者則有欠說之病；若本淺而鑿之以爲深，本近而迂之以爲遠，此衍說之病。夫明四目，達四聰，不過謂使四方之聞見皆無

〔註 391〕見或問卷下，頁 40。
〔註 392〕見林氏全解卷三一，頁 5。
〔註 393〕見或問卷上，頁 20。
〔註 394〕見或問卷下，頁 24。

壅於上耳，推其本原，固出於帝舜不自用其聰明之所致，然遽謂舜不自視聽，用四方之視聽以爲視聽；揆之經文，則本無此意，乃抗而過之者也，其意反差，釋者此病多矣〔註395〕。

夫釋經欲得其正，則說經者之言愈多，而經義反愈不明，蓋說者之意導經義於歧途矣，故說經者之言，力求簡而明。陳氏嘗論此意曰：

或問子去取諸家之說，專以順經文爲主而尚簡，何也？曰：傳注之體固如此。且詩云：天生烝民，有物有則，民之秉彝，好是懿德；孔子曰：天生烝民也，有物必有則，民之秉彝也，故好是懿德。只就中添四個字……曾不費辭而意味無窮。聖人之釋經蓋如此，此亦傳註之祖也，謝顯道謂程明道詩不立訓詁，只添一二字點掇他，讀過便使人有悟，正得孔子說經之體。……諸經疏義理雖未透，然順附經文，簡而不繁，最爲得體。……本朝諸儒釋經，始自作文，然非傳註之體也〔註396〕。

以此之故，陳氏評應鏞之解召誥「面稽天若」曰：

或問應氏說面稽如何？曰：面與諸侯環向面內之面同，應氏就面字上提掇頗切，固亦無害於理，然此類用之於時文，則爲深巧，用之說經，則意味反薄，不如止面向之渾成，講經者所當知也〔註397〕。

按應氏解「面稽天若」，謂「天命雖邈，無形聲而能面而嚮之，參稽其至順之理，終日與之對越周旋，所謂顧諟天之明命也；天迪其所保，若有以提耳而誥詔，面稽其所若，天威不違顏之咫尺」，其論過高，猶作時文，敷說深巧，非解經之正途也。

4、以古文為正

陳氏主以經爲正，然今之經，經歷千載，秦火、漢儒之滅亂，其中或有錯誤脫衍之處，若有古文資而考之，則當以古文爲正。其解禹貢兗州「濟」、「泲」曰：

或問濟、泲之別。林氏曰：濟字今從水從齊，而古文書、周禮職方、班固地理志皆從水從㢴。按說文從水從㢴，註云：兗州之泲；其從水從齊字，註云：出常山房子縣贊皇山；則此二字音雖同而義實異。後世以從水從齊爲兗州之濟，其實乃字之訛也，當從古文爲正〔註398〕。

陳氏取林之奇之說；又其論堯典「曰若稽古」不用程子之說，而用劉元城之說作「粵

〔註395〕見或問卷上，頁21。
〔註396〕見或問卷上，頁26。
〔註397〕見或問卷下，頁35。
〔註398〕見或問卷上，頁35、36。

若」解作發語之辭亦云「書當以古文為正〔註 399〕」也。林之奇論尚書，亦多據古文立論，如益稷「簫韶九成」，亦用說文作「箾」，蓋遵古文為是也。

5、以後世事證經文訓義

尚書之文遠古，其事亦多邈然無考，文獻不足徵故也，是以說經者每以後世之典制說上古之事物，蓋亦百世損益，人心同然之義也。陳氏用之，尤用切於有宋當世者。若其論，舜典「六宗」云：

> 蘇氏不疑類帝而不及地示，謂可以類推於文祖，六宗疑之何也？曰：先是受終，後是告攝，或是二事，亦猶今士大夫前是受差除，告廟後是交割，廟祭亦何嫌乎〔註 400〕！

又若其論舜典「汝作士」一節，以為古者兵刑一官，其言曰：

> 兵乃刑之大者，唐虞以德化天下，士官之設，已非得已，隆古之時，兵既不常用，但領之於士官，兵刑合為一官，所以見聖人不求詳如此，蓋仁天下之深意也。蘇、林疑其說者，以士師不可為將帥耳。夫當將者非必盡是掌兵之官，如今之兵部樞密，皆掌兵而未嘗為將〔註 401〕。

6、一字數訓，方得其全義

夫經文訓詁，旨在助讀者明經義也，然以一字訓一字，往往拘執一義而不能盡得其全，故陳氏論訓詁經字，主一字可數訓。其論堯典「克明俊德」之「克」曰：

> 凡訓詁以一字訓一字，多得其近，似未必皆究其全，欲人自以意體會耳。克本訓能，又訓勝，惟其勝之故能之，晦菴亦以為克雖訓能，然能字不如克字有力，故以實能勝其事之謂克。……如熙字訓廣、訓興、訓明，必包此三意而後熙字意味方全，故曰興廣光克明之謂熙。……〔註 402〕

又其論孔、程二氏之訓「典」字曰：

> 曰：孔氏專言常則不及可法之義，專言道則不及政事可法之旨；程專言法度，非惟不及可法之意，然言法而不及道，未免舉小而遺大。曰：典訓常，又訓法，一字二訓，可乎？曰：一字數訓者多矣，惟其能常，是以可法，惟其可法，是以能常〔註 403〕。

此皆陳氏主一字數訓，欲得經義之全者也。

〔註 399〕見或問卷上，頁 3。
〔註 400〕見或問卷上，頁 16。
〔註 401〕見或問卷上，頁 23。
〔註 402〕見或問卷上，頁 5。
〔註 403〕見或問卷上，頁 2。

7、於其不知，多所闕疑

陳大猷既主解經依據經文為準，然經文經秦火及漢古今文經文之淆亂，或有損殘缺失而不可解者，且上古事遠，文獻不足，亦有不得其解者；夫如是，則闕疑可也，不必穿鑿強解。陳氏集傳雖不存，然其中闕疑之處不少。或問曰：

> 或問子多闕疑，何取於明經乎？曰：孔子談經於三代之末，尚以及史之闕文為幸；孟子言書於戰國之時，猶以盡信書為難，況書經秦火漢壁之餘，傳於耄翁幼女之口，孔安國自謂以所聞伏生之書定其可知者，其餘錯亂磨滅，不可復知，觀論、孟、經傳所引不同處，不可該舉；今學者於千數百年後，乃欲以無疑為高，而強通其不可通之說，其未安審矣。〔註404〕

此說與朱熹之主張相近，朱熹評呂祖謙解經一向解去，無所闕疑，以為傷於巧也。陳氏解咸有一德「七世之廟，可以觀德」曰：

> 七廟固當以祭法、王制之言為當，但諸家皆謂三昭三穆，親盡則毀，有德則為祖宗而不毀，則太祖之外，更加以宗。……同以后稷為祖，文武為宗，加以三昭三穆則九廟矣；將廢昭穆近親而湊成七廟，則子孫未免薄其所近之祖彌，將別立所宗之廟，則又非，七廟之制，當缺以俟知者〔註405〕。

陳氏此一主張，亦足見其學說之近於程、朱，蓋陸象山、楊慈湖之說經，鮮有闕疑之論也。

（三）疑議經文之說

陳大猷雖解義以經文為準，然亦以為經文中有脫錯衍誤之處，蓋此疑議經文之風，起自北宋慶曆之間，劉敞、王安石、蘇軾諸儒也。陳氏之學既近于朱門，其有疑經之說，亦可想見。慈分述如次：

1、疑經文之誤

陳氏論仲虺之誥「用人惟己」一語，疑經文有誤。孔傳釋之曰：「用人之言，若自己出。」陳氏論之曰：

> 愚之說乃本于孔氏，雖惟字作若字說，不免牽強，然上下文義卻俱順，比諸說差勝。孔氏守訓詁甚嚴，惟字本不訓若，又恐經文或誤，姑存以待知者〔註406〕。

〔註404〕見或問卷上，頁25、26。
〔註405〕見或問卷上，頁62。
〔註406〕見或問卷上，頁52。

此以字訓與經義不合，故疑經文或誤也。

2、疑衍文

舜典篇舜命九官，而獨夔答曰以「於，予擊石拊石，百獸率舜」，而益稷篇亦有此文；故自劉敞、蘇軾倡爲衍文之說，其後繼之者大有人在，陳大猷其一也。其論曰：

> 或問夏氏言九官自稷契而下，皆舊有職任，夔典樂已久，故以擊石拊石，百獸率舞答舜，如何？曰：若然則稷、契等何爲無答辭乎？舜方命以職而遽自述其功，似無此理，亦非史氏敘事之體；以上下文考之，其爲益稷篇錯簡衍出無疑〔註 407〕。

又其論堯典「象恭滔天」，以爲衍文。或問曰：

> 或問象恭滔天爲衍文，何也？曰：林氏謂蔡氏以滔天爲滅天理，則與下文滔天爲二義；孔說與下文義同矣，然謂洪水際天滔滔可也，象恭云滔天，其義不通；故齊唐謂誤此二字，而晦菴以爲衍文也〔註 408〕。

據此則知陳氏之主「滔天」爲衍文，蓋本諸朱晦菴之說也。

3、疑錯簡

陳氏論康誥自「王曰：封，元惡大憝」至「予一人以懌」三節曰：

> 此上三節，疑有錯簡，諸家皆意其然也〔註 409〕。

此出於董鼎所引集解之文，今不見其詳矣。

4、疑闕文

陳氏解經，以爲經文闕文處甚多，董鼎一書引及者，即有五條：於康誥「殺人越于貨，暋不畏死，罔弗憝」下，陳氏大猷曰：

> 此一節上下疑有缺文〔註 410〕。

考孟子引康誥曰：「殺人越于貨，閔不畏死，凡民罔不譈〔註 411〕。」說文心部引周書曰：「凡民罔不憝。」均於「罔弗憝」上有「凡民」二字。或古文尚書原本上下皆有「凡民」二字，今孔傳本無下「凡民」二字；未知陳氏所言，是否指此；抑如陳櫟所云「此五句與上文不貫，闕之良是」之意也。又酒誥「大克羞耇，惟君爾乃飲食醉飽」下，董鼎引陳氏大猷曰：

〔註 407〕見或問卷上，頁 25。
〔註 408〕見或問卷上，頁 11。
〔註 409〕見董鼎纂傳卷四，頁 6。
〔註 410〕目前書卷四，頁 58。
〔註 411〕見孟子萬章下篇。

惟君，上下疑有闕文。

又洛誥「予旦以多子越御事，篤前人成烈」一節，董引陳氏曰：

此處上下，疑有闕文。

又呂刑「惟呂命」一句，董鼎引陳氏大猷曰：

惟呂命此句，疑有闕文。

又呂刑末段，董鼎引陳氏曰：

此句疑有闕文〔註412〕。

至於或問亦有闕文之說，其論洛誥曰：

但書言命公後告周公其後之言，措辭不明；以爲果爲後邪，則文義非愨；以爲果命伯禽耶，則何不如其它命封之例，明言伯禽乎？要之，洛誥一書，多缺文，意其必有舛誤，當存之以俟知者〔註413〕。

陳氏以爲洛誥一書多闕文，此說蓋源於朱熹也。朱子嘗曰：「上文王曰兩段，周公無答辭，疑有闕文〔註414〕。是朱子以爲自「王若曰：公，明保予沖子」至「四方其世享」一大段，連用四次「王曰」而無周公之答辭，故有是疑；金履祥本之甚且改易經文順序，皆本朱子之說也。

（四）陳氏尚書說之新義

陳氏博採諸家之說，以己意融匯貫通之，冀成一家之言，然諸家之言，亦未必皆有合己意者，故亦時因己意而生新解焉。若其解堯典「朞三百有六旬有六日，以閏月定四時成歲」曰：

或問諸家皆以歲一周爲朞，而子謂朞三百六十六日，以爲指兩冬至而言，何所據乎？曰：此出洪範；以百中經考之，每兩歲冬至相去必有三百六十六日，二十四氣皆然，不然則有三百六十五日有奇，中間有閏無閏皆然，此其可考之明據也〔註415〕。

陳氏以兩冬至之間共三百六十六日解經文，本諸百中經，此陳氏獨創之說也。又金縢「我之弗辟」，有「刑辟」「避東」二說，陳少南、呂才叔用鄭玄之訓「避」，以「避東」與伐四國爲二事；朱熹於此，更嘗數易其說，而蔡傳取其末命，定作「避東」；陳大猷以爲訓「辟」爲「避」，義不可取，遂別爲新解曰：

周公爲東伯，東諸侯之不軌，東伯之職，自得專征；成王幼，未親

〔註412〕以上四條分別見於卷四，頁65、卷五，頁15、卷六，頁28、卷六，頁37。

〔註413〕見或問卷下，頁37。

〔註414〕見董鼎書卷五，頁14輯錄引。

〔註415〕見或問卷上，頁11。

政，凡事皆職於師傅；二公居中調護，成王中心雖不能無疑，亦未敢明沮周公之行；兼成王諒闇，於國家之事皆不知，一惟冢宰是任，在周公固可專其事矣。四國之變，征之少緩，則蔓延莫遏，周公豈敢顧一己之小嫌，忘宗社之大計邪！夫三監伏辜，遂居東守東伯之職，以俟朝命而不敢遽歸，此則公之避遠權勢，以待成王之悟也。以經證經，不必如二氏之遷就牽合〔註416〕。

陳氏雖亦主居東之說，而以爲東征在居東之先，金縢「弗辟」之辟，指東征之事，故用孔傳之訓；又解東征之因，不主三監流言「不利於孺子」，乃用東伯之職爲說，此亦一新說也。又陳氏解禹貢「沿于江海」曰：

循行水涯曰沿。水之險者莫如江海，遇風濤，多沿岸而行，所以獨言沿，不言浮，以著其險也〔註417〕。

按孔傳解曰「順流而下曰沿，沿江入海」，陳氏之說，既新且奇。

四、陳大猷尚書學之評價及影響

陳大猷官位不顯，亦非名門大家，故其所著集傳及或問，歷代學者，鮮有及之，兼且其書集傳已佚，更無從評騭焉；而宋有兩陳大猷，而皆有尚書之作，遂使學者混淆不分，故論之者多就東陽、都昌之分而論，鮮及其尚書之學，惟四庫提要論其淵源，據「心之精神是謂聖」一語，定爲楊慈湖一派；而通志堂經解，納蘭容若序或問曰：

或問偶有傳本，嘗取而讀之，其中辯難往說，著其從違，使治經者有所依歸，無歧途之惑，其便於學者甚巨；惜全編不可得見，然因此以惟，則其蒐輯之博，持擇之精，信乎可傳也矣〔註418〕。

按四庫提要之說，已辯之於前，蓋依陳氏尚書學而論，其學近於朱子，當爲朱子之私淑學者，與慈湖無甚干係。納蘭成德之評誠中肯。況陳氏處驥尾之後，猶能別出新意，足見其用功之勤，體味之深，非一般學者之可比也。

東陽志謂其書盛行於宋季，或因其書既宗朱而有新見，集眾說而成一家，且說義清晰，文辭簡明，爲學者所樂取。元初董鼎作書集傳輯錄纂註，引其書於纂註之中達一百八十七條之夥；陳櫟作書集傳纂疏，亦引逹百條之譜，其中與董氏所引相同者多，凡此者足見其書之盛行也矣。

〔註416〕見或問卷下，頁25。
〔註417〕見董鼎書集傳輯錄纂註卷二，頁1。
〔註418〕見前書前附。

清閻若璩尚書古文疏證引陳大猷之言兩條，以為視蔡傳為精，當採入集傳中。其一為陳氏論禹貢「旅祭」〔註 419〕，其二為禹貢「萊夷作牧」〔註 420〕也。

〔註 419〕參見或問卷上，頁 42。閻氏說見尚書古文疏證卷六下，頁 52。

〔註 420〕參見尚書古文疏證卷六下，頁 57。而陳大猷或問，董鼎纂註，陳櫟纂疏均未見此條，未知閻氏引自何處也。

第十章　會之尚書學案

第一節　王　柏

一、生平事略

王柏，字會之，一字仲會，或稱仲晦；婺州金華人。其祖父師愈從楊時受易、論語，既又從朱熹、張栻、呂祖謙游。父瀚及兄弟皆及朱熹，呂祖謙之門。柏少慕諸葛亮爲人，自號長嘯。年踰三十，絕意仕進，又得朱子語類讀之，始知正學之途，入門之次序，捐去俗學，勇於求道，與其友汪開之著論語通旨；一日讀至「居處恭，執事敬」，惕然歎曰：「長嘯非聖門持敬之道。」亟更以魯齋。從朱子門人遊。或語以何基嘗從黃榦得朱子之傳，即往從之。授以立志居敬之旨，且作魯齋箴勉之；由是發憤奮勵，讀書精密，有疑必質於何基，標注點校四書尤精。作敬齋箴圖。夙興見廟，治家嚴飭，當暑閉閤靜坐，子弟白事，非衣冠不見也。來學者甚眾，其教必先之以大學；後聘爲麗澤書院、上蔡書院師，鄉之耆德皆執弟子禮。理宗崩，率諸子製服臨於郡，咸淳十年七月卒於家。垂沒，整衣端坐，揮婦女出寢門，夷然而終。年七十八。國子祭酒楊文仲請於朝，謚曰文憲〔註 1〕。

王柏爲學，勇於變古，嘗因河圖洛書之故，作研幾圖七十餘，又移易尚書經文，並補以論、孟之語，並將洪範分經、傳，削詩經，以爲有淫奔之詩；又謂大學致知格物章未嘗亡，中庸古有二篇；凡此等皆師心自用，不受拘縛。著作極豐，有詩疑、書疑、研幾圖、文集等都約九十種，凡千卷。其文稿於元世祖至正二十七年，頗有散失，後門人訪集之。今惟書疑、詩疑、研幾圖、正始之音、魯齋詩集、鈔存而已，

〔註 1〕參見宋史卷四百三十八，頁 6 王柏傳，宋元學案卷八二北山四先生學案，總頁 1547，及程元敏先生著王柏之生平與學術上冊第一編生平第二章年譜頁 34～15。

其餘或佚或殘，不可復睹其全矣〔註2〕。

二、尚書學之著作與著錄

王柏尚書相關之著作，有讀書記十卷，書疑九卷，禹貢圖說一卷，研幾圖第十六至三十二圖，乃書疑中原有之圖轉錄者也。又有書經章句，書附傳四十卷〔註3〕。

讀書記十卷，葉由庚作王柏壙誌，宋志均有載此書。今其書已佚。程元敏先生嘗輯其佚文得八條，其說間與書疑牴牾，蓋魯齋早歲之作〔註4〕。

禹貢圖說一卷。金華經籍志、經義考並著錄；朱彝尊云未見。明季振宜季滄葦書目宋元雜板書經部有禹貢圖說一卷，未題撰人，殆即魯齋之作。魯齋著書，長於圖說，禹貢記九洲山川，尤宜於圖示；書疑於禹貢無圖，蓋欲別成卷帙，以詳其說耳〔註5〕。

又宋志王柏名下有書附傳四十卷，於本傳之下，有書經章句之名，今皆不見著錄。二書或即一書之異名，可能爲王柏平時授生徒之標抹點註本也。

王柏之著述，書疑問題最少，然今本之書疑，非即古之書疑也。蓋宋本書疑，其撰成與初付梓，約在理宗寶祐五年，當時似爲課子弟而作，然流傳亦不止於家塾；後作文字修訂，而傳本依舊，故宋、元後人引其文，或有差異〔註6〕。而王柏著作嘗遭散亡，其徒復輯集成書，其間亦或有變異焉。書疑序云：

> 愚不自揆，因成書疑九卷，凡五十篇，正文考異八篇〔註7〕。

今書疑篇首各卷總目，都五十八篇，與序合，然其書之內，於卷五「洪範圖」下，未見有圖，是計實得五十七篇；又所謂「正文考異」八篇，即更定尚書經文，別爲新次第者，有堯典考異、三謨考異、武成考異、洪範考異、多方考異、多士考異、立政考異共七篇；而目錄有「說命考疑」篇，檢卷三有考訂說命中篇經文者，與他篇考異體例相符，可知其卻爲「說命」之「考異」，如此則足成八篇考異之數矣〔註

〔註2〕參程元敏先生王柏之生平與學術上冊第二編「著述考」前言，及其中所考訂之資料，詳盡可從。頁176書疑，頁186詩疑，頁284研幾圖，頁253正始之音。

〔註3〕讀書記參前引程先生書，頁173，禹貢圖說參頁186；書經章句及書附傳程書無論，然則於宋志及經義考卷八四，頁2。

〔註4〕參見程先生書，頁173～176。

〔註5〕參見前書，頁186。

〔註6〕參見前書，頁176～183。

〔註7〕見魯齋集卷五，頁21，又經義考卷八四，頁3、4，中國歷代經籍典第一百十四卷經部，總頁614，皆有引之，文字稍有不同。

〔註8〕程元敏先生謂「考疑」即「考異」之誤。見其書中第貳編著述考，總頁182書疑部份。

8〕。然王柏於八篇「考異」之中，唯獨於說命一篇云「不敢質言」；而八篇中，除武成早有疑議改易之事外，其餘六篇，皆伏生今文有，唯說命中篇爲孔傳古文之篇；或以此故，王柏以「考疑」名之，而於序則總計爲八也。此獨疑於說命，亦堪足後人玩味也。

至於洪範圖今不見於書疑，蓋爲後人刪去。今本王柏研幾圖中自第十六至三十二圖，乃有關尚書之圖解，其中第三十一圖「三聖授受圖」，乃說堯、舜、禹三聖帝位禪讓治平之心傳，當屬之二典、禹謨，而第三十二圖「人心道心圖」，當屬之大禹謨；其餘自第十六至第三十，名曰：洪範傳目圖、維皇建極圖、皇不建極圖、五行圖、事證圖、洪範經圖、皇極經圖、洪範並義圖、洪範對義圖、三德圖、皇極敷言敷錫圖、福極圖、卜紀圖、八政圖、四謀圖；共十五圖，皆與尚書洪範篇有關。程元敏先生以爲此十七圖「原在書疑中，爲後人摘出，合它圖數十，別成一書；而卷卷總目未削。今驗書疑，知今本研幾圖第十六至三十二圖，應歸還於書疑之卷五頁十三當於五福之下而致詳焉之後〔註 9〕」。謹案王柏研幾圖序云：

> 河圖出而人文開，八卦畫而易道顯，九疇錫而洪範著，……後世書籍浸繁，而圖學幾絕。……洪範歷千有餘年，非箕子孰能陳之？先天圖埋沒者二千餘年，至邵子而始出。濂溪周子再開萬世道學之淵源者，太極圖也。……予曩自麗澤歸，溫習舊習解者，因手畫成圖……景定辛酉清明日，金華王柏識〔註 10〕。

是研幾圖之作，乃王柏溫習舊書之解，手畫成圖，其中洪範一篇，王柏既以爲大禹所傳而箕子所陳，自是圖書妙理之大宗，研幾圖中有洪範之圖，由序文可知。然研幾圖成於書疑之後約四年，其圖根據書疑，乃理所當然，而其中是否有所改訂增減，不可得知；又其書於元至正二十七年，頗有散佚，其徒金履祥編其殘剩並其它散圖入其八十四卷本魯齋先生王文憲公文集中，其所輯未知是否完整；又洪範圖是否即據書疑中洪範圖補入，亦未可得知。且今本研幾圖更非宋、元之舊，程元敏先生謂「恐王氏子孫稽考史傳，知乃祖原有研幾圖一卷，而自序仍在，遂將原存文集與它書中散圖抽出，求應吳師道七十餘圖之數，不足，又益以僞作，即今本研幾七十餘圖也」，程先生考據精詳，此說可從〔註 11〕。

考今本研幾圖中「維皇建極圖」、「皇不建極圖」、「卜紀圖」，皆以五紀之「月紀」配五行之「水」，以「歲紀」配「木」，以「日紀」配「火」，以「星紀」配「金」，

〔註 9〕見前書，總頁 182。

〔註 10〕見研幾圖書前附。

〔註 11〕見程先生書，頁 286～289。

以「歷紀」配「土」；再審夫書疑卷五曰：

> 五紀之下，則如五行之序矣。歲者冬之終，故配水也；月者陰陽之麗，故配火；日生於東，故配木也；星辰有分辨之義，故配金也；歷數通載四紀，故配土也〔註12〕。

然則今本研幾圖中五紀與五行相配者不同。以歲紀配水屬北方，蓋用堯典「平在朔易」謂歲改易於北方也。以日紀配木，蓋以說文「東」字從日在木中之義也。書疑之文，容或因版本不同而文字有異，今考其文說義如斯，是其說即如此，然則書疑中原有之洪範圖，當即按其文義所述相配。今二圖之示相異如此，或爲王柏作研幾圖時有所改訂；或爲金履祥等輯集遺圖而有所失，有所改；或爲王柏後人抽集成今本研幾圖時失察。若爲王柏有所改訂，則書疑之文當亦同時修改，不得有如此差異，除非今本書疑乃研幾圖未成前之本而流傳至今者，然此甚不可能。若爲金履祥之失察與改訂，則據今所見金履祥尚書註，尚書表注，皆無足資考證者，不知金氏之說五行、五紀如何相配，然以理推之，金氏守師說甚篤，其輯集遺文時，必有所校訂，若見書疑與研幾圖差異如此，則必有以正之，不待後人而見之矣。然則疑此差異疑乃出於王氏後人，或校刻者之手，其集成今本研幾圖時，或因此書流傳既廣且久，中間有殘缺蠹蝕誤塗之處，遂參考他家之說以足之歟？李暘「重刊研幾圖後」曰：

> 但其傳刻之久，中間文有遺誤塗缺者十之二、三，……既又慮其久而漫滅無傳也，將復登梓；工料既備，適吾同年雲巢潘先生游宦懷慶，乃執而就正焉。雲巢欣然爲正其誤、補其遺，爽其塗，完其缺者〔註13〕。

由李暘之語，可知此圖曾幾李暘、潘棠等改補。今尋夫胡一中「定正洪範集說」中「定正洪範圖」之「五紀協五行八政圖」，正以「歲」配「木」，「日」配「火」，與今本研幾圖同；而以「月」配「金」，以「星辰」配「水」〔註14〕，與今本研幾圖異，或後人有參攷於斯乎〔註15〕？

總而論之，程先生以爲研幾圖中十七圖本即書疑之洪範圖，可以全部還歸書疑中。然今本研幾圖中十七圖，其是否即書疑之洪範圖，已未可必；且研幾圖示與書疑文義有如此差異，遽還附入，定有齟齬，適足陷先儒於淺薄耳。又十七圖非皆洪範之圖，有典謨「三聖授受圖」，禹謨「人心道心圖」，不可謂皆出於書疑卷五，故

〔註12〕見書疑卷五，頁1。

〔註13〕見研幾圖後附，程書，總頁287引。

〔註14〕見該書「定正洪範圖」頁6。

〔註15〕程先生書，頁7，謂「今圖不合者，蓋傳寫之誤也」。然研幾圖中「卜紀圖」、「皇不建極圖」、「維皇建極圖」三圖均以「月」配水，在北方，若爲傳寫偶誤，必不至三圖皆然，蓋是有意作如是者也。

亦不可以之還入書疑也。雖然，今本研幾圖者，亦足資以研究王柏尚書學也。

書疑一書，胡一中定正洪範集說書前附「引用集說諸賢姓氏」下，稱作「書集疑」；考王柏序，金履祥引皆作「書疑」，作「書集疑」者，蓋衍一「集」字也。

三、王柏之尚書學

王柏書疑，遠承慶曆前後劉敞、歐陽修、蘇軾、王安石等人變古之風，近繼吳棫、朱熹、趙汝談、呂祖謙之說，勇於變古，移易、補削經文，創爲新說，可謂十倍於古人，斟酌損益，集其大成；此書疑命名之所由。今述王柏之尚書學如次：

（一）王氏尚書學之淵源

王柏之學，既浸沉乎變古之風，復染於金華呂祖謙之說及永嘉學派，且家學遠紹於伊川、龜山，近師承於北山何基、上溯乎黃榦而接於紫陽，此王柏學術之淵源也。至於王柏尚書之學，書疑之中，引用諸家之說亦頗繁，曰三山林氏、程子、王氏、劉氏、蘇氏、老蘇、少蘇、葉氏、張氏、五峰胡先生、吳氏棫、朱子、東萊先生、葛氏、蔡氏、洪氏，其不稱名號而用其說者，亦有薛季宣者是也。今述其尚書學與諸家之關係。

1、淵源於朱熹

王柏家學，其祖父從學於楊龜山時，其父則與朱熹交游，而王柏從何基學之前，已因友人汪開之元思之關係，多謁朱熹門人以問學。魯齋曰：

> （開之）能敘先世師友之舊，徧求當時名公而參請焉。如船山楊公、克齋陳公、毅齋徐公、直齋錢公，皆嘗叩問。或登其門，或拜其書，劬劬不倦。……晚又遇三山鄭公存齋諱師孟字齊卿，專叩通釋之疑甚詳，既而鄭公終于郡齋元思亦不起疾〔註16〕。

可見王柏自始即與朱子之學有關涉。及從學於北山何基，而議論有所折衷，始知伊洛淵源。王柏述何基行狀告成，祭文述其師傳云：

> 我昔問學，莫知其宗；有過孰告？有偏孰攻？淵源師友，孤陋莫通。有慨其慕，天逡其逢。……立敬居志，首開其蒙。……遠探濂洛，近述鰲峰；理氣之會，造化之工。仁義大本，聖賢大功；體必有用，和必有中；無疑弗辨，無微弗窮〔註17〕。

魯齋雖從學於何基，然何基所以授之者，亦不外朱子之學，故王柏之學雖由何基、

〔註16〕見魯齋集卷十二，頁7跋陳鄭答問目。
〔註17〕見魯齋集卷十九，頁9。

黃榦，而上得朱子之嫡傳，然以淵源而論，則可謂王柏直接紫陽也。魯齋嘗曰：「以我所願紫陽學！」其初得朱文公語錄讀之，驚喜如獲異寶可知〔註18〕。王柏嘗作四言古詩「疇依」，述道統之淵源，於宋則始自周敦頤、二程、張載，而程門尹焞、謝良佐、游酢、楊時之下而直接朱熹曰：

迪予朱子，理一分殊，汎掃淫詖，煌煌四書；有析其精，一字萬鈞，有會於極，萬古作程。

流澤未遠，口耳復迷，纂組斷碎，倚託媚時；大本斵喪，擾擾胡爲，淵源微矣，予將疇依〔註19〕？

其推崇朱子，可謂極矣；其心願學於朱子，可謂至矣；其淵源於朱子之意，甚爲明顯。

而書疑一書之中，其稱「子」者，唯「程子」、「朱子」而已。其稱引朱子，亦視諸家爲最多。若王柏不信書大序，合小序自爲一篇〔註20〕；以孟子「勞之、來之、匡之、翼之、使自得之，又從而振德之」之語補舜典；論呂刑以爲穆王巡遊無度，至其末年，無以爲計，乃爲此一切權宜之術，以斂民財〔註21〕；凡此等之說，皆稱引朱子爲說。又有未稱朱子之說而實爲朱子說者，若大誥疑下王柏曰：

大誥者，以武庚與三監叛，發此誥於下，所宜責武庚以汝父之道，故天命之歸周，我不殺汝而封汝於故都，汝合率德改行，以蓋父愆，以保宗祀，以輔我國家，以恭承天命；今乃乘我國之大喪，欺嗣子之沖幼，而敢蠱惑我三監，離間我骨肉，鼓動淮夷，搖蕩邊鄙，姦宄鴟張，於義不可不討。今前後未嘗及此意，拳拳只說一箇卜字，何其闊於事情而疎於制變也〔註22〕。

其意以爲大誥之文，當堂皇數武庚之罪，今乃一主於卜，無甚大義可言，故謂之闊於事情而疏於制變。朱子亦論大誥之義曰：

大誥一篇不可曉。據周公在當時，外則有武庚、管、蔡之叛，內則有成王之疑，周室方且岌岌然。他作此書。決不是備禮苟且爲之，必欲以此聳動天下也。而今大誥大意，不過說周家辛苦做得這基業在此，我後人不可不有以成就之而已。其後卻專歸在卜上，其意思緩而不切，殊

〔註18〕見魯齋集卷三，頁9竹石屏歌謝遁澤。及程元敏先生書。，總頁54王柏年譜三十二歲條中引。

〔註19〕見魯齋集卷一，頁9引。

〔註20〕參見書疑卷一，頁2、3。

〔註21〕參見書疑卷九，頁4。

〔註22〕見前書卷六，頁4、5。

不可曉〔註 23〕。

王柏之說，與朱熹此論全同，雖未稱名引用，而其實源於朱熹可知，又金縢「有丕子之責于天」，王柏曰：

因論丕子之責。竊意責字如責望之責，是責望其事我於天，則繼以頤代，中間無缺文。意若曰：三王有任保護丕子之責于天，則後面能不能事鬼神之語，全無意味矣〔註 24〕。

案王柏所謂「任保護丕子之責于天」，乃指蔡沈書傳之說，王柏以為無意味，而復從朱子之說。朱子之意曰：

若爾三王，有丕子之責于天，以旦代某之身。此一段先儒都解錯了，只有晁以道說得好，他解丕子之責如史傳中責其侍子之責。蓋云上帝責三王之侍子；侍子指武王也。上帝責其來服事左右，故周公乞代其死，云以旦代某之身〔註 25〕。

以此可見王柏服膺朱子之說，而學說淵源亦每因之。雖然，王柏說尚書，亦有異於朱子者。若武成之篇程、王、劉、朱，皆有改本，而朱熹本劉敞之說，以為「大邑周」之下，猶有缺文，王柏則以為告山川之辭與告群臣之辭，非必歸豐以後事，故不以為有缺文也〔註 26〕。又金縢「我之弗辟」，蔡沈從朱子之最後定說，遵鄭義而解「辟」作「避」。朱子曰：

弗辟之說，只從鄭氏為是。向董叔重得書亦辯此條，一時信筆答之，謂當從古註說。後來思之不然。是時三叔方流言於國，周公處兄弟骨肉之間，豈應以片言半語便遽然興師以誅之，聖人氣象大不如此〔註 27〕。

王柏則曰：

我之弗辟，只是作入聲讀。周公以公天下為心，征誅之事，固不得以私恩而姑息；曰公避之而居東，非知公者〔註 28〕。

案王柏此說，朱子亦嘗主之；然其終則不然。蔡傳從其師說，而王柏嘗見書集傳，並引用蔡沈之說，今不用蔡氏、朱子之說者，其或不知朱子最終定說歟！又王柏於洪範分經傳，並九疇相配，十分整齊；朱熹則以為洪範本不齊整〔註 29〕，又不以為

〔註 23〕見朱子語類卷七九，總頁 253。
〔註 24〕見書疑卷六，頁 3。
〔註 25〕見董鼎書集傳輯錄纂疏卷四，頁 4 引。又朱子語類卷七九，總頁 251 中亦有之。
〔註 26〕參見書疑卷四，頁 5、6。
〔註 27〕見董鼎輯纂卷四，頁 42 引。
〔註 28〕見書疑卷六，頁 4。
〔註 29〕參見朱子語類卷七九，總頁 249。

分經傳。魯齋曰：

武王之訪，箕子之陳，直與危微精一之傳相為終始，於一書之中，其條理縝密，不可易也，此所以謂之大法歟！故朱子曰：此是人君爲治之心法，皇極之奧義。朱子言之詳矣，其餘所未言者，敢與同志共講之〔註 30〕。

是王柏之說，雖時有異於朱子者，然其根本亦多據朱子之說而更有進之，不可遽以爲異，或以爲攻紫陽者也。

2、習染於呂祖謙

王柏世居金華，父王瀚及朱熹、呂祖謙之門。金華之學，前有范浚，繼起東萊，得中原文獻之傳，乾道、淳熙間，倡道於婺女，四方學者雲集，人被其教澤甚深。相與講論者，尚有陳同甫亮，唐說齋仲友、永嘉陳止齋傅良等，蔚爲時風。東萊呂祖謙又長於文章辭氣，奉詔編文鑑，觀文氣而知陸九淵所爲；於尚書則每論聖賢氣象；釋經文則每爲巧辭說義，故朱熹謂之「傷於巧〔註 31〕」。呂氏弟子樓鑰論東萊之爲人曰：

推明道德性命之說而不流於迂，盡排佛老異端之論而不至於甚；愛惜士友，如待子姪，而持論不阿；別白是否，如持水鏡，而不事于察〔註 32〕。

是呂氏之學兼容並蓄，涵容甚厚，不以詭經異辭爲非。王柏勇於改經變古，其亦染於金華呂氏之學也。

王柏移易改動經文，每就文章辭氣爲準；其論經義，亦就「氣象」立言。若其合皐陶謨、益稷爲一篇，並改易益稷之文曰：

自洪水以下數語，亦是錯簡，當在荒度土功之下，弼成五服之上，而皐陶師汝昌言，當在象刑惟明之上，然後血脈貫通，渾然天成，舜之賡歌，亦與昌言聯續〔註 33〕。

此乃就立義聯順立言，所謂「血脈貫通」者也。其論文義而重氣象之觀。若夏書疑曰：

帝德下衰，誓會始於禹，一傳而啓，去禹未遠而有扈氏已不奉正朔，至於大戰于甘；再傳而太康，則以遊畋而失國，五子之歌，亦可悲也。唐虞之下，忽有此氣象何哉？元會既轉世運漸漓，此書之變體也〔註 34〕。

〔註 30〕見魯齋集卷六，頁 3、4 皇極說。

〔註 31〕參見本論文呂祖謙一節。

〔註 32〕見攻媿集卷五十五，頁 6 東萊呂太史祠堂記。

〔註 33〕見書疑卷二，頁 2。

〔註 34〕見書疑卷二，頁 5。

其論畢命曰：

氣象重厚，規模嚴密，三曰嗚呼父師，其待者德也，所以盡其敬，終曰欽若先王成烈，其尊體貌也，所以畢其辭。雖一篇之命，自足以備見康王之爲君，亦可謂善持盈守成者與〔註35〕！

凡此皆與呂祖謙之意同。王柏論君陳曰：

畢公、文王之大臣。周公尹洛之後，當即以畢公代之，而君陳或謂其新進者也，而可超躐老成而當此重任乎？觀其所以命君陳，其體輕，其辭戒，所稱者只推其孝友之行，是固得爲政之本矣。……況有商之頑民在焉，新進少年，或乘銳變，更未必不反激其易動勤安之勢：竊意君陳既有孝友之順德，或平時親慕周公而師事焉者也，或在周公左右，諳練其本末者也。觀其凡人見聖由聖之語，知其能親炙周公而責之以周公之事乎？以依勢倚法之言，無忿疾之訓，知其所以告戒後生也。……畢公前輩也，恐其未必一一肯遵守周公之舊，……此所以舍老成而命新進者，或此意也〔註36〕。

此段所論，實亦本文章辭氣立論，而巧於發揮論議，其謂君陳爲新進者之說，蓋亦出於呂祖謙。呂氏曰：

周公之沒也，龐臣碩輔，昭文王、武王者，尚多立於朝，而分正東郊之重任，成王獨以屬諸君陳，玩其戒飭之辭，與畢命輕重大不類，則蓋新進者也。是獨何哉？斯時也，東郊之治體，所宜盡循周公之典，使付之舊臣，則諸老固非作聰明亂舊章者，然平日與周公同功一體，慮其兢業循守者，或未專固，苟微有作意於其間，則於治體已有害矣。不若畀之新進純慤之人，則洞洞屬屬，一意奉承，不敢毫髮增損，成王微旨，蓋在乎此也〔註37〕！

此外，王柏於書疑中稱引呂祖謙者，皆曰「東萊先生〔註38〕」，與其他諸人異，亦可見其尊奉東萊之意。王柏時有取於東萊，除地緣關係、師家之傳外，朱子亦稱東萊曰：

伯恭直是說得書好。但周誥中有解說不通處，……伯恭卻一向解去，故微有尖巧之病也。是伯恭天資高處，卻是太高，所以不肯闕疑〔註39〕。

王柏之書疑，有考異八篇，直是不肯闕疑而爲之說者也。朱子既甚稱呂氏，故蔡沈

〔註35〕見書疑卷九，頁1、2。

〔註36〕見書疑卷八，頁7、8。

〔註37〕見增修東萊書說卷三一，頁1。

〔註38〕參見書疑卷八，頁1，卷九，頁3，卷七，頁1。

〔註39〕見董鼎書集傳輯纂綱領，頁7引葉紹翁四朝聞見錄之語。

爲書集傳，於周誥、殷盤諸篇，多取呂祖謙之說爲之〔註 40〕，蓋其說文義俱順而義理遠大也。蔡沈稟師說者尚且如此，則王柏之有取於呂氏，亦可知矣。

3、王氏書說與其他諸儒之關係

（1）程　頤

王柏學術既淵源於朱子，而朱子實集伊洛之大成者，故王柏引用程頤之言，皆以「程子」相稱。書疑中引程子之說三條。其書大序疑引程子曰：

> 今讀大序，鋪張廢興之由，粲然備具，及熟復玩味，則不能不疑；所可疑者，大略有三。一曰三墳之書言大道，五典之書言常道，此說程子嘗疑之，已得其要〔註 41〕。

此王柏引程子之言而用之者。其他兩條，皆有異論。其論洛誥「復子明辟」曰：

> 復辟之事，程子以來，諸儒只欲作答王解，以爲未嘗失位，安得有復；此義誠精矣，然成王固未嘗失位也，蓋成王前此未嘗親政也；成王幼，周公代王爲政，成王長，周公歸政於王，正如伊尹復政厥辟之復。蘇氏所謂歸政，初何害義〔註 42〕。

又論武成之改本曰：

> 程子、劉氏、王氏，各與改正次序。……程子、朱子剔出告山川之詞於前，告群后之詞於後，此則未能無疑。……〔註 43〕

於洛誥，王柏用蘇軾之說，以爲「復」者指「復政」，非「復位」，故不必強解作「復告」之復。於武成則以爲告山川之詞在前，而告群臣之辭，不必於歸豐之後始告，如此則不必有缺文之說矣。

（2）劉　敞

劉敞七經小傳，首倡疑經之說，並有改武成之事。王柏於書經，其於劉敞之說，有取捨焉。其論堯典「宅南交」曰：

> 宅南交之間，疑有缺文焉。說者指交趾之地。愚恐未然。交趾在舜時爲要荒之外，而洞庭彭蠡之間，三苗負固不服，則何以萬里建官於獸蹄鳥跡之中乎？且欲以南交爲嵎夷之對，則宅西之下，亦當有缺文，說者欲補之曰明都，與幽都對，恐史氏未必然〔註 44〕。

〔註 40〕參見本論文蔡沈一節。
〔註 41〕見卷一，頁 1。
〔註 42〕見書疑卷七，頁 1。
〔註 43〕見前書卷四，頁 5。
〔註 44〕見前書卷一，頁 11。

此所謂說者，蓋指劉敞也。七經小傳以爲經文當作「宅南曰交趾」，補兩字。王柏云補「曰明都」者，乃指鄭玄也。王柏以爲此有缺文，說當出於劉敞，蓋劉敞補兩字，而鄭玄補三字也。王柏以爲經文當作「宅南曰交都」。「宅南」與「宅西」對，「交都」與「幽都」對也〔註45〕。其以爲「交」不指交趾，蓋交趾遠在要荒之外，且三苗不服之域，無由建官於是也。是欲調合鄭玄、劉敞之說而自出新意也。

至於論武成之改本，王柏亦以爲劉敞說疑有闕文，仍有不滿人意處，故與程子、朱子、蔡沈諸說同歸不取〔註46〕。

又王柏論堯典與舜典合爲一篇，以其中有錯簡曰：

> 而命夔之下，又有十二字，此所謂錯簡也〔註47〕。

按以舜典「夔曰於予擊石拊石，百獸率舞」十二字爲錯簡衍文，其說出於劉敞七經小傳〔註48〕，而蘇東坡亦用之。王柏採其說，故其重整二典經文，此十二字自經文中刪去，所謂「黜錯簡」也〔註49〕。

（3）王安石

王安石頒三經新義於學官，爲其變法張本，行於北宋六十餘年。朱子甚取其標點。王柏論書經，亦有取捨焉。若論「宅南交」，則曰：

> 愚竊意本文是宅南曰交都。午位蓋陰陽之交也〔註50〕。

此論與王安石之說同。王安石新義以爲「南方相見之時，陰陽之所交也，故曰南交〔註51〕」。可見王柏說同王安石也。又論皐陶謨「思曰贊贊襄哉」之「曰」當作「日」。其言曰：

> 蔡氏從蘇氏、王氏、張氏說，改曰爲日，以皐陶之言予未有知爲絕句，思日贊贊襄哉，政與禹曰帝予何言，予思日孜孜句法一樣且相接也〔註52〕。

王柏改「思曰」作「思日」，舉蘇軾書傳，王安石新義，張氏爲證，而此說實出於王安石也〔註53〕。又論洛誥之文曰：

> 洛誥自周公曰之下，朱子以爲自此漸不可曉，蓋不知是何人所言。……

〔註45〕同前註。
〔註46〕同註43。
〔註47〕見前書卷一，頁7。
〔註48〕參見其書卷上，頁2。
〔註49〕參見書疑卷一，頁1。
〔註50〕見前書卷一，頁11。
〔註51〕見程元敏先生三經新義輯考彙評（一）尚書，頁9。
〔註52〕見書疑卷二，頁2。
〔註53〕參見程先生三經尚書新義頁38。又王柏之生平與學術，總頁638。

又取王氏曰此誥有不可知者，當缺文〔註54〕。

王安石新義，於洛誥曰：「此誥有不可知者，當闕之，而擇其有可知者。」朱子嘗稱王荊公之能闕疑也〔註55〕。王柏於此蓋亦遵朱子之意而用王說。又洛誥「復子明辟」之義，王安石首倡「復告」之說，程子以下諸儒多從之，而王柏以爲「復」指「復政」而非「復位」，故不用王氏、程子之說〔註56〕。又論武成改本，亦不從王荊公之本也〔註57〕。

(4) 蘇　軾

蘇軾有東坡書傳，其說雖專爲辨王安石新義而作，然其中亦時發高議異論。王柏書疑於諸家之說，除朱子之外，引蘇軾之說最多，其中於蘇說多所評議。王柏論皋陶謨曰：

愚讀皋陶謨、益稷二篇，而疑其有錯簡也。蘇氏固嘗疑其首數語有缺文焉，而未及討索其爲錯簡〔註58〕。

蘇軾以爲皋陶首段「允迪厥德，謨明弼諧」八字，爲史臣贊皋陶之辭，而非皋陶之語，故其下「禹曰俞如何」無所應，遂疑其有缺文〔註59〕。王柏則不以爲缺文，而以錯簡說之，解釋之說雖不同，然其所以起之者，出於蘇軾也。

又論泰誓，以爲武王承祖父之餘慶，藉友邦之歸心，氣燄既張，體貌且盛，改元紀年，視紂猶諸侯然，不期王而自王矣。故泰誓之辭甚迫。遂引蘇軾之說以明之。曰：

此皆三篇之原辭也，大槩以王自處久矣。後世覆護，徒爲心術之害。惟蘇氏之言直截曰：周之王不王，不係紂之存亡也。此說得之〔註60〕。

又康誥前四十八字，蘇東坡首倡言爲洛誥之脫簡。而王柏取其說，謂「至本朝蘇氏方明篇首四十八字爲洛誥脫簡。」其稱之之意甚殷〔註61〕。其論洛誥「復子明辟」，不用程子、朱熹之說，而主蘇軾「復政」之解〔註62〕。其論顧命、康王之誥，以爲蘇氏之論，謂三年之喪，既成服而暫釋，非禮也；此乃萬世之法。故王柏謂召公輔

〔註54〕見書疑卷七，頁1。
〔註55〕參三經新義（一）尚書，總頁178。
〔註56〕參見書疑卷七，頁2。
〔註57〕參見前書卷四，頁5。
〔註58〕見前書卷二，頁1。
〔註59〕參見東坡書傳卷三，頁12。
〔註60〕見書疑卷四，頁2。
〔註61〕見書疑卷六，頁1。
〔註62〕參見前書卷七，頁2。

康王繼位，事甚詳備，而不暇考定禮儀於倉促之間，終不免後世之譏評，此用蘇軾之名論也〔註63〕。

至於引蘇氏而評之者，王柏論盤庚，以為盤庚實一賢主，其喻臣民，藹然溫厚之意，淪浹心髓。其言曰：

> 蘇氏猶以此少之，謂先王處此，必不致於民怨。責之亦甚矣。其後祖乙復遷河北，國內衰弊，至紂而亡。是以知盤庚之遠慮絕識，豈不賢乎〔註64〕！

其實蘇東坡亦謂盤庚曰：

> 然民怨誹逆命，而盤庚終不怒，引咎自責，益開眾言，反覆告諭，以口舌代斧鉞，忠厚之至，此殷所以不亡而復興也〔註65〕。

王柏以為東坡雖稱盤庚為「仁人」，猶有批評盤庚之語，是責之過甚。並以商代後世不從盤庚之遷以衰，證盤庚之遠慮絕識也。又王柏論說命中，以為文辭散而無統。其言曰：

> 蘇氏亦嘗謂說之言散而不一，然一語一藥，以為古之立言者。反以其龐雜而益奇之！此愚之所以不容不疑也〔註66〕。

按東坡以為說命中篇之文，散而不一，然其說以為古之立言者本如此，其義足以治天下之公患〔註67〕。王柏則取其「散而不一」之見，而別闢蹊徑以說之曰：

> 今觀其中篇，是說既受命領職之後所進言，此非問答之比，其詞當有端緒，與高宗所求相應，決不泛然雜舉，散而無統也，其間疑有錯簡焉〔註68〕。

王柏既以為有錯簡，故其下為說命考疑，移易經文以成其說。

王柏論微子之命，以為武王克殷，不封微子而封武庚，為周之大失。並評蘇氏之論曰：

> 蘇氏乃曰：殺其父，封其子，其子非人也，則可；其子果人也，則必叛；武庚之叛，不待智者而後知。愚則曰：此說非也。殺其父者義也，封其子者仁也；其子非人也，則必叛；使其子之果人也，則必飲痛悔艾，修身改行，以保先祀；苟不顧先王之祀而輕於叛者，豈復人也哉！若武庚之

〔註63〕參見前書卷八，頁9。
〔註64〕見前書卷三，頁2。
〔註65〕見東坡書傳卷八，頁14、15。
〔註66〕見書疑卷三，頁4。
〔註67〕參見東坡書傳卷八，頁19。
〔註68〕見書疑卷三，頁3、4。

必叛，果不待智者而後知〔註69〕。

按蘇軾之意，以爲武王封武庚而不封微子，卒成武庚、三監之叛，實甚不智之舉；王柏亦用此意，然二者解釋之說正相反若此。王柏論多士、多方，亦以蘇軾之論未盡。其說曰：

蘇氏曰：大誥、康誥、酒誥、梓材、召誥、洛誥、多士、多方八篇，雖所誥不一，大略以殷人不服周而作也。又怪取殷之易，安殷之難，歎商七王之德深，而終歸於周公之功。其言感慨俊偉，而聽者竦然。愚以爲八篇者固艱澀難曉，細而觀之，各有所主，非盡爲安殷而作也。蘇氏之言其亦有所未盡。……蘇氏謂人心不服周而難安者，未之思也。凡化頑民之書，不過多士、多方兩篇而已〔註70〕。

王柏雖不取蘇氏之說，然亦因其說而遂以爲多士、多方有紛亂脫落，序者不得其要，讀者莫知條理，是故隨文解義，卒不能貫通也。故王柏爲之考訂經文焉。至於洪範「五行」配「五事」，王柏用朱子之說，以五行、五事、庶徵經文之順序相配，而評蘇軾之論曰：

長蘇氏、少蘇氏用醫家之論，以貌爲木，言爲金，視爲火，聽爲水，思爲土；此固一說。然遂以雨爲土徵，暘爲金徵，風爲火徵，可乎〔註71〕？

總上所論，王柏用蘇氏之說五條，評蘇氏之說六條，其取於蘇氏之說，亦云夥矣。

（5）林之奇

林之奇從學於呂本中，本中學於楊龜山，上接於程伊川；而呂祖謙學於林之奇，其東萊書說之作，亦欲補林之奇尚書全解之缺。朱熹謂林氏全解「傷於繁」，然林氏全解，實宋代理學家尚書說之鉅著完說，朱子囑蔡沈爲書集傳，指爲必參攷之書。而東萊之於王柏，爲鄉先輩兼家學之源也；是以林之奇之說，有所取參也。

書疑之中，稱名引用林氏者唯一條。其洛誥疑曰：

洛誥之篇，三山林氏說之所終，東萊先生說之所始，文公又於召誥、洛誥，亦各有說〔註72〕。

以此可知王柏之嘗見林氏全解之書，而其書亦至洛誥而止也。洛誥疑之中，未引用林氏之說，然於他處，有用林氏之說而未稱其名者。王柏論二典三謨曰：

堯之德至矣、廣矣，固難於形容矣。……以舜典紀載如此之詳，而堯

〔註69〕見前書卷六，頁6。
〔註70〕見前書卷七，頁2、3。
〔註71〕見前書卷五，頁8。
〔註72〕見卷七，頁1。

典反簡略，若未斷章。……以在位七十載之久，其它豈無可書者，夫子亦以其登載之約，而有巍巍蕩蕩，民無能名之歎。愚竊謂史嘗本爲虞作典，推及堯耳。蓋舜之功即堯之功，故繫之曰堯典，稱之曰放勳，不亦宜乎！其命義和也，固堯之大政，舜又因堯之成績，察於璿璣玉衡而加詳焉。丹朱嚚訟之言，所以開揚仄陋之幾。驩兜、共工之吁，方命圮族之咈，此四罪之張本也。合爲一篇，豈不首尾相涵，血脈相貫，氣象亦渾全，不見堯之簡，不覺舜之多，此亦作經之體也〔註73〕。

王柏以爲今本堯典、舜典本合爲一篇，而以堯典爲名，本爲記虞舜之事而作，故今孔傳本堯典部份之文，蓋爲虞舜事張本也。並舉孟子引今本在舜典之文，而稱之曰堯典爲證，並論「愼徽五典」以前二十八字爲蕭齊姚方興所亂入，而其中「玄德」一詞，本非六經所有，乃老莊之語，故黜此二十八字而復合二典爲一。其實此說乃出於林之奇全解，林氏曰：

虞書紀舜之事而推本其所得天下於堯，故序其事於堯典，實爲舜典張本。正杜元凱序左傳，所謂先經以始事是也〔註74〕。

又曰：

伏生以舜典合於堯典，愼徽五典而下，合於堯典帝曰欽哉之文，共爲一篇。至孔安國纂壁中書，始釐而爲二，加乃命以位上二十八字，由是始爲二篇，雖釐爲二篇，然愼徽五典之文與帝曰欽哉之文，辭意相接，其實一篇也〔註75〕。

較之二說，知王柏之說實出於林之奇也。王柏論湯誓曰：

序者曰：伊尹相湯伐桀，升自陑，遂與桀戰於鳴條之野，作湯誓。今讀其書，初非鳴條臨戰之誓，乃亳邑興師之誓也〔註76〕。

林之奇曰：

詳考此篇，蓋是商民憚於征役，不欲爲伐桀之舉，故湯丁寧懇切，告以爲弔伐之意；必是其始興師之時，誓衆於亳邑之辭，既誓而後往伐桀，升自陑，以與桀戰于鳴條之野。觀孔序之文，則類夫臨戰而後誓之者；蓋序文總載夫伐桀之詳，而係之以本所誓師之辭，非是行陣於鳴條，臨戰而

〔註73〕見前書卷一，頁4、5。
〔註74〕見林之奇尚書全解卷一，頁2堯典序下。
〔註75〕見前書卷二，頁3。
〔註76〕見書疑卷二，頁6。

後誓，若牧誓之類也〔註 77〕。

王柏評書序之失，而以湯誓爲誓於亳邑，興師之誓，其說出於林氏明矣。雖然，王柏論其所以有誓者曰：

成湯肇修人紀，於君臣上下之分素嚴，於逆順從違之理素著。……忽一旦興兵而欲伐之，聞見駭愕，心驚膽喪，相與聚言，以吾君之聖明，而有干名犯義之舉……此所以群疑塡臆，而駕言以不恤我穡事也。彼豈知有弔民伐罪之大義，有應天順人之大權者哉。及其誓言既決，衆心釋然，不待鳴條對陣之再誓，而左右恭命，卒能勝夏者，政以其初非有憚勞惡役之本心，不恤穡事之實怨故也〔註 78〕。

林之奇以爲商民實憚於征役，而王柏則否，此二者之異也。王柏論大誥之文，拳拳只說一個卜字，闊於事情而疏於制變，所以然者，王柏論之曰：

豈非自太王避狄之後，不曾經此變故，乃欲假著龜以鎭壓天下之邪心乎。且又言寧王遺我大寶龜，已告我西土有大艱，西土人亦不靖，此何異於唐德宗遭奉天之難，而委之以先定之數也〔註 79〕。

此以唐德宗奉天之難作比，林之奇論咸有一德，已用此說矣。林氏謂「伊尹之相太甲，召公之相成王，不以天命歸於自然之數〔註 80〕」。王柏引用其說，轉而說大誥專於用卜之不合聖人之意，遂有所疑而已。其說源於林氏明矣。

（6）吳棫、胡宏

吳棫有書裨傳之書，胡宏有皇王大紀之作。吳氏書今已佚，然朱熹、蔡沈均見之。朱子稱吳才老於考究上極有功夫，只是義理上看得不仔細〔註 81〕。其囑蔡沈爲書傳，亦以爲必參攷之列。胡宏皇王大紀，朱子亦稱其考得康誥非成王、周公時書，乃武王時書〔註 82〕。

王柏論康誥，正用蘇軾、吳棫、胡宏之說，以爲康誥當爲武王時書，其論曰：

至本朝蘇氏方明篇首四十八字爲洛誥脫簡，五峰胡先生及吳氏棫，又定爲武王之書，方見倫次〔註 83〕。

吳、胡之說，朱子深取之曰：「五峰，吳才老皆說是武王書，只緣誤以洛誥書首一段

〔註 77〕見林氏全解卷十四，頁 7。
〔註 78〕見書疑卷二，頁 6、7。
〔註 79〕見前書卷六，頁 4、5。
〔註 80〕見其書卷十七，頁 18。
〔註 81〕參朱子語類卷七八，總頁 1988。
〔註 82〕參見前書，總頁 1979。
〔註 83〕見書疑卷六，頁 1、2。

置在康誥之前，故序其書於大誥、微子之命之後〔註84〕。」蔡沈承師說，於書集傳亦用之，並謂康誥之次序當在金縢之前〔註85〕。又王柏論酒誥、梓材曰：

> 以二篇言可合而爲一。以逐篇言，又各可離而爲二，此是爲不可曉。可合者梓材之首意與酒誥同，可離者酒誥有二體，既誥妹邦，又誥康叔，梓材末篇全不相屬，首語既曰明大命于妹邦，後又曰妹土，此分明告戒紂之遺民舊俗也；即又繼之王曰封者五，此又分明告戒康叔也〔註86〕。

王柏以爲酒誥有二體，既誥妹邦，又誥康叔，此說出於吳棫也。蔡沈書集傳引吳氏曰：

> 酒誥一書，本是兩書，以其皆爲酒而誥，故誤合而爲一。自王若明大命于妹邦以下，武王告受故都之書也。自王曰封我西土棐徂邦居以下，武王告康叔之書也。書之體，爲一人而作，則首稱其人；爲眾人而作，則首稱其眾；爲一方而作，則首稱其方；爲天下而作，則首稱天下。……今酒誥爲妹邦而作，故首言明大命于妹邦，其自爲一書無疑〔註87〕。

王柏以爲梓材末篇全不相屬，而首意則與酒誥同，即梓材亦可分離而爲二體，其說蓋亦得之吳棫也。朱子語類引朱子說吳氏之言曰：

> 吳才老說梓材是洛誥中書，甚好。其他文字亦有錯亂而移易得出人意表者，然無如才老此樣處，恰恰好好〔註88〕。

今吳棫如何移易，不可得見，然朱子嘗曰：

> 梓材一篇，則又有可疑者。如稽田垣墉之喻，卻與無相戕，無胥虐之類不相似，以至於欲至于萬年，惟王子子孫孫永保民，卻又似洛誥之文，乃臣戒君之詞，非酒誥語也〔註89〕。

朱熹此說，以梓材後半似洛誥，非似酒誥後段之誥康叔，其語當即出於吳棫，蘇軾亦嘗謂「惟曰稽田」以下文多不類〔註90〕，然未指爲洛誥之文也。王柏出於朱說，朱說源於吳棫之論，則此謂酒誥、梓材二體之說，當出於吳棫也。

又王柏論仲虺之誥曰：

> 吳氏疑簡賢附勢以下，不相續。愚謂此段當在布命于下之後，帝用不

〔註84〕見朱子語類卷七九，總頁254、255。
〔註85〕參書集傳卷四，頁137。
〔註86〕見書疑卷六，頁3。
〔註87〕見書集傳卷四，頁143酒誥篇題下引。
〔註88〕見語類卷七九，總頁257。
〔註89〕見前書，總頁255。
〔註90〕見東坡東坡卷三，頁2。

臧之前，則勢聯矣〔註91〕。

按蔡沈書集傳引吳氏曰：

吳氏曰：用爽厥師續下文簡賢附勢，意不相貫，疑有脫誤〔註92〕。

此王柏不取吳氏脫誤之論，而易之以錯簡之說，故以爲可移「簡賢附勢，實繁有徒」二句於「布命于下」之後，「帝用不臧」之前，則文從字順矣。然其起此錯簡移易之說者，亦因吳氏有此疑而發也。然則亦有取於吳氏矣。程元敏先生以爲吳氏之說亦有所本，蓋孔傳釋文義，似可分爲兩截，上截數桀惡，明商之所以代王之故；下截又數桀惡，而省略「夏王有罪」之類詞句，文氣不貫，文理不通〔註93〕。謹案僞孔傳本之經文與傳文同出一、二人之手，故註釋當與經文相合，此程先生亦有是說矣。然「簡賢皆勢，實繁有徒」二句以下，至「若粟之有秕」，實非數桀之惡，乃分析湯當時之處境，於桀而言，實眼中之刺也。首言當世之俗，「簡賢附勢」者實多且繁，桀既有勢，故世俗之人多附之；我之有賢，而眾人多簡略之；舉世皆醉而我獨醒，自眾人視之，則我之獨不能混同而立異於其間，適足彰明彼等之惡，故彼等必翦我而後甘心也；如此則無所謂不聯續之病矣。呂東萊書說曰：

當桀之時，小人爲群，見湯之賢，則簡忽之，見桀之勢，則親附之；小人之常態也。當此之時，肇造我邦，其在有夏，若苗之有莠，若粟之有秕，言桀之徒視湯爲莠爲秕，其勢不能兩立；小大戰戰而懼非辜者，懼其以賢而害於勢也。況我之德言已足聽聞而不可掩乎！言名譽之彰，聽聞已多，尤爲不安〔註94〕。

呂氏長於體會文辭語氣，沉寖所謂聖賢氣象，其體察仲虺之誥以說義，實得孔傳本之本意，亦先得我心也。

王柏論泰誓，以爲商湯，與武王之事，二者所處之時有不同，故表現亦有不同也。其論曰：

湯、武皆以征伐而得天下，其並稱也久矣。識者謂湯之詞裕，武之詞迫；湯之數桀也恭，武之數紂也傲；學者不能無遺憾。此善觀書者也〔註95〕。

王柏所謂「識者」，實指吳棫也。考蔡沈集傳泰誓上篇題下引吳氏曰：

〔註91〕見書疑卷二，頁8。
〔註92〕見其書卷三，頁7。
〔註93〕參見程先生王柏之生平與學術中，總頁643。
〔註94〕見增修東萊書說卷七，頁6。
〔註95〕見書疑卷四，頁1。

> 湯、武皆以兵受命，然湯之辭裕，武王之辭迫；湯之數桀也恭，武之數紂也傲；學者不能無憾。疑其書之晚出，或非盡當時之本文也〔註96〕。

王柏之說，蓋出於此。然王柏未因此而疑今本古文泰誓之僞，僅就湯、武二者所處之時分析論之耳。其言曰：

> 愚謂湯武之事有大不同者。湯以七十里興，其事桀也甚忠，……其用心也甚仁。伊尹、大聖也，既醜有夏，創此大義，相湯伐之，蓋非湯之本心也；是以既放桀而方慙色；舉兵之初，亳眾疑之；當時諸侯，莫有助之。罪人已黜，始大誥於四方，所以其詞裕，其禮恭。……武王之事則不然：周家積累之久，至文王有天下三分之二，其實則已王矣。……至武王承祖父之餘慶，藉友邦之歸心，氣燄既張，體貌且威，改元紀年，視紂猶諸侯然，不期王而自王矣。……大桀以王自處久矣。後世覆護，徒爲心術之害〔註97〕。

吳氏以爲「詞裕、詞迫」，「禮恭、禮傲」之生，乃因其文或僞作晚出，或非當時之口，而王柏視之，亦迴護費辭矣。王柏直指武王本如是，蓋所處時勢不同故也。王柏之用吳棫、胡宏之說，多因朱子主之故也。

（7）蔡　沈

王柏學宗朱子，朱子於尚書無成著，而託囑於蔡沈，故蔡沈書集傳，乃集朱子尚書說之大成者也；王柏研讀尚書，必有閱而採之者。而蔡沈之子蔡杭，爲王柏好友，蔡沈書集傳成於嘉定二年，時王柏年十三歲。王柏書疑序嘗稱其得而評其失曰：

> 九峰蔡氏祖述朱子之遺規，斟酌群言而斷以義理，洗滌支離而一於簡潔。如今文、古文之當考，固已甚明矣；大序、小序之可疑，今已甚晰；於帝王之詞與史氏之詞參錯乎其中，今亦可辨；有害理傷道者，又辭而闢之；有考訂平易者，亦引而進之。如天文、地理之精覈，歲月先後之審定，用工勤苦，久已成編。後學可謂大幸。然疑義缺文之難，朱子曰未詳，曰脫簡者，固自若也。分章絕句之難，朱子不肯句讀者，亦未能盡通也〔註98〕。

王柏於蔡沈書集傳，可謂譽之甚矣，然猶以爲於朱子所未言者，固仍舊狀；其言責之過矣。蓋蔡沈於朱子所缺而不論者，多取呂祖謙及諸家之說以補足之，是已進於朱子所云者矣。而王柏猶以爲不足，故有是責言也。

〔註96〕見其書卷四，總頁14。
〔註97〕見書疑卷四，頁1、2。
〔註98〕見魯齋集卷五，頁1。

王柏書疑稱蔡氏者二：於皐陶謨「思曰贊贊襄哉」曰：

蔡氏從蘇氏、王氏、張氏說，改曰爲日，以皐陶之言予未有知爲絕句；思日贊贊襄哉，正與禹曰帝予何言，予思日孜孜句法一樣且相接也〔註99〕。

此引蔡沈之改字及其句讀而用之。又於論武成改本下云：

朱子又加參考，比諸家固已整然有條，而大邑周之下，非可結之語，劉氏、蔡氏皆疑有缺文，是蓋猶有未滿人意者〔註100〕。

此處不用蔡氏之說以爲缺文，改出新意以爲告群臣之辭，非必歸豐之後始告，故以錯簡移易理之。書疑之中，其引蔡沈之說而不稱名者亦有之。其論微子曰：

以三仁之賢，猶相與審處其制事之宜。微子憂宗國之心，焦勞危迫，形於言如此之至也，而猶不敢輕萌棄去之念〔註101〕。

考自漢至宋，諸儒言微子者，多謂微子以欲遯於荒野之念，詢謀於箕子、比干，唯蔡沈解「我其發出狂，吾家耄遊于荒」曰：

言紂發出顛狂，暴虐無道，我家老成之人皆逃遁于荒野，危亡之勢如此，今爾無所指示告我〔註102〕。

按蔡沈解「我」非指微子自身，乃指「我君」，「吾家」非吾之在家，乃吾之家；是微子詢於箕子時，尙未有遯去之念，而箕子發言，始勸之「迪出」。故王柏云「不敢輕萌棄去之念」，此意即出於蔡沈書集傳也。又王柏論周官曰：

此書雍容肅厚，有虞廷氣象焉，後世莫能及。或疑此篇與周禮不同，蓋周禮者乃周公未成之書，此其總敘也〔註103〕。

按蔡沈書集傳云：

按此篇與今周禮不同。如三公三孤，周禮皆不載。或謂公孤兼官無正職，故不載。然三公論道經邦，三孤貳公弘化，非職乎？職任之大，無踰此矣，或又謂師氏即太師，保氏即太保，然以師保之尊，而反屬司徒之職，亦無是理也。又此言云年五服一朝，而周禮六服諸侯有一歲一見者，二歲一見者，亦與此不合，是固可疑。然周禮非聖人不能作也。意周公方條治事之官，而未及師保之職，所謂未及者，鄭重而未及言之也。書未成而公亡，其間法制有未施用，故與此異；而冬官亦缺。要之，周禮首末未備，

〔註99〕見書疑卷二，頁2。
〔註100〕見書疑卷四，頁5。
〔註101〕見書疑卷三，頁8。
〔註102〕見書集傳卷三，總頁11、12。
〔註103〕見書疑卷八，頁7。

周公未成之書也〔註104〕。

比二說而察之，王柏之說出於蔡傳甚明而不待辨矣。至於王柏論酒誥、梓材，既用吳棫之說，以酒誥分二體，遂進而評先儒之說曰：

先儒以爲其事則主於妹邦，其書則付之康叔，以爲書之變體。愚實未之通也。所可知者，止於戒酒而已〔註105〕。

考蔡沈書集傳既引吳棫之說，復以己意評之曰：

按吳氏分篇，引證固爲明甚，但既謂專誥毖妹邦，不應有乃穆考文王之語。意酒誥專爲妹邦而作，而妹邦在康叔封圻之内，則明大命之責，康叔實任之；故篇首專以妹邦爲稱，至中篇始名康叔以致誥。……其事則主於妹邦，其書則付之康叔，雖若二篇而實爲一書，雖若二事而實相首尾〔註106〕。

王柏所謂「先儒」者，實指蔡沈也。其不明言出於蔡氏，或因蔡沈爲知交之父，故稱隱諱而不直指故也。

綜觀王柏書疑之說，以朱子爲其大宗大源；而所有疑論，多前有所因，王柏蓋較前人更勇於發論改易耳。

（二）王柏尚書學之觀念與方法

1、不信小序、大序

王柏書疑序云：「今九峰蔡氏祖述朱子之遺規，斟酌群言而斷以義理……如…大序、小序之可疑，今已甚晰矣。」朱子以爲大序「不類西漢文字，疑或後人所託〔註107〕」，然無所據，未敢必也。王柏亦引朱子之言曰：

朱子雖取此序於書傳之首，謂其言本末之頗詳，且取其掃小序自爲一篇，而不殺雜於經文之上，亦未嘗不言其非西京文字，固已洞矚其爲僞矣〔註108〕。

朱子辨大序之僞，多就文字格制立論，無甚明證。王柏則以二證言之。

（1）大序言三墳、五典，而墳、典不可信

書大序云：「伏犧、神農、黃帝之書，謂之三墳，言大道也；少昊、顓頊、高辛、唐、虞之書，謂之五典，言常道也。」朱子於墳、典之說，已不甚信。其言曰：

〔註104〕見書集傳卷六，總頁191。

〔註105〕見書疑卷六，頁3。

〔註106〕見書集傳卷四，頁143。

〔註107〕見朱文公文集卷六五，頁3尚書孔安國注。

〔註108〕見書疑卷一，頁4。

今按：周禮外史掌三皇、五帝之書，周公所錄，必非僞妄，知春秋時三墳、五典、八索、九丘之書猶有存者。若果全備，孔子亦應悉刪去之。或其簡編脫落，不可通曉，或是孔子所見，止自唐虞以下，不可知耳〔註 109〕。

王柏則曰：

三墳之書，言大道，五典之書言常道，此說程子嘗疑之，已得其要。所謂三墳、五典、八索、九丘者，古人固有此書，歷代相傳，至夫子時已刪而去之，則是不足取以爲後世法可知矣。序者欲誇人以所不知，遂敢放言而斷之曰此言大道，此言常道也。使其果有聖人經世治民之道，登載於簡籍之中，正夫子之所願，幸必爲之發揮紀述，傳之方來，必不芟夷退黜，使堙沒於後世。夫子既去之矣，序者乃敢妄加言道之詞……夫天下之論，至夫子而定，帝王之書，自堯典而始……故夫子定書所以斷自唐堯者，以其立政有綱，制事有法，可爲萬世帝王之軌範也〔註 110〕。

王柏以爲孔子定書既斷自唐堯，自有其理在焉，而大序之作者反求之遠古，以爲更有大道，則是與孔子之立論相背，亦欲誇人以所不知也。孔安國者，爲夫子之後，必不如此，然則此序之僞可證也。

（2）以孔壁書本無科斗之文，及序言自相矛盾

書大序云：「至魯共王，好治宮室……於壁中得先人所藏古文虞、夏、商、周之書，及傳、論語、孝經，皆科斗文字。……科斗書廢已久，時人無能知者，以所聞伏生之書，考論文義，定其可知者，爲隸古定，更以竹簡寫之，增多伏生二十五篇。」而王柏則釋之曰：

予嘗求科斗之書體，茫昧恍惚，不知其法。後世所傳夏、商鬴鬲盤匜之類，舉無所謂科斗之形。或謂科斗者，顓頊之時書也。序者之言，不過欲耀孔壁所藏之古耳，而不計其說之自相反覆而不可通也。……且曰科斗書久已廢，時人無能知者，又不知何以參伍點畫，考驗偏旁，而更爲隸古哉！於是遂遁其詞曰：以所聞伏生之書考驗文義，定其可知者。則是古文之書，初無補於今文，反賴今文而成書。本欲尊古文而不知實陋古文也〔註 111〕。

魯齋以爲序言自相矛盾，而實無所謂科斗書，並舉所見古器銘文爲證；且若眞有科

〔註 109〕同註 107。
〔註 110〕見書疑卷一，頁 1、2。
〔註 111〕見書疑卷一，頁 2、3。

斗書而漢人不識，反必以伏生今文讀之，則古文書無補於事矣，與序文尊古文之意相悖。以此觀之，作序者必浮誇妄說，非孔安國作也。故王柏於其下又曰：

> 夫自宣王之時，史籀之書法通行於天下，始皇時，李斯小篆方盛，屋壁之藏，爲夫子之故書邪，必篆籀也；爲秦政之新書邪，必小篆也；豈有不夏、不商、不籀不斯，而獨傳顓帝之書法，本欲流傳，適所以堙廢；孔氏子孫，必不如是之陳也。且孔氏之遺書，如周易十翼、論語、大學、中庸之屬，皆流傳至今，初不聞有科斗之字於它書，而獨記載於書大序，其張皇妄誕，欺惑後世無疑。假曰科斗之法與史籀並行於世，豈有二、三千年之遺法尚存於秦，自秦至漢未百年而其體致無識之者。序者徒欲誇張藏書之甚古，不疑千百年之後，亦有疑者〔註 112〕。

此更進言之，以書法體制流傳之理明科斗書之不存於秦漢，若有之亦無不可識之理，然則序所云以今文讀之者，其說必妄矣。

王柏既以大序爲僞妄，其於小序亦所不取。其書疑中屢云序者之不是可見。朱子復合小序爲一篇，而一一辨其非孔子之作，王柏亦曰「且掃小序自爲一篇，而不殽雜於經文之上」，是亦取朱子之意矣。朱子嘗評吳棫曰：

> 近看吳才老說胤征、康誥、梓材等篇，辨證極好，但已看破小序之失，而不敢勇決，復爲序文所牽，亦殊覺費力耳〔註 113〕。

王柏論康誥曰：

> 後世信小序，以此篇爲成王告康叔之書，又言周公託王命而言，不勝纏繞。至本朝蘇氏方明篇首四十八字爲洛誥脱簡，五峰胡先生及吳氏棫又定爲武王之書，大綱方見倫次〔註 114〕。

王柏此論，所用正朱子所說者。王氏謂信小序致有此誤，則小序之不可信明矣。王柏論多士、多方云：

> 凡化頑民之書，不過多士、多方兩篇而已，緣中間紛亂脱落，序者不得其要，讀者莫知條理；是故隨文解義，卒不能貫通。愚不敢觀序，止熟讀正文而知其有脱簡焉〔註 115〕。

王魯齋謂序者不得要領，讀之徒擾心神，故不敢觀序而直讀正文，遂有所得；然則序之說不可取矣。王柏於湯誓篇疑曰：

〔註 112〕見書疑卷一，頁 3、4。
〔註 113〕見朱文公文集卷三四，頁 22 答呂伯恭。
〔註 114〕見書疑卷六，頁 2。
〔註 115〕見書疑卷七，頁 3。

序者曰：伊尹相湯伐桀，升自陑，遂與桀戰於鳴條之野，作湯誓。今讀其書，初非鳴條臨戰之誓，乃亳邑興師之誓也。可謂大疎謬者矣〔註116〕。

按以書經湯誓之文讀之，確無臨戰而誓之辭，與牧誓不同，林之奇全解已早有此論。可見小序之說，多不足取以解經，若爲孔子之作，必不如是之謬也。

2、尊信古文而於今文有微辭

朱子辨古文、今文之異曰：

然漢儒以伏生之書爲今文，而謂安國之書爲古文。以今考之，則今文多艱澀而古文或平易。或者以爲今文自伏生女子口授晁錯時失之，則先秦古書所引之文皆已如此。或者以爲記錄之實語難工，而潤色之雅詞易好，則暗誦者不應偏得所難，而考文者反專得其所易。是皆有不可知者〔註117〕。

是朱子已明僞孔之迹矣。然朱子嘗曰：

書中可疑諸篇，若一齊不信，恐倒了六經〔註118〕。

朱子示人讀書經之法，多謂先讀其易曉，次及其難通，若大誥主於卜，盤庚多言鬼神，金縢亦不合人情，則今文之可取者鮮矣，若易曉之古文爲疑者所倒，則書經之義無可附者，如十六字傳心訣，洪範之理，何由而發；故朱子不欲明言古文不可信，而每謂之「不可知」而已。吳棫亦嘗疑泰誓乃晚出之作，非武王之辭；然吳氏又曰：「夫四代之書，作者不一，乃至一人之手而定爲二體，其亦難言矣〔註119〕。」朱子不欲倒六經，吳棫云難言，故古文之地位，不至於推擢；故王柏信用古文，反以今文有疵立論。其書疑序云：

後生爲學所當確守先儒之訓，何敢疑先王經也。不幸秦火既焰，後世不得見先王全經也；惟其不全，固不可得而不疑；所疑者非疑先王之經也，疑伏生口傳之經也〔註120〕。

以此見王柏於古文必尊而重之矣，蓋古文出於孔壁，正所謂先王之書也。故王柏八篇考異之作，除武成、說命考疑之外，它皆今文伏生口傳之篇，其需考而不能考者，若大誥，盤庚之篇，益見今文之病。是以王柏曰：

予欲獨求伏生尚書已不可得。觀史記所載，雅俚雜糅，雖多太史公妄

〔註116〕見書疑卷二，頁6。
〔註117〕見朱文公文集卷八二書臨漳所刊四經後。
〔註118〕見朱子語類卷七九，總頁252。
〔註119〕見吳澄書纂言目錄頁8引。
〔註120〕見魯齋集卷五，頁1、2。

> 加點竄，而伏生本語，亦不爲少；以今日見行之書考之，賴古文以訂定其口傳之謬者十不止於二三。……竊意所增者未必果二十五篇也。何以言之：伏生之書最艱澀而不可解者，惟盤庚三篇與周書大誥以下十篇而已。今古文乃亦有之。古文之所以異於伏生者，以其所載之平易也，今亦從而艱澀之如此，則是原本已如此之艱澀，而實非伏生之訛也。……以愚觀之，伏生於此十三篇之外，未嘗不平易，安國於此十三篇之中，未嘗不艱澀也。若論其實，伏之耄，口傳之訛，自不能免；竊恐此十三篇之艱澀，孔壁未必有也。是故無所參正而艱澀自若；安國但欲增多伏生之數，掩今文而盡有之，反有以累古文也〔註 121〕。

王柏既崇信古文，故欲彰顯古文之可寶，亦可免古文之可疑，遂生一新說：其法以五十八篇分作三類，一爲古文有，今文無者，一爲古、今文皆有者，餘則爲古文無，今文有者。此說爲王柏獨創者。古文所獨有者，本即平易；而古、今文皆有者，亦頗平易，蓋伏生之傳本本亦難曉，賴古文平易之文相較，遂轉復其平易也；獨今文獨有之十三篇，無古文可校，故仍其難曉，則古文雖皆易，今文雖皆難，而今文與古文有重疊之處，有不重疊處，而其重複之篇，王柏以爲亦易曉，是偏於古文，如此則有一緩衝之階，今文、古文難易之迹，對比程度稍減，可謂今文非皆難，古文非皆易也。且王柏謂得古文以校今文，更可顯古文之可貴，與大序所云以今文讀古文正相反也。

王柏尊古文，鄙今文，見於書疑之中者，若其論泰誓，用吳棫之說，以湯之伐桀其辭裕，其禮恭；武王之伐紂，其辭迫，其禮傲。然吳棫遂以爲武王必不如是之迫傲，故疑泰誓之晚出，非盡當時之文。而王柏則論湯、武所處之異，以見迫裕恭傲之不同，有以使然者，而不疑其僞作，是其尊古文之事也〔註 122〕。又其論洪範「二曰敬用五事」曰：

> 　故經曰敬用五事。蓋敬則五德之體凝然，五德之用粲然；不敬則五德之體昏矣，五德之用亂矣。敬之一字，實此心之主宰，皇極之樞要歟！而漢儒乃易敬字爲羞字，注曰：羞者進也。理晦而言疎，功荒而用舛；以聖人謹嚴精密之格言，易而爲迂闊無用之虛字，是可陋也。逮孔壁古文出而敬字始明。甚矣伏生之耄，女子之訛，而諸儒之不察也〔註 123〕。

按漢書五行志，藝文志，孔光傳引此文，敬並作羞。班固之學爲今文小夏侯之說〔註

〔註 121〕見書疑卷一，頁 2、3。

〔註 122〕見前王柏尚書學之淵源中與吳棫之關係。

〔註 123〕見書疑卷五，頁 6。

〔註 124〕說見駱文琦漢書尚書說考徵序言（師大碩士論文）。

124〕，然則作羞字，於義迂晦者，今文也；作敬而含大義理者，孔壁古文也。是鄙今文而崇古文矣。又王柏論牧誓曰：

> 大槩牧野之役，諸侯之師皆期而來會者，惟庸、蜀、羌、髳、微、盧、彭、濮，皆不期而來會者也。……聞風而自奮者，八國之義也。後世欲夸張而侈大之，遂於八字下又加一百字，謂孟津之師，不期而會者八百國，其言可謂妄矣〔註 125〕。

按尚書孔序正義引書傳曰「八百諸侯俱至孟津」。而書大傳正伏生所傳之說也，王柏謂之欲夸張而侈大之，言之可謂妄者，即指伏生而言；然則伏生所傳今文之篇，其難讀難曉，蓋因伏生之誤也。

3、力求言之有證

朱子嘗評呂祖謙說書不能闕疑，故有尖巧之病，而朱子於書，多謂無證據，不可曉，闕其疑。王柏欲有進於是，於諸不可曉處求解，則不可不求有力之證以立己說。故王柏於說命考疑中云：

> 今妄以意聯輯，未必非當時之本語，雖無所證，不敢質言之。似與高宗所求者不相遠〔註 126〕。

此王柏明言其移易經文，本無證據，故不敢質言之。可見其於求證之事甚重視。故其作堯典考異，合堯典舜典爲一篇，力求有證。其言曰：

> 合爲一篇，豈不首尾相涵，血脈相貫。……然亦何以證之：舜之命契也，曰敬敷五教，在寬，語意未盡，疑有缺文。幸孟子亦嘗舉此章，又有數語曰：勞之來之，匡之直之，輔之翼之，使自得之，又從而振德之。孟子既曰命契之詞，朱子於集註亦曰命契之詞，乃於尚書命契之下，舉孟子之言而繫之曰，亦此意也。此則不能無疑，且孟子非泛引之云，既提其名謂之放勳曰，繫於命契五教之下，則是出於堯典矣。又堯典曰二十有八載，放勳乃殂落；今卻皆載於舜典，有以證戰國之時，孟子所讀堯典，未嘗分也亦明矣。孔壁之分，尚可曰以冊書舒卷之長，不得已而分之，無它義也。自蕭齊姚方興亂以二十八字於愼徽五典之上，然後典分爲二，而勢不得而合矣。且玄德二字，六經無此語，此莊老之言而晉之所崇尚。愚知其決非本語，黜之無疑〔註 127〕。

可見王柏自謂合二典爲一，補語、孟之言入經文，於證有據，故勇於爲之而辭氣果

〔註 125〕見書疑卷四，頁 4、5。
〔註 126〕見書疑卷三，頁 4。
〔註 127〕見書疑卷一，頁 5。

決也。又其降三謨於夏書云：

> 貢與二謨皆夏書，古人亦有稱爲夏書者，今從之〔註 128〕。

按此所謂古人者，乃指左傳也〔註 129〕。

4、尚書說義與儒家諸經典相貫通

宋代理學家之治學，多據語、孟、學、庸爲宗，所謂五經之管轄，六藝之喉衿者也。爲學之秩序，成學之終極，皆在焉。然後擴及乎五經六藝，故程頤之學，本乎語、孟，胡瑗以學、庸思想解洪範、王安石以易、詩、禮與尚書互通，林之奇以論、孟之言解尚書，朱熹勸人讀尚書不如且讀大學〔註 130〕。蓋書經所道者，政事也，於大學言之爲治國平天下之事，所關涉甚廣大深遠，是以與他經皆有相涉之處。學者亦每以諸經融會而相合此附也。朱熹嘗謂：「若尚書，卻只說治國平天下許多事較詳。如堯典克明俊德，以親九族，至黎民於變，這展開是多少，舜典又詳。〔註 131〕」又曰：「周官一書，只是一個八政。」皆是也。

王柏書疑，亦本四書五經互通之理，時引諸經以說尚書之義。其論堯典「放勳」，則曰：

> 其頌堯也，首以放勳兩字總之。後世遂疑爲堯之號。夫子曰：大哉堯之爲君也，巍巍乎，唯天爲大，唯堯則之；蕩蕩乎，民無能名焉。巍巍乎其有成功也。此即是放勳之註腳〔註 132〕。

此引論語孔子頌堯之言以說「放勳」也。其下又曰：

> 第二章是放勳之序。大學一篇，其原出於此；明德、新民、至善，皆在其中〔註 133〕。

所謂第二章，即指「克明俊德，以親九族」至「黎民於變時雍」也。王柏以爲大學三綱八目與此相同也。其論陳君篇曰：

> 觀其所以命君陳，其體輕，其辭戒，所稱者只推其孝友之行，是固得爲政之本矣〔註 134〕。

此說乃用論語孔子曰：「書云：孝乎惟孝，友于兄弟，施於有政，是亦爲政。奚其爲

〔註 128〕見書疑卷二，頁 1。
〔註 129〕參見尚書正義卷二，頁 2 虞書題目下之論說頗詳。
〔註 130〕參見朱子語類卷七八，總頁 1982。
〔註 131〕同前註。
〔註 132〕見書疑卷一，頁 6。
〔註 133〕同前註。
〔註 134〕見書疑卷八，頁 8。

爲政〔註 135〕。」之意也。

王柏之論洪範，除以數求其配對之迹外，亦引易經之說以明九疇之義。其釋「八政」之「師」曰：

師者眾也。水之配也。地中有水，眾聚之象也〔註 136〕。

此解「師」義，即引易經「師」卦之辭。師卦，曰：

彖曰：師，眾也；貞，正也。能以眾正，可以王矣。……象曰……地中有水，師，君子以容民畜眾。

故王柏研幾圖中「維皇建極圖」，以「師」配「水」，在北方。又洪範曰「王省惟歲」，王柏以「歲者冬之終，故配水〔註 137〕」，而「師」又「可以王」而爲「君子」，則「師」與「歲」配「水」甚合也。今研幾圖以「月」配「師、水」，是與王柏說義不同也。則研幾圖之可疑矣。又王柏以九疇配五行，謂「壽配水，貞固之象也；富配火，嘉會之象也；康寧配木，長善之象也；好德配金，利用之象也〔註 138〕」，是用易乾卦文言傳之義以爲說者也。而王柏論文侯之命，以爲孔子存之，蓋傷之以爲後世戒，而未見其有事仇之責。遂論孔子五經相貫通之義曰：

愚嘗謂夫子刪詩定書，實相表裏。文王之風化，不見於書而見於二南，周公制作之具，不見於書而見於雅頌。七月之詩，補無逸也；東山諸作，補金縢也；宣王中興之詩，粲然復盛，而書中無一字；東遷之後諸國風次第而起，雅頌亦至是而亡；故文侯之命，書之終，而春秋之始也。詩、書、春秋，王通謂之三史，其亦有見於此與〔註 139〕！

按王柏詩疑之作，於詩周南、召南有進退之舉，並作「二南相配圖」以明其說。二南之要，孔子嘗曰「人而不爲周南、召南，其猶正牆面而立也與」，鄭玄詩譜序云：「文、武之德，光熙前緒，……其時詩：風有周南、召南，雅有鹿鳴、文王之屬……謂之詩之正經。」詩正義引康成之言而復申之曰：「以周南、召南之風，是王化之基。」王柏亦本之而論曰：

惟二南之樂，得人倫之正，爲教化之先，可以用之鄉人，用之邦國〔註 140〕。

可見王柏以爲書中無文王之記，而見於詩二南中。書中無宣王之書，此朱子語錄嘗記之曰：

〔註 135〕見論語爲政篇第 21 章。
〔註 136〕見書疑卷五，頁 1。
〔註 137〕見書疑卷五，頁 1。
〔註 138〕見書疑卷五，頁 10、11。
〔註 139〕見書疑卷九，頁 5、6。
〔註 140〕見詩疑卷二，總頁 21 賦詩辨。

安卿問：何緣無宣王書？曰：是當時偶然不曾載得。又問：康王何緣無詩？曰某竊以昊天有成命之類，便是康王詩，而今人只是要解那成王做王業後，便不可曉〔註141〕。

是王柏每以詩書互通補足爲說。王柏以爲無宣王書，而宣王之詩見於詩經甚盛，此乃孔子之意。其意蓋謂宣王之書既不曾載，故夫子多取其詩以補之也。王柏謂東遷之後，諸國風次第而起，雅頌亦至是而亡。此意於詩疑中亦發之曰：

周未有天下之時，近而宮女，遠而南國，被文王之化，形於辭者，此風也。周既有天下之後，分封諸侯。列國之民，感國君之化，有美有惡焉，形而爲歌詠者，亦此風也。……當周盛時，風如二南；及其衰也，風如黍離，何獨平王以後，雅詩降爲風乎？鴟鴞，周公之詩也，固已降而爲風矣〔註142〕。

雅降而爲風，王者之詩亦降爲風，是雅之亡矣，王者之迹亦亡矣。書自文侯之命以下，繼以費、秦二誓，皆諸侯之書，非復王者之事矣。孟子曰：「王者之迹熄而詩亡，詩亡而後春秋作。」王柏蓋取此義，故曰：「文侯之命，書之終，而春秋之始也。」王柏解費誓、秦誓曰：

二誓，書之附庸，聖人何爲而取之？取其不黷武也〔註143〕。

宋儒論二誓，多有謂繼周而王之說。如邵雍、歐陽修、薛季宣〔註144〕；或以爲庶幾王道之復興有望焉，如張九成、呂祖謙者。而王柏止謂「不黷武」者，蓋亦據孟子之言爲說也。〔註145〕

5、以對稱、圖解之法解經

王柏解經，善用對稱、相承、相配之概念爲之。若其解詩經二南，則有「二南相配圖」。其言曰：

召南有甘棠，後人思召伯也；何彼穠矣，王風也；野有死麕，淫詩也：皆不足以與于此〔註146〕。

去召南此四詩，則周南、召南各十有一篇，一一相配對爲圖，十分整齊。又其論中

〔註141〕見朱子語類卷七八綱領，總頁1981。

〔註142〕見詩疑卷二，總頁19王風辨。

〔註143〕見書疑卷九，頁6。

〔註144〕邵雍之說見皇極經世書卷之三，頁46；歐陽修之說見於其正統論下，在歐陽文忠公全集卷十六，頁4，雖非明言，其意如是。薛季宣之說，見於書古文訓卷十五，頁17。

〔註145〕張九成說見書傳統論卷十一，頁9，呂祖謙說見東萊書說卷三五，頁8。

〔註146〕見研幾圖卷一，頁13。

庸，以爲有上、下兩部，皆是也〔註 147〕。至於論尚書，用此法尤頻。其論夏書曰：

夏書六篇，前三篇，夏之所以興也；後三篇，夏所以亡之漸也〔註 148〕。

王柏降三謨爲夏書，而皐陶謨與益稷合而爲一，故禹貢、禹謨、皐陶謨爲三篇，與下甘誓，五子之歌爲胤征三篇，合而爲六也。前三篇所以興，後三篇所漸亡，甚是整齊對稱。又王柏之論洪範，分經傳而一一相對應，並爲作「洪範經圖」，「洪範傳目圖」，「皇極經圖」，「皇極敷言敷錫圖」，皆是一一相應之圖。又九疇之目，王柏皆強以成五之數，使能按五行之位，分佈於八極之方，遂作「維皇建極圖」、「皇不建極圖」。若「八政」之目本八，王柏曰：

司空者，食貨之職也；司徒者兼宗伯，故祀、賓屬之，司寇兼司馬，故師屬之。天子云卿，周制也；虞廷止有司空、司徒、士，疑夏改士爲司寇。八政舉三卿，夏制也〔註 149〕。

故王柏作「八政圖〔註 150〕」：

如是則變八爲五，可與五行、五事、五紀配矣。又「三德」本目有三，而王柏擴三爲五曰：

竊意沈潛者，柔善也；高明者，剛善也；強弗友，剛惡者也；燮友者，柔惡者也。……剛惡者習於強梗，未易柔服，故必克之以善剛；柔惡者甘於阿順，而剛無所施，故就克之以善柔〔註 151〕。

故王柏作「三德圖〔註 152〕」：

火 —— 剛善，高明　柔克
水 —— 柔善，沈潛　剛克

〔註 147〕參見魯齋集卷十三，頁 1 中庸跋。
〔註 148〕見書疑卷二，頁 5。
〔註 149〕見書疑卷五，頁 1。
〔註 150〕見研幾圖頁 43。
〔註 151〕見書疑卷五，頁 11。
〔註 152〕見研幾圖頁 4。

土　中　平康，正直
金　——　剛惡，強弗友　剛克
木　——　柔惡，燮友　　柔克

於是乎三德亦可分別配「皇不建極」、「維皇建極」二圖矣。又「六極」之目有六，王柏亦使之分合爲五，曰：

> 五福固五也，六極實四也，錯綜而言，所以存九。憂、疾者，康寧之反；惡弱者，好德之反；貧爲富之反；曰短折、凶折，則壽與考終之反〔註153〕。

王柏合憂與疾爲一，惡與弱爲一，而分凶短折爲二，於是其數爲五，可與五福相配，而又可與他疇配合矣。王柏之說，肇源於胡瑗之洪範口義，而洪範口義又源於張景之洪範論七篇也〔註154〕。故王柏作「福極圖」曰〔註155〕：

夫如是則九疇之目皆五數，可五相配而無間矣。不獨此也，王柏復就九疇洛書之位，言「對義」、「並義」。洛書之圖，戴九履一，左三右七，二四其肩，六八其足，五居中極。故王柏「洪範經圖」、「洪範傳目圖」、九疇之序，均按洛書之位布置，並作「洪範對義圖」、「洪範並義圖」，以明其九疇相對、相並之義也。其洪範九疇說曰：

> 或問：九疇之所以則洛書者，其目可得而易乎？曰：不可易也。可易，則非聖人之書也。夫陽變陰合而先生五行，故五當一數而不可易。人稟五行，而見於五事，故五事次二而不可易。八政者，爲治之大綱也，故八政次三而不可易。五紀者，天時之大節也，有八政而后天時可推，此五紀不可先於八政。皇極者，四方八酉之所取則，故居中而不可偏。三德者，五事之直對也；三德蘊於內，五事著於外，品節剛柔，所以定五事之合中也。稽疑者，八政之橫對也；有政大疑，不能自決，必卜之而后吉凶見。庶徵者，五紀之直對也；庶徵之休咎，五紀之所以逆順也。福、極者，五行之

〔註153〕見書疑卷五，頁7。
〔註154〕參見本論文胡瑗洪範口義一節。
〔註155〕見研幾圖頁42。

直對也；人稟五行之氣，有善惡焉，有厚薄焉；此福、極之所由分也。三德者，又庶徵之横對也；休咎之形，剛柔過不及之偏也。五紀者，又五事之横對也；五事中節，而后天地位，四時行焉。三縮三衡，九疇之數昭昭然一定而不可易如此〔註156〕。

此王柏九疇對義之說也，若夫並義之說，則見引於其徒金履祥「帝命禹敘洪範九疇」一文，其文曰：

疇之取義有三焉。一曰並義；子王子魯齋曰：洛書、河圖相表裏，故一、六，二、七，三、八，四、九皆並位，於是九疇之義相比而應。一與六相並也，係五行於一而係三德於六，以天賦之氣有生克清濁之殊，則人囿於質，有剛柔善惡之異也。二與七相並也，係五事於二，而係稽疑於七，見于事者有得有失，則驗於占者有吉有凶也。四與九相並，係五紀於四，福極於九，運於天者有經緯離合之不齊，則賦於人者有五福六極之或異也。三與八相並也，係八政於三，庶徵於八，施於政者有善有惡，則感於天者有變有常也〔註157〕。

除洪範固宜以對稱相配說義外，王柏尚為二典，禹謨作「三聖授受圖」，以示堯、舜、禹三聖授受傳道之跡。又作「人心道心圖」，以解天理、人欲、公私相對之異，此皆王柏解書義之法，乃王氏之所長也。

（三）王柏尚書學之創舉

王柏書疑，多承前人之說，可謂集諸家之大成而更精進為之。綜觀其尚書學中獨創之處：一曰改補經文，二曰洪範分經傳，三曰尚書新解，四曰改篇名及篇次。綜論如次：

1、改補經文

王柏以前，疑改經文者幾家家皆有之，惟多寡不同耳，然無有以他書之文補尚書經文者。王柏書疑為之考異者八篇，其中堯典考異，王氏取論語、孟子之文，以為乃堯典之本有，今本脫去而見載於論、孟之中，故據之以補入堯典。王柏曰：

昔堯之試舜也如此之詳，而遜位之際，止一二語而已，此非小事也，以天下與人而略無叮嚀告戒之意，何也；愚讀論語終篇，乃見堯曰：咨爾舜，天之歷數在爾躬，允執厥中，四海困窮，天祿永終。書中脱此二十有四字，……愚不揣僭，欲合二典之舊章，補以孔孟之逸語……以全聖人之

〔註156〕見魯齋集卷六，頁1、2。

〔註157〕見金仁山集卷二，頁8、9。其說亦可參見金履祥尚書表注下，頁6旁注。

書〔註 158〕。

王柏除補以論語堯曰篇二十四字外，又補孟子之語曰：

> 舜之命契也，敬敷五教，在寬，語意未盡，疑有缺文；幸孟子亦嘗舉此章，又有數語曰：勞之、來之，匡之、直之，輔之、翼之，使自得之，又從而振德之。孟子既曰命契之詞。朱子於集註亦曰命契之詞，乃於尚書命契之下，舉孟子之言而繫之曰：亦此意也。此則不能無疑。且孟子非泛引之云，既提其名謂之放勳曰，繫於命契五教之下，則是出於堯典矣〔註 159〕。

按朱熹於舜典命契之下，以爲「勞來匡直」一段，乃堯之言，王柏則以爲此「放勳曰」乃證此爲堯典之文，而其文連「五教在寬」之下，則當爲命契之辭，孟子引曰「放勳曰」，不必以爲堯之言，或孟子之誤也。故遂以「勞、來、匡、直」一段補入舜典命契之辭之下。並作堯典考異，重書經文，可謂勇猛無顧忌矣。至於其他七篇考異，皆以移易經文爲主，與堯典補經不同。

2、洪範分經傳

尚書洪範一文，乃箕子因武王訪問，遂陳大禹敘彝倫，次九疇之辭；其文先詳述其來源，次列總綱九疇之目，復分九疇各詳推言其內容，秩然不紊。故班固漢書五行志謂「初一曰五行」至「威用六極」六十五字，皆洛書本文，即天錫禹之大法九章也。就其文章結構而論，劃分經傳，條理綱目，本自然順理之事也。

及宋代儒者喜以己意解經，遂有禹經箕傳之說，其說初亦如分綱目者，以禹次九疇爲綱，箕子演說細條爲目；持此說者若黃度、胡士行、趙彥衛是也，惟彼等尚未割裂經文，明分經傳也。

夫割裂古書，明分經傳之舉，朱子最優爲之。其撰大學章句，移易舊文，并分經一章，傳十章，又補格物致知之傳。撰孝經刊誤，取古文孝經，分爲經一章，傳十四章。王柏學既宗尚紫陽，而洪範之文又如是有層次條理，排比整齊，一一對應，遂發其意，爰有分洪範禹言爲經，箕說爲傳之舉，始分割經文者也。

王柏分洪範爲三體，一曰序，二曰經，三曰傳。自「惟十有三祀」至「彝倫攸敘」，王柏謂「序武王箕子問答」也。而謂之「經」者，有二：一爲自「初一曰五行」至「九曰嚮用五福、威用六極」六十五字爲洪範之經，並爲之作「洪範經圖」；二爲皇極之疇，其文自「五皇極。皇建其有極」下接「無偏無頗」至「會其有極，歸其

〔註 158〕見書疑卷一，頁 7。

〔註 159〕見書疑卷一，頁 5。

有極」之韻語共六十四字，爲皇極之經文，并作「皇極經圖」以申之。王柏所以特立「皇極經」者，書疑曰：

> 朱子謂此是人君爲治之心法也。又曰：順五行、敬五事，所以修身也；厚八政，協五紀，所以齊其政也；此皇極所以立也。權之以三德，審之以卜筮，驗其休咎於天，考其禍福於人，此皇極所以行也。其微辭奧義，又見於皇極辨，可謂詳矣。愚竊嘗玩味皇極之章，疑其有錯簡焉。自五皇極皇建其有極二句之下，宜即接無偏無陂，前三韻語所以會其有極也，後三韻語所以歸其有極也。曰會曰歸，所以爲建極之功也。前後四極字包六韻語，文勢既極縝密，字義備於形容，使人悠揚吟詠，意思尤覺深長，此宜爲皇極之經。先儒亦有謂此乃帝王相傳之訓，非箕子之言是也〔註160〕。

王柏解「皇極」，依朱子之意以爲「至極、標準」之義，於九疇之中爲最要緊，故朱子特爲「皇極辨」以發揮其理。又「無偏無陂」六韻語，非傳說之體，王柏謂爲「詩之祖」，明其非傳說也，與堯典之「賡歌」、夏書之「五子之歌」同，故宜爲經也。

至於傳文，王柏因欲每疇附傳，然其文有不知孰歸者，有無可附屬者，故王氏有錯簡、缺文之說。

自「一五行」至「稼穡作甘」者，五行疇之傳也。

自「二五事」至「睿作聖」者，五事疇之傳也。

自「三八政」至「八曰師」者，八政疇之傳也。然王柏於其旁注曰：「恐有缺文。」而其書疑文中又曰：「此疇所該者廣，而詞頗簡，故疑其有缺文也〔註161〕。」

自「四五紀」至「五曰歷數」者，五紀之傳文也。按書疑曰：「至於王省惟歲而下，自蘇氏、葉氏、張氏、洪氏皆謂當在五紀之下；其說若可通；愚則疑其易不易，成不成等語，實庶證也〔註162〕。」故五紀之傳文止於此。

自「皇極之敷言」至「以爲天下王」，又三德之下自「惟辟作福」至「民用僭忒」，移爲皇極之傳文。按王柏既以「無偏無陂」六韻語爲皇極經，又移自「斂時五福」至「其作汝用咎」之文至末章，故餘文不足以明其義，又以爲「三德」之下「惟辟作福」一節，乃言建皇極之法則，故移爲皇極之傳文也。王氏於書疑曰：「上曰敷言告其君也，下曰敷言，告其民也；再曰天子作民父母，此然皇極之位而言。合接惟辟作福至僭忒，言此分之不可干也。舊綴於三德之下，其義紊戾〔註163〕。」又作「皇

〔註160〕見書疑卷五，頁1。
〔註161〕見書疑卷五，頁1。
〔註162〕見書疑卷五，頁2。
〔註163〕見書疑卷五，頁1。

極敷言敷錫圖」以明之。

自「六三德」至「高明柔克」者，三德之傳文也。

自「七稽疑」至「用靜吉、用作凶」者，稽疑之傳文也。

自「八庶徵」至「則以風雨」者，庶徵之傳文也。

自「九五福」至「六曰弱」，又接以「五皇極」下自「斂時五福」至「其作汝用咎」，合爲五福六極之傳文也。王柏書疑曰：「自斂時五福之下止其作汝用咎，宜爲福極之末章。此非皇極之正訓，而冠於六韻語之上，使讀者反不知其本末，豈不誤哉！人君固秉敷斂之權，其曰斂時五福，蓋指第九疇而言。斂者皇也，時者是也、此也，非指皇極也，指五福也。且其叮嚀反覆，諄諄告戒，又歸宿於攸好德之一語，此所以爲福極之判〔註164〕。」故移「斂時五福」一段入「五福六極」之疇爲傳文也。

王柏分洪範爲經、傳，而洪範經文外，又列皇極經，其意蓋欲突顯皇極之要義，而其中六韻語，亦非傳說之體故也。然洪範經已含皇極之疇，而又別立皇極經，遂有疊床架屋之弊，亦使本可甚齊之文章結構變爲不齊，斯亦慮之欠周也。

3、尚書說新解

王柏尚書之說，固多承諸儒之眾論，有所發揮變易，以成己說。然王柏解書，亦頗有自出樞機之新意在焉。茲列述如后：

（1）太甲上「自周有終」

王柏書疑卷二「伊訓五篇疑」云：

> 太甲上篇，先言我左右汝祖，有此天下，君相之間，須各保終始，所以鞭辟者尤切。曰惟尹躬先見于西邑夏，自周有終，相亦惟終；緣周字之義，費先儒詞說，終不明白，不應伊尹前後許多言語如此分曉，獨於此下一艱深字。愚意只是一箇君字，籀體與周字相似，傳者之差悞也。而邑夏是對其後嗣，王字對君字，罔克罔終對有終惟終，極爲整齊坦明〔註165〕。

按金履祥尚書表注曰：「周當作君。古文君寫爲[illegible]，與周相似，故誤。案吳氏經說、王子書疑皆云當作君〔註166〕。」考金履祥之「[illegible]」，乃薛季宣書古文訓之書體，乃隸寫古文，其形與周字誠相近。汗簡口部古文尚書君字作「[illegible]」〔註167〕，薛氏之文出於此。金文「君」字，若郘公釛鐘作「[illegible]」，「周」字克鼎作「[illegible]」，形雖相近，然亦不易相混，蓋君字中間無下豎之筆也。故若以形近而言，當是由汗簡隸寫成之

〔註164〕見書疑卷五，頁2。
〔註165〕見書疑卷二，頁9。
〔註166〕見尚書表注卷上，頁2。
〔註167〕參見卷卷上之一，頁7。

「[illegible]」與「周」形尤相近。以此推之，金履祥所言「古文」，乃指薛季宣之書古文訓字形，非鐘鼎銘文也〔註 168〕。王柏所謂「[illegible]體」，當亦指汗簡而言，亦即指尚書古文爲說也。然則王柏此一說，實出於臆見。且太甲上篇此文，乃引自禮記緇衣篇引尹吉之文，其文自作「周」字，更足見王柏之說誤矣。其創爲此說，乃發揮其對稱相配之法，以「君」對「相」而言，恰成對也，於義亦頗吻合順暢。

（2）牧誓八國為不期而來會者，後世妄加夸大以成「八百國」

尚書大傳周傳大誓曰：「八百諸侯，俱至孟津，白魚入舟。」史記殷本紀、周本紀、齊世家、秦楚之際月表、漢書婁敬傳、春秋繁露王道篇、新序善謀篇，皆嘗云「不期而會於孟津八百諸侯」；牧誓既與大誓所記同事，然則所謂八百諸侯不期而會者，今皆不見載，所見載之國，惟有庸、蜀、羌、髳、微、盧、彭、濮八國耳。故王柏發爲新說曰：

> 大概牧野之役，諸侯之師皆期而來會者；惟庸、蜀、羌、髳、微、盧、彭、濮，皆不期而來會者也。彼諸侯何爲而來，蓋其素受西伯之令者，既播告之書，奔趨惟恐後；彼八國者，何爲而來？蓋其素被文王之化者，雖無播告之書，有聞而必來。周云不期者，皆小國也。其兵革不足以係勝負，其事力不足以供師旅，是以不欲勤其會，周家之仁也。聞風而自奮者，八國之義也。後世欲夸張而侈大之，遂於八字下又加一百字，謂孟津之師，不期而會者八百國，其言可謂妄矣〔註 169〕。

按王柏爲「八百諸侯」之說，立一解析，以爲此乃後世夸張之說，以八國而妄加百字。其說先分「期會」與「不期而會」兩類；所謂期會者，乃受文、武號令者，其數不可知，而不期而會者，則絕不可能多至八百，於是欲尋所以有此說之來由，遂於牧誓得此八國，於是遽定其爲不期而會者。牧誓之文，於此八國之名，特列於「千夫長、百夫長」之後，即明其與前列「友邦冢君」之受號令者有別，遂指以爲不期而會者止八國而已。且「八百諸侯不期而會於孟津」之說，皆見於今文家之說，太史公雖從孔安國問故，史記載堯典、禹貢、洪範、微子、金縢諸篇多古文〔註 170〕，然王柏則以爲「史記所載，雅俚雜揉雖多，太史公妄加點攛，而伏生本語，亦不爲少〔註 171〕」，是王柏於史記之說亦多鄙棄。王氏考諸經文止得八國，而八百之說出

〔註 168〕程元敏先生於王柏之生平與學術中，頁 645，以爲乃鐘鼎文形近易訛，並引召伯敦之「君」作「[illegible]」與格伯敦之「周」作「[illegible]」爲證，或有失察。

〔註 169〕見書疑卷四，頁 4、5。

〔註 170〕參見漢書儒林傳。

〔註 171〕見書疑卷一，頁 3。

於今文家言，故以爲八百之說乃今文家欲夸張以侈人，遂於八字下加百字以成其妄說。蔡沈書集傳云：「武王伐紂，不期會者八百國。今誓師獨稱八國者，蓋八國近周西都，素所服役，乃受約束以戰者。若上文所言友邦冢君，則泛指諸侯而誓者也〔註172〕。」朱子於孟子集註曰：「諸侯不期而會者八百，武王安得而止之哉〔註173〕？」王柏說正與蔡沈相反，亦不取朱子之說也。

（3）武王解縛焚櫬，禮而命之者，乃武庚也

王柏論微子之命，以爲武王既克殷，釋箕子之囚，封比干之墓，式商容之閭，又訪問於箕子，是皆得君子之心矣。然不及微子，又封武庚祿父以奉商祀，遂生三監之亂，此爲周家之大失也。後世既以爲武王、周公乃聖人，政事精明，必無如此疎失，遂據左傳之言云微子已先封，所謂「抱祭器而歸周」也。王柏則以爲不然。其說曰：

> 或曰：武王封微子於宋也久矣。至武庚誅，乃加封上公，命之以奉商祀。此亦惑於後世歸周銜璧之傳，而謬爲是說也。若微子之始封也，必加上公，必奉湯祀，不當以是禮命武庚而不命微子也。今觀此書，皆始封之詞也，非加封之詞也；曰律乃有民，曰永綏厥位，豈非懲創武庚之不律不綏而有此告戒乎〔註174〕！

按王柏於微子篇論微子愛宗國之心，焦勞危迫，猶不敢輕萌去國之念，詢於父師、少師，然後受出迪之訓，則必無「抱祭器歸周」之事；且以微子之賢，又帝乙元子之身，武王欲封以存商祀者，必爲微子。或微子既出迪於荒，武王克殷之後，求微子而不得，故因武庚而封之以爲王賓，以奉商祀也。故王柏非微子歸周之說曰：

> 按左傳楚子克許。許君面縛銜璧，衰絰輿櫬以見楚子。楚子問諸逢伯。逢伯曰：昔武王克商，微子啓如是；武王親釋其縛，受其璧而祓之，焚其櫬，禮而命之。此說尤爲可疑。昔箕子之答微子，因以微子之義當去；去之云者，去其位而遁其迹也。又以爲微子抱祭器而歸周，此尤非也。若微子不待商之亡而歸周，是先自絕於商也；若微子幸紂之亡，即自辱於周，是自求封也。武王非伐微子也，何爲銜璧請命；是已代紂爲王矣。若微子苟存，亦何患商祀之不存；二事皆非所以爲微子矣〔註175〕。

夫微子既未歸周，亦不可能以忠臣之心而幸紂之亡，然則左傳之說有可疑者矣。故

〔註172〕見其書卷四，頁111。
〔註173〕見程元敏先生王柏之生平與學術，總頁652引。
〔註174〕見書疑卷六，頁6。
〔註175〕見書疑卷六，頁7。

王柏辨之曰：

> 若武王既受微子降，封武庚而十年不齒，薄微子甚矣，何足以爲武王、周、召乎？愚因左氏之言，遂得以參伍旁證而得武王、微子心。其曰：武王解縛焚櫬，禮而命之者，政武庚祿父也。傳者以微子賢，武王聖，舛訛其事，喜談而樂道之，彼豈識有關天下之大義乎！武庚驚家國之覆滅，知禍患之未艾，乞命武王者，勢也；勢急則祈哀請命，有國則搖牙肆毒，此狡猾小人之常態也。武王知紂已死，其孤以禮來歸，斬焉衰絰之可閔，釋而命之，仁者之心也。聖人以大公至正，行其義之所當爲，豈逆料異日之變而預防之哉？微子既遁，紂死即出，是幸宗國之亡也。況武庚既封，商祀不絕，吾何求哉！此所以十年長往而不來也。微子既不可見，武王亦不得已封庚爾。武庚既誅，商祀再絕，微子於此時而不出，是商祀之果絕也。賢者之出處，聖人之處事，又豈有一毫之未盡者乎〔註 176〕！

王柏既不取史記稱微子抱祭器歸周之事，復以左傳所稱面縛含璧之事爲可疑，故以左傳所云，轉而指武庚。蓋武王所伐者紂也，武庚乃紂之子，其面縛銜璧請降，於理較順；且微子忠臣也，紂死即出，亦非忠臣之所當爲。故創爲此說以解經傳之相乖舛而合於理，使兩全之，實亦費煞苦心矣。其徒金履祥特撰「微子不奔周辯」，載於文集〔註 177〕，又於通鑑前編紂辛三十二祀下引王柏之說，並申其義。

考孔傳云：「啓知紂必亡而奔周，命爲宋公爲湯後。」是言微子啓奔周在紂既亡之前，而封爲宋公則亦於其時，故云「爲湯後」而不云「爲殷後」也。孔疏知其說之不合於理，遂爲之說曰：「武王既克紂，微子乃歸之，非去紂即奔周也〔註 178〕。」復引樂記云：「武王克殷，既下車，投殷之後於宋。」而云：「爾時未爲殷之後也。微子初封於宋，不知何爵，此時因舊宋命之爲公，令爲湯後。」則是微子歸周在殷既亡之後，初封於宋亦此其時，微子之命則因舊封而加，非初封也。王安石新義則本孔傳之意，主抱祭器歸周在殷亡之前；林之奇辯之以爲非〔註 179〕。然林之奇以爲武王立武庚而不封微子、箕子，非不見其人也，亦非二人之辭退也，乃武王本即屬意於武庚，蓋武庚乃紂之嫡子，於勢有不得不立者，然武王亦知武庚之敗行，故命三監以輔護之，非存預知其將叛也，乃欲成其繼祀之美也。蔡沈書集傳謂「成王既殺武庚，封微子於宋以奉湯祀。」不言其爲初封或因舊封。又於「尹茲東夏」文下

〔註 176〕同前註。

〔註 177〕見金仁山文集卷一，頁 33～35。

〔註 178〕見正義卷十三，頁 25。

〔註 179〕見林氏全解卷二十七，頁 31、32。

云：「恪謹克孝，肅恭神人，指微子實德而言，抱祭器歸周，亦其一也〔註 180〕。」是其說有取於左傳、史記，與林說大體相同。王柏之說，與前儒不同者，即在否定微子「抱祭器歸周」之說，謂「微子之命」以前，微子無封，此命乃初封，故指面縛銜璧者爲武庚也。

王柏之說，新則新矣，然有自相矛盾之處。蓋其前既謂武王不立微子而立武庚，曰「武王豈忘之哉」，曰「武王在位八年，吾不知微子者何在」，曰「封武庚則可以祀受，受足祀乎」，遂曰「周之失未有甚於此者〔註 181〕」。然其後又云「豈逆料異日之變而預防之哉」，曰「微子既不可見，武王亦不得已封庚爾〔註 182〕」。是武王本無意封武庚，以微子不可見故也，乃無可如何爾；且其前既指「面縛銜璧」者爲武庚，武庚又爲紂之嫡子，武王不之封，則反見其戕賊人之心也。是此封武庚者，非武王之失，乃勢所當然爾；不然則亦不需指面縛銜璧爲武庚也。

（4）費誓、秦誓置於書末，乃取其不黷武之義

費誓、秦誓，以諸侯之事繼王者之政，故歷來論之者每有不同。若孔傳則云：「魯有治戎征討之備，秦有悔過自誓之戒，足爲世法故錄以備王事，猶詩錄魯、商之頌。」其意謂魯、秦亦庶幾於王道也。邵雍皇極經世書曰：「終于秦誓，則世之盛衰，道之污隆可知之矣。穆公有此一善可稱，宜乎國以盛強〔註 183〕。」是以秦繼周而王之意。薛季宣書古文訓云：「秦誓之作，所以繼周而王乎！賦智勇而惟老成有德之答，孔子知其後之大矣〔註 184〕。」亦此意也。呂祖謙說則以爲「費誓一篇，見得帝王之遺澤尚在。夫子尚言齊一變至於魯，魯一變至於道，時當春秋，王綱解紐，惟魯尚有周家典章文物，紀綱法度，由魯亦可以至於道〔註 185〕」。上述諸家，雖家有一說，然皆不離王道興替之義。唯王柏書疑不言王道興替。其書疑曰：

> 二誓，書之附庸也；聖人何爲而取之？取其不黷武也。誓者出師殺伐之辭；徐戎、淮夷之爲魯寇也屢矣，於魯則肘腋之患也；伯禽胡不曰：今不取，後世必爲子孫憂乎？讀其書之首辭，極其嚴毅，其終不過修城郭，積糗糧芻茭，爲備禦之計而已，此所以爲諸侯保守境土之法也。方春秋五伯競逐之際，選將勵卒，攻城略地，今日滅某祀，明日縣某國，書伐書克書敗筆相踵也。而不自意悔過之詞，忽發於秦伯之口……詞語若從容不

〔註 180〕見書集傳卷四，總頁 136。
〔註 181〕見書疑卷六，頁 5、6。
〔註 182〕見書疑卷六，頁 8。
〔註 183〕見其書卷之三，頁 45。
〔註 184〕見書古文訓卷十五，頁 17
〔註 185〕見黃倫尚書精義卷五十，頁 3 引呂氏曰。

> 迫，而噬臍之悔，深切莫甚於此，聖人烏得不喜而殿於二帝三王之後，為諸侯窮兵好伐之戒找〔註186〕！

王柏以爲孔子置二誓於書末，非關王道之事，乃取其不黷武而已。蓋王氏於文侯之命下，已論尚書之紀王道，終於文侯之命，故末二誓不關王道興替之說也。其文侯之命下謂「東遷之後，諸國風次第而起，雅頌亦至是而亡，故文侯之命，書之終，而春秋之始也」。此用孟子所云「王者之迹熄而詩亡，詩亡而後春秋作」之意也。

4、改定尚書篇第與篇名

尚書篇次，相傳乃孔子所序。史記孔子世家曰：「序書傳，上紀唐、虞之際，下至秦繆，編次其事。」漢書藝文志曰：「書之所起遠矣。至孔子纂焉，上斷于堯，下迄于秦，凡百篇，而爲之序，言其作意。」史記所云「序」者，敘書之篇次也。藝文志所云「爲之序」者，乃指僞孔本小序而言，然亦可示篇次先後。此小序雖非孔子之作，然亦先秦故書也。孔壁百篇書篇次第，與鄭玄所引古文尚書二十四篇次第不同，與今本僞孔傳五十八篇亦異。故孔穎達論之曰：「百篇次第，於序、孔、鄭不同。」是其中必有誤者矣。降及有宋，論書篇失次者尤多，蔡沈書集傳用胡宏、吳棫之說，以康誥、酒誥、梓材三篇當在金縢之前，蓋胡、吳以爲皆武王書也。胡宏又退多士於多方之後，此正王氏所本者。至於書篇分合，亦影響其次第之數；若堯、舜二典，皐陶、益稷，盤庚三篇，顧命、康王之誥，皆可合者。而書篇之名，本無體式，隨文爲之，今之篇名，不必盡合人意，亦不盡合書篇之內容也。王柏遂有改其篇次及其分合之意也。今分別論列如次。

（1）合堯典、舜典為一篇

王柏書疑承用林之奇全解、趙彥衛雲麓漫鈔之說，主張合堯典、舜典爲一，並去舜典前二十八字，以使文氣相連。書疑曰：

> 愚竊謂史官本爲虞作典，推及堯耳。蓋舜之功即堯之功，故繫之曰堯典，稱之曰放勳，不亦宜乎？其命羲和也，固堯之大政；舜又因堯之成績，察於璿璣玉衡而加詳焉。丹朱嚚訟之言，所以開揚仄陋之幾；驩兜、共工之吁，方命圮族之咈，此四罪之張本也。合爲一篇，豈不首尾相涵，血脈相貫，氣象亦且渾全，不見堯之簡，不覺舜之多，此亦作經之體也〔註187〕。

此外，王柏又舉孟子引「堯典曰二十八載放勳乃殂落」，今其文在舜典，可見孟子之時舜典乃合於堯典。又論舜典前二十八字乃後世所羼入，而「玄德」一詞，亦晉代

〔註186〕見書疑卷九，頁6。
〔註187〕見書疑卷一，頁5。

老莊常用之語。以此可證堯典、舜典本爲一篇也。王柏之說，信而有徵。二十八字之僞，陸德明經典釋文序錄及尚書音義，皆已說明其來由〔註188〕；朱子又舉「玄德」乃老莊之語，皆爲王柏取用。其實二典本合一篇，非獨孟子之時本如此，至東漢之時猶然。考後漢書陳寵傳寵上疏曰：

故唐堯著典，眚災肆赦。

今「眚災肆赦」一句在舜典，可見東漢陳寵所見尚書，二典仍合而爲一者。王柏此舉，是使尚書回復原來面貌也。

（2）禹貢列於三謨之前

鯀受命治水，在堯試舜之前，九載而績用弗成。禹繼興而有成功，舜新命爲司空。然則禹貢一篇所記，其時乃在舜即帝位之前。此意孔傳孔疏，林之奇、蔡沈皆以爲是，胡宏皇王大紀更置禹貢於典謨之間。

王柏書疑本之曰：

堯典之後，當次禹貢。……堯典是敍舜一代之始終，禹貢是敍禹一事之始終。禹之位司空、宅百揆，皆在告厥成功之後，二謨又當次之〔註189〕。

（3）合皐陶謨、益稷為一篇，置三謨於夏書，並去禹謨「大」字

漢代尚書，堯典、舜典合爲一篇，皐陶謨與益稷亦本爲一篇，僞孔本析而爲二，本非。書疑於皐陶謨篇題之下云「復聯益稷爲一篇」，而其下復論之曰：

皐陶謨之終，蔡氏從蘇氏、王氏、張氏說，改曰爲日，以皐陶謨之言予未有知爲絕句，思日贊贊襄哉，政與禹曰帝予何言，予思日孜孜句法一様且相接也〔註190〕。

王柏據「思日贊贊襄哉」與「思日孜孜」之句法相接，遂連二篇爲一；其聯二篇爲一是也，其所據之證則稍嫌薄弱。其實漢代馬融、鄭玄、王肅所據之本，亦是二篇本爲一篇。孔疏不之信而信古文，故辨之曰：「又合此篇於皐陶謨，謂其別有棄稷之篇，皆由不見古文，妄爲說耳〔註191〕。」其實此正可見僞孔裂一爲二，以充棄稷之數也。又後漢書馬融傳廣成頌云：

故戛擊鳴球，載於虞謨。

今「戛擊鳴球」一句在益稷篇，虞謨衹有大禹、皐陶謨二謨，此文不可能在大禹謨，故必在皐陶謨中，亦可證東漢時皐陶、益稷之本合爲一篇也。

〔註188〕釋文序敘見卷一，尚書音義見卷三。
〔註189〕見書疑卷二，頁1。
〔註190〕見書疑卷二，頁2。
〔註191〕見孔疏卷五，頁1。

王柏既以禹貢居夏書之首，又以三謨列於禹貢之後，於是改三謨之虞書而爲夏書，蓋夏書之後不得復有虞書也。故書疑曰：

貢與二謨皆夏書，古人亦有稱爲夏書者，今從之〔註 192〕。

考所謂「古人」，蓋指左傳也。莊公八年云：「夏書曰：皐陶邁種德。」僖公二十四年引夏書曰：「地平天成。」二十七年引夏書「賦納以言」等，皆在大禹謨、皐陶謨之中，是古人以三謨爲夏書也。王柏之說有證。

又王柏謂「禹謨」之上，不應有「大」字。其說曰：

禹、一禹也，於貢止曰禹貢，於謨加一大字，無義也，今去之〔註 193〕。

按王柏有「三聖授受圖」，以禹與堯、舜並爲三聖；孔子稱堯、舜、禹曰「巍巍乎舜禹之有天下也，而不與焉」，「大哉堯之爲君也，唯天爲大，唯堯則之〔註 194〕」。孔子稱堯如此，而堯典、舜典尚不加大字，而禹謨獨加大字，於義亦有不妥，故去之。

(4) 甘誓、五子之歌、胤征與禹貢、二謨同列夏書

書疑曰：

夏書六篇，前三篇夏之所以興也，後三篇夏所以亡之漸也〔註 195〕。

(5) 湯誓、仲虺之誥、湯誥、伊訓、太甲三篇，咸有一德諸篇仍舊序

湯誓一篇，王柏謂「亳邑興師之誓〔註 196〕」，故在首；仲虺之誥，王柏曰「湯之慙德，虺大誥以慰之〔註 197〕」，是伐桀之後事也，故次之。於湯誥，王柏以爲「成湯只此一書傳於後世，豈特爲治道之最」，是其意以爲乃湯既得天下而治之後，所發而爲誥者也。

伊訓、太甲三篇、咸有一德，王柏謂「只是一片文章〔註 198〕」且曰：「伊訓、太甲下、咸有一德，皆伊尹作意造詞以訓於王。太甲上、中乃史官敘事，因載二訓語者也。」程元敏先生謂：「依此則太甲上、中可在伊訓，咸有一德乃至太甲下篇之後矣。惟書疑定其篇題尚依篇次，且魯齋亦未明言變更，茲仍從舊篇第〔註 199〕。」程先生仍舊篇次，是也；然疑王柏有置太甲上、中二篇於咸有一德之後，則可議。

〔註 192〕見書疑卷二，頁 1。
〔註 193〕同前註。
〔註 194〕見卷四泰伯第 16 章。
〔註 195〕見書疑卷二，頁 5。
〔註 196〕見書疑卷二，頁 6。
〔註 197〕見書疑卷二，頁 7。
〔註 198〕見書疑卷二，頁 1。
〔註 199〕見程先生王柏之生平與學術下冊，總頁 767。

蓋王柏以太甲上、中與伊訓、太甲下，咸有一德分言之，乃在辨其文體〔註200〕，非關先後也。王柏於其下云：

> 伊尹舉三風十衍之戒，申之以天命不常之理，其訓亦可謂嚴矣。至於太甲上篇，先言我左右汝祖有此天下，君相之間，須各保終始，所以鞭辟者尤切。……次言湯以我開導汝，汝不可顛越其命，自取覆亡。所以再三叮嚀告戒，可謂至矣。太甲猶不改行；營桐之役，有不得已者，此君臣之再變也。幸太甲之悔過，伊尹得奉而歸，商得全終始，其喜可知。太甲三篇，只主在一箇初終字，太甲悔過之言，亦只說一箇初終；第二篇伊尹喜其悔過之言，又勉其只法乃祖，不可有一時怠豫之心，是乃所以爲謹終之道；第三篇猶慮其終之難保，謂今正方續有此善端，猶不可以不守之以敬；敬寫與豫怠相反，既敬方敢告之以進德之序，終之以謹思力行。伊尹將告老，然後告以一德之用；一箇一字，變換斡旋，反覆推衍，精妙無窮；此百王之大法，聖人之功用備矣〔註201〕。

按王柏先言三風十愆，次連言太甲三篇之相承，最後殿之以咸有一德，以爲乃伊尹將告老之言，是其先後如僞孔傳也。且其謂伊訓爲「其訓可謂嚴」，而於太甲上云「此君臣之再變」，既是再變，則前之嚴訓乃首變也，是太甲上當繼伊訓也。又於太甲下云「猶慮其終之難保」，是接太甲中「謹終」之意；然則太甲三篇乃連屬不可分，不可以文體之異而以爲可割裂而分置於不同之處；咸有一德之列於末，乃告老之言，則必不可在太甲三篇之前也。

（6）盤庚、說命、高宗肜日、西伯戡黎、微子諸篇仍舊序

盤庚三篇，漢歐陽尚書本未以上中下分，僅於上篇及中篇之末，各空一格，並加圓點以爲識別；今存漢熹平石經殘石可證。及僞孔傳本則明標上中下以別之。盤庚三篇，其上篇與中篇，乃誤倒位置，致使歷代學者費卻多少唇舌；楊筠如尚書覈詁言之詳矣。王柏書疑於盤庚云：

> 盤庚之言，所欠者理明辭達；而盤庚之書，加以殽亂脫簡，此所以以未易傳釋也〔註202〕。

王柏雖云「殽亂脫簡」，然未明言其篇次是否有改動也。而其謂：

> 小民亦何敢逆君命而憚遠遷哉！皆世家大室嗜利忘患，動以浮言，蟲惑百姓，恐懼盤庚，故盤庚知之，喻百姓之言少，而辨論反復於世家舊臣

〔註200〕參見書疑卷二，頁9。

〔註201〕見書疑卷二，頁9、10。

〔註202〕見書疑卷三，頁2。

者爲詳。其喻民曰：爾謂朕曷震動萬民以遷，今我民用蕩析離居，罔有定極，汝萬民乃不生生，予迓續乃命于天；予豈汝威，用奉富汝眾。藹然溫厚之意，淪浹心髓……〔註203〕。

按王柏謂喻百姓之言少，喻大家巨室之言多。王安石新義謂「上篇告其群臣，中篇告其庶民，下篇告百官族姓〔註204〕」，王柏之說，或取於此。然則告群臣之言在先，則盤庚上篇仍在首位無疑。程元敏先生謂「魯齋似已察其未安」，而遂云「殽亂脫簡」以說之。考之魯齋之文義，實非如是。且王柏引喻民之言，自成一段意義完足，而自「爾謂朕」至「罔有定極」，乃盤庚下之文也，然原文「爾謂朕」一句在「罔有定極」之下。自「汝萬民乃不生生」至「奉畜汝眾」在盤庚中篇。是王柏已有改編重排之事實，惟「未易傳釋」故不爲全篇考異耳。然則王柏並未以三篇之本來順序爲正也，而上篇喻辟臣當在先，則理當如此。王氏既未重編考異，則三篇之順序當仍舊次可也。

說命三篇，舊謂殷高宗武丁書，當次盤庚之後。王柏於此三篇仍其原次；且書疑於盤庚疑云：

民之浮言，烏得不息；民之胥怨，烏得不消；民之生生，烏得不裕。自是高宗、祖甲相繼百年，殷邦嘉靖〔註205〕。

按王柏言「自是高宗、祖甲」，則盤庚在前，說命在後可知矣。

高宗肜日，舊說亦武丁時書，書小序謂「高宗祭成湯」也。王柏書疑謂高宗恭默思道，故帝賚以良弼，高宗祈天永命，故雉雊於廟鼎耳。是得良弼在前，祈永命在後也。書疑又曰：

說命三篇，固佳矣，於源頭猶有所未講；成湯之所謂降衷建中者，缺然不聞；說之諫雖有黷于祭祀，乃所以爲弗欽，終未若祖己之言淵粹也〔註206〕。

其意則說之諫黷祀在先，祖己之諫鼎耳在後之證也。然則王氏仍舊次而已。

西伯戡黎，王柏云：「祖己之後，又有祖伊。」可知西伯戡黎在高宗肜日之後也。

微子篇乃紂將亡之時事，置諸商書之末無可疑。

（7）泰誓三篇之改名，牧誓、武成仍舊序

泰誓上篇，王柏以爲文體非誓，當爲誥體，故當易名曰「周誥」。其言曰：

〔註203〕見書疑卷三，頁1。
〔註204〕見程元敏先生三經新義輯考彙評（一）尚書，總頁86。
〔註205〕見書疑卷三，頁2。
〔註206〕見書疑卷三，頁7。

> 泰誓上篇非誓也，實誥也，如今之檄文。……蓋終篇只是告之以同伐商，未聞有誓語也。此篇大略與湯誥相似。……此篇當名曰周誥，不當名曰泰誓也〔註 207〕。

故王柏謂「史臣之敘當曰：惟十有一年春，誥我友邦冢君，大會於孟津」，並謂「明聽誓」三字爲錯簡〔註 208〕。

泰誓中篇，王柏謂：「此是次於河朔之誓，當曰河誓，不當名泰誓也〔註 209〕。」

泰誓下篇，王柏曰：「下篇是河誓之明日，誓本國之師，當曰明誓，亦不當題爲泰誓也〔註 210〕。」

牧誓。王柏云：「此篇是正與受對壘之時。」其次又在「明誓」之後。

武成。王柏曰：「史官敘伐商之本末，存一代之典章。」則其記時在牧誓之後。

（8）洪範、旅獒仍舊序，康誥、酒誥、梓材三篇前移與洪範、旅獒相次，並改康誥曰「康叔之命」或「孟侯之命」

洪範一篇，繼武成之後也。王柏書疑曰：

> 昔武王之反商政，首釋箕子之囚，封比干之墓，式商容之閭，既而復訪道於箕子，得洪範之書〔註 211〕。

是洪範在武成之後也。

旅獒之書，舊謂召公任太保戒武王之書也。王柏亦云「武王之德聖矣，一獻之貢微矣。」是指此爲武王時書。

康誥、酒誥、梓材三篇，舊次在微子之命之後，召誥之前，蓋孔序以爲成王時書；王柏則不信小序，而用蘇軾、吳棫、胡宏之說，以爲武王時書，故移置於旅獒之後。書疑曰：

> 後世信小序，以此篇爲成王告康叔之書，又言周公託王命而言，不勝纏繞。至本朝蘇氏方明篇首四十八字爲洛誥脫簡，五峰胡先生及吳氏棫定爲武王之書，大綱方見倫次。以其洛誥之首，遂名曰誥。既是武王封康叔於衛之辭，謂之康叔之命可也；以首句有孟侯朕其弟，謂之孟侯之命亦可也〔註 212〕。

又王柏合酒誥、梓材二篇而同論之，置之金縢之前，康誥之後，則此三篇通爲一時

〔註 207〕見書疑卷四，頁 2。
〔註 208〕同前註。
〔註 209〕見書疑卷四，頁 3。
〔註 210〕同前註。
〔註 211〕見書疑卷六，頁 5 微子之命疑條下。
〔註 212〕見書疑卷六，頁 1、2。

之作，次序相連也。其論曰：

> 可合者，梓材之首意與酒誥同。可離者酒誥有二體，既誥妹邦，又誥康叔。……即又繼之王曰封者五，此又分明告戒康叔也〔註 213〕。

按王柏既以梓材前段與酒誥後段同爲告戒康叔之詞，而酒誥後半又是戒康叔以酒，與「康叔之命」性質相似，然則三篇不可分也。又王柏於康誥中引用胡宏、吳棫之言；胡宏皇王大紀，於武王紀中連用此三篇〔註 214〕，是三篇不分也。朱子語類說胡宏、吳棫皆謂「康誥三篇，此是武王書無疑〔註 215〕」，蔡沈集傳引吳氏云酒誥亦爲武王是書〔註 216〕。是吳棫、胡宏皆以爲三篇相連不分，今王柏既引用其言論，復置三篇在金縢之前，旅獒之後，則其意與吳、胡同也。而程元敏先生則分康誥在前，酒誥、梓材則依舊在召誥之前，微子之命之後。其論曰：

> 酒誥、梓材，魯齋未定其作時。今據金履祥說，定爲成王之書，時在平武庚亂後〔註 217〕。

按魯齋雖未明言酒誥、梓材作時，然其論之之序，已隨康誥同時前置，並如上述引吳、胡之說。若王柏之說有異於吳、胡者，當有所聲明也；今則無之，是同意也。不可據金履祥之說以改其師之論也。程先生或有失誤也。

（9）金縢、大誥、微子之命諸篇移後

金縢之篇舊次在旅獒之後，大誥之前。王柏曰：

> 此篇是東征前後事，歷六七年，始末詳略之中，有筆力焉。……其敘流言居東止五十餘字，簡潔詳明，於曲折抑揚之間，事情隱然可判；後來大誥等事，盡含蓄於此。……金縢是敘東征始終，而後列諸誥，法當然也〔註 218〕。

然則金縢之次如舊在大誥之前也。

大誥，如前述當在金縢之後也。

微子之命，王柏以爲乃微子初封之詞，其時在武王克殷後十年，武王已死而武庚三監亦已伏法。既命微子奉殷祀，則必在殺武庚後不久時也。今依書疑原次在大誥之後。

〔註 213〕見書疑卷六，頁 3。

〔註 214〕參見皇王大紀卷十二，頁 6～11。

〔註 215〕見朱子語類卷七九，總頁 254。

〔註 216〕見其書卷四，總頁 143。

〔註 217〕見程先生書，總頁 769。

〔註 218〕見書疑卷六，頁 3。

（10）**多方移前；召誥、洛誥、多士諸篇移後，與君奭、蔡仲之命相次**

多方篇，王柏以爲當在多士前。其言曰：

> 竊謂多方當在前，多士當在後。多方曰：告爾四國多方，惟爾殷侯尹民，我惟大降爾四國民命，爾罔不知。又曰：我惟大降爾四國明命。多士曰：昔朕來自奄，予大降爾四國民命，此可以知其先後也〔註219〕。

王柏以多士有「昔朕來自奄，予大降爾四國民命」，即追記多方「我惟大降爾四國明命」，是可知多方在前，多士在後也。又王柏以爲多方、多士有甚多呼應之文，故有互亂之章，遂爲之考異。王柏未言多方當置何次，舊次多士在召誥、洛誥之後，然則多方與多士互調，亦當多士之舊次；王柏論之亦在召誥、洛誥之後。然察王氏意則不然。其於多方篇言曰：

> 言殷侯尹民，指武庚之遺民也。言爾罪固當誅戮，我已大貸爾命矣〔註220〕。

其言似謂其爲殺武庚後誥詞也。王柏弟子如金履祥者，亦謂多方在營洛之前。故當移置召誥之前也。多士首曰「惟三月周公初于新邑洛」，則是在營洛之後也。

召誥、洛誥，皆營洛事，故在多方之後，多士之前，至於多士移在君奭之前者，蓋君奭乃周公留召公之語，其時當在更後。

（11）**君奭、蔡仲之命與立政相次；無逸移置其後。**

君奭之篇，舊序在無逸之後也。王柏曰：

> 周公拳拳於天命之難保，而幼主之不可不開導，輔相之意，反覆憂深，求助懇惻，故召公竟無它辭。若考其時，則卒未有定論。今詳公曰：前人敷乃心，乃悉命汝民極。自曰以下述武王託孤之命如此。又有小子同未在位之言；又曰在今予小子旦，非克有正，迪惟前人光，施于我沖子；此可謂周公攝政之時矣。其後乃曰：天休滋至，惟我二人弗戡。又曰：篤棐時二人，我式克至於今日休。則此等語又非所當言於武王初喪之時。……但此篇所不可知者，不過留召公之時爾〔註221〕。

按王柏雖據文中有「小子」之詞，以爲可能在攝政之時，然亦以爲不當在武王既崩之後短時間之內，蓋武王崩後，繼有三監作亂，不可謂「天休滋至」也。故王柏以爲不知其時而仍舊次也。

蔡仲之命，舊說謂成王命蔡仲之書。魯齋無說。然書疑謂：「蔡叔未沒，以仲爲卿士；蔡叔既沒，復封仲於蔡。」蔡叔自三監之敗，囚於郭鄰；迨其死，亦有甚久

〔註219〕見書疑卷七，頁3。
〔註220〕見書疑卷七，頁4。
〔註221〕見書疑卷八，頁1、2。

之時也。故次在君奭之後，依書疑之次。

立政，王柏謂乃成王初即政事，周公率百官進戒於王之言。依書疑原次。

無逸，王柏云：「昔周公止作鴟鴞，未嘗及此；今既歸政居東，恐成王復為浮言所移，故作此七嗚呼〔註 222〕。」今依書疑原次。

(12) 周官、君陳仍舊序而次無逸之後；顧命、康王之誥合為一篇

周官，王柏謂「此成王初政，訓迪百官，……」次無逸後，依書疑原次也。

君陳，書序曰：「周公既沒，命君陳分正東郊成周，作君陳。」王柏書疑本之，列周官之後。

顧命、康王之誥，王柏云：「二書只當合爲一篇，一正其始，一正其終。」案此二篇於漢本即合爲一篇，僞孔本分之。其時在成、康之際，合次於君陳後。

(13) 畢命、君牙、冏命、呂刑、文侯之命、費誓、秦誓仍舊序

畢命，書序謂乃康王命畢公繼君陳治東郊殷民之書。書疑曰：「康王即位之初，報誥之外，只此一命存於後世。」此命畢公，宜列康王之誥後。

君牙、伯冏，書序云：「穆王命君牙爲周大司徒，作君牙。穆王命伯冏爲周太僕正，作冏命。」王柏蓋亦本之也。

呂刑，書序謂「呂命穆王訓夏贖刑」，是穆王時書也。又經文曰「王享國百年，耄荒」，王柏據之，又參朱子之意，以爲穆王末年時書也〔註 223〕。

文侯之命，王柏曰：「文侯之命，書之終；而春秋之始也〔註 224〕。」此爲平王時書，故次穆王呂刑之後。

費誓、秦誓，王柏曰：「二誓，書之附庸也。」並以費誓爲伯禽之作，其時代甚早，然置於此者，乃不計其時而論其位也。又秦誓爲穆公之時，當在最末。

茲據上文，復其編目如下：

〔註 222〕見書疑卷八，頁 7。
〔註 223〕見書疑卷九，頁 4。
〔註 224〕見書疑卷九，頁 6。

<table>
<tr><th colspan="4">篇名及篇次</th><th colspan="2">時　代</th><th>備　註</th></tr>
<tr><th>僞孔傳舊篇次</th><th>僞孔傳篇名</th><th colspan="2">王柏重定之篇次及篇名</th><th>朝代</th><th>帝王</th><th></th></tr>
<tr><td>1</td><td>堯　典</td><td rowspan="2">1</td><td rowspan="2">堯　典</td><td rowspan="2">虞書</td><td rowspan="2">堯 舜</td><td rowspan="2">合堯典、舜典爲一篇，去舜典之名</td></tr>
<tr><td>2</td><td>舜　典</td></tr>
<tr><td>3</td><td>大禹謨</td><td>2</td><td>禹　貢</td><td rowspan="7">夏書</td><td>堯</td><td></td></tr>
<tr><td>4</td><td>皐陶謨</td><td>3</td><td>禹　謨</td><td rowspan="3">堯舜</td><td>去篇名「大」字</td></tr>
<tr><td>5</td><td>益　稷</td><td rowspan="2">4</td><td rowspan="2">皐陶謨</td><td rowspan="2">合皐陶謨、益稷爲一篇</td></tr>
<tr><td>6</td><td>禹　貢</td></tr>
<tr><td>7</td><td>甘　誓</td><td>5</td><td>甘　誓</td><td>啓</td><td></td></tr>
<tr><td>8</td><td>五子之歌</td><td>6</td><td>五子之歌</td><td>太 康</td><td></td></tr>
<tr><td>9</td><td>胤　征</td><td>7</td><td>胤　征</td><td>仲 康</td><td></td></tr>
<tr><td>10</td><td>湯　誓</td><td>8</td><td>湯　誓</td><td rowspan="8">商書</td><td rowspan="3">湯</td><td></td></tr>
<tr><td>11</td><td>仲虺之誥</td><td>9</td><td>仲虺之誥</td><td></td></tr>
<tr><td>12</td><td>湯　誥</td><td>10</td><td>湯　誥</td><td></td></tr>
<tr><td>13</td><td>伊　訓</td><td>11</td><td>伊　訓</td><td rowspan="5">太 甲</td><td></td></tr>
<tr><td>14</td><td>太甲上</td><td>12</td><td>太甲上</td><td>註明三篇</td></tr>
<tr><td>15</td><td>太甲中</td><td>13</td><td>太甲中</td><td></td></tr>
<tr><td>16</td><td>太甲下</td><td>14</td><td>太甲下</td><td></td></tr>
<tr><td>17</td><td>咸有一德</td><td>15</td><td>咸有一德</td><td></td></tr>
<tr><td>18</td><td>盤庚上</td><td>16</td><td>盤庚上</td><td rowspan="9">商書</td><td rowspan="3">盤 庚</td><td rowspan="3">未註明分三篇，蓋有錯簡，今依舊本參以書疑文意。</td></tr>
<tr><td>19</td><td>盤庚中</td><td>17</td><td>盤庚中</td></tr>
<tr><td>20</td><td>盤庚下</td><td>18</td><td>盤庚下</td></tr>
<tr><td>21</td><td>說命上</td><td>19</td><td>說命上</td><td rowspan="4">武 丁</td><td rowspan="6"></td></tr>
<tr><td>22</td><td>說命中</td><td>20</td><td>說命中</td></tr>
<tr><td>23</td><td>說命下</td><td>21</td><td>說命下</td></tr>
<tr><td>24</td><td>高宗彤日</td><td>22</td><td>高宗彤日</td></tr>
<tr><td>25</td><td>西伯戡黎</td><td>23</td><td>西伯戡黎</td><td rowspan="2">紂</td></tr>
<tr><td>26</td><td>微　子</td><td>24</td><td>微　子</td></tr>
</table>

27	泰誓上	25	周誥	周書	武王	改篇名
28	泰誓中	26	河誓			改篇名
29	泰誓下	27	明誓			改篇名
30	牧誓	28	牧誓			
31	武成	29	武誓			
32	洪範	30	洪誓			
33	旅獒	31	旅獒			
34	金縢	32	康叔之命或孟侯之命			改篇名
35	大誥	33	酒誥			可分可合，今依舊分
36	微子之命	34	梓材			
37	康誥	35	金縢		武王成王	
38	酒誥	36	大誥		成王	
39	梓材	37	微子之命			
40	召誥	38	多方			
41	洛誥	39	召誥			
42	多士	40	洛誥			
43	無逸	41	多士			
44	君奭	42	君奭	周書	成王	
45	蔡仲之命	43	蔡仲之命			
46	多方	44	立政			
47	立政	45	無逸			
48	周官	46	周官			
49	君陳	47	君陳			
50	顧命	48	顧命		成王	合顧命、康王之誥爲一篇
51	唐王之誥		唐王之誥		康王	
52	畢命	49	畢命		康王	
53	君牙	50	君牙		穆王	
54	冏命	51	冏命			
55	呂刑	52	呂刑			
56	文侯之命	53	文侯之命		平王	
57	費誓	54	費誓		（附）諸侯	
58	秦誓	55	秦誓			
共五十八篇		共五十五篇				

（四）王柏尚書學要義——道統論

論語堯曰篇云：「堯曰：咨爾舜，天之歷數在爾躬，允執其中，四海困窮，天祿永終。舜亦以命禹。曰：予小子履，敢用玄牡，敢昭告于皇皇后帝，有罪不敢赦，帝臣不蔽，簡在帝心；朕躬有罪，無以萬方，萬方有罪，罪在朕躬。周有大賚，善人是富；雖有周親，不如仁人，百姓有過，在予一人。」是孔門弟子，引虞、夏、商、周之書，架構一代代相傳之心法系統，謂之治道傳統可也。

孟子盡心篇下云：「由堯舜至於湯，五百有餘歲，若禹、皐陶，則見而知之，若湯則聞而知之。由湯至於文王五百有餘歲，若伊尹、萊朱則見而知之，若文王則聞而知之。由文王至於孔子五百餘歲，若太公望、散宜生則見而知之，若孔子則聞而知之。」孟子之言，所謂「知之」者，蓋王道聖治之迹，道統相傳之義也，孔子謂「周監於二代，郁郁乎文哉，吾從周」者，亦此意也。

韓愈原道篇云：「斯道也，何道也？……堯以是傳之舜，舜以是傳之禹，禹以是傳之湯，湯以是傳之文、武、周公，周公傳之孔子，孔子傳之孟軻；軻之死，不得其傳焉。」甚言儒家之道統相傳之迹；而堯、舜、禹、湯、文、武、周公之事，載於尚書爲多，然則所謂「道統」者，多依尚書而見也。

迨宋以來，儒者之研尚書者，每多論聖聖相傳之統緒。其中張九成之書傳統論，於政權之轉移，屢致意焉。夏僎尚書全解，謂「堯授舜，舜授禹，之聖相授，實守一道〔註225〕」；朱子於中庸章句序云：

> 自上古聖神，繼天立極，而道統之傳有自來矣。其見於經，則允執厥中者，堯之所以授舜也；人心惟危，道心惟微，惟精惟一，允執厥中者，舜之所以授禹也。……自是以來，聖聖相承，若成湯、文、武之爲君，皐陶、伊、傅、周、召之爲臣，既皆以此而接夫道統之傳。若夫夫子……所以繼往聖，開來學……當是時見而知之者，惟顏氏、曾氏之傳得其宗；及曾氏之再傳，而復得夫子之孫子思……於是推本堯舜以來相傳之意，……作爲此書。……自是而又再傳以得孟氏，……以承先聖之統；及其沒而遂失其傳焉。……程夫子兄弟者出，得有所考，以續夫千載不傳之緒。

其述道統之詳，可謂至矣。其說就尚書立論者爲多。

王柏魯齋集亦有四言古詩「疇依」之作，歷述自包羲、堯、舜，而至有宋，周、程、張、朱而止，以朱子爲依皈〔註226〕，則其道統之意，與朱子同也，其致意於道統亦重矣。故其尚書之說，特重聖聖相傳之心法。

〔註225〕見其書卷一，頁3。
〔註226〕參見魯齋集卷一，頁7。

王柏書疑，取論語堯曰篇之文，以補尚書「堯典」，置於「舜讓於德、弗嗣」之下。其意曰：

> 昔堯之試舜也，如此之詳；而遜位之際，止一二語而已；此非小事也，以天下與人，而略無叮嚀告戒之意，何也？竊讀論語終篇，乃見堯曰：咨爾舜，天之歷數在爾躬，允執其中，四海困窮，天祿永終。書中脱此二十有四字〔註227〕。

王柏於堯典補此堯命舜之辭，配以禹謨「人心道心」十六字傳心訣一段，遂作「三聖授受圖」，以示道統相傳之迹。不獨三聖而已，於尚書其他諸篇，亦屢明示此義。

夫道統非至禹而止也。禹之道統心傳，載於洪範。王柏云：

> 此書王者繼天立極之大典也……義理最精。……朱子謂此是人君爲治之心法也。……自五皇極，皇建其有極二句之下，宜接無偏無陂……包六韻語，文勢既極縝密，……意思尤覺深長，此宜爲皇極之經。先儒亦有謂此乃帝王相傳之訓，非箕子之言是也〔註228〕。

夏禹之道，傳於商湯，商湯學於伊尹，繼以仲虺，而湯遂得之。王柏曰：

> 成湯嘗播於眾，以元聖稱伊尹。……若仲虺者，想接聞伊尹之大議……習其本末，不以爲疑，其亦亞聖之大賢也歟！……故湯之慙德，虺大誥以慰之：…告之以懋昭大德，此帝堯克明俊德之緒餘也；告之以建中于民，此洪範皇極之祖宗也〔註229〕。

仲虺既告湯，湯得之而發爲湯誥。王柏曰：

> 此篇之書，起頭立論極淵奧，中間氣魄弘大，後面工夫細密，可謂得唐虞之心傳者也；危微精一之傳，萬世帝王之寶典。湯則曰：惟皇上帝降衷於下民，若有恒性，克綏厥猷，惟后。此即天命之性，書中性字始於此。……豈特爲治道之最，所以得舜禹之心傳者，實在於此〔註230〕。

湯之道統，藉伊尹而附於太甲也。其詞則見於咸有一德也。王柏曰：

> 伊尹將告老，然後告以一德之用。一箇一字，變換斡旋，反覆推衍，精妙無窮，此百王之大法，聖人之功備矣〔註231〕。

王柏謂「一德」，正「惟精惟一」之「一」也。盤庚繼作，亦承道統，然盤庚之文，

〔註227〕見書疑卷一，頁7。
〔註228〕見書疑卷五，頁1。
〔註229〕見書疑卷二，頁7。
〔註230〕見書疑卷二，頁8。
〔註231〕見書疑卷二，頁1。

王柏以爲殽亂脫簡，不易傳釋，然王柏亦云：

> 盤庚賢君也，不忍民之沈陷淪沒，治亳殷而歸於先王創業之都。……是以知盤庚之遠慮絕識，豈不賢乎〔註232〕？

盤庚雖未以言傳道統，然其行歸於先王之業，亦道統之顯現也。盤庚之下，有高宗武丁，乃周公所稱殷賢聖之君也，故王柏曰：

> 高宗之不言，一敬貫徹內外。用功深矣。……只細味其恭默思道四字，足以見其講學之精，求治之切，自任之重，此心純一不二，與天無間，感應之機，有必然者；是其不言之中，乃治國平天下之大功也。蓋恭默思道之時，無迹之可尋，無法之可授，商家一箇天下，密運於方寸之間，一誠既孚，傅說已在左右〔註233〕。

高宗恭默思道而不言，是道統不以言傳而心契之，後得傅說而代之言，言之既出，即有唐虞都俞之氣象在焉。王柏於說命下云：

> 遜志時敏四字，所以爲交修之良方，實萬世爲學之鉗鎚也。……豈特帝王之學爲然，……高宗欲傅說鑒於先正保衡，傅說欲高宗鑒于先王成憲；君臣遇合之歡，彼此相期之實，虞廷之後，幾寂寥無聞；前乎伊尹、成湯，不詳其記錄之傳，後乎周公、成王，不幸有流言之間〔註234〕。

傅說之下，其道不熄，繼之者有祖己者。王柏曰：

> 成湯之所謂降衷建中者，缺然不聞，說之諫雖有黷于祭祀，乃所以爲弗欽，終未若祖己之言淵粹也。首曰：天監下民典厥義。其辭甚嚴。終曰：王司敬民。其辭甚婉〔註235〕。

是王柏雖以傅說爲能臣，而能上承成湯之道者，祖己也。商至紂時，朝中雖有三仁，然皆不得以用其道，終至比干諫之死，箕子佯狂爲囚，微子出迪於荒野，斯道隱矣。武王既以兵勝紂而得天下，其視前世諸聖之以德得天下者有不侔者；故孔子謂「武，盡美矣，未盡善」，豈非有此意乎？王柏之論武王，謂其「承祖父之餘慶，藉友邦之歸心，氣燄既張，體貌且盛，改元紀年，視紂猶諸侯〔註236〕」，是豈足以傳道統者哉！然彼既克殷，反商政，首釋箕子之囚，封比干之墓，式商容之閭，既而復訪箕子，得洪範聖王之道，是道統微而復著，由箕子傳於武王，而周公亦得之手足之間，

〔註232〕見書疑卷三，頁1、2。
〔註233〕見書疑卷三，頁2、3。
〔註234〕見書疑卷三，頁6。
〔註235〕見書疑卷三，頁7。
〔註236〕見書疑卷四，頁1。

授於成王，成王即政，發爲周官之誥命，可見一斑。王柏云：

> 此成王初政，訓迪百官，見成王之德日新，周公之經制大成，周家文物詞命之正盛也。此書雍容肅厚，有虞廷氣象焉，後世莫及〔註237〕。

周自棄稷、公劉、古公亶父、太王、王季，積業累德於西陲，及文王仁澤普施，化及江漢，三分天下有其二，猶服侍殷，可謂至矣；武王承祖父之業，發雷霆之師，翦暴虐之獨夫，立八百之基業，經周公之制作，成王之繼統，周家天下，臻乎盛矣。成、康之下，守其基業，保此道統，斯可矣。故王柏據畢命論康王曰：

> 別其惡慝，導之以德義，啓之以古訓，皆所以爲閑之之具也。氣象重厚，規模嚴密……其終曰欽若先王成烈，其尊體貌也，所以異其詞。雖一篇之命，自足以備見康王之爲君，亦可謂善持盈守成者與〔註238〕。

康王以下，昭王繼位，周始衰，昭王崩於漢水，所謂南征而不返也。穆王即位，周之衰世也〔註239〕；有君牙、冏命、呂刑三篇，王柏謂其詞則得聖人體要，其人殊無德之可稱，而呂刑專施以贖，蓋以車轍馬迹，旁征四夷之故也。平王因戎及申侯而立，東遷洛邑，周室道統亡矣。王柏曰：「文侯之命，書之終而春秋之始也〔註240〕。」蓋王者之跡熄而詩亡，書亦隨之而終，然後春秋代周道而行，是由郁郁之盛入於禮崩樂壞，政出家門，故孔子有知我，罪我之歎也。以尚書見道統之傳者，至文侯之命而終矣。費誓、秦誓，書之附庸爾。此道統傳承之跡，王柏於書疑之中，亟致意焉。

四、王柏尚書學之影響與評價

王柏從何北山基受學，得識理學之正，上接朱熹之學。北山謹守紫陽之門，而魯齋則負絕人之姿，剛大高明，通睿卓識，宏論莫辯，雖宗奉晦翁之學，然亦每有異之；蓋知其意者以爲朱學忠臣，不知其意者以爲紫陽讒賊也。夫宋代尚書一經，至朱子而漸定，蔡傳既成，學者宗之，而繼作者之人，唯眞西山德秀，魏鶴山了翁而已，及元時定爲科舉程式，遂又有陳櫟、董鼎、吳師凱輩爲之發揚。直繼朱子而作者，蔡傳之外，王柏書疑爲大支，幾可與蔡傳抗庭也。

王柏尚書學之影響，分述如次：

（一）就學派傳承言

王柏從學何基，得紫陽學之正傳。紫陽之學，本在閩，王柏崇宗朱學，於婺發

〔註237〕見書疑卷八，頁7。
〔註238〕見書疑卷九，頁2。
〔註239〕同前註。
〔註240〕見書疑卷九，頁6。

揚光大，從魯齋學者日眾，其中蘭溪金履祥仁山從學最久，所造頗深。金履祥有通鑑前編之作，引用尚書全文，其中注解之義法，傳承自王柏者既多，守之亦篤。及其晚年，又掇尚書說之要義，成尚書表注二卷，雖稍有己見，而源於王魯齋之跡仍顯然可見。

金履祥又傳許謙白雲。許謙有讀書叢說六卷。張樞序之曰：

> 蔡氏之說，或有未備。仁山先生文安金公於書表注、通鑑前編引書語中，既剖晰而著明之矣。……叢說中所引傳疏諸家之說，……蓋皆有所裁定而畢致其意，非徒隨文援引而已；雖其說之時少異於蔡氏，而異者所以爲同也〔註 241〕。

則許謙上承金履祥，而會宗於王柏，上接朱子，而不以蔡沈書傳爲極也。

王柏尚書之作，既以疑爲題矣；然有疑必有解，有解必驗以證。故王柏書疑，每在釋疑。若泰誓論武王之辭迫；武王之辭何以迫？遂發爲論議，以爲其勢使然，以釋武王辭迫之疑。又其合堯典、舜典爲一篇，則引孟子之言爲證。夫有疑而求證，此王柏之學所重者也。金履祥既受魯齋之學，其求證之功夫尤深；故金履祥研窮經義，以究窺聖賢心術之功少，而致力于歷考傳註，以服襲先儒識見之確者多。於是婺學稍變爲考據之學。馴至許謙，考證之功更甚。全祖望謂：

> 婺中之學，至白雲而所求於道者，疑若稍淺。觀其所著，漸流於章句訓詁，未有深造自得之語，視仁山遠遜之，婺中學統一變也〔註 242〕。

明章懋亦云：「四賢何最切實，王、金、許不免考索多些〔註 243〕！」何基篤守紫陽之學，王柏、金履祥、許謙則學風別流矣，而以王柏爲樞紐。

（二）就學說主張言

王柏尚書學說之特點，端在補經及洪範分經傳二事上。

1、補　經

王柏據論語堯曰篇「堯曰咨爾舜」一段，以爲乃堯命舜嗣位，傳道統之辭，故掇之以補入尚書舜典「舜讓於德弗嗣」之下。明芮城謂此一增補，經文尤有系統照應。其言曰：

> 堯曰一節，仁山金氏以此補舜典之闕。以今觀舜讓於德弗嗣之下，無再命之辭，又無告戒之語，而即繼之以受終文祖，其有闕文無疑。必如金

〔註 241〕見經義攷卷八十六，頁 1。
〔註 242〕見鮚亭集外編卷十九，頁 1 宋文憲公（王柏）畫像記。
〔註 243〕見楓山語錄卷一，頁 33。

> 氏之說，不惟禹謨十六字有所根據，而舜亦以命禹，亦字與經文亦有照應矣〔註 244〕。

芮氏之說顯然與王柏之說同，而彼謂始出於金履祥，其實金氏亦祖其師之說耳。金履祥通鑑前編唐堯七十三年下，既引「帝曰咨爾舜」諸語，謂命舜冊文，即用其師之說。明李東陽撰歷代通鑑纂要，沈朝陽通鑑紀事本末前篇，清御批歷代通鑑輯覽，莫不從之；是皆發軔於王魯齋之說也。

然亦有否之者。若清馬國翰謂曰：

> 王柏書疑舜讓于德弗嗣下，補入堯曰咨爾舜……二十四字，觀者雖服其精當，然亦知者之過也〔註 245〕。

馬氏之意，謂王柏見識雖精，然取之補入尙書經文之中，是竄亂經籍，此亦知者勇於自信之過也。馬氏此言之意，亦見於朱彝尊經義攷之按語也〔註 246〕。

翟灝四書考異謂堯曰篇乃論語後序，非尙書逸文，不當據之補舜典。其言曰：

> 王柏書疑以此節二十四字補次舜典舜讓於德弗嗣下，……按：古論語堯曰篇僅此章，此蓋是論語後序，故專爲篇而文今不全，故覺其難通解也〔註 247〕。

其下更引秦漢古籍，皆以序篇居末爲證。四庫提要書疑下則以爲「堯曰咨爾舜」一段二十四字，乃古遺語，移入今本舜典，未必爲是。其言曰：

> 以論語堯曰二十四字補舜讓於德弗嗣之下。其爲堯典本文，抑或爲他書所載，如鬻子述帝王遺語之類，已不可知〔註 248〕。

其意謂論語「咨爾舜」二十四字，或爲古遺語，而未必舜典之文，據以說書義或可，據以補書文則不可也。程元敏先生以爲此說近理，最中王柏要害〔註 249〕，信哉斯言。

王柏又引孟子滕文公上篇「勞來匡直輔翼」一段，以爲乃命契之辭，今孔傳本文意疎略，恐有闕文；故取以補入「敬敷五教、在寬」之下也。

考此說出於朱熹。朱子引孟子此二十二字以註尙書，然止云「亦此意也」，蓋引之以助義理之發揮，未嘗以此爲舜典之文。王柏之高弟金履祥，素服師說，然於此亦不取王氏之說。其言曰：

> 孟子曰：使契爲司徒，教以人倫……文從而振德之。孟子所載，初命

〔註 244〕見郤匏瓜錄卷六，頁 72。
〔註 245〕見目耕帖卷七，頁 16。
〔註 246〕參見經義攷卷八四，頁 4。
〔註 247〕見皇清經解卷四七〇頁 1。
〔註 248〕見四庫總目卷十三經部書類存目，頁 3～6。
〔註 249〕參見其書，總頁 625。

契之詞也。書則因其職而申命之也〔註250〕。

按：孔傳於舜典「咨汝二十有二人」下云：「禹、垂、益、伯夷、夔、龍六人，新命有職。」是契乃舊有命職，舜時仍任之也。金履祥合孔傳、朱子之意，創爲堯命舜申之說，而不取其師說，是以爲王柏之說有失也。明王樵尚書日記亦同金氏說〔註251〕」

四庫提要又難之，以爲孟子此二十二字，明言爲放勳之言，而王柏補入舜命契之下，本即不類。其言曰：

以孟子勞之來之二十二字補敬敷五教在寬之下，則孟子明作堯言，柏乃以爲舜語，已相矛盾〔註252〕。

按提要此難，正金履祥之所以不敢用師說之大關鍵也。金氏初命申命之說，姑不論其本是否如此，其不用王柏之說，以免自相矛盾則是；王柏亦「知者之過」也。

2、洪範分經傳

宋儒於洪範，疑有錯簡者不始於王柏，然釐之而分經傳則當數王柏爲第一。王柏以武王、箕子對問之語爲序，以「初一曰五行」至「次九曰嚮用五福，威用六極」爲洪範經，又以「五皇極、皇建其有極」下接「無偏無陂」六韻爲皇極經。其餘爲各疇之傳。其後有賀成大繼作「古洪範」，其書每疇以禹之言爲經，以箕子之言爲傳。如五行之疇，以「一曰水」至「五曰土」爲禹之經，「水曰潤下」至「稼穡作甘」爲箕子之傳〔註253〕。其說較王柏爲整齊，蓋王柏特立皇極一疇，故有經。其餘諸疇則無也。

金履祥則調合其師及賀成大之說。尙書表注卷下云：

洪範九疇，其綱目，皆大禹之經；其發明者，乃箕子之傳〔註254〕。

所謂大禹之經，自「一曰五行」至「威用六極」者爲洪範經之綱；而每疇之前之目，即若「一五行一曰水」至「五曰土」者，爲洪範經之目。其下「水曰潤下」至「稼穡作甘」，即是其發明者，乃所謂箕子之傳也。金履祥尙書注亦於「稼穡作甘」下亦云：

此下九疇之目，蓋大禹本經；其發明者，蓋禹之意而箕子之傳文也〔註255〕。

此述者，同於賀成大所說。然金氏亦主皇極分經傳，與王柏同。尙書表注於「無偏無陂」至「歸其有極」下曰：

〔註250〕見書經注卷一，頁31。
〔註251〕參見其書卷二，頁28。
〔註252〕同註248。
〔註253〕參註248，頁6賀成大古洪範條。
〔註254〕見其書卷下，頁5。
〔註255〕見其書卷七，頁24。

> 皇極經文。傳子駿曰：此章乃古書韻語，與箕子前後書文不同；王文憲是之。上接皇建其有極之下，爲皇極經文〔註 256〕。

此說於尚書注亦同〔註 257〕。然則金履祥合王柏及賀成大二說所謂經者爲「經」，其餘則爲傳。

元吳澄嘗見數家洪範定本，其撰書纂言，則首章爲總序，第二章爲綱，其餘九章爲目。然九章之目，其每章之首數字，吳澄以爲洛書文，則乃天所授者也。

胡一中作定正洪範集說，用魯齋及吳澄與文及翁定本，倣括蒼鮑氏定正武成之論，以竹簡每行十三字而定其差，推之於洪範，則爲經傳若干章〔註 258〕。其分經傳與金履祥全同。考胡氏書於每十三字之上有天頭空位，每加註己說，此實用金履祥表注之法也。

明末黃道周撰洪範明義，參照諸家改本，復加己見，更改經字，變易章節；又分經文爲十一章，第一章爲訪箕章，第二章爲敘疇章，以及其下九疇各章共十一章也。其書並於崇禎十年進呈朝廷。皆源於王柏分經傳之影響也〔註 259〕。

此外，四庫提要並評王柏改易經文之事曰：

> 考漢書載劉向以中古文校歐陽、大小夏侯三家經文，酒誥脱簡一，召誥脱簡二；率簡二十五字者，脱亦二十五字，簡二十二字者，脱亦二十二字，文字異者七百有餘，脱字數十云云：此言脱簡之始也。然向既校知脱簡，自必一一改正，必不聽其仍前錯亂。又惟言酒誥脱簡一，召誥脱簡二；則其餘併無脱簡可知，亦非篇篇悉有顚倒；且一簡或二十五字，或二十二字，具有明文，則必無脱一章一段之事；而此二十餘字之中，亦必無簡首恰得句首，簡尾恰得句尾，無一句割裂不完之事也。柏作書乃動以脱簡爲詞，……至於堯典、皐陶謨、說命、武成、洪範、多士、多方、立政八篇，則純以意爲易置，一概託之於錯簡；有割一兩節者，有割一兩句者；何脱簡若是之多，而所脱之簡又若是之零星破碎，長短參差，其簡之長短廣狹，字之行款疎密，茫無一定也。其師心杜撰，竄亂聖經，已不辨可知矣〔註 260〕。

按提要之評，於理甚切，的中王柏之失也。

〔註 256〕見其書卷下，頁 7。
〔註 257〕見其書卷七，頁 28。
〔註 258〕參其書之胡一中序。
〔註 259〕參見程元敏先生王柏之生平與學術，總頁 729。
〔註 260〕同註 248。

第二節　金履祥

一、生平事略

金履祥，字吉甫，號桐陽叔子，又號次農，以築室仁山之下，學者又稱仁山先生。婺之蘭溪人。幼而敏睿，父兄稍授之書，即能記誦；比長，益自策勵。年十六年，從學城闉，補郡博士弟子員，堂試屢占前列；二年，試中待補太學生，有能文聲，乃自悔其所爲之非，益折節讀書，屏舉子業不事。取尚書熟習而詳解之，然解至後卷，即覺前義之淺。與王元章友善，深相器許。年十九知向濂洛之學，聞北山何文定公基得紫陽朱子宗旨，欲往從之，而無人爲之介。年二十三，謀於王元章，元章爲書介之，得謁魯齋王文憲公柏而受業焉；又因魯齋以進於北山之門，得爲學之要。自是游於二氏門下，講貫益密，造詣益精。是時宋朝益衰敝，履祥遂絕意進取，然亦負其經濟之略而關心世事。會襄、樊之師日急，宋朝不敢救，履祥因進牽制擣虛之策，而終莫之能用。嚴州郡守聘爲釣臺書院主教，欣然就道。德祐二年，元軍陷臨安，兵荒馬亂，遂攜妻子避居金華山中，視世故泊如也。平居獨處，終日儼然，訓迪後學，諄切無倦，而尤篤於分義；即有餘暇，不廢纂述。何基、王柏之喪，履祥率其同門之士，以義制服，觀者始知師弟之繫於倫常也。元成宗大德七年三月卒，年七十二。元順帝至正間，特諡「文安」。元統二年，吳師道請以仁山配祀州學，次於王柏、何基之後。

金履祥夙有經世大志，而尤肆力於學，凡天文、地理、禮樂、刑法、田乘、兵謀、陰陽、律歷，靡不研究。所上救襄樊之策，言及海道州郡，巨洋別島，歷歷可據而行。後人嘗據以驗之，咫尺無誤。嘗謂司馬光既作資治通鑑，劉恕爲通鑑作外紀，以記前事，不本於經而信百家之說，是非謬於聖人，不足以傳信，乃用邵雍皇極經世曆，胡宏皇王大紀之例，損益折衷，一以尙書爲主，斷自唐堯，下接通鑑之前，名曰通鑑前編，書凡二十卷。其他著書有：大學章句義疏二卷，論語、孟子集註考證十七卷，尙書表注四卷。又有仁山新稿，仁山亂稿，仁山噫稿。今有仁山文集五卷〔註 261〕。

二、尙書學之著述與著錄

金履祥尙書學之著作，經義考列有兩種：一爲尙書注十二卷，一爲尙書表注二卷，均曰存〔註 262〕。

尙書表注二卷，柳貫書行狀未言卷數，元史本傳謂「書表注四卷」，經義考於金

〔註 261〕參見元史本傳；仁山文集後附柳貫撰仁山行狀；程元敏先生撰「宋元之際的學者——金履祥和他的遺著」一文，見宋史研究集第四輯。

〔註 262〕參見經義考卷八十四，頁 4、5。

氏尚書注下引張雲章之言曰：「尚書表注四卷」今通志堂經解本尚書表注分上、下兩卷而已。按金履祥於尚書表注序云：

> 孔壁者，漢謂古文。……夫壁中不惟有古文諸篇，計必兼有今文諸篇。……至東晉而古文孔傳始出，至蕭齊始備。……夫古文比今文固多且正〔註263〕。

是金仁山於尚書承其師王柏之說，以孔傳古文爲正且備也；表注之中，於經字多注明古文作某某者，而其中多同於薛季宣所作書古文訓及郭忠恕汗簡之文，可見其深重古文也。序又云：

> 履祥繙閱諸家之說，章解句釋，蓋亦有年，一日擺脱眾說，獨抱遺經，伏讀玩味，則見其節次明整，脈絡貫通，中間枝葉與夫訛謬，一一易見，因推本父師之意，正句畫段，提其章旨與夫義理之微事，爲之概；考證文字之誤，表諸四闌之外〔註264〕。

按仁山謂「擺脫眾說，獨抱遺經，伏讀玩味」，則其所據之書，當是尚書經文之白文，不含孔傳在內，若今通志堂本之底本；宋史藝文志孔傳本有十三卷，視二卷或四卷則太多；又有古文尚書二卷，注曰：「孔安國隸。」則是白文本經文，宋時止二卷；而金履祥甚重古文，其表注所用雖非隸古文本，然爲孔傳本五十八篇之經文，則無疑。然則其所用以表注之底本，當亦爲兩卷本。以此推之，尚書表注之卷數，本當爲兩卷而已。而柳貫述金仁山行狀云：

> 先生歿時，凡所注書僅脱稿而未及有所正定，故悉以授許謙。謙尤能遵稟遺志，益加讎校，今皆刻板以傳〔註265〕。

按仁山著述，經許謙讎校，始加刊行，其中是否有所改編，則不得而知矣。故元史本傳曰「四卷」，張雲章亦云「四卷」，其或後世刊印改編之本也。或二卷本與四卷本並行，故朱彝尊，四庫提要均曰「二卷」。雖篇卷之數有所不同，然其內容當不致有異，於書義說無傷也。

至於尚書注十二卷。經義考引張雲章之言曰：

> 尚書表注四卷，見於仁山先生本傳，而無所謂書注十二卷者。按柳文肅貫撰行狀云先生早歲所注尚書，章釋句解，蓋指書注十二卷而言。此書爲先生早年所成，晚復掇其要而爲表注也〔註266〕。

〔註263〕見仁山文集卷一，頁5。

〔註264〕同前書卷一，頁6。

〔註265〕見仁山文集後附柳貫撰仁山行狀，卷五，頁33。

〔註266〕同註262。

此尚書注十二卷，今刊印於十萬卷樓叢書中，陸心源序曰：

> 尚書注十二卷，則無明文；惟云先生早歲所註尚書，章釋句解，已成書矣云云，當即是書，蓋先生少作也。元、明以來，流傳甚罕。四庫書目及揅經室外集皆未著錄。常熟張氏金吾藏書志，祇載殘本六卷。聞無錫秦文恭家有全書，余求之數年而未見。同治十年，被命赴閩，公餘之暇，與祥符周既太守，蒐訪遺書；乃從福州陳氏得之。卷中有秦蕙田印，知即秦氏舊藏也〔註267〕。

朱彝尊經義考引張雲章之言，以及陸心源序，皆以爲此十二卷本尙書注，爲仁山少時之作。此蓋據仁山行狀而云然。柳貫撰行狀云：

> 年十六，從學城闉，……二年試中待補太學生，有能文聲，而先生反自悔其所爲之非，且悼其所志之未定，益折節讀書，屏舉子業不事。取尚書熟習而詳解之，然解至後卷，即覺前義之淺。……先生早歲所注尚書，章釋句解，既成書矣〔註268〕。

夫尙書表注一書，爲金履祥晚年之作。洵無可疑，然尙書注十二卷，則甚可疑。何則？其一，此書不見於元史本傳及柳貫所云，行狀所述，乃傳聞之言；而陸心源既云元、明罕見，而其最早見於著錄者始於經義考，四庫提要亦云未見，今其書首尾完整，實不似世罕流傳之書。其二，經義考以及陸心源皆指爲少年之作，則尙書注與尙書表注之間，必有甚大差異；今以二書相較，其議論同者十之八九，而異者甚少，且尙書注詳盡，實遠較表注爲優勝；今指爲少年之作，實不相類。其三，柳貫行狀云取尙書以作注，其時在十九歲以前，而因王元章而得謁王柏，在二十三歲之時；今十二卷尙書注中，分明引用王柏之書疑文句及主張以爲說，此與尙書表注所云「推本父師之意同」；故以時間論之，則有矛盾；以風格論之，則近似晚年之作。此不可謂之合理。且王柏書疑成於宋理宗寶祐五年，金履祥年二十五矣，其時益晚矣；則十九歲之作，何能引用書疑之說哉！其四，柳貫撰行狀云「解至後卷即覺前義之淺」，則其書之說義必不甚諧協，雖或有所修改，亦必不至與表注如此相近；且行狀云「章釋句解」而已，而今之尙書注，不獨章釋句解，往往一篇之末，論經義之是非，歷代之得失；又注中屢引諸家之說，兼有所臧否；此不可謂「章釋句解」。而若尙書注果眞金仁山早年之作，則其思想、見解之早熟，實在不可思議；王弼解老子，已號稱夙慧，若然，則金仁山實有過之。且仁山嘗謂尙書表注乃「獨抱遺經」心得之作，然其中說義與十九歲所作尙書注如此相似，則其自十九歲至晚年數十年

〔註267〕見該書前附。

〔註268〕同註265，卷五，頁24、28。

間，亦無甚發明也，然則表注之作實無甚價値矣。凡此皆足啓人疑竇。

今考仁山通鑑前編，每引尚書之文，且有注釋；其後序云：

> 二帝三王之事，粗見首尾，大抵出于尚書諸經爲可考信；其出于子史雜書者，不失之誕妄，則失之淺陋。……惟尚書之僅存者，于今爲帝王全書……顧尚書一經，諸儒解者雖已精詳，但似未嘗潛泳反覆，以推篇章之全意，而句解字釋或不屬；履祥因爲之注釋章旨，隨意所到，雖不能詳，然聖經之篇章，與聖人之體用，似或得之〔註269〕。

其徒柳貫於行狀云是書「一以尚書爲主〔註270〕」，許謙於書仁山先生集後亦云「一取正於書〔註271〕」。今以通鑑前編所引尚書註釋文字與尚書注比對觀之，赫然見二者完全相同，所差異者，唯版本傳抄之誤及四庫本之改字耳〔註272〕。

夫二書文字相同如此，則所以然者，或者尙書注先成，通鑑前編草稿之時，即全用尙書注之說；或者尙書注乃後人掇拾通鑑前編中引尙書經註拼湊而成，爲一僞書。若爲前者，則又有一難，蓋通鑑前編雖草創於中年，然至臨終始脫稿，可謂晚年之成說矣；今二者相同如此，則仁山之不長進，當不如是也；且尙書注乃爲解經而作，通鑑前編乃爲史學而作，雖經、史有相通之處，然體例終歸有異，若前編全本尙書注，亦應據體例之不同而文辭有所改易以相配合呼應；今二書文字，幾一字不改，照版全抄，於理雖強爲之解，實亦難自圓其說。更何況二者註文相同者，置於前編之中，上下文義，宜然順理；體例相配，此呼彼應；反之於尙書注中，則扞格而不入，兀突而不倫；此益不可以理解者。故知前說之非是也。然則此尙書注十二卷，當爲後人摭拾通鑑前編中尙書引文註解章旨，一一復據孔傳體式拼湊而成。茲就二書比較，以證成此說：

（一）注釋文字全同

尙書注論立政之言曰：

> 古者聖人疆理中國華夷異，宜各有界限，故禹迹之舊，中國世守之，一有玷缺，則中國之禍，終有不可度者；後世有以燕雲之地棄夷狄者；華夷同壤，曾不幾時，子孫親受其禍，而卒貽中國無窮之害如此，而後知周公之言，非爲土地，其意蓋遠。然其曰至于海表，得無啓廣伐之漸耶？曰：此言其威德聲教之餘效也。海表猶云海隅出日，要亦指淮、奄而爲言爾。

〔註269〕見仁山文集卷一通鑑前編後序，頁2、3。
〔註270〕見前書卷五，頁29。
〔註271〕見前書卷五，頁3。
〔註272〕本文所據者乃四庫全書本御批通鑑綱目前編。

然則後世大臣，固有以置燕雲；而守文之治者，亦有以復燕雲而致不測之禍者，又何也？曰：是皆非周公也。非周公則爲，君子而不能爲，小人而又妄爲矣。世有周公之臣，則吾不憂中國之患矣〔註273〕。

而通鑑前編于成王紀下「四年周公作立政」標題之下，引立政篇全文，末有「履祥按」一段，與尚書注文字相同，其不同者，唯「燕雲之地」四庫本前編改爲「九州之地」，「中國華夷」改爲「中國內外」，「棄之夷狄」改爲「棄之外蕃」，「華夷同壤」改爲「中外同壤」，「中國之患」改爲「疆宇之患」耳〔註274〕。此皆因清朝入主中國，爲尊皇室與夫消除漢滿對立而改者也。其他之處，大類如此，隨處可見。

（二）分章節全同

尚書注中所分章節，有一篇作一節者，有一句作一節者，而前編相對應之處，亦皆相同。若梓材篇，尚書注中整篇無注，唯其中有夾注兩處〔註275〕，與其他文句註解體例迥異，而篇末則有一長篇論述；而前編中引梓材篇文句之末，亦止有一長篇論述，文句全同不差，且其中夾注兩處，亦與尚書注同一形式〔註276〕；而雙行夾注，正前編之體例也。又舜典「舜曰咨四岳」一句，尚書注及前編，均以一句作解〔註277〕。二書相應之處，完全無異。

（三）無註之處亦相同

通鑑前編引金縢之文曰：

金縢後敘曰：于後公乃爲詩以貽王，名之曰鴟鴞，王亦未敢誚公〔註278〕。

引文之後，則接以詩經豳風鴟鴞之詩；尚書引文之下，無註，反之鴟鴞詩下則引朱子詩集傳作註。而尚書注於金縢篇中，自「于後公乃爲詩以貽王」至「乃得周公所得自以爲功代武王之說」連成一節作解；此似分章節與前編有異，其實不然。考諸尚書注此節注文曰：

古者兵凶之事，則弁服；遇災將卜，故遂與大夫盡弁。金縢之匱，周室藏龜卜占書之器，啓之將卜，因得卜史疇昔所納周公之冊，所書周公命龜之事，始知周公自任代武王死之說焉〔註279〕。

〔註273〕見該書卷十頁38。
〔註274〕參見通鑑前編卷七，頁42、43。
〔註275〕參見尚書注卷八，頁4、41。
〔註276〕參見通鑑前編卷八，頁9。
〔註277〕尚書注見卷一，頁3，前編見二，頁2。
〔註278〕見前編卷七，頁19。
〔註279〕見尚書注卷八，頁5。

以此段注文觀之，於鴟鴞一詩，隻字未提及，實有悖注解之常軌，而前編亦無註文，巧恰如斯，豈不怪哉！然再察夫前編，引鴟鴞詩文之後，尚有一段履祥按語，其內容正金滕文句與鴟鴞詩之論解。其言曰：

> 履祥按：七月之詩，豳之舊詩也。周公陳之以備工誦，使成王知先公之舊，衣食之原。序謂遭變時所陳也。夫成王方有疑於周公，周公方避居東而顧爲是諄諄，幾於彊聒者。嗟乎！此周公忠愛之誠也。夫豈以居東而遂忘其君也哉！然亦惟居東，故可以忠告爾；向使居中秉國，則成王益深不利之疑，雖吐赤心，其孰能信之；聖人所處，其脫然無累之心，與其拳拳不已之心，並行不悖，於此俱可見矣。于後公乃爲詩以貽王，名之曰鴟鴞，則鴟鴞其最後作也，成王之疑亦將釋矣。鴟鴞之詩，其情危，其辭急，蓋有以憂武庚之必反，王室之必搖也。夫昔也武庚以周公利權間三叔，而今也奄君又以周公見疑嗾武庚，則躑躅之變，勢所必至；故周公汲汲爲成王言之。爲鳥言以自喻，或以喻先王也。……既而成王悟，周公歸，而管、蔡、武庚卒於叛，蓋其參謀造禍非一日矣。管、蔡之惑滋甚，至是而復畏罪，則挾武庚以叛；武庚之謀既深，至是而復乘機，則挾管、蔡以叛也。或曰：向使成王未悟，周公未歸，而管、蔡、武庚之反已熾，則如之何？曰：周公亦身任其責，力請誅之而已；不誅則王室必危，天下必亂；周公亦盡其忠誠而已，它豈暇顧哉〔註280〕！

此一大段文字，其實乃金滕經文之論說，亦可視同注文。緣此段文字未附於經文之下，抄襲者不之見，故以爲無註，遂連「秋大熟」一段爲之註，然註文未有釋鴟鴞一節者，可見此節非分節分段不同，乃因以爲無註而合之者也。

又如尚書注武成一篇，自「惟一月壬辰，旁死魄」，至無作神羞」一節無註〔註281〕。前編卷六亦引武成經文，此段之下亦無註〔註282〕，而下則直引逸周書一段，並引朱子之言曰：

> 朱子曰：周月解雖出近世僞作，然其所論，亦會集經傳之文，無悖理者，今存之。

可見尚書注十二卷乃鈔錄通鑑前編之跡。

（四）改動經文之處相同

金仁山從學於王柏，王柏尚書之說，每以脫簡衍文，錯簡移易，甚而文分經傳，

〔註280〕見前編卷七，頁2。
〔註281〕參見尚書注卷七，頁16。
〔註282〕參見卷六，頁1。

並補入他書之文，此其尚書說之所以驚世駭俗也〔註 283〕。仁山師承其說，亦有移易、補綴之事，然亦非全盤採納，要之有一己之功在焉。

尙書注十二卷於舜典之中，無「夔曰於予擊石拊石百獸率舞」十二字，蓋本劉敞、蘇軾、王柏之說，刪而去之矣。通鑑前編虞紀中引舜命九官之文中，亦無此十二字〔註 284〕，與尙書注同。

王柏主張以論語堯曰篇堯命舜之言，補入尙書舜典「舜讓於德弗嗣」之下；又主張以孟子滕文公中引「放勳曰勞之來之」一段，補入舜典命契「敬敷五教，在寬」之下，以爲亦命契之辭。金履祥於其師補經之說，止採其前者。通鑑前編曰：

> 子王子曰：堯之試舜，如此之詳，而讓德弗嗣之下，無再命之辭，巽位之際，亦無叮嚀告戒之語，何也？按論語堯曰篇首二十四字，乃二典之脫文也〔註 285〕。

通鑑前編引文之中，即按其註之意，補入論語二十四字，與王柏書疑堯典考異同。而考諸尙書注中舜典之文，則無此二十四字，然其下注文曰：

> 子王子曰：堯之試舜，如此之詳，而讓德弗嗣之下，無再命之辭，巽位之際，亦無丁嚀告戒之語。按論語堯曰篇首載：帝曰咨爾舜，天之歷數在爾躬，允執其中，四海困窮，天祿永終二十四字，乃二典之脫文也〔註 286〕。

按通鑑前編與尙書注二者註文之文義相同，其不同者，在論語二十四字，一補入經文之中，一在註文之內耳。考王柏既以此爲二典之脫文，故堯典考異以之補入經文，今尙書注註文既引王柏之言，又以爲二十四字乃二典之脫文，則當與王柏、前編相同，二十四字應在經文之中，始合文義。今此二十四字不在經文之中，蓋抄襲者既知此二十四字乃論語之文，故抄錄之時，將之補入注文中，而於經文則仍本孔傳本之舊，故經文無此十二字。至於以孟子「勞、來、匡、直」一段補經，金履祥則不用其師之說，故通鑑前編於引舜典「敬敷五教，在寬」之下，並無補入之文，而其註曰：

> 孟子所載初命契之詞也，書則因其職而申命之也〔註 287〕。

按孟子引文，稱「放勳曰」，而非舜之辭，且孔傳以爲契乃舊有其職，不在新任之列，如此始合二十二人之數：故金履祥以爲孟子所引，乃堯初命之辭，舜典所載，乃舜

〔註 283〕參見本論文王柏之尚書學一章。
〔註 284〕參見該書卷二，頁 5。
〔註 285〕見卷一，頁 2。
〔註 286〕見尚書注卷一，頁 19、2。
〔註 287〕見前編卷二，頁 3。

申命之辭，二者不可相混，故不採以補入經文之中。尙書注於舜典與之全同〔註288〕。尙書表注於二者亦有相同之說，惟因受體式所限，無法顯示於經文之中耳。

又舜典「肆覲東后」之下，朱子以爲當接以「五玉、二生、一死、贄」，然後復接以「協時月正日」以下。金仁山於通鑑前編，即按朱子之意，移易經文位置以合其說〔註289〕，而尙書注舜典經文亦全同。

又康誥篇首四十八字，自蘇東坡倡始，以爲乃洛誥之錯簡誤置於此；其後朱熹，吳棫、蔡沈皆以爲然。而仁山雖亦以此四十八字爲錯簡，然彼主張以爲乃梓材篇首之文，而梓材乃周公誥命侯甸男邦伯之書，故亦據大傳以爲原梓材篇首之「王曰封」乃「周公曰」而無「封」字。通鑑前編與尙書注之經文，即皆按其說而改易之，二者經文註文均無異也〔註290〕。尙書表注亦有此說，並轉抄康誥篇前四十八字於梓材篇前之空欄內，而文中「封」字亦以括號圈欄之，示刪去不用也〔註291〕。是則三者皆同其義也。

又洛誥經文，於「王若曰」以下，連用「王曰」者凡三，而無周公答辭，故前編遂以「王曰若」至「夙夜毖祀」一段，移至「汝永有辭」之下，又以「王曰公予小子其退即避於周命公後」以下之文，移附「王至新邑」至「王歸宗周」之下；如此改易，則「王曰」之辭，周公有答語矣。而尙書注於洛誥亦然〔註292〕。

上述諸事，乃金履祥尙書說之特色，然前編與尙書注均無二致，若非仁山怠惰，則定論太早矣。少年之作，亦必不敢如斯妄爲也。

（五）就尙書注之文辭漏洞而論

尙書注十二卷，其文字辭句與通鑑前編全同，此甚可疑矣；而文辭之中亦有可疑且不合理之現象，顯見其僞作之跡者。蓋前編與尙書注之間，二者學說主張，有相因襲處，本無不可；然二者之目的與體式本非一致，前編蓋欲爲史以補通鑑之未逮，後者唯經文之傳注耳。體式不同，縱學說主張有相因襲，於文辭措語之間，當亦稍有修改，以就其說；今二者往往一字不易，已甚不倫；況其中有註文之主張，其實踐往往見於前編，而不見於尙書注；尤有甚者，通鑑前編之註文有引用通鑑前編其他相關章節作說明者，而此相關章節僅見於前編而不見於尙書注，今註文亦同時出現於尙書注；則尙書注註文所指無著落矣。尙書注若爲少年之作，則何能前知

〔註288〕參見卷一，頁31。
〔註289〕參見卷一，頁22。
〔註290〕前編見卷八，頁9，尚書注見卷八，頁4。
〔註291〕參見表注卷下，頁18。
〔註292〕前編見卷八，頁2，尚書注見卷九，頁16、17。

通鑑前編之文哉！總之，註文之說義及文辭，覈之前編則理順辭暢，加諸尚書注則兀突不倫，如此益可證二書之文義相同，實尚書注抄襲前編之文，非前編沿用尚書注之說也。

尚書注無逸篇「其在祖甲，不義爲王」一節之下，注文云：

> 祖甲事見祖甲紀，此言祖甲之無逸，惟其舊逃民間，身爲小民之事，所以爲天子之日，能知小人之依，保之惠之，尤不敢忽忘窮困之民，此祖甲之無逸而享國亦永也。詳見前紀〔註293〕。

此言「祖甲事見祖甲紀」，意即此書中別有祖甲紀，可互見參考之也。今考尚書五十八篇，有太甲三篇而無祖甲之文，祖甲之事，唯見無逸；孔傳雖以爲祖甲即太甲，然金仁山用鄭玄之說，以祖甲即祖庚之後者。祖甲紀祖甲之事，通鑑前編於卷五「七祀，王崩，弟祖甲立。癸亥，祖甲元祀」下，引用無逸篇「其在祖甲」一節經文〔註294〕，其後復引鄭玄、蔡沈之說，指祖甲自爲祖甲而非太甲，此即所謂祖甲紀也。而於成王紀「十有一年，周公在豐，作無逸」標題之後，引尚書無逸全文，並於「其在祖甲」一節下，注文與前引尚書注全同，亦有「祖甲事說見祖甲紀」、「詳見前紀」之文〔註295〕。按此「祖甲事說見祖甲紀」一句，於前編考之，前有祖甲紀可互見，於文義配合上，理所當然；然同一句文字，置於尚書注中，則祖甲事唯在無逸，前既無祖甲紀可參見，則此文句，兀突不倫。若非直接抄襲前編之文，而未加掩飾修改，故有是狀，實難復有他說解之矣。

又君奭篇，於尚書注中，其篇次在無逸之後，蔡仲之命之前，與孔傳同。然其下注文則曰：

> 按君奭之書，子王子謂當在成王初年，今考書中言意，率已可見。其事辭之明證有七……此皆初年之證，故今從胡氏係於元年之下〔註296〕。

按通鑑前編卷七成王紀元年之下，引君奭全文，並於末後加按語一段，與尚書注此註文所言全同。注文所云「係於元年之下」，意謂既定君奭爲成王初年之書，故變易其篇次先後，置之於成王元年也，是已成事實之詞。今前編引君奭之文，確在成王元年之下，與經文所云相合。而尚書注既亦有此段按語，然尚書本無分年隸係之事，且此君奭之文，亦未易置其次；夫如是則尚書注之注文與尚書注之體例不合，注文所言，無所著落。可見此註文本非爲注尚書經文而爲者，乃抄自前編者也，故注文

〔註293〕見卷九，頁35。
〔註294〕見卷五，頁14、16。
〔註295〕見卷八，頁32。
〔註296〕見卷十頁9、10。

合於前編而悖乎尚書注也。

其實前編引用尚書之文，每依其時間先後，分年月而係之，甚至一篇之文，分隸數處，若召誥，金縢等，皆是也。故前編所引尚書經文之次序，多與孔傳本異，尤以周書爲甚。其篇次之變易，於注文每有說明證據，相互呼應者。以此考諸尚書注，文皆相同而篇次不能相互呼應配合，甚爲明白；以此知尚書注十二卷一書，實出後人之手，蓋按孔傳本之篇序抄襲通鑑前編之引文注解，拼湊而成，而通鑑前編引用尚書之文，無所遺漏，故拼合之書，完整如新，若非比對二書，一一翻尋，實難發現其中僞跡也。

雖然，尚書注十二卷既知其爲僞作矣，而其中所引者，亦確爲仁山之說。此猶僞孔雖僞，然其中文句多係眞先秦文獻所引尚書之逸文也。要之，使用之時，先定其所以眞，所以僞，斯亦無不可矣。然與其用尚書注不若用通鑑前編引文註釋爲妥當。

總而言之，此書之僞，確然不可疑矣。雖其內容不失爲仁山之說，然若持少作之說以論仁山學說之蛻變歷程，必誣先賢矣，此不可不知也。

至於尚書表注與通鑑前編之間，關係若何？孰先孰後？亦有可論者焉。

1、就著述時間先後言之，前編先成，表注後就

仁山通鑑前編序，成於宋理宗景定五年，而後序則書於「上章執徐歲」，即元定世祖至元十七年庚辰，前後歷十九年，仁山年五十二歲，亦可謂成熟之論矣。而尚書表注未言成於何時，然其序云：

> 履祥繙閱諸家之說，章解句釋，蓋亦有年；一日擺脫眾說，獨抱遺經，伏讀玩味〔註297〕。

按通鑑前編引書經文，其註解之中，多引朱、蔡、蘇、陳、王、葛諸家之言，並論其是非，而以朱子爲準。此即所謂「繙閱諸家之說」也；前編引書文，每節每句，皆爲之釋，是「章解句釋」也；而尚書表注則否。是序言「繙閱諸家之說，章解句釋」者，蓋指前編，是表注後成也。

2、就文辭相因之跡論之，表注因於前編

表注之說，與通鑑前編之說，無大差異，其異之大者，蓋在文辭之減省濃縮耳。且表注於文辭之間，自成體系，雖與前編同義，然非純然迻錄而已，可見乃表注因於前編，是前編在前先成而表注在後也。茲舉例證之。

前編成王紀元年「周公誥君奭」下，「君奭我聞在昔成湯既受命」一節，言商之

〔註297〕見仁山文集卷一，頁6。

輔弼大臣，注曰：

保衡即伊尹，伊陟其子也。臣扈與湯時逸書臣扈同名，豈書序之誤與？當以經爲正。巫賢者，舊云巫咸之子。皇天以全體而言，上帝以主宰而言。凡書所指，非有輕重，此章對言之則賢聖感格，大小之分，因可見爾。周公一時歷數諸賢，特以發明創業嗣守之初，皆有世德受託之臣，以釋召公之疑而留之。至於武丁之相，不言傅說而獨言甘盤者，蓋甘盤初年之師保，傅說乃後進之賢相，此章當成王初年，勉留召公之辭，故歷舉世德託孤之相，是以及甘盤而不及傅說爾。說者不考其時，所以不得其所言之意也〔註 298〕。

按仁山既本胡宏大紀之說，繫君奭篇於成王初年，故其解周公歷數商諸賢臣，皆本此意，而謂「創業嗣守之初」，而於及甘盤而不及傅說，益明此意，至於前所歷舉者，則總言「創業嗣守」而已。而表注則詳析諸賢之事曰：

伊尹佐湯創王業；而太甲初年，政出伊尹，若伊陟、臣扈、巫咸、巫賢、甘盤，皆商世德舊臣，嗣王初政；周公歷數諸賢，特以發明嗣守之初，必有世德受託之臣，以釋召公之疑而留之。至于武丁之相，不言傅說而舉甘盤，蓋甘盤初年之師保，傅說後進之賢相。此篇當成王初年，勉留召公，故但歷舉世德受托之臣；是以及甘盤而遺傅說爾。說者不考其時，故不得其所言之意〔註 299〕。

表註此註，與前編相比較，後半幾全同，不同者在前半，表注不解「天」、「帝」，不注「臣扈」、「巫賢」，而獨表「伊尹」之與湯創業，及伊尹輔太甲嗣湯初政之事，以合「創業嗣守」之義，是有進於前編之注矣。若表注在先，則前編中必發明此精義也。以此觀之，是表注在後而因於前編也。

3、就表注之說義詳略察之，表注後出，有愈於前編

尚書表注，雖前因於前編，說義多同而簡凝，似不足過取；然其中亦有愈出於前編之說，前編不足包之者；此即仁山獨抱遺經之新意也，亦可見表注雖後成而簡省，非純然撮拾前編而已，自有可採之處。茲舉例明之：

尚書顧命「乃受同瑁。王三宿、三祭、三咤，上宗曰饗」至「太保受同、祭、嚌、宅，授宗人同，拜；王答拜」一節，前編曰：

……咤，嘆也。……親沒而始受顧命，雖不敢死其親，用祭服，祭禮

〔註 298〕見卷七，頁 7、8。
〔註 299〕見卷下，頁 27 左方。

而不哭，然三咤之情，則不可過也。……宅亦當作咤〔註300〕。

表注則云：

咤，古文詫，宅古文垞，當並作垞，歎也。親歿而受顧命，固不敢死其親，禮視祭而不哭，然歎咤則不可過〔註301〕。

表注之撮取前編之說，顯然可見。唯表注益補入古文之說，以見咤、宅之可相通之由，蓋聲似而形近故也。故云「當並作咤」。若前編在後，此據以證宅當作咤之文，當不可省刪；固知表注之在後而補前編之罅漏也。

4、就立說確定與否言之，前編先出，多未定論；表注後出，於前編之說，多所訂定

前編之說，有二說並用而未定其是者，表注則多定於一說，是晚年定論也。若前編虞紀「帝命禹敘洪範九疇」下引洪範九疇之綱，末後則下按語，引王柏洪範對義、並義之說，又增以「次第」之義，而後曰：

洛書之數，其用深廣，聖人敘疇於此，未始數數言也。然後世或以推災異，或以擬易占、八陣、太乙、遁甲，下至陰陽家者流，以推八卦、九宮、八門、黑白、向背吉凶，亦各得其末流之一節與！抑自然之數周乎萬物，固有所不能外也〔註302〕。

按其雖不主以數言九疇次第，然又說之以次第數數之義，是說義有未定者也。表注之言曰：

次第非九疇本義。經文備次第歷數之爾。朱子以初一次二等字自爲讀，然皇極居五，前四疇，皇所以建天下之極，後四疇，皇極所以審天下之變；則次第亦一義，今陰陽術數家皆用之〔註303〕。

其言次第本非九疇之義，斬釘截鐵；以朱子有次義含義之說，故指言次第者乃陰陽術數家之說，非經本義也。此可見前編未定之說，表注則定之訂之；是表注在後成書，而後出轉精者也。

仁山之尚書學著述，除通鑑前編中引尚書之文，尚書表注外，仁山文集中尚有數篇言及尚書者，其中不乏論辨精闢之說，若〈論虞氏譜系及宗堯論〉、〈三監論〉、〈郊鯀論〉、〈殷人立弟辯〉、〈西伯戡黎辯〉、〈微子不奔周辯〉、〈伯益辯〉等。另有講義數篇，若〈四岳舉鯀治水，帝用之，戒曰：欽哉〉、〈命鯀子禹治水，玄圭告其

〔註300〕見卷八，頁49。

〔註301〕見卷下，頁38。

〔註302〕見卷二，頁31、32、33。

〔註303〕見卷下，頁6。

成功〉、〈帝命禹敘洪範九疇〉、〈太康尸位，黎民咸貳〉、〈王隨先生滅寒浞，能帥禹興夏道〉、〈伊尹既復政，將告歸，乃陳戒於王〉等篇。

三、金履祥之尚書學

金履祥尚書表注序云：

> 書者，二帝三王聖賢君臣之心，所以運量，警省通變，敷政施政之文也。君子於考跡以觀其用，察言以求其心，以誠諸心，以措諸事，大之用天下國家，小之爲天下國家用〔註 304〕。

尙書之義，含三王二帝之心，其用則誠心措事，可謂至矣。是以仁山之學，於尙書用心尤勤。其晚年獨抱遺經，伏案玩味者，尙書也；其名作通鑑前編，亦一以尙書爲主，書成，以授門人許謙曰：「二帝三王之盛，其微言懿行，宜後王所當法；戰國申、韓之術，其苛法亂政，亦後王所當戒〔註 305〕。」其通鑑前編後序云：

> 荀悅漢紀，申鑒之書，志在獻替，而遭值建安之季；王仲淹續經之作疾病，而聞江都之變，泫然流涕曰：生民厭亂久矣，天其或者將啓堯舜之運，而吾不與焉，則命也〔註 306〕。

則仁山厚寄意於尙書之學也深矣。金仁山年譜云：

> 先生疾革，門人許謙自金華徒步冒雪來省。先生將易簀，謂子熲、穎曰：前編之書，吾用心三十餘年；平生精力盡於此，吾所得之學亦略見于此〔註 307〕。

仁山既有此臨終之命，而前編之中又多尙書之義，則仁山之學，展現於尙書者獨多也。

（一）金履祥尚書學之淵源

仁山師事王柏魯齋，而魯齋則上接朱子，朱子之尙書學說，托蔡沈而成書集傳，此一脈師承之跡，宛然易見。然雖前有所因，亦非株守師說，要歸於是而已。然尙有二脈，鮮有人言及者，蓋即薛季宣書古文訓及胡宏之皇王大紀是也。今述其尙書學之淵源。

1、淵源於王柏

履祥年二十三，因王元章之介，得接王魯齋之門，問學切磋，凡二十年之久，

〔註 304〕見仁山文集卷一，頁 4、5。
〔註 305〕見仁山文集卷五，頁 2929 行狀述。
〔註 306〕見仁山文集卷一，頁 4。
〔註 307〕參註 261 引程先生文頁 88，引明徐袍金仁山年譜。

故寖受魯齋之說尤深。其尚書表注序云：

> 一自擺脫眾說，獨抱遺經，伏讀玩味，則見其節次明歷，脈絡貫通，中間枝葉與夫訛謬，一一易見，因推本父師之意，正句畫段，提其章旨與夫義理之微事，爲之概，考證字文之誤，表諸四闌之外〔註 308〕。

其所謂「推本父師之意」，即本乎王柏之意也。前編及表注中，引用「子王子」之說甚多。王柏之尚書說，其最著名者在補經、刪經、改經、分經傳。金履祥於尚書之說，於此四者均有爲之，然非步趨其師，乃有所修訂、補罅發揚也。

王柏取論、孟之言補入舜典，後世多有非議。仁山承其師說，亦勇而爲之。其於舜典「舜讓於德弗嗣」下曰：

> 戒之也。子王子曰：堯之試舜如此之詳，而讓德弗嗣之下，無再命之辭，巽位之際，亦無叮嚀告戒之語，何也？按論語堯曰篇首二十四字，乃二典之脫文也〔註 309〕。

是其用王柏之說至明。至於王柏以孟子滕文公引「放勳曰勞、來、匡、直」一段補入舜典命契「在寬」之下，金履祥則不以爲然。前編虞紀引舜典之文下註云：

> 孟子曰：使契爲司徒，教以人倫，父子有親，君臣有義，夫婦有別，長幼有序，朋友有信。放勳曰：勞之來之，匡之直之，輔之翼之，使自得之，又從而振德之。孟子所載，初命契之辭也，書則因其職而申命之也〔註 310〕。

按王柏書疑所以主補此孟子之文入經，蓋其前言五倫，正與書文相應，而「放勳曰」三字，王柏以爲指堯典耳，非堯言之謂也〔註 311〕，故主補入經文中。而仁山則以爲孟子既引「放勳曰」，則爲堯言無疑，其雖爲堯典，然不可補入舜命契之下。若此言果係尚書逸文，當補入堯言之中，今書經於堯唯有咨四岳之言，無命官之辭，故其言亦無可隸補處，是以引其文云「初命之辭」，而不補入經文之中也。此雖與王柏異，然視王柏之說爲合理，可謂有功於師說。

益稷篇有「夔曰於予擊石拊石百獸率舞」之文，而舜典命夔之下，亦有此十二字，劉敞、蘇軾倡爲衍文之說，王柏取之，於其堯典考異之中，即刪去此十二字〔註 312〕。金履祥是其說，故於前編引舜典之文，亦刪去之〔註 313〕。

〔註 308〕見仁山文集卷一，頁 6。

〔註 309〕見前編卷一，頁 2。

〔註 310〕見卷二，頁 3。

〔註 311〕參見書疑卷一，頁 5。

〔註 312〕參見書疑卷一，頁 7、1。

〔註 313〕見卷二，頁 5、6。

王柏書疑，有考異八篇，移易經文，改此就彼，或一段一章，或一句數字。仁山雖無考異之作，然移易經文，亦所在多有。若移康誥篇首四十八字入梓材之前〔註314〕；又如洛誥文中有連續四次「王曰」之文，而無周公答辭，仁山以爲於理不合，遂移「王若曰」一段於「汝永有辭」之下，而於「王曰：公功棐迪篤，罔不若時」下，引朱子曰「此下疑有缺文」解之，並移下「王曰：公予小子其退」一段以下之文，至「王至新邑、十有二月，烝于文武，命周公其後，王歸宗周」條下，則四連用「王曰」之文，可疏解矣〔註315〕；蓋洛誥之文，非盡一時之語故也。此改移經文者，亦遵法師說者也。

洪範分經傳，始於王柏。王柏以爲洪範一文，有大禹之意，有箕子之言，禹義爲經，箕言爲傳也。然王柏之分，以爲「初一曰五行」至「威用六極」爲洪範之經，其他各疇爲洪範之傳，唯皇極疇「皇建其有極」與其下「無偏無陂、遵王之義」六韻語一段爲皇極經，其下之文爲皇極之傳。王柏分洪範爲經傳，仁山是之，然其分之內容，則仁山有異議。仁山以爲王柏所分，固爲洪範之經文，然猶有未洽者。仁山於「次九曰嚮用五福，威用六極」下曰：

> 此神禹所則洪範之經也〔註316〕。

又於「一五行：一曰水，二曰火」一段下注曰：

> 此下九疇之目，蓋大禹本經，其發明者，蓋禹之意而箕子傳文也〔註317〕。

是仁山以爲九疇之下，亦各分經、傳。以五行疇爲例，自「一曰水、二曰火、三曰木、四曰金、五曰土」，爲本經之目，其下之文，即所謂箕子之傳文也；其餘諸疇倣此。故仁山以爲經者，較王柏爲多，亦較爲整齊對稱，然其以皇極別有經文則如王柏之說，是顯然承用王柏者也。王柏此說，蓋止此一家，別無歧出也。其實仁山於舜紀「帝命禹敘洪範九疇一條，止引洪範文自首至「九曰嚮用五福，威用六極」，而不引九疇之目，是亦以爲禹之言止此而矣〔註318〕。

分經傳之意，不獨用之於洪範，仁山復推而用之於他篇。表注卷上大禹謨上闌曰：

> 二典，虞書之經，三謨猶二典之傳〔註319〕。

可見其受師說寖染之深也。除補經、刪經、改經、分經傳之外，於說義亦每取其師

〔註314〕參見前編卷八，頁9。
〔註315〕參見前編卷八，頁20、21。
〔註316〕見前編卷六，頁43。
〔註317〕同前註。
〔註318〕見前編卷二，頁29
〔註319〕見表注卷上，頁4。

說。若仁山說洪範之義，有並義，有對義，即引王柏之說。王柏研幾圖即有「洪範並義圖」，「洪範對義圖」。金仁山於「帝命禹敘洪範九疇」講義，通鑑前編虞紀，皆引「子王子」之說〔註320〕，而表注之中亦作二圖，與王柏之圖大致不相遠而更完足，於義更勝。茲比較二者之圖以見其關係：

王柏「洪範對義圖」

箕子所陳事證相感舉一隅也	五事	皆有當然之則所謂本然之性	有凶　稽疑　有吉		三德	剛柔善惡不同所謂氣質之性
	福極	人之所稟有五福六極			五行	天之所賦有善惡厚薄
今三縱一衡取義亦舉一隅也	五紀	天道之常經也	有得　八政　有失		庶證	天道之變化也

〔註320〕前編見於卷二，頁31、32、33；講義見於仁山集卷二，頁31。

金履祥「九疇對義」圖：

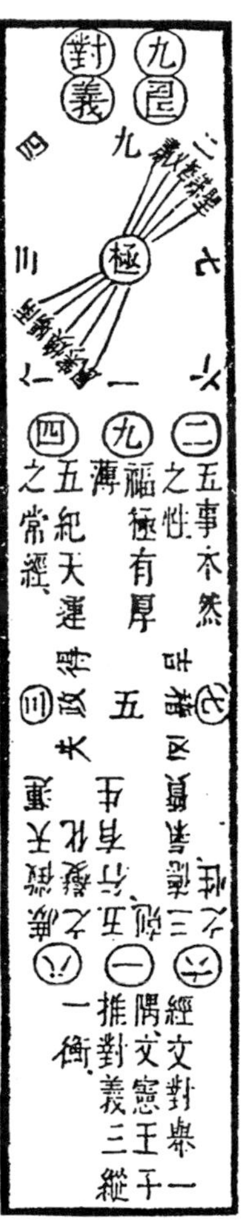

二圖相較，仁山於文字之敘述較簡，蓋表於四闌之外，故文不可繁也。又仁山九疇有疇數，正五居中而無圈，王柏則虛中，而各疇無疇數。以義言之，皇極乃四方之標準，若空則四方無所取則，且對義之說，皆夾皇極而行，則皇極有建，始得對待而相通也；然則仁山補疇數，於義更完備。又王柏於圖上有云：

> 箕子所陳事證相感，舉一隅也。今三縱一衡，取義亦舉一隅也。

金仁山易之以圖，即上方之圖。此圖列九疇之數，於二、八、極三者連爲一氣，並分列五事之功「肅、乂、哲、謀、聖」與夫庶徵之「雨、暘、燠、寒、風」相對，其意即欲示所謂「箕子所陳事證相感」之義，蓋經文於庶徵疇明言休徵乃五事之功與庶徵時若相應感。箕子舉此一隅，示九疇有相對之義可論也。故王柏據此一隅之義而推三縱一衡共四對之說。仁山於圖下述王柏之意曰：

經文對舉一隅，文憲王子推對義三縱一衡。

仁山上圖，示箕子之舉一隅之義，圖下之文，則述王柏對義之所由來也。其實王柏對義，本有「三縮三橫」之說。其曰：

三德者，五事之直對也；三德蘊於內，五事著於外，品節剛柔，所以定五事之合中也。稽疑者，八政之橫對也；有政有疑，不能自決，必卜之而后吉凶見。庶徵者，五紀之直對也；有庶徵之休咎，五紀之所以逆順也。福極者，五行之直對也；人稟五行之氣，有善惡焉，有厚薄焉，此福極之所由分也。三德者，又庶徵之橫對也；休咎之形，剛柔過不及之偏也。五紀者，又五事之橫對也；五事之中節而后天地位，四時行焉。三縮三衡，九疇之數，昭昭然一定而不可易〔註 321〕。

王柏之說對義，由「三縮三橫」之六對，減作「三縱一衡」之四對，何則？蓋王柏曰：

大抵九疇以奇數爲主，故十不見以對待而全；洛書終不出河圖範圍之外也。奇主中而位四正，隅退而居四隅。〔註 322〕

洪範既出洛書，而以奇數居中及四正方位。若三縮三橫，則偶數之對義有四，而奇數之對義數止二，輕重多寡不倫，有悖奇數爲主之義，故削去二橫，使奇偶之對數相等也。是仁山之述，蓋得其師晚年定論也。

至於並義之說，玆比較二者之圖：

王柏「洪範並義圖」

洛書河圖相表裏故
一六二七三八四九並皆位九疇之義於是相應

二五事	見于事者月得有失	七稽疑	驗于占者有吉有凶	六三德	人囿于質有剛柔善惡之異
九五福	賦于人者有五福六極之或異			一五行	天賦于人有清濁厚薄之分
四五紀	運乎天者有經緯離合之不齊	三八政	施于政者有善有惡	八庶證	感于天者有變有常

〔註 321〕見魯齋集卷六，頁 1、2。
〔註 322〕見前書卷六，頁 3「皇極說」中。

金履祥「九疇並義」圖：

九疇並義
㊁本于事者有得失、
㊈人生、有厚薄美惡之或異、
㊃天運、有象數遲速之不同、
㊆稽于占者有吉凶、
㊄皇極、
㊂施于政者有是非、
㊅人質、有中正剛柔善惡
㊀天氣、有陰陽生剋盛衰、
㊇感于天者有休咎、
文憲王子曰：河圖、洛書相表裏；故一六、二七、三八、四九皆並位，于是九疇之義相比而應。

比較二圖，其可論者：魯齋之圖於三德之中云「人囿于質，有剛柔善惡之異」，仁山則加「中正」，於義遂足。魯齋八政曰「施于政者有善有惡」，仁山則易之以「有是非」，善、惡指意而言，是非指效而言，八政之德在用，故以效言之爲優。魯齋庶徵言「感于天者，有變有常」，履祥易之以「休咎」者，蓋王柏於庶徵「王省惟歲」一段，仍爲庶徵之傳，故取其中「無易」、「既易」之義，故謂之「常」、「變」，而仁山則移「王省惟歲」一段在五紀之下爲五紀之傳文，故不可以「變」「常」言之，遂改以上段休咎之文爲說也。又魯齋言五行曰「天賦于人有清濁厚薄之殊」，仁山曰「天氣，有陰陽生剋盛衰」；魯齋之說，是五行之已發於人者言之，然洪範經文，五行不言用，故仁人以五行自然之體狀言，於義爲合。

洪範對義、並義之外，仁山復以次第言之。並爲作一圖。其言次第之義曰：

三曰次第。夫洛書之數，連比對待，縱橫錯綜，然而履一則本之所以始，戴九則表之所以終，中五則上下左右錯綜回環而樞紐幹旋於中也。是亦自然之序。故聖人亦因而次第之。係五行於一，以見化生人物之始也；五行化生萬物，人得其秀最靈，而五行之在人者爲五事，故五事次之於二焉。五性感動而善惡分，萬事出矣。而所以治之者，其政有八，故八政次之於三焉。人事既繁，庶政具舉，因時作事，則有天時之紀焉，故五紀次之於四。五行、五事、八政、五紀，天人之事備矣，聖人成位乎其中，立人極焉，故皇極次之於五。皇極者，固所以順五行，敬五事，出八政，贊五紀者，以一人立極爲天下之標準，其所以化民成俗，因其氣習而治教之者，則有三德焉，故三德次之於六。以一人而天下之標準攸係，至不輕也，其中否吉凶，小則質之神明，故稽疑次之於七，大則驗之於天地，而五氣四時之運，其休其咎，有不可掩者矣，故庶徵次之於八。抑是理也，君子修之吉，小人悖之凶，五福六極，各以類應；聖人又即以勸懲斯世焉；蓋體天治人之用盡矣，故次之於九終焉〔註 323〕。

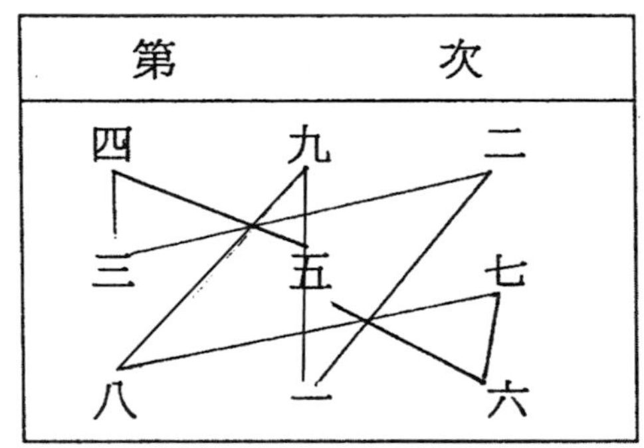

此言九疇次序之義，王柏雖無明文，然王柏之學，上接紫陽朱子，朱子於次第序有義說焉，而王柏於次第，亦有說：

失陽變陰合而先生五行，故五行當一數而不可易；人稟五行而見於五事，故五事次二而不可易；八政者，爲治之大綱也，故八政次三而不可易；五紀者，天時之大節也，有八政而后天時可推，此五紀不可先於八政。皇極者四方八面之所取則，故居中而不可偏〔註 324〕。

王柏之言雖不完，然其於九疇次第有說，是亦主之；仁山蓋亦申其師之說耳。

仁山用其師說，申其師說，補其師說，亦有解其師說者，王柏書疑曰：

〔註 323〕見通鑑前編卷二，頁 32。

〔註 324〕見魯齋集卷六，頁 1「洪範九疇說」。

舜之朝，賢而受任至二十二人，可謂盛矣；後世有所謂八元八凱者，卒不見於用，或以其位卑年少，未之紀近，尚可言也，若堯之朝，相與吁咈者，四岳之外，放齊而已，共工、驩兜、鯀而已，則堯七十載之天下，它何人與之共治邪！略不聞一姓名於四人之外，又何其希闊寂寥如此之甚乎！此可疑者二也〔註325〕。

履祥於通鑑前編唐紀下云：

左傳太史克曰：昔高陽氏有才子八人，蒼舒，隤敳，檮戭，大臨，尨降，庭堅，仲容，叔達，齊聖廣淵，明允篤誠，天下之民謂之八愷；高辛氏有才子八人，伯奮，仲堪，叔獻，季仲，伯虎，仲熊，叔豹，季貍，忠肅共懿，宣慈惠和，天下之民謂之八元。此十六族也。世濟其美，不隕其名。以至於堯，堯不能舉；舜臣堯，舉八愷，使主后土，以揆百事，莫不時敘，地平天成；舉八元，使布五教于四方，父義母慈兄友弟恭子孝，內平外成，故虞書數舜之功曰：愼徽五典，五典克從，無違教也；納于百揆，百揆時敘，無廢事也。高陽、顓頊也，氏謂其朝代；才子謂高陽氏之世，其故家遺族也。高辛氏才子之云亦然；故總謂之十六族。或者不知，遂眞以爲二帝之子，則高陽八子何其壽，而高辛氏之八子豈果堯之庶弟與〔註326〕！

王柏以爲八元八愷，經不之見，而仁山引左傳太史克之言，以爲十六族於舜時能愼徽五典，百揆時敘，雖不見於經文，其用於唐虞之時，推可知矣。此解其師之所疑也。

仁山於尚書之說，亦有否定其師說者。若前編太甲三祀下引說命中篇，其末曰：

前儒疑說命中篇群言無統，必有錯簡，意諸語凡十三惟相連成文，而王惟戒茲四語乃結語耳。以今觀之，語凡二章：自明王奉若天道至惟其賢爲一章，凡三節，以憲天聰明爲要；自慮善以動至事神則難爲一章，而大旨以慮善惟時爲要。夫憲天聰明，王道之公也；慮善惟時，時中之學也〔註327〕。

按仁山所謂前儒者，其實乃其師之說。王柏書疑曰：

今觀其中篇，是說既受命領職之後所進言，此非問答之比，其詞當有端緒，與高宗所求相應，決不泛然雜舉，散而無統也。其間疑有錯簡焉。……

〔註325〕見王柏書疑卷一，頁10、11。

〔註326〕見前編卷一，頁16、17。

〔註327〕見前編卷五，頁6。

伊尹之訓太甲於一字上轉換，極有功夫，傅說之告高宗，於惟字上尤不苟。一字是實字，惟字是虛字；中篇凡二十一個惟字，字字著落精要，此可謂古之立言者之法也〔註 328〕。

言說命中有脫簡並執「惟」字作說者，唯王柏爾，然則仁山於其師之說，有所評議，多不稱師說。又引湯誓注曰：

夫湯、武之稱王，說者多矣。有謂文王受命稱王，至武王稱王凡十有一年者，疑湯亦然；有謂民無二主，桀、紂未絕，則未可王者，湯誓、泰誓之稱王，蓋追書也。至於蘇氏而曰：商、周之王不王，不係於桀紂之存亡也。愚謂受命稱王之久，其說失之僭，而桀紂之未絕未王之說，則又失之拘。至蘇氏之說，不拘矣，然通而無制也。夫湯武興師之時，是即受命之日。張子所謂此事間不容髮，一日之間，天命未絕，則爲君臣；天命既絕則爲獨夫者，其在此時乎！天命已屬，師徒既興，則桀紂即獨夫矣，豈待南巢之後，牧野之餘而天命始絕哉！且湯武既已興師矣，而猶自稱曰諸侯以令於眾，則是以諸侯而伐天子，名實俱不可也。然則稱王誓眾，理固然也。而必謂史臣追書，不幾於嫌聖人而文之哉〔註 329〕！

按王柏書疑則以爲武王之辭迫，乃武王「體貌張盛，改元紀年，視紂猶諸侯，不期王而自王矣」；後世曲爲覆護，以爲「王曰」者，史臣追述也爲非〔註 330〕。仁山雖亦以爲稱「王曰」者，非史臣追述，然亦非如王柏之言以爲武王稱王久，而以張載之言說之，興兵之時始稱王；此林之奇亦主之。王柏文亦引蘇氏之說而是之，仁山則雖是之而以爲有瑕也。

總之，仁山之學，其淵源於師門，或直取之，或修訂之，或因由之，沈浸於師說者多矣。許謙讀書叢說張樞序曰：

金先生之言曰：在吾言之，則爲忠臣，在人言之，則爲讒賊，要歸于是而已〔註 331〕。

可見仁山之學淵源於師門而不株守之，凡以爲有助於師說之補罅發揚者，仁山皆勇於爲之，不拘於斤斤也。

2、繩準於朱子

夫王柏之學，雖直學於何基，然何基之學，多株守紫陽，而王柏亦不自限於何

〔註 328〕見書疑卷三，頁 4。
〔註 329〕見前編卷四，頁 2、3。
〔註 330〕參見書疑卷四，頁 1。
〔註 331〕見金華叢書許謙書後附張樞之序。

基，願學於朱子，可謂躐階而上契朱子矣。金仁山雖亦從王柏、何基學，然亦不以二者爲終極，上以朱熹爲宗，此與王柏甚似。仁山尚書表注序云：

> 幸而天開斯文，周、程、張、朱相望繼作，雖訓傳未備，而義理大明，聖賢之心傳可窺，帝王之作用易見。朱子傳注諸經略備，獨書未及；嘗別出小序，辨正疑誤，指其領要，以授蔡氏而爲集傳，諸說至此有所折衷矣〔註 332〕。

其宗朱之意甚明。故許謙「書仁山先生集後」中云：

> 先師仁山先生於外紀既成數百年之後，而於書獨求千古聖賢之心，沈潛反覆……下接於通鑑之前，一取正於書。……其於書則因蔡氏之舊，而發其所未備；其微詞奧義則本朱子而斷於理〔註 333〕。

仁山於通鑑前編及尚書表注中，引朱子之言以說義理者極多。若前編虞紀「丁巳三十二載，帝命禹總師」條下，引大禹謨之文，幾乎每節皆引「朱子曰」以解之〔註 334〕。又其解洪範皇極，引朱子皇極辨全文〔註 335〕，而表注亦明注：

> 朱子曰：皇者君之稱，極者至極之義，標準之名也〔註 336〕。

朱子以爲舜典「肆覲東后」之下，當接「五玉、三帛、二生、一死、贄」之文。王柏書疑之堯典考異，不用朱子之說；而仁山於前編，則用朱子之說直改經文。其詞曰：

> 五玉至贄，舊在修五禮之下，朱子謂當在肆覲東后之下，蓋東方五等諸侯及公侯之子，附庸之君，與卿大夫命士贄見之儀等也〔註 337〕。

表注亦曰：

> 五玉至贄九字，朱子謂當在覲東后之下〔註 338〕。

仁山之宗朱，至有本乃非議之說而因朱子有之而猶存一格者。若解洪範，仁山以爲有三義，曰對義，曰並義，曰次第。對義、並義之說，出於王柏，而次第之說，則出於朱子。朱子語類曰：

> 蓋皆天道人事參互言之；五行最急，故第一；五事參之於身，故第二；身既修，可推之於政，故八政次之；政既成，又驗之於天道，故五紀次之；

〔註 332〕見仁山文集卷一，頁 6。
〔註 333〕見前書卷五，頁 3。
〔註 334〕見卷二，頁 22～28。
〔註 335〕見卷六，頁 51。
〔註 336〕見卷下，頁 6。
〔註 337〕見卷一，頁 22。
〔註 338〕見卷上，頁 2。

又繼之皇極居五，蓋能推五行，正五事，用八政，修五紀，乃可以建極也。云三德，乃是權衡此皇極者也；德既修矣，稽疑、庶徵繼之者，著其驗也；又繼之以福極，則善惡之効，至是不可加矣〔註 339〕。

仁山於通鑑前編云：

箕子陳洪範，獨以次言之，蓋獨陳其辭，不可以無敘也〔註 340〕。

其意蓋以次乃箕子敘九疇之時，依以爲陳事先後之序爾，其次本未必有義存焉。表注益明其義曰：

次第非九疇本義，經文借次第歷數之爾。朱子以初一次二等字自爲讀。然皇極居五，前四疇皇所以建天下之極，後四疇皇極所以審天下之變；則次第亦一義。今陰陽術數家皆用之〔註 341〕。

仁山以爲九疇次第非經之本義，而猶以次第說之者，即因朱子之說而來。此外，於朱子未備，或未明之處，仁山亦爲之疏通發揚。若大誥，朱子以爲專主於卜筮而言，殊不可曉。仁山則謂：

朱子嘗疑大誥一篇，當時欲聳動天下，而其大意慮天下有向背之萌，陳大道以誥戒之，勸人勉力用心，而專歸於卜，殊不可曉。履祥按：此篇特一時與西方諸侯，因及御事，陳伐叛之義，以大誥天下，猶大誓專在黜殷，誓名大誓，此亦黜殷，故名大誥爾。蓋當時武庚挾殷畿之頑民，三監又各挾其國之眾，其艱難之勢誠大也。故群臣有艱大之說，有違卜之請，竟欲閉境自守耳。惟釋其艱大之疑，與其違卜之說，反覆言之，使確有可信。而其專歸於卜者，蓋證天命以決其疑也〔註 342〕。

朱子以爲不可曉，仁山爲之疏說耳。

3、出入於蔡傳

許謙謂仁山於尚書，因蔡氏之舊而發其所未備。若前編所引尚書文中，盤庚一篇，引蔡傳特多，或朱子於盤庚以爲無甚義理，語類中甚至無盤庚之說，故多取蔡傳爲之說也。

仁山於蔡傳，亦有發揮其意者。若說命上「爰立作相，王置諸其左右」，仁山注云：

蔡氏曰：史記高宗得說，與之語，果聖人，乃舉以爲相，置諸左右，

〔註 339〕見卷七十九，總頁 241、242。
〔註 340〕見卷二，頁 32。
〔註 341〕見卷下，頁 6。
〔註 342〕見表注卷下，頁 12。

蓋以冢宰兼師保也。荀卿曰：學莫便乎近其人。置諸左右者，近其人以學也。史臣將記高宗命說之辭，先敘事始如此。愚按：君心者，天下之本，而相特其助。後世人主忽不知此，既得賢相，自謂逸於任人，則悉以事任委之，而自處於逸，謂得人君用相之體，不知心身不修，事理未徹，一旦失輔則亂，又自此始。齊威公任管仲，一則仲父，二則仲父；唐明皇用姚宋，奏事不省，可謂任之專矣。管仲死，姚宋去，則終於亂，無他，不以身心爲急也。管仲、姚宋亦昧所本，難以語此。高宗得傳說爲賢相，未及朝政庶事，而先置諸左右，命以納誨，反覆委論，拳拳於沃心之說，此商之所以中興，爲高宗之知所本也〔註 343〕。

此外，仁山仍蔡氏之舊者，用蔡傳之說者亦不少。若大誥「爽邦由哲，亦惟十人迪知上帝命」，仁山曰：

十人，蔡氏謂亂臣十人，非民獻十夫也，周家開國之時，皆由哲人，蓋其時亂臣十人能眞知天命，於難諶之中，蓋於人所不可必者而知其決可必也〔註 344〕。

按以此「十人」解作「亂臣」十人，唯蔡沈有之，其他諸儒皆以爲如前文「民獻有十夫」之十賢人；故知仁山於蔡氏，取之亦不少。又若康誥「外事汝陳時臬」一節，蔡傳曰：

按篇中言往敷求，往盡乃心，篇終曰往哉封，皆令其之國之辭，而未見其留王朝之意。但詳此篇，康叔蓋深於法者，異時成王或舉以任司寇之職，而此則未必然也〔註 345〕。

而仁山爲之補證曰：

愚按：康叔爲司寇，載在左傳。蓋在成王時。若武王時，則蘇公忿生爲司寇耳〔註 346〕。

蔡傳、仁山皆以爲康誥爲武王時書，故特論康叔爲司寇之時，不在武王，乃於成王時也。蔡傳由文辭語氣言之，而仁山則由文獻證據論之，相得益彰者也。雖然，仁山於蔡傳之說，亦有辨之者焉。若顧命「御王冊命曰」之辭，仁山曰：

蔡氏以成王顧命，已書之冊，此則太史口陳之辭也。……惟有此命。故康王冕服見諸侯行顧命也。此數辭固櫽括成工之命而約言之，命汝嗣

〔註 343〕見前編卷五，頁 2。
〔註 344〕見前編卷七，頁 28。
〔註 345〕見書集傳卷四，總頁 14。
〔註 346〕見前編卷六，頁 2。

訓……然成王之命，蓋爲命群臣相康王之辭，亦必別有敕康王之語。若此冊所云者，史書前後互見，故不屢書耳。若本無其語，而虛爲此冊，則是後世遺詔儷語，不情之言，非古人所爲也〔註 347〕。

按蔡傳以爲成王顧命唯有此命，史臣書之於冊，而行顧命之時，亦以口陳此冊之言。仁山則以爲成王既顧命大臣輔康王，其言唯對大臣之言，而必別有敕命，專爲命康王嗣位之言者。此前者即成王曰「疾大漸」至「無以創冒貢於非幾」，而後者即此「御王冊命」也。考諸顧命，成王既能披冕憑几而召命大臣，則當亦可命冊史別書專命康王之敕命，如此可免大臣之變更其言之意也。仁山之說，於事理尤得之。

4、掇取薛訓

薛季宣書古文訓，乃摭拾前代先輩有關尙書之古文拼合而成，其中採自郭忠恕之汗簡最多。宋代尙有隸古定之本流傳，故薛氏能取之作訓也。仁山於通鑑前編及尙書表注，注文多言「古文作某」者，蓋取於書古文訓之體以爲對照也。仁山此意，亦出於王柏。書疑於太甲「自周有終」曰：

自周有終，相亦惟終，緣周字之義，費先儒詞說，終不明白。……愚意只是一箇君字，籀體與周字相似，傳者之差誤也〔註 348〕。

履祥於前編太甲紀中，則直改經文作「自君有終」，注曰：

自君有終，漢孔氏以來，皆作自周有終。子王子謂周當作君。按古文君作商，與周相似，故誤之也。清霞經說亦作君〔註 349〕。

尙書表注曰：

周當作君。古文君當寫爲商，與周字相似，故誤。案吳氏經說，王子書疑皆云當作君〔註 350〕。

按王柏雖未明言君字與周字相似之體，但云籀體，則所指當非小篆，而籀體之流傳者，以傳爲蝌蚪文之古文尙書爲大宗，而古文尙書傳自孔安國即隸寫古文定形，至郭忠恕時，又以籀體書之，則王柏所云籀體，當指汗簡或隸寫古文，其意一也。前編注「古文君作商」，「商」字誤，乃板刻者誤之也。表注不誤。表注之「商」字，與薛季宣書古文訓之字形相同，可見王柏、仁山所謂古文，蓋指古文訓之體而言。

尙書表注注引古文者，尤愈於前編。若堯典二字注云：「古文尙書作兟籅第一」，虞書下云：「古文作敓。」又曰「弗、不：古文並作弜，下同。」大禹謨作「大命謩」，

〔註 347〕見前編卷八，頁 48、49。
〔註 348〕見卷二，頁 9。
〔註 349〕見卷四，頁 21。
〔註 350〕見卷上，頁 2。

「無」字曰「古文作亡」，「簫」古文作「箾」；禹貢文中「濟」古文作「泲」；甘誓作「甘斵」，扈作「屽」；胤征作「㕙徰」等，皆與書古文訓同。若太甲下「德惟治，否德亂」，表注云：

治，古文作乿。亂，古文作𤔔。古文前後並同〔註 351〕。

此與書古文訓全同。然仁山既知治之當作乿，而於泰誓中篇「予有亂臣十人，同心同德」，則又不辨當作乿，蓋書古文訓於泰誓中篇，本亦作「𤔔」，故仁山亦遵之耳。

除古文之字體之外，仁山亦有取於薛氏之說。若大禹謨「六府」，仁山曰：

所謂六府者，府蓋官府之府。六府所以裁成天地之性，遂萬物之宜，而致天下之利者也。傳稱古者物有其官，修其方，故有五行之官，所謂木工，火工，金工，水工，土工是也。其在唐虞，豈非六府與！禮記殷制天子之六府曰：司土、司木、司水、司草、司器、司貨，典司六職，蓋本有虞氏之舊制也。土、木、水三司，其名不易，司草則穀府，司貨則金府，司器則火府，鎔冶之事也；鄭氏謂在周則司土，土均也；司木，山虞也；司水，川衡也；司草，稻人也；司貨，人也。然則其在有虞，豈非司空、朕虞、后稷、共工之職與！或九官之外，自有專司六府者與；或當時六府以事而名，不必專職與〔註 352〕。

薛季宣書古文訓大禹謨云：

六府，六官也。六官以五行稼穡名府；六者治而民得所養矣。……六府官不詳，見孟子稱禹治水，益掌火，稷教稼，契作司徒，則水、火、穀、土之官可見。攷以周制，伯夷、皋陶、殆木、金二府乎！設官輕重隨時，六府之名號，象德之遺意爾〔註 353〕。

薛季宣以六府爲六官，謂實有其官職，並論虞舜之官以當之；仁山則本其說，並歷考唐、虞、夏、商、周之制，蓋補薛氏說之不明也。

5、根據胡紀

胡宏皇王大紀，朱子每與吳棫並稱，謂彼能考康誥、酒誥之時而歸之於武王也〔註 354〕。王柏亦多取之，並參攷而移易經文篇次，雖未明言，然移無逸於周官之前，與皇王大紀合，是必有取之矣。仁山通鑑前編之作，既一以尚書爲正，而其體例亦與胡宏皇王大紀相近，故仁山說尚書，取於胡宏之說，視王柏尤多。通鑑前編前序云：

〔註 351〕見卷上，頁 22 右。
〔註 352〕見前編卷二，頁 24、25。
〔註 353〕見卷二，頁 3。
〔註 354〕參見朱子語類卷七十八，總頁 1979。

邵子皇極經世，獨紀堯以來，起甲辰為編年歷；胡氏皇王大紀，亦紀甲辰以下之年……〔註 355〕

又後序云：「從胡氏大紀之例。」今考其引用尚書之文，於所置年月，往往與孔傳本不同。若立政篇，胡宏置於成王四年。仁山則云：

履祥按：立政之書，前儒以其誤次諸篇之後，謂是周公告君之絕筆，非也。此亦初年之書也，故其官名與今周禮未盡合，蓋時猶舊制也。至稱詰爾戎兵，蓋其時東征未盡奠也。故胡氏大紀係立政於四年之下，是為得之〔註 356〕。

按，此「告君絕筆」之說，乃出於呂祖謙也。履祥明言用胡氏大紀之說，故亦於成王四年下引立政之文。又君奭篇，胡宏置之於成王元年，王柏亦以為當在成王初年；仁山於成王元年下引君奭之文，並舉七證以明之，而曰：

此皆初年之證，故今從胡氏係於元年之下〔註 357〕。

至於表注，多仍前編之說，唯礙於體例，不能移易經文篇次耳。若表注之論多方、多士云：

多士敘云：王來自奄。書云：我惟大降爾四國民命。而多士之書曰：昔朕來自奄，我惟大降爾四國民命，則多方在多士諸篇之前也。故皇王大紀繫多方於前多士於後；……履祥按…周公初年秉政，既而群叔流言；周公居東二年，成王悟而迎公歸；歸而三叔竟挾武庚以叛；於是東征三年，踐奄，則東征之最後也。踐奄而歸，降四國殷民之命，遷之洛邑，歸于宗周，作多方之誥；於是制禮作樂；明年遂營洛邑，為東都，作多士篇定殷民焉。是則多方作於東征之歸，多士作於宅洛之始。計古者事時前後必已具於繫年之史，而書則每事自為首尾，未必諸篇相為次第也，周書大率如此；然或諸篇本有次第，而孔、伏亂之歟〔註 358〕！

此說於前編成王五年五月引多方篇，於七年引多士篇，而引多方篇文之末，亦有說如表注之言者〔註 359〕，其中亦引胡氏之說，謂「胡氏大紀獨敘多方於前，多士於後」，此說王柏亦取之〔註 360〕；仁山獨稱胡氏者，蓋說出於胡宏也。

四庫全書於尚書表注之下云：

〔註 355〕見仁山文集卷一，頁 1。
〔註 356〕見前編卷七，頁 42。
〔註 357〕見前編卷七，頁 12。
〔註 358〕見表注卷下，頁 3。
〔註 359〕參見前編卷七，頁 52。
〔註 360〕參見書疑卷七，頁 3。

所列作書歲月，則與作通鑑前編，悉本胡宏皇王大紀，參攷先後〔註 361〕。

其說是也。而仁山弟子許謙作讀書叢說，有為尚書作紀年，幾全根據金履祥通鑑前編〔註 362〕，亦即據胡宏之說也。

（二）金履祥治尚書之態度及方法

柳貫撰仁山行狀，謂其夙有經世大志，而尤肆力於學。凡天文、地理、禮樂、刑法、田乘、兵謀、陰陽、律歷，靡不研究其微，以充其極。又謂仁山所作論孟考證，於朱子所未言者，事物名數之類，皆修補之〔註 363〕，可見其精於名物考證。元史本傳嘗記其上擣虛之策曰：

> 負其經濟之略，亦未忍遽忘斯世也，會襄、樊之師日急，宋人坐視而不敢救，履祥因進牽制擣虛之策，請以重兵由海道直趨燕薊，則襄樊之師，將不攻而自解，且備敘海舶所經，凡州郡縣邑下至巨洋別島，難易遠近，歷歷可據以行；宋終莫能用。及後朱瑄、張清獻海運之利，而所由海道，視履祥先所上書，咫尺無異者，然後人服其精確。

可見仁山之於山川地理，名物數度之事，研之極深，得之極精。故柳貫謂其「研窮經義，以究窺聖賢心術之微；歷考傳註，以服襲儒先識見之確」；而明章懋云：「四賢何最切實，王、金、許不免考索多些〔註 364〕」是仁山之學，於宋代義理之學外，漸為漸偏於考據之事矣。程元敏先生謂清代三百年學術，因之而生光輝〔註 365〕，誠非虛語。

仁山之學，既偏考察，則凡有證可論之者，皆在可取之列。金履祥嘗謂「在吾言之則為忠臣，在人言之則為讒賊，要歸于是而已〔註 366〕」，故其解尚書，無適無莫，證之與比。

1、對今文、古文之態度

自林之奇、朱熹等相繼論古文易、今文難；林之奇以為伏生齊語之故，朱子則疑古文之或偽，伏生偏得其難；王柏則崇古文而抑今文；金仁山於古文、今文之間，皆有臧否。其尚書表注序云：

> 伏生者，漢謂之今文；孔壁者，漢謂之古文。顧伏生齊語易訛，而安

〔註 361〕見四庫總目卷十一經部書類一，頁 3。
〔註 362〕參見其書卷一，頁 6～11。
〔註 363〕參見仁山文集卷五，頁 26、3。
〔註 364〕見楓山語錄卷一，頁 33。
〔註 365〕同註 261 引程先生文頁 72。
〔註 366〕同註 331。

國討論未盡；安國雖以伏生之書考古文，不能復以古文之書訂今文，是以古文多平易，今文多艱澀。……夫古文比今文固多且正，但其出最後，經師私相傳授，其間豈無傳述傅會；所以大序不類西京，而謂出安國，小序事意多繆經文，而上誣孔子。……〔註367〕

按仁山既以今文艱澀，古文傅會，故於今古文之間，互有去取。考仁山治尚書，多標明「古文作某」者，欲以此求書經之原義，以免考論不精，則失其事跡之實，字辭不辨，則失其所以言之意。若多方篇「爾尚不忌於凶德」，仁山曰：

忌，古文作詹，即譽字，爲人言所欺也。爾多士不可受欺于凶德〔註368〕。

此說表注亦有之。通鑑作「詹」，形誤，當作「譽」〔註369〕。考孔傳謂「汝庶幾不自忌，入于凶德」，其釋義不順，蓋入字無著落也。仁山據古文而探其旨，視孔傳爲長。仁山又每引今文作解。若堯典「平秩西成」仁山云：

平秩、東作、南訛、西成、朔易，……作、訛、成、易，皆謂民事，各以方異辭耳。平秩，史記依今文作便程，其義尤明〔註370〕。

又其解羲和二氏曰：

履祥按：尚書大傳舜巡四岳，祀太山、霍山，皆奏羲伯之樂；華山、弘山，奏和伯之樂；其方與時與二氏所掌者合，則羲伯、和伯當有其人；蓋四子分職，必有二伯總之；不然歷法無所統矣〔註371〕。

仁山既引今文之文字，又引大傳今文之義說，可知彼不以今文爲非也。

2、論文字

仁山解經，特重文字之形體，故表注之中，標明古文作某，今文作某者，並據之以考經義也。若禹貢兗州「厥田中下，厥賦貞」，仁山解「貞」字曰：

貞字本下下字也。古篆凡重字者，或於上字下添二。兗賦下下，篆從下二，或誤作正，通爲貞。又篆文貞字作䇐，與下下相類，因以致誤。學者不知古文，說多不通〔註372〕。

按孔傳謂「貞，正也；州第九，賦正與九相當」，而仁山由字形考之，謂貞之篆文作䇐，而與正相似，如胤征古文作𦙍徰也。而正之字形，與下字重複而加兩點於其下作「下ミ」之字形正相似，故下下訛作正，正又衍爲䇐，遂作貞。又或以正之與下

〔註367〕見仁山文集卷一，頁5、6。
〔註368〕見前編卷七，頁49。
〔註369〕見卷下，頁32。
〔註370〕見前編卷一，頁3。
〔註371〕見前編卷一，頁1。
〔註372〕見前編卷一，頁32。

形相近，故下下訛爲丕而變作貞。其原當作「下下」也。又解金縢「我之弗辟」曰：

> 辟讀爲避。鄭氏詩傳言周公以管叔流言，避居東都是也。我之弗避，言我不避，則於義有所不盡，無以告先王於地下也。履祥按：古文尚書辟字作辟，古文凡君辟、刑辟之辟，皆作辟；唯此作辟；此必孔壁書本是避字也。辟諧聲从辵以廾，皆避之義〔註373〕。

朱熹告蔡沈謂「辟」字用鄭義，作避解，其說蓋以情理爲據。仁山今據文字以證避之作「辟」與刑之作「辟」不同，則視解作刑辟者爲有據，亦足補朱熹之說也。又洪範篇於稽疑「曰貞曰悔」，仁山曰：

> 悔，說文作𠧪。卦之不變者，以內卦爲貞，外卦爲𠧪，變者以本卦爲貞，之卦爲𠧪〔註374〕。

此引說文之字作解，曰「悔之義改也」。說文亦引「商書曰：曰貞曰𠧪〔註375〕」，段玉裁注云：「今尙書、左傳皆作悔，疑𠧪是壁中古文，孔安國以今文讀之，易爲悔也。」此字既與卜筮有關，於文字六書言之，作「𠧪」爲近是，且說文所引，當是漢代所見之古文本字也。凡此者，皆就文字形體作說也。

3、考聲韻

文字六書，形聲、轉注、假借，皆緣聲音而生，故聲之與形，不可或離；而音義相隨，異音則別義，故欲明文辭，探經義者，不可忽於聲韻之學也。仁山解經，亦重聲韻之學。若五子之歌，於其第一歌，仁山論之曰：

> 此章述大禹之戒檃括以爲歌。下叶户，予叶與、圖叶杜，馬叶姥；一人三失之下，似逸一句。章末二語，則五子之詞也〔註376〕。

此論尙書之叶韻也。又盤庚中「崇降弗祥」，仁山曰：

> 按漢石經弗祥作不祥；蓋古文尚書凡弗不皆作弜，不字本平聲，今讀入聲，亦當音弗耳〔註377〕。

此以聲韻論不、弗相通之理。考其謂「不」本平聲，蓋指通「丕」之不而言，而讀入聲之「不」，則與弗之音相同，故二字同音相通也。

其伯益辨一文中，甚言經文中音韻之關係，其言曰：

> 伯益，即伯翳也。秦聲以入聲爲去，故益爲翳也。字有四聲，古多轉

〔註373〕見前編卷七，頁15。
〔註374〕見表注卷下，頁7。
〔註375〕見說文解字三篇下，頁42。
〔註376〕見前編卷三，頁17。
〔註377〕見前編卷四，頁42。

用。如益之爲翳，契之爲卨，皋之爲咎，君牙之爲君雅是也。此古聲之通用也。有同音而異文者，如陶之與繇，垂之與倕，鯀之與鮌，虺之與儡，紂之與受，冋之與禦，是也。此古字之通用也〔註378〕。

其言文字之有異文，多因聲韻相通之理，故其訓釋經文亦多用。

4、明訓詁

文字、聲韻，所以明文辭之義也；然訓詁之學不明，則可用以明義者，亦不足明之矣。仁山解經，於訓詁之事執持甚嚴明。若盤庚上「不昬作勞」，仁山曰：

昬，強也。當作敃〔註379〕。

按孔傳云「不強作勞於田畝」，「昬」字既訓爲「強」，然其字本無強義，當爲他字之假借也；故仁山云「當作敃」，蓋欲指其本字，示其假借之用也。又說命上「王宅憂亮陰」，仁山曰：

亮陰當作梁闇。天子居喪之次也。古者諸侯、大夫、士，遭喪居倚廬，倚者謂於中門之外東墻下，倚木爲廬。大夫、士不障；諸侯加圖障；然則天子則又加梁楣，故謂之梁闇與〔註380〕！

按仁山以禮制推之，以爲天子居喪，其倚廬有別於大夫、諸侯，蓋有梁楣之異，故字當作「梁闇」而非「亮陰」，然則「梁闇」之制，獨天子能有之，諸侯、大夫之守喪，不可謂之梁闇也。又康誥「不率大戛」，仁山曰：

戛，說文云：戟也。虞書戛擊，蓋擊伐之意，此承上文謂不孝不友，固大惡，然其不率之罪，又有大可伐者。……一說爾雅戛，禮也；註謂常理也。不率大戛作不率常禮，亦通〔註381〕。

此引說文以明本義，由本義而引伸，至有擊伐之義也。引爾雅者，亦存一說，蓋孔傳之說也。

5、比異文

尙書文字之煩，蓋有古文、今文之異，有石經、說文之異，有三家之異，又有隸古定之與今日字體又不同。其中有文同義異者，有文異而義近者，亦有異文則異義者，不可不察也。若堯典「平秩南訛」，仁山曰：

史記索隱作爲〔註382〕。

〔註378〕見仁山集卷一，頁25。
〔註379〕見前編卷四，頁39。
〔註380〕見前編卷五，頁1。
〔註381〕見前編卷六，頁21。
〔註382〕見前編卷一，頁3。

仁山引史記索隱異文，其意即解作「作爲」之爲也。考此句異文頗多，書古文訓作「僞」，釋文作「譌」，而史記五帝本紀「訛」作「爲」，與索隱同。仁山引作「爲」，蓋得之。爲、譌，僞古皆同音；爲或書作譌，而爲之與化，古音屬段氏十七部，而聲同屬匣紐。且貨字汗簡作「賜」，可見爲與化，互以音通假之例證也。又舜典「至於岱宗，柴」，仁山曰：

> 禮記作柴而望祀山川。蓋古者祭山埋之，祭川沈之；今於東嶽之下祀東嶽而及東方山川，不能徧埋沈也故柴而望祭，取其氣之旁達也。舊說柴句，謂燔柴以祭天。古者祭天必於郊，有大事特告，則放郊禮而謂之類，天子將出，類於上帝，未聞至岱宗而始祭告也。餘三岳皆如岱禮，則一歲巡狩而四祭天，不已瀆乎！當從禮記以柴望秩於山川爲據〔註 383〕。

按禮記引文當作「祡」，前編作「柴」乃傳抄之誤也。考說文示部作「祡」，並引虞書曰：「至於岱宗，祡。」其義謂燒柴燎祭天〔註 384〕。仁山以爲祭天之事，不可屢爲，且特祭天亦止天子將出之時，故不可以柴爲祭天之名，當作燔柴而望祭東方山川也。

盤庚中「汝分猷念以相從，各設中于乃心」金仁山解之曰：

> 古文尚書猷念作繇，古字猷攸通用；猷念所念耳。分，石經作比；設中，石經作翕中，於義爲長。此節勉其體君〔註 385〕。

仁山比較異文，以猷攸同音通假，故猷念解爲所念也。分，石經作比，蓋形相近而誤；設中作翕中，蓋音相近而異也。詩傳云：擇善而從曰比；廣雅釋詁云：猷、順也；翕者，釋詁云：合也。言汝當比順，思以相從各合于中道〔註 386〕。仁山以爲石經異文，於義爲長，亦是因文字而用今文之義也。

又泰誓中「罔或無畏，甯執非敵；百姓懍懍，若崩厥角」；孔傳解之曰：「言民畏紂之虐，危懼不安，若崩摧其角，無所容頭。」仁山爲之說曰：

> 百姓懍懍，若崩厥角，謂百姓皆已迎王師也。孟子引此謂王曰無畏甯爾也，非敵百姓也；若崩厥角稽首。百姓既已如此，即當一德一心，立定成功，以保斯世於悠久也〔註 387〕。

仁山之說百姓迎王師，而非如孔傳之「無所容頭」，蓋即用孟子引文之義；「若崩厥

〔註 383〕見前編卷一，頁 22。
〔註 384〕見説文一篇上，頁 7。
〔註 385〕見前編卷四，頁 43。
〔註 386〕參見孫星衍尚書古今文注疏，皇清經解卷七四五，頁 11。
〔註 387〕見前編卷六，頁 6。

角稽首」者，即百姓稽首以迎王師，若欲崩其頭角之屨叩其頭至地也。

君奭篇「在昔上帝割申勸寧王之德」，孔傳云：「在昔上天割制其義，重勸文王之德。」仁山謂之曰：

> 割申勸，傳記引此或作厥亂勸，或作周田觀，周字似害字，必害字也；害，何也，如時日害喪之害〔註388〕。

表注於此，所言又有進之者，曰：

> 周字似害，割從害而多刀，聲亦近似，當作害，音曷，何也。言上帝何爲而申勸武王之德，集大命于其身哉〔註389〕！

仁山因異文而悟割當作害也。按禮記緇衣引君奭之文作「周田觀」，鄭注云今博士讀爲厥亂勸。仁山之意，周字與害字形相似，遂悟割字之本作害，刀旁乃衍生之文，若無「周田」之異文，則仁山難有此悟也。程元敏先生以爲仁山此說，合乎鐘鼎金文之形；而割之與害，亦合於文字演變之常態；而割與害之音亦相近〔註390〕；以今日視之，誠然。然仁山當時所見古文，止於汗簡、說文、石經之類，未見鐘鼎文字，其所謂周字似害字，乃指後世文字而言，非惟不指鐘鼎文字，亦非汗簡之文，蓋汗簡「割」作「刽」與周不同；其合於今日所見鐘鼎文字者，蓋「周」與「害」＝字汗簡中字形相似，因而得之耳。

6、以今事、今語解經義

履祥長於山川地理，名物數度，又博聞廣識，故其解書經文義，每引所見所聞於當時，而有足以印證或發明經義者，皆引而用之。若其解太甲上「若虞機張，往省括于度，則釋」云：

> 括于度，沈存中曰：頃海州人穿地，得一弩機，其望山甚長，望山之側，爲小矩如尺之有分寸；原其意以目注鏃端，以望山之度擬之，準其高下，正用算家勾股法以度高深。書往省括于度，疑此乃度也〔註391〕。

此仁山以當時出土之古物以考「虞機」之「括于度」也。又其釋禹貢「弱水流沙」曰：

> 王元章云：山東孫氏子自少爲兵，嘗乘皮船以渡，久之，又船行至南詔；蓋軍人不知典籍，此非但渡弱水而西，又循黑水而南矣。又嘗問西域

〔註388〕見前編卷七，頁9。
〔註389〕見表注卷下，頁28。
〔註390〕參見註261引程先生文頁79。
〔註391〕見前編卷四，頁22。

賈人識流沙否？曰：識之。非惟沙流，石亦隨之流也〔註 392〕。

此仁山引時人所見西域情狀，以解弱水、流沙之說。蓋自古傳說弱水散漫，不能載一羽，然時人嘗至其地，以皮筏渡之，又以籐橋架之；如此則弱水之說改矣。而流沙之狀，取信於西域賈人，以明非惟沙可流，石亦隨轉；其考信之實證，取之廣博，不忌今事，惟在有助於明經事者，皆在可取之列。非惟今事，今語亦然。其釋禹貢青州「萊夷作牧，厥篚絲檿」曰：

檿，山桑也，其絲堅韌，宜絃瑟琴，故篚以貢之。一說通上文謂萊夷貢檿絲，蓋今萊人猶謂之山繭云〔註 393〕。

又其解大誥「王若曰：猷，大誥爾多邦」曰：

周書發語多曰猷，猶今方言曰說道也〔註 394〕。

此引今之方言比擬周書之發語辭也。又解君奭「多歷年所」曰：

所，猶今方言許也〔註 395〕。

按仁山以今方言「許」解「所」字，蓋所字，廣韻疏舉切；許，虛呂切，段氏古音同屬五部；說文「所」字云：「伐木聲也。从斤戶聲。〔註 396〕」戶聲於古屬匣紐，許屬曉紐，曉、匣同屬喉音，唯清濁之異耳。然則仁山以爲所、許二字，其聲音相近，古言之所者，即今言之許也。況說文引詩小雅伐木之詩曰：「伐木所所。」而今本毛詩小雅伐木作「伐木許許」，可見許之與所，自古即可互通假以狀聲，然則仁山於此以今方言之「許」解尚書之「所」，不爲無據矣。

總論履祥解尚書之態度及方法，其作解釋，力求有證，不拘於古義、今言，甚而以出土物器作證，視今日考古之學，亦不遑多遜矣；而其解釋文辭，於文字之形構、體式，聲韻之相近互通，訓詁之引伸假借，並對比異文以求合於義理事理者，視清代考據之全盛時期，亦不多讓；故謂金履祥爲由宋義理之尚書學，轉入清代考據之尚書學之樞機，亦不爲過也。

（三）金履祥尚書學中之義理

履祥之學，偏於考據，誠事實也；然其師承志業，皆宗尚於伊洛之門，爲朱門之嫡傳，於義理之闡發，自有根柢。柳貫述其行狀曰：

乃若大學，文公既爲定次章句，而或問之作，所以反覆章明其義趣者

〔註 392〕見前編卷一，頁 47。
〔註 393〕見前編卷一，頁 33。
〔註 394〕見前編卷七，頁 24、25。
〔註 395〕見前編卷七，頁 8。
〔註 396〕見說文十四篇上，頁 31。

尤悉；然後之學者尚有疑焉；則復隨其章第，衍爲疏義，以暢其支，申爲指義，以統其會，大學之教，於是乎無毫髮之滯矣〔註 397〕。

此足見仁山以繼朱子之學爲志業，而欲彰其義理之學也。黃溍撰許謙墓誌曰：

金先生設教於呂成公祠下，乃獲便於參扣。金先生嘗告之曰：吾儒之學，理一而分殊；理不患其不一，所難者，分殊耳。先生由是致其辯於分之殊，而要其歸於理之一。又嘗告之曰：聖人之道，中而已矣。先生由是事事求夫中者而用之〔註 398〕。

可見仁山之學，不失朱門之旨，理一分殊，正朱熹學術之大旨。朱子語類云：

問：理與氣。曰：伊川說得好，曰理一分殊。合天地萬物而言，只是一箇理；及在人，則又各自有一箇理〔註 399〕。

所謂理一者，猶月映萬川之上，自然燭照高懸，故仁山謂理不患其不一，蓋其本即一也；所謂分殊者，猶大海之分注於眾漚，或深或淺，或廣或狹，各殊其狀，故所以難明也。朱子之學，主於道問學，即物窮理，大學補傳云：

蓋人心之靈，莫不有知，而天下之物，莫不有理，惟於理有未窮，故其知有不盡也。是以大學始教，必使學者即凡天下之物，莫不因其已知之理而益窮之，以求至乎其極；至於用力之久，而一旦豁然貫通焉，則眾物之表裡精粗無不到，而吾心之全體大用無不明矣。

此說即由分殊而上探理一，下學而欲求上達之謂也；亦即致辯於分殊而要歸於理一也。仁山爲學，博聞廣識，研物窮事，偏於考覈證據者，即朱子所謂格物，亦致力於分殊者也。然仁山於理一之學，未嘗或止之，蓋分殊之所歸也。其解尚書，亦主義理心性之說。若其論大禹謨十六字傳心訣曰：

堯之授舜曰允執厥中，此授之以治天下之則也。一人之治天下，惟在於持此無過不及之則，以裁天下之事，使之各得而已爾。舜之授禹也而益之以三言，則又授之執中之則也。天地一理，運而爲陰陽五行之氣，其化生斯人也，氣以成形而理亦賦焉；而心者，則理氣之會而知覺焉者也。人心者知覺之生乎氣，如耳目鼻四肢，與凡攻取之欲是也；道心者，知覺之生乎理，如惻隱、羞惡，辭讓，是非之端，蓋乎耳目鼻口四肢者也。生乎氣者固亦理之所有，而易流於欲，故危；原乎理者攝乎氣之中，而不充則晦，故微。先言人心而後言道心，蓋道心之所以微，亦以人心

〔註 397〕見仁山文集卷五，頁 27。
〔註 398〕見程元敏先生著王柏之生平與學術下冊，總頁 121 引許謙墓誌，附註云稍有潤飾。
〔註 399〕見朱子語類卷一。

之危有以微之也。精則察此念之發爲人心，爲道心也；一則守道心之正而不貳也，如此則自吾心而達之天下，凡所云爲，皆有以得其中矣，中即道之用也〔註400〕。

夫天地一理，理之一也；氣化萬殊，此分殊也；道心出於理者，人心生於分殊者也。要攝其分殊而管歸於理一，則人心即道心，分殊歸理一矣，一守於理，而以中爲用，則可自吾心而達於天下矣。仁山之釋湯誥「惟皇上帝，降衷于下民，若有恒性」曰：

天以一理化生斯人，舉凡人倫庶物，莫不各有自然之中，無過不及者，付在人心，故謂之降衷；自其受於人心，則謂之性，自其達於事物之間，莫不由之，則謂之道〔註401〕。

此言降衷，與前引十六字傳心訣之人心、道心，義無以異；蓋人受天地之理，賦予吾人自然之中，而合於形軀之氣，此所謂降衷也，在自然則謂之中，在人則謂之衷，此即所謂性，亦即「天命之謂性」之義也。天既降此衷於民，則當率之，然率之若何？仁山解「綏猷惟后」曰：

以降衷而言，則固同此不偏不易之性；以氣稟而言則不能無清濁純駁之殊。故必有任撫定之責，以各使之安行於是者，此所以爲之君也。周子所謂聖人定之以仁義中正而主靜，立人極焉；蓋綏猷之謂也〔註402〕。

按王柏云於此湯誥之文曰：「此即天命之性。……克綏厥猷惟后者，此君師之任，品節其氣質之性者也〔註403〕。」仁山之說，與王柏無異，唯引周敦頤太極圖說以明之，斯可見其學術之淵源也。綏猷之事，即理於分殊者也，此乃仁山所重之處。

夫人事物質之生，雖稟天地自然之理，然徒執此自然之理以待其自然而然，則必流於命定之說，人無可與天地參其化育矣；故孟子亟辨義之與命也。仁山論堯之治世，亦辯之曰：

按孟子稱天下之生，一治一亂，則是氣化消息，固有定勢矣，獨不關諸人事歟？曰：朱子固曰氣化盛衰，人事得失，反覆相尋，理之常也。大抵氣化有盛則必有衰，人事處盛則必有失；此一治一亂也。氣化衰則必復盛，人事失則必復變，此一亂所以一治也。惟聖人在上，則能以道御氣，以治制亂，此所以常盛常治，而無衰亂也。古今之言堯舜者，皆曰極治之時，而不知帝堯乃善制亂之主，何則？帝堯治天下，天下雍熙者，至是六

〔註400〕見前編卷二，頁27、28。

〔註401〕見前編卷四，頁6、7。

〔註402〕同前註。

〔註403〕見書疑卷二，頁8。

十餘年，氣化可謂極盛，天下可謂極治矣；盛則必衰，惟其人事無致亂之因，故散而爲子朱之不肖，洪水之橫流，四罪在朝，聖人在下，亦是一亂矣；惟帝堯善於制亂，故水之爲災也，則敷治；子之不肖也，則與賢；舜禹並興，四罪終去，所以處亂而迄不害其爲治也。然則世皆以堯爲極治之主，愚獨謂堯舜皆善治亂之君，後之爲君者，無徒曰氣數云〔註 404〕：

仁山之意，氣化萬物，盛衰固有定，然人事之間，若能以道御之，使變化轉移，則可使之盛大或衰小，盛於重者而衰於輕者，則重大者常盛，而輕小者偶衰，此即人事之可參者也。故世人皆稱堯舜爲極治之主，蓋以自然之理所定之氣數言之者也，如此則後世之人，不可爲堯舜，亦不必爲堯舜矣，如是則萬物萬事皆隨氣數命定，人力何所施哉！若然，則堯舜亦無足稱者，蓋皆命定氣數所成者耳。然仁山亟辨於此，以明人雖稟理、氣而生，理則無可如何已，而氣化之間，分殊之事，則人力之所可施爲也；故仁山曰理不患其不一，所難者分殊耳，其意蓋在此也。

又仲虺之誥，於「天乃錫王勇智，表正萬邦」下，仁山曰：

此明上天立君之理也。……天乃錫王勇智者，蓋氣化聚而生聖人，聚清明之氣而使之智，以無所不能知；聚剛厚之氣而使之勇，以無所不能爲也〔註 405〕。

此亦言氣化聚生之理也。清明之氣聚而使之智，無所不知，然其所知者何，則非清明之氣所能定；剛厚之氣聚而使之勇，無所不能爲，然其所爲者何，亦非剛厚之氣所能定也；故能智能勇，氣化之理也；知之爲之，則在人耳。若天既錫王勇智，而王不能使之表正萬邦，則勇智之理無可著矣，此仲虺所以解湯之慚德也。此亦分殊之事也。

（四）金履祥對尚書之疑改

履祥承王柏之意，勇於疑改經文，雖不如其師爲考異八篇，然視其他諸儒，則又有過之。茲分述如下：

1、疑　經

（1）疑經有缺文

經文洛誥「王曰：公功棐迪篤，罔不若時」仁山引朱子之言曰「此下疑有缺文」。又下文「王曰：公、予小子其退即避于周，命公後」一段，仁山曰：

洛誥自此以下，疑皆成王在洛之言，上下必有缺文〔註 406〕。

〔註 404〕見前編卷一，頁 19、2。
〔註 405〕見前編卷四，頁 4。
〔註 406〕見前編卷八，頁 21、22。

又多方篇「今我曷敢多誥」至「曷不惠王熙天之命」一段，仁山曰：「其間上下必有缺文〔註407〕。」

仁山於多方篇末「王曰……又曰……」之下引王柏之言曰：

> 子王子謂多士、多方之終，俱有王曰與又曰之文，而多士王曰之下無語，必脱簡在此，當共爲多士篇之終〔註408〕。

而仁山於多士篇之末「王曰又曰」之下云：

> 王曰又曰之間，以多方例求之，闕有間矣；然多士之末，其辭婉，而多方之終，其辭嚴，所以言之時異也，若其諄勤反覆之意，則同〔註409〕。

王柏於多士之末，取多方篇末補其所謂闕文〔註410〕；而仁山則以爲闕文則有之，然多士辭婉，多方辭嚴，必異時之語，雖用意相似，然不可以此補彼，故仍其舊也。又呂刑「王曰…若古有訓，蚩尤惟始作亂」一段，仁山曰：「此上下或有缺文〔註411〕。」

（2）疑經有錯簡

多方篇「惟聖罔念作狂，惟狂克念作聖；天惟五年須暇之，子孫誕作民主，罔可念聽」下，仁山云：

> 蔡氏曰：五年必有所指。子王子曰：此篇多有錯簡。五祀謂武王克商之後，封植武庚者，又五年武王崩而武庚卒爲不善，天終絕之〔註412〕。

此用王柏之說，以爲多方之篇多錯簡；然王柏爲之作考異，以多方及多士兩篇之文句互補，仁山則僅止於疑錯簡而不改也。又同篇「王曰：嗚呼！猷告爾有方多士暨殷多士」至「有服在大僚」一段，仁山云：

> 此以下，造遷洛之多士也。……自此章以至篇終，五峰胡氏謂與多士互有錯簡，而子王子謂自此章以下，皆爲多士之文；如此則章首五祀之說，乃是自七年營洛之時，逆數黜殷之後，再爲置監，故云臣我監五祀也。但上文方述遷謫之由，不應全無勞來慰勉之語；或自此節不無一二錯簡；今存所疑，以俟知者〔註413〕。

又康誥「非汝封又日劓刵人」一句，仁出於通鑑前編云：「又日二學，當在非汝封三

〔註407〕見前編卷七，頁47。
〔註408〕見前編卷七，頁5。
〔註409〕見前編卷八，頁8。
〔註410〕見前編卷七，頁9。
〔註411〕見前編卷九，頁13。
〔註412〕見前編卷七，頁47。
〔註413〕見前編卷七，頁49。

字之上〔註 414〕。」是亦疑經文有錯位，而未敢改也。此用王安石之說也。尙書表注無此說，非自否其言也，乃因此於經義無大礙，故不必專門表注之耳。

（3）疑經文有誤

皐陶謨「日宣三德，夙夜浚明有家；日嚴祗敬六德，亮采有邦」，仁山曰：

日宣、日嚴，疑作曰〔註 415〕。

按仁山以爲得其三德而用之，則有家之事振舉矣，得其六而用之，則一國之事精明矣，無日時之意，故有此疑也。又禹貢篇梁州「西傾因桓是來，浮于潛，逾于沔，入于渭，亂于河」，仁山曰：

西傾諸國，雖隸雍牧，而水道則於梁有桓水之可因；梁州通都水道，或自潛，或自沔，潛沔於渭無可通之道，乃逾山而後可以入渭；經當言入于沔，逾于渭，如上文逾于洛之例，今本誤也。蓋潛即西漢水，沔即褒水，自江泝嘉陵江而上，至大散關，一至秦州天水，則踰關可以入渭矣〔註 416〕。

仁山以地理考潛、沔不入渭，當逾山而後可，故疑經文有誤也。又多方篇「王曰：嗚呼！多士，爾不克勸忱我命」至「離逖爾土」一段下，仁山云：

此章多士、多方，首尾必有一誤。古文方作㫃，與士字相近，尤易誤也。蔡氏謂多方字當作多士，愚謂皆當作多方，蓋此章又喻不遷之國也。篇首既誥四國多方，上章止責四國多士，故此章又重告多方〔註 417〕。

按通鑑前編謂「方」古文作「㫃」，尙書注則作「凹」，考書古文訓「方」作「[illegible]」，敦煌本尙書釋文殘本作「[illegible]」；前編誤作「㫃」，未知何故。尙書注誤作「凹」，蓋形近而誤，當依古文訓之形。仁山以此之故，故不依王柏之說，取多方末段之文移至多士也。

（4）疑篇名有逸文

盤庚中篇「無遺育，無俾易種于茲新邑」下，仁山曰：

按左氏引此文大同小異，稱盤庚之誥，然則今書篇目逸之誥二字爾〔註 418〕。

（5）疑經文有衍文

大誥篇「敷賁，敷前人受命」下，仁山曰：

〔註 414〕見前編卷六，頁 19。
〔註 415〕見前編卷二，頁 8。
〔註 416〕見前編卷一，頁 41。
〔註 417〕見前編卷七，頁 5。
〔註 418〕見前編卷四，頁 43。

敷、廣，賁、大也。下敷字疑衍〔註419〕。

表注亦同。至於舜典「夔曰於予擊石拊石百獸率舞」十二字，仁山用劉敞、蘇軾之說，以爲益稷之衍文，故刪去。

2、改　經

(1) 補　經

王柏首倡補經之事，以論語堯曰、孟子滕文公引放勳之言補入舜典之中。金履祥於以論語堯曰篇文補尙書，以爲是也，於以孟子文補經文則否〔註420〕。仁山曰：

子王子曰：堯之試舜如此之詳，而讓德弗嗣之下，無再命之辭，巽位之際，亦無叮嚀告戒之語，何也？按論語堯曰篇二十四字，乃四典之脫文也〔註421〕。

仁山亦徑以論語之文補入前編引舜典經文之中矣。表注亦云：

讓德弗嗣之下，必有再命。王文憲謂論語引堯曰咨爾舜，天之歷數在爾躬，允執其中，四海困窮，天祿永終當在此〔註422〕。

此意與前編無異，唯表注表於四闌之外，不得插入經文之間，故不煩贅引論語二十四字也。

(2) 刪　經

王柏用蘇軾、劉敞之說，以爲舜典命夔之文中「夔曰於予擊石拊石百獸率舞」十二字爲益稷之衍文，故其書疑之堯典考異，已刪去此十二字；履祥承其師說，於通鑑前編引舜典文中亦刪去〔註423〕。尙書表注曰：

夔曰十二字，益稷篇之錯誤〔註424〕。

表注並於此十二字加括號，與小序同，蓋不用其文，刪去之意也。又梓材篇，仁山以康誥篇首四十八字爲梓材之文，故以爲「王若曰」爲「周公曰」，且刪去「封」字，前編引梓材之文曰「周公咸勤乃洪大誥治曰：以厥庶庶民暨厥臣達大家」，無「封」字，其夾注曰：

孔氏傳作王曰封，按伏生今文當作周公曰而無封字〔註425〕。

表注之意亦同曰「無封字」，並於「封」字加圈，示有刪棄之意。又堯典「靜言庸違，

〔註419〕見前編卷七，頁25。
〔註420〕見前編卷二，頁3。
〔註421〕見前編卷一，頁2。
〔註422〕見表注卷上，頁2。
〔註423〕參見卷二，頁5。
〔註424〕見表注卷上，頁4。
〔註425〕見前編卷八，頁9。

象恭滔天」，仁山曰：

今本滔天二字下文之衍〔註426〕。

表注亦有此言。通鑑前編於「七十載舉舜登庸」條下，引此文直刪「滔天」二字，表注於此二字加括弧刪棄之也。滔天二字衍文之說，林之奇論之甚詳，以爲齊唐首創此說，仁山蓋亦用之〔註427〕。

(3) 改　字

王柏於太甲上篇「自周有終，相亦惟終」，以爲「周」當爲君，古文形近而誤〔註428〕；仁山亦主此說，故於通鑑前編所引太甲上之經文，直改作「自君有終」，而下注曰：

自君有終，漢孔氏以來，皆作自周有終。子王子謂周當作君。按古文君作商，與周相似，故誤之也。清霞經說亦作君〔註429〕。

尚書表注亦云：

周當作君，古文君寫爲商，與周字相似，故誤。案吳氏經說，王子書疑皆云當作君〔註430〕。

按王柏太甲上無考異，不知彼是否以爲可改經文，而仁山則直引其說以改經字，並爲之尋求古文之證，而古文即指書古文訓之字形；前編作「商」，蓋字形之誤也，表注則爲正。

(4) 移　經

王柏有考異八篇，多移易經文之順序先後以爲說義。履祥雖未如其師爲考異之作，然於移易經文，亦勇爲之矣。若舜典，朱子以爲「五玉、三帛、二生、一死、贄」當在「肆覲東后」之下；仁山於通鑑前編即按朱子之說改易經文位置，並注曰：

五玉至贄，舊在修五禮之下，朱子謂當在覲東后之下，蓋東方五等諸侯及公侯之子，附庸之君，與卿大夫命士贄見之儀等也〔註431〕。

尚書表注曰：

五玉至贄九字，朱子謂當在覲東后之下〔註432〕。

則說與前編同，唯不能移易既定之書板。又洪範篇，王柏以爲禹經箕傳，故爲作考

〔註426〕見前編卷一，頁12。

〔註427〕參見林之奇尚書全解卷一，頁25，並引齊唐之言。

〔註428〕參見書疑卷二，頁9。

〔註429〕見前編卷四，頁21。

〔註430〕見卷上，頁2。

〔註431〕見前編卷一，頁22、23。

〔註432〕見表注卷上，頁2。

異，移易經文而爲分經傳；仁山通鑑前編引洪範之文，以自篇首至「次九曰嚮用五福，威用六極」係於虞紀「帝命禹敘洪範九疇」之下〔註433〕，而於周紀武王十三年「王訪于箕子」下，引洪範全文，並直接移易經文以分經傳也〔註434〕。其於五紀疇之下，接以「曰王省惟歲、卿士惟月，師尹惟日」一節，而注云：

> 東坡蘇氏、石林葉氏、無垢張氏、容齋洪氏，皆曰此五紀之傳，今從之〔註435〕。

按王柏書疑謂「王省惟歲」一節，仍爲庶徵之傳，仁山則不採師說，故與王柏所分經傳不同。又皇極疇下，自「歛時五福」至「其作汝用咎」一段，移至五福疇「五曰考終命」之下，以爲五福之傳文；履祥曰：

> 子王子曰：此五福之傳文也。五福之下，曰歛時五福，猶庶徵之下曰時五者備也。或疑此章言汝極惟皇作極之語，故舊以爲皇極之傳；今以受之五福之下，則章內作以有皇極之說也；愚按八疇皆與皇極相關，非獨五福一疇也。……且言爲君者體天治民，當以天之所以福民者福之，使之仁壽安富，知所方向，然後可以望其協極；使其救死不贍，奚暇治禮義，所謂汝弗能使有好于而家，則時人斯其辜者也。……又說章內曰攸好德，曰既富方穀，曰錫福，則爲五福之傳無疑〔註436〕。

是仁山用其師說也。尙書表注說同。又三德之疇，自「惟辟作福，惟辟作威，惟辟玉食」至「民用僭忒」一段，仁山於通鑑前編則移至六極疇「六曰弱」之下，以爲五福六極之總傳〔註437〕。尙書表注亦曰：

> 五福六極總傳錯簡。作福作威，所謂嚮用五福，威用六極也；玉食者，人主之福，臣而作威福，僭玉食，則凶害頗僻僭忒，皆歸於六極矣〔註438〕。

仁山移易洪範三段經文，以配合經傳之說，十分整齊可觀。

康誥篇首四十八字，自蘇軾倡爲錯簡之說，後胡宏、吳棫、朱子、蔡沈、王柏，皆用其說，以爲乃洛誥之錯簡也。金履祥雖亦主錯簡之說，然彼以爲非洛誥之錯簡，乃梓材之錯簡也，此爲仁山獨創之說。仁山曰：

> 履祥按：梓材一書，本出伏生今文，而伏生大傳以爲周公命伯禽之書；及孔安國以所聞伏生之書考定，乃以爲成王命康叔之書。故自王介甫、吳才

〔註433〕見前編卷二，頁29。
〔註434〕參見前編卷六，頁42～51。
〔註435〕見前編卷六，頁45。
〔註436〕見前編卷六，頁5。
〔註437〕參見前編卷六，頁51。
〔註438〕見卷下，頁7。

老，朱子、蔡仲默皆疑之，以其辭氣非王之自言，其辭事非命康叔之事也。……愚嘗考之，梓材一篇，首尾可疑，吳氏、朱子以爲洛誥之文，以集庶邦丕享，和懌先後迷民，皆宅洛之議也。夫宅洛之事，其總敘見於召誥，曰三月惟丙午朏云云，甲子，周公乃朝用書命庶殷侯甸男邦伯，厥既命殷庶，庶殷丕作；其命庶殷之書，即多士之書，敘所謂惟三月周公初于新邑洛，用誥商王士者也。其命侯甸男邦伯，亦必有書矣，其書安在？曰：梓材之書是也。其敘即康誥之敘，所謂惟三月周公初基，作新大邑於東國洛，四方民大和會，侯甸男邦來衛，百工播民，和見士于周，周公咸勤，乃洪大誥治者也。朱子亦嘗以爲然。夫蘇氏既以康誥之敘爲洛誥之敘，吳氏又以梓材之文似洛誥之文，而朱子皆然之，則是前儒之意，俱以爲宅洛之書矣。今以康誥之敘冠梓材之首，合爲一書，豈不昭然明白也。然則篇首王曰封之語何也？曰：此非梓材之本文也。何以知之？以伏生之傳知之也。夫梓材之書，爲周公道王德意以誥諸侯之書，故伏生誤以爲周公命伯禽之書，大傳所說喬梓之事，固非梓材之本意，然既以爲周公命伯禽之書，則篇首當有周公曰之語，無王曰封之語矣；縱王曰之辭，容或有之，若封之一字，決所必無矣；此則安國以後誤之也〔註 439〕。

仁山以伏生大傳證梓材乃周公之言，則與康誥四十八字「周公咸勤乃洪大誥治」相合；而引諸儒之說，以此四十八字入洛誥，又梓材之文似洛誥，而此段文字又關乎宅洛之事者，則入洛誥或梓材均有可能，未必入洛誥然後爲是也；又召誥有云命庶殷之辭，即多士；而又有云命侯甸男邦伯者，今則不見，於理或有不然，若以梓材即命侯甸男邦伯之誥，則命辭皆有著落矣；且梓材後半，非上對下之誥，乃下諫上之辭，於孔氏說亦不能安，若以爲周公誥眾邦之君臣，則可合以上諸點，故仁山創爲此說也。通鑑前編於成王七年「甲子周公朝用書命庶殷侯甸男邦伯」條下，連引多士、梓材之文；於引梓材之文曰：

命侯甸男邦伯書曰梓材。惟三月哉生魄，周公初基，作新大邑于東國洛，四方民大和會，侯甸男邦采衛，百工播民，和見士于周，周公咸勤，乃洪大誥治曰：以厥庶民暨厥臣達大家……〔註 440〕

是仁山直移康誥四十八字接梓材篇首，並刪去「王曰封」三字也。尙書表注於梓材篇首空欄處，抄入康誥四十八字，是亦仍主其說，主移易經文也。而又於康誥篇前段上注云：

〔註 439〕見前編卷八，頁 1。
〔註 440〕見前編卷八，頁 9。

……是梓材之敘。詳辨於梓材、召誥之首〔註441〕。

而於康誥首四十八字「惟」字之前，「治」字之後，各加一小圈，示當移易于梓材之前也。

洛誥之文，自「王若曰公明保予沖子」之後，連用三次「王曰」，連「王若曰」計之則四次矣。其間無周公答辭，文甚不倫。故朱子謂王曰兩段，周公無答辭，疑有缺文；蔡沈書集傳謂大抵上章參錯相應；仁山用朱子之意，然不以爲缺文，而以錯簡處之，故通鑑前編引洛誥之文，即移「公曰已汝惟沖子」至「無遠用戾」一段，置於「予沖子夙夜毖祀」之下，又於此段下注云：

此成王答周公祀于新邑及教王撫事，明作有功等語，舊本類附于後章之下，今附于此〔註442〕。

又於「無遠用戾」之下注云：

此周公答成王沖子毖祀之說，而又教成王以統御諸侯，教養其民之道也。舊本在汝有永辭之下，今附于此。

仁山前編置「王曰公予小子其退即辟於周，命公後」以下，於是年十二月烝于文武，命周公其後條下，以爲異時之言，則連用四次王曰者，不言而解矣。

（5）改易篇次，分合經文，改易篇名

孔傳經文篇次，本據小序之順序而爲先後也。小序所述之次第，乃按其所說時代先後爲次；然自漢鄭玄所列百篇之次第，本即與小序本不同，蓋或說義有異故也。仁山爲通鑑前編，一以尙書爲正，冀據尙書經文，以補通鑑以前時代之空白，遂考按經文時代，次第編排，以爲編年史書；而其說經文時代每與孔傳異，若康誥、酒誥、梓材者是也。是以沿其意以說其篇次，亦有改易之事也。茲以孔傳本，王柏之說、胡宏皇王大紀之說以相比較，以見仁山之說。列表如后：

〔註441〕見表注卷下，頁13。

〔註442〕見卷八，頁20、21，下引文同。

偽孔本	
篇次	篇名
1	堯典
2	舜典
3	大禹謨
4	皋陶謨
5	益稷
6	禹貢
7	甘誓
8	五子之歌
9	胤征
10	湯誓
11	仲虺之誥
12	湯誥
13	伊訓
14	太甲上
15	太甲中
16	太甲下
17	咸有一德
18	盤庚上
19	盤庚中
20	盤庚下
21	說命上
22	說命中
23	說命下
24	高宗肜日
25	西伯戡黎
26	微子
27	泰誓上
28	泰誓中
29	泰誓下

王柏	
篇次	篇名
1	堯典 含舜典
2	禹貢
3	禹謨
4	皋陶謨 含益稷
5	甘誓
6	五子之歌
7	胤征
8	湯誓
9	仲虺之誥
10	湯誥
11	伊訓
12	太甲上
13	太甲中
14	太甲下
15	咸有一德
16	盤庚上
17	盤庚中
18	盤庚下
19	說命上
20	說命中
21	說命下
22	高宗肜日
23	西伯戡黎
24	微子
25	周誥
26	河誓
27	明誓

胡宏	
篇次	篇名
1	堯典
2	禹貢
3	舜典
4	大禹謨 益稷
5	皋陶謨
6	甘誓
7	五子之歌
8	胤征
9	湯誓
10	仲虺之誥
11	湯誥
12	伊訓
13	太甲上
14	太甲中
15	太甲下
16	咸有一德
17	盤庚上
18	盤庚中
19	盤庚下
20	高宗肜日
21	說命上
22	說命中
23	說命下
24	西伯戡黎
25	微子
26	泰誓上
27	泰誓中
28	泰誓下

金履祥	
篇次	篇名
1	堯典
2	舜典
3	禹貢
4	皋陶謨 益稷
5	大禹謨
6	甘誓
7	五子之歌
8	胤征
9	湯誓
10	仲虺之誥
11	湯誥
12	伊訓
13	太甲上
14	太甲中
15	太甲下
16	咸有一德
17	盤庚上
18	盤庚中
19	盤庚下
20	說命上
21	說命中
22	說命下
23	高宗肜日
24	西伯戡黎
25	微子
26	泰誓上
27	泰誓中
28	泰誓下

30	牧　誓
31	武　成
32	洪　範
33	旅　獒
34	金　縢
35	大　誥
36	微子之命
37	康　誥
38	酒　誥
39	梓　材
40	召　誥
41	洛　誥
42	多　士
43	無　逸
44	君　奭
45	蔡仲之命
46	多　方
47	立　政
48	周　官
49	君　陳
50	顧　命
51	康王之誥
52	畢　命
53	君　牙
54	冏　命
55	呂　刑
56	文侯之命
57	費　誓
58	秦　誓
共五十八篇	

28	牧　誓
29	武　成
30	洪　範
31	旅　獒
32	康叔之命或 孟侯之命
33	酒　誥
34	梓　材
35	金　縢
36	大　誥
37	微子之命
38	多　方
39	召　誥
40	洛　誥
41	多　士
42	君　奭
43	蔡仲之命
44	立　政
45	無　逸
46	周　官
47	無　逸
48	顧　命 康王之誥
49	畢　命
50	君　牙
51	冏　命
52	呂　刑
53	文侯之命
54	費　誓
55	秦　誓
共五十五篇	

29	牧　誓
30	武　成
31	康　誥
32	酒　誥
33	梓　材
34	洪　範
35	金　縢
36	君　奭
37	旅　獒
38	大　誥
39	微子之命
40	立　政
41	多　方
42	召　誥
43	洛　誥
44	多　士
45	蔡仲之命
46	周　官
47	無　逸
48	君　陳
49	費　誓
50	顧　命
51	康王之誥
52	畢　命
53	君　牙
54	冏　命
55	呂　刑
56	文侯之命
57	秦　誓
共五十七篇	

29	牧　誓
30	武　成
31	康　誥
32	酒　誥
33	洪　範
34	旅　獒
35	金　縢
36	君　奭
37	大　誥
38	費　誓
39	微子之命
40	立　政
41	多　方
42	周　官
43	召　誥
44	多　士
45	梓　材
46	洛　誥
47	蔡仲之命
48	無　逸
49	君　陳
50	顧　命 康王之誥
51	畢　命
52	君　牙
53	冏　命
54	呂　刑
55	文侯之命
56	秦　誓
共五十六篇	

按：比較胡宏皇王大紀、王柏書疑、及金履祥通鑑前編三者於尙書經文之篇次順序，其可以論者有三，一爲篇次順序之移易，二爲經文之分合，三爲篇名之改易。

甲、篇次之移易

據尙書之文以爲編年之史者，三者之中，胡宏最早，而考訂經文之時代，移易其篇次順序者，亦爲胡宏；胡宏考明康誥、酒誥、梓材三篇爲武王時書，而王柏取之，金仁山亦取其說，遂移康誥、酒誥於武王之時，唯仁山以爲梓材篇即召誥所謂侯甸男邦伯之書，故與多士並列召誥之後，在成王營洛之時。

胡宏定多方先於多士，王柏亦用其說，仁山亦同。

胡宏定君奭係成王元年之下，王柏置於營洛之後，仁山用胡氏說，亦置之於成王元年，故在金縢之後。

胡宏考立政爲成王四年事，王柏則置於蔡仲之命後，即三監之亂既平之後；仁山用胡氏說，故在微子之命之後。

胡宏移費誓於顧命之前，君陳之後，蓋以其事在成王之時，而爲諸侯之事，故係於成王之末，非謂其時在此也。王柏則以費誓、秦誓爲附庸，意同而次異；仁山則按費誓事發之時係之，故置在大誥之後，蓋同時事也。

胡宏定無逸爲成王最後之書，蓋無沖幼孺子之稱，因可見之。王柏、仁山均用其說。

胡宏以旅獒係成王時；王柏、仁山則仍孔傳之意，以爲武王時事，故在洪範之後。

胡宏、王柏置周官在無逸之前，蓋以爲成王晚近之事；仁山獨考周官以爲成王即位初年之事，故置之於召誥之前，與立政相近，即以爲營洛以前事也。

總三者異同相較，仁山之序，與胡宏爲近，而王柏亦有取於胡氏，是以大致亦不遠，而仁山尤近似也。仁山之異於胡、王二氏者，在梓材、周官、費誓三篇爾。

乙、經文之分合

胡宏皇王大紀於經文分合之事，唯有以大禹謨、益稷合爲一段，其分合之狀：大禹謨「若曰稽古大禹」至「四夷來王」，接益稷「帝曰來禹，汝亦昌言」至「方施象刑，惟明」，接大禹謨「禹曰：於，帝念哉」至「萬世永賴，時乃功」，接益稷「夔曰：於，予擊石拊石」至「往，欽哉」。而又於三十三載再錄大禹謨其下之文〔註 443〕。王柏於經文分合，不取胡氏之說，而一以漢代今文爲準，故合益稷於皋陶謨，合舜典於堯典，合康王之誥於顧命。仁山則頗用其師之說，合益稷、皋陶謨爲一，合顧命、康王之誥爲一，唯於舜典則未決然合於堯典。其前編於唐紀「七十載舉舜登庸」

〔註 443〕參見胡宏皇王大紀卷四，頁 7～13。

之後，接以「愼徽五典，納于百揆」，其引文則直曰「愼徽五典，五典克從」以下，無「曰若稽古帝舜曰重華協于帝，濬哲文明，溫恭允塞，玄德升聞，乃命以位」二十八字，可見其亦有意合舜典於堯典矣〔註444〕。然仁山於前編虞紀之首，獨引此四十八字，並注云：

伏生以舜典合于堯典，欽哉以下，即受之以愼徽五典；孔安國古文尚書復出，此篇古文孝平時始列學官，尋以亂廢，終漢之世，不列學官。東晉會稽內史梅頤，始上其書，而缺舜典，學者以今文補之，起自愼徽五典。齊建武中，吳人姚方興上孔傳舜典，多曰若稽古以下二十八字，未幾方興以罪誅，人無信者；江陵版蕩，其文北入中原，北方學者咸信之。隋開皇中得爲全書。子王子曰：史官本爲虞作典，推及堯爾。蓋舜之功即堯之功，故係之曰堯典；孟子曰堯典曰二十有八載，放勳乃殂落。今皆載于舜典，有以證孟子所讀堯典，未嘗分也。孔壁之分，以冊書舒卷之長分之，無他義也。自蕭齊姚方興以二十八字加於愼徽五典之上，然後典分爲二，勢不得合矣。且玄德二字，六經無此語，此莊老之言，晉宋所尚，愚知其非本語。履祥按：重華見於楚辭，玄德見於淮南子，則此二十八字，虞書當已有之，非至宋齊間方作此附會也。今存之以俟來哲〔註445〕。

是仁山雖有意連舜典於堯典，然又不信王柏之說，並爲玄德、重華披尋來源，而不悟此二十八字乃襲淮南、楚辭而來，至可惜也。尙書表注曰：

自粤若至以位二十八字最後出〔註446〕。

其云「最後出」者，或有意推翻前編之說歟！

丙、篇名之改訂

王柏於尙書，以泰誓三篇之名當作周誥、河誓、明誓，又以康誥當作康叔之命或孟侯之命，又去禹謨之大字。仁山於尙書篇名，惟有梓材有說。其前編梓材篇末注曰：

周書當有兩大誥，前大誥爾多邦，一大誥也；此乃洪大誥治，又一大誥也。前既名大誥，故此周公道王之德意者，不復名大誥，而以篇內梓材之語名之爾；今以後大誥之敍逸在康誥，後大誥之文名爲梓材者，合爲一篇〔註447〕。

〔註444〕參見前編卷一，頁16。
〔註445〕見前編卷二，頁1。
〔註446〕見卷上，頁2。
〔註447〕見前編卷八，頁12。

按仁山既以康誥前四十八字入梓材之首，故以爲梓材當據「洪大誥治」之文，名之曰大誥，然其文既入康誥，故前人命之曰梓材耳。

又考履祥通鑑前編引尚書，有直稱其篇名者，有不稱其篇名而僅稱「書曰」者，而金縢篇後半，則稱之曰「金縢後敘」。仁山前編不稱篇名而止云「書曰」者，有堯典、益稷、五子之歌、胤征、伊訓、高宗肜日、旅獒、顧命、康王之誥；而舜典之名，不於首引舜典稱之，而於二十八字處稱其篇名；大禹謨不於首引經文時稱之，而於後半征苗事始稱之，亦甚有可議處。

考堯典、舜典，王柏主復合爲一篇，並以堯典乃爲舜事張本，而堯之功即舜之功，且孟子引舜典之文亦稱堯典，故合篇之後，仍以堯典稱之。仁山雖不全主合二篇爲一，然亦有意焉；若二篇既合，而堯事略而舜事詳，則稱堯典者有未安，或以此之故，仁山止稱「書曰」也。

益稷篇無篇名，蓋仁山用其師說，以益稷本皐陶謨之文，故仍皐陶之名也。

大禹謨篇，王柏主去「大」字，作禹謨即可；仁山或因師說而未敢遽改，故不稱其名也。

五子之歌篇，仁山注云：

> 故述大禹之戒而爲歌也。下文五章，是其辭。說者以五子名爲一章；然首尾相應，或共爲之；其一其二者，歌節也，非指五子也〔註448〕。

按仁山以爲五章首尾如一人之口，則非必人各一節，然則此歌不必五子所作，故云「五子之歌」有未安。

胤征、伊訓，仁山無明說，不知何以不稱篇名。或曰胤侯以諸侯稟王命往征，則主事者爲仲康，當以王命之者，若湯誓是也，今於此以胤侯命名，體例有不安也。至於伊訓，伊尹臣也，以臣訓其君，義亦有乖；雖王柏以伊訓、太甲三篇、咸有一德皆訓體，全皆命曰訓可也，然以臣訓君，終有未安。

高宗肜日篇，金履祥曰：

> 凡書之訓告其君，多繫其所言之臣，如曰仲虺之誥，曰伊訓，無繫之君者；而此二書皆訓體，乃繫之君，既非義例矣〔註449〕。

按履祥據書序以爲此篇乃祖己訓高宗而作，而史記則以爲祖己述高宗之事爲祖庚作；二說雖或異，然皆以爲以臣訓告其君則同。按之文例，不當受訓者名，而當以訓人者名，故曰「高宗肜日」，於例有差矣；或當作「祖己之誥」也。

旅獒篇仁山無說。考書序曰「西旅獻獒」，經文則曰：「西旅厎貢厥獒，太保乃

〔註448〕見前編卷三，頁17。

〔註449〕見前編卷五通13。

作旅獒，用訓于王。」按文例則當作「保訓」歟！

顧命、康王之誥，漢今文本合一，王柏亦主合一之說。仁山用師說亦主合一，然合一之後，其名當如何命之！若王柏則仍舊，仁山則以爲未可，然亦不敢妄爲之矣。

（五）金履祥尚書學之新說及建樹

履祥尚書之學，前承朱、蔡、王、胡之學，融匯貫通自成一家；又力求考證精詳，故於尚書之說，頗有新見出焉。若其據古文字形解經，往往有所得，此前章述之矣；又其考周官篇當在多方之後，而多方在營洛之前也；費誓隸大誥同時；梓材爲召誥所謂告侯甸男邦伯之書；康誥首四十八字乃梓材篇首之文，皆履祥之新見解，前章亦屢見之矣。然履祥尚書學之最爲後世稱道者，凡有三端：

1、高宗肜日非高宗祭成湯，乃祖庚祭高宗

通鑑前編於引高宗肜日之文後，履祥按曰：

> 史記則祖己述高宗之事爲祖庚作也。……又凡書之本敘多稱其君之名。或曰：王未有以廟號稱者，而此曰高宗肜日，則似果若追書之云者，史記之言當是也。……蓋繹，祭之餘也，繹之於廟門之外，西室主事以士行，君不親也；夫君既不親矣，而曰高宗目君，且以廟號稱之；又曰典祀無豐於昵；然則詳味其辭，又安知非祖庚之時，繹於高宗之廟，而有雊雉之異乎！則二書祖己以訓祖庚明矣〔註450〕。

按履祥之意，高宗乃武丁廟號，故必爲武丁身後所追之言，然則祭者非武丁，而所祭者亦非成湯矣。又肜祭乃商代之繹祭，乃由士主其事，國君不親與之，則祭者非武丁明矣。又注前文以爲「高宗肜日」乃訓體之文，當以訓者名之，而此高宗非訓者，列於此與命名之例不合，故當爲祭之者也。又尚書表注復益有進之之說曰：

> 此篇首稱高宗肜日，終言無豐于昵。高宗，廟號也；似謂高宗之廟。昵，近廟也；似是祖庚繹于高宗之廟；兼高宗名臣，不聞祖己，乃訓于王，似告幼君。書序大誤，惟史記謂此書作于祖庚之時，爲得之；而其說又不分明〔註451〕。

按表注以爲稱高宗者，非追記之詞；乃高宗廟也；表注又以爲祖己之言甚諄諄，似告幼君，則不當指高宗武丁，若用史記之說，則此難題可解，蓋祖己訓祖庚幼主之辭也。

〔註450〕見前編卷五，頁13、14。

〔註451〕見表注卷上，頁3右。

仁山此說，考之甲骨之文例，凡肜日上之人名，皆爲禮祭者之名，如「壬寅卜貞：王賓示壬日，亡尤？」又：「丁未卜貞，王賓武丁肜日，亡尤？」肜日之前有所祭人之名，與「高宗肜日」句法正合。王國維曰：

> 凡云王賓某甲某乙某祭者，不下百餘條，辭中某甲某乙皆謂所祭之人，而非主祭之人，此經言高宗肜日，不得釋爲高宗祭成湯之確證〔註 452〕。

仁山處於有宋，未見甲骨之文，而能有此識見與判斷，實是難得。

2、辯伯翳即伯益

履祥精於文字、音韻之學，故於經義有可議處，常以小學之專門識見，爲之辨明。若文集中有「伯益辯」一文，其論之曰：

> 伯益即伯翳也。秦聲以入爲去，故謂益爲翳也。字有四聲，古多轉用。如益之爲翳，契之爲禼，皋之爲咎，君牙之爲君雅是也。此古聲之通用也。有同音而文異者，如陶之與繇，垂之爲倕，鯀之與鮌，虺之與傴，紂之與受，冋之與槑是也。此古字之通用也。太史公見孟子之言益也，則五帝本紀言益；見史記之爲翳也，則本紀從翳，蓋疑而未決也；疑而未決，故於陳杞世家之末，又言垂益夔龍不知所封，則遂謬矣。胡不合書而思之乎！夫秦紀不燒，太史所據以紀秦者也。秦紀所謂佐禹治水，豈非書所謂隨山刊木；曁益奏鮮食者乎；所謂馴服鳥獸，豈非書所謂益作朕虞，若予上下鳥獸者乎。其事同，其聲同，而獨以二書字異，乃析一人而二之，可謂誤矣。唐虞功臣，獨四岳不名爾，而姜姓則見於書傳甚明也，其餘未有無名者；豈別有伯翳，其功如此，而反不見於書；又豈有馴服鳥獸者，孰加於伯益，雖朱龍熊羆，亦以類見，果又伯翳才績如此，而書反不及乎〔註 453〕？

仁山以文字同音通之理，以明伯益之與伯翳，乃同音異字；復就秦紀之不燒，以見秦紀之可信，且與書事對比，伯益與伯翳所爲才績正同，則伯益不可不爲伯翳，二名實指一人，史記分而爲二，乃談、遷二手所致也。仁山又引左傳臧文仲聞楚滅六國及蓼國，曰：「皐陶庭堅之不祀。忽諸德之建，民之無援甚也。」以明六與蓼滅時，秦方盛於西，而秦爲伯益之後，故不信伯益爲皋陶之子之說。林之奇全解嘗論之，以伯益與伯翳爲一人，並舉臧文仲之言以證伯益非皋陶之子，然未論及伯益何以與伯翳爲一人，而仁山以事理并證據論之，實有愈於前修矣。

3、論「葛伯仇餉」之文為湯征之逸文

〔註 452〕見觀堂集林卷一，頁 5「高宗肜日說」。

〔註 453〕見仁山集卷一，頁 25。

尙書仲虺之誥，有「乃葛伯仇餉、初征自葛，東征西夷怨，南征北狄怨，曰：奚獨後予」之文；仁山注曰：

此亦承上文而言征伐一動而四面人心俱望王師之來，則弔伐之事，決不容已；而鳴條之師，至此終必爲之也。上五節上明天命君師之理，中明夏商疑忌之勢，下明人心歸慕之極，則湯不可不爲，亦不容不爲矣；此皆釋湯之慙也〔註454〕。

是履祥於引書經文中，視此節爲尙書之文而解之也。然履祥於夏紀「戊寅三十有六歲，商湯征葛」下，引孟子滕文公「葛伯仇餉」一段之文，其下注曰：

履祥按：書序前乎湯誓，有帝告、釐沃之書，有湯征、汝鳩、汝方之書，今皆亡矣。史記載湯征之辭而不類，蓋非湯征之舊也。孟子引亳眾往耕之事，疑出此書；而五就湯、桀之事，意者於汝鳩、汝方之書得之。其詳不可得而聞矣〔註455〕。

按考孟子趙岐注，謂「書曰葛伯仇餉」爲尙書逸篇，其下「書曰徯我后，后來其無罰」亦爲書逸篇〔註456〕；仁山於此疑其文出於湯征，蓋亦參考趙注之意，趙注既以爲逸篇之文，而其文有「湯始征自葛載，十一征而無敵於天下」，故以爲必湯征之逸文；既以此爲湯征之逸文，而仲虺之誥之文字，與湯征逸文相同，然則是湯征之文竄入仲虺之誥中，則仲虺之誥實可疑矣。仁山於前篇引仲虺之誥不言此段其或出於湯征，而於引孟子之文下則能本趙岐之意爲論，雖未能直指尙書經文「仲虺之誥」篇之可疑，要之足啓後人之大疑竇矣。

四、金履祥尙書學之評價及影響

仁山嘗自評其學云：

在吾言之，則爲忠臣；在人言之，則爲讒賊，要歸於是而已〔註457〕。

其意謂己雖學於王柏而說有相違，宗於朱子而亦未必亦步亦趨，無適無莫，唯是是歸，於朱子、王柏之說，乃補彼之未備，正其或失，其與忠臣之諫格君非無異，此君子和而不同，周而不黨之義也。故張樞謂仁山曰：

本朝設科取士，並絀眾說而專用古註，書蔡氏猶以朱子故也。蔡氏之說或有未備，臣；先生文安金公于書表注、通鑑前編引書語中，既剖晰而

〔註454〕見前編卷四，頁5。
〔註455〕見前編卷三，頁45。
〔註456〕參見孟子注疏六篇上，頁1。
〔註457〕見張樞撰讀書叢說序。

著明之矣〔註458〕。

是張樞以爲金履祥之異於蔡氏者，正補蔡氏之未備也。仁山之學說，其影響最深者，當推弟子許謙。許謙有「讀書叢說」之作，其中引金仁山之言者凡三十七條，其中三十六條皆出於通鑑前編，一條乃據仁山之意推之爲說，亦即爲仁山之意也。其中唯有仁山以梓材爲成王作洛，周公誥侯甸男邦伯之書爲許謙所否。許謙以爲梓材當與酒誥、康誥一組，同爲武王時書〔註459〕，故不用仁山之說也。其餘則無不同。足見許謙秉持師說之堅，亦足見金氏之學有可慕者也。履祥前編、表注，均著力於文字聲韻之事；以考據爲主，故謂仁山之學，於考據多些，誠非虛誣之言。察許謙讀書叢說，其首即據仁山前編之編年，爲書紀年一章，以明書篇之年代；又其書中多作考據功夫，於義理發揮甚寡，視仁山有過之而無不及，亦以仁山之影響故爾。若許謙之釋堯典之「典」字曰：

典從冊在上，皆象形字，以丌尊閣冊爲典，爲兩體會意，以可常法而訓爲常，是就音假借。此字今備六書之三體〔註460〕。

許氏就文字構造六書立論以解「典」字，是與仁山之據文字以解經相似也。其所謂「就音假借」，非假借也，乃引伸之用也。

履祥尚書之說，至清始顯其光曄，蓋仁山既始偏於分殊之辨，長於考證之學，與清代學術有同弖之妙，相通之理；且仁山尚書之論，燭隱見微，洞察於百代之上，而信用於清代之下，復證成於甲骨出土之後。若清代閻若璩爲尚書古文疏證，數鄙蔡沈書傳，而屢引用金履祥之說以助其證成孔氏古文之僞。考閻氏引金履祥之說者凡十五條，其中一條爲轉引金氏述王柏詩疑之言，餘十四條，引而評之者五條，引而是之者六條，餘三條既引而用之，復加補充改訂，要之亦因於仁山之說者也。

閻若璩尚書古文疏證第十一條云：

兩書有本出一處，而偶爲引書者所增易，實於義無妨者。孟子齊人取燕章，書曰：徯我后，后來其蘇。宋小國章，書曰：徯我后，后來其無罰是也。觀兩處上文其辭皆同，而又首引書曰湯一征自葛始，他日引之，輒易一爲始，易始爲載，此乃古人文章不拘之處，亦何得疑其出兩書耶！不得疑出於兩書，而奈何后來其蘇既竄入仲虺之誥中，后來其無罰復竄入太甲中篇中耶！僞作古文者不又於此現露一破綻耶〔註461〕。

〔註458〕同前註。

〔註459〕參見其書卷一，頁9。

〔註460〕見讀書叢説卷二，頁1。

〔註461〕見其書卷一，頁3。

閻氏於此引文之下，又引金仁山之說曰：

> 金仁山謂史記殷本紀載湯征之辭而不類，蓋非湯征之舊文也。孟子引亳眾往耕之事，疑出此書。余嘗歎爲確識。因悟葛伯仇餉一語，繫於亳眾往耕下，似即爲古湯征書，而湯一征自葛始，亦應爲其文，今俱竄入仲虺之誥中，自非；且尤怪孔安國傳於葛伯仇餉注曰：葛伯遊行，見農民之餉於田者，殺其人，奪其餉，故謂之仇餉。夫晚出古文分明從孟子勦取書語，及作傳不曰亳眾，曰童子，而泛曰農民，若似葛伯所殺，爲即其葛人，于湯無涉，而乃故與孟子違者，正以掩其勦孟子之跡也〔註 462〕。

閻氏謂因仁山之說，始悟此原爲湯征之逸文，爲僞作者竄入仲虺之誥之中，其後又悟此一段兩引於太甲中，仲虺之誥兩篇，遂成其說；可見仁山之見，其千古之卓識也。又於第五十條下，閻氏曰：

> 傳注家有錯解之辭，要久而後錯始見，論始定，亦朱子所謂後出者巧爾。……高宗肜日，序以爲高宗祭成湯，蔡傳則謂其祭禰廟。蔡傳近是矣，然終至金氏前編出而論始定。曰高宗肜日，高宗之訓，史遷繫於祖庚之紀內，則是祖己爲祖庚作。凡書之訓告其君，多繫其所言之臣，如仲虺之誥，曰伊訓，無繫之君者，而此二書皆訓體，乃繫之君，既非義例矣；凡書之本序多稱其君之名；或曰五未有以廟號稱者，而此曰高宗肜日，則似果若追書之云者，繹之於廟門之外，西室主事以士行，君不親也。夫君既不親矣，而曰高宗目君，且以廟號稱之，曰典祀無豐於昵，詳味其辭，安知非祖庚之時，繹於高宗之廟而有雊雉之異乎，則二書祖己之訓祖庚也明甚。既祖己以訓祖庚，則典祀無豐於昵之非高宗事也，亦甚明。作古文者生得蔡、金兩氏之前，錯簡未證之日，故太甲上曰：…說命中曰：黷于祭祀，時謂弗欽，若與彼二篇爲實相表裏者，抑豈料其錯解也哉〔註 463〕。

閻氏以爲金仁山之說，以高宗肜日爲祖己訓祖庚之事，非在高宗也，實有補經文之義說；而考之孔傳，則謂高宗祭成湯，依事理言之，實祖己訓祖庚。可見作僞者不明其原義，遂錯置於說命中篇，以爲傅說之諫武丁也。若說命之篇爲眞，則不容有此因誤解而誤置之事矣。履祥此識見有助破僞之功甚得力也。益又有進者，近世甲骨出土，上亦載有「肜日」之契刻，考之其文義例，凡在肜日一詞上之人名，乃所祭者之名，非祭之者也；仁山雖未見甲骨文字，然據篇名稱謂之例，用詞之例，推而得之，與商代記錄無異，誠屬難得。王國維觀堂集林亦獨稱仁山爲是。其高宗肜

〔註 462〕同前註。

〔註 463〕見尚書古文疏證卷四，頁 4。

日說曰：

> 惟金仁山尚書注始疑此篇爲祖庚之時，繹於高宗之廟而作。余謂金氏說是也〔註 464〕。

又金履祥辨舜典「曰若稽古曰重華」一段，雖云最晚出，然爲經文無疑。考王柏謂「玄德」一詞乃晉世道家之語，六經無此言，故知二十四字不足信。仁山則辨之，以「重華」出於楚辭，「玄德」出於淮南子，遂定此二十四字爲可信〔註 465〕。仁山之說本有助僞孔之掩飾，然清代惠棟亦因以知此二詞之所襲處，反有助辨孔氏古文之僞，此亦金履祥博識強記之功也。

四庫提要評履祥尚書表注曰：

> 大抵攈摭舊說，折衷己意，與蔡沈集傳頗有異同。其徵引伏氏、孔氏文字同異，亦確有根原；所列作書歲月；則與所作通鑑前編悉本胡宏皇王大紀，參攷先後，雖未必一一盡確，然要非盡無據而作也。至於過爲高論，求異先儒，如欲以康誥之敘冠於梓材篇首，謂爲周公咸勤之事，後即洪大誥治之文，集庶邦則營東都以均四方朝貢之道里；先後迷民則所謂毖殷遷洛以密邇王化；其說甚辨。而於篇首王曰封三字，究無以解，因復謂王字當作周公，封字因上篇酒誥而衍，則未免於竄改經文以就己意矣；是則其瑜不掩瑕者也〔註 466〕。

四庫提要之評，多就仁山解梓材之說而發，以爲過爲高論。蓋仁山謂梓材即召誥所謂「誥侯甸男邦伯」之書，故移康誥前四十八字屬之，又改「王曰封」爲「周公曰」，其說確湊合牽強，故許謙作「書紀年」，亦不用其說也。然仁山之所以有此說者，蓋召誥有誥庶殷之書，其書即多士；而推之必有誥侯甸男邦伯之書，而今不見；且梓材之篇，前半似酒誥，又似洛誥，後半又似下諫上之辭，於文體最亂，仁山之說，欲合二者而解之耳，好爲高論，未必然也。四庫依蔡傳爲主，且金履祥以王柏之故，四庫提要少有譽辭，可想而知。

履祥之尚書學，明章懋云不免考索多些〔註 467〕。故其窮研經義，以窺聖賢心術之微者功寡，而歷考傳註，以服襲儒先識見之確者實多，可謂自宋學轉入清學之樞紐。程元敏先生評仁山之學曰：

> 他的學旨，有淵源於前人，有的遵守師說，更有自己的創見。在金華

〔註 464〕同註 452。
〔註 465〕參見前編卷二，頁 1。
〔註 466〕見四庫總目卷十一經部書類一，頁 30、31。
〔註 467〕同註 364。

的建安之學，從他有了顯著的轉變；清三百年學術，因他而生光輝〔註468〕。程先生之言洵爲的論。

〔註468〕見註261引程先生文，總頁72。

第十一章　西山尚書學案

第一節　眞德秀

一、生平事略

眞德秀，字景元，後更曰景希，建之浦城人。四歲受書，過目成誦。登慶元五年進士，繼中博學宏辭科。累官起居舍人，兼太常少卿，出爲江東轉運副使，歷知泉州、隆興、潭州。理宗即位，嘗以濟王霅川之變事上奏曰：觀舜所以處象，則陛下不及舜明甚；人主但當以二帝三王爲師。又因寧宗小祥而議論臣下執喪之禮；屢進鯁言，上皆虛心開納。時相史彌遠憚之，唆同朝相繼劾之，遂落職。紹定五年，起知泉州、福州，時去國已十年矣。召爲戶部尚書，以所著大學衍義進，復陳祈天永命之說，上欣然嘉納。嘗議時相鄭清之開邊之議不可行，致前至諸軍質貸備衣裝，無以償，故鬨，延及州兵皆鬨。改翰林學士，知貢舉，以喧罵出院。除參知政事而卒，時端平二年，年五十八，謚曰文忠。學者稱西山先生。立朝不滿十年，而奏疏無慮數十萬言，直聲震朝廷，爲官之州郡，皆有惠政仁風。

西山早歲嘗從詹體仁遊，有所請益；又生朱子之鄉，故力崇朱子之學而私淑焉。所著甚豐，見存於今者有四書集編二十六卷，大學衍義四十三卷，西山讀書記六十一卷，心經一卷，政經一卷，西山文集五十五卷，文章正宗、續集共四十卷〔註 1〕。

二、尚書之著述與著錄

〔註 1〕參見宋史卷四百三十七儒林傳頁 9 本傳；宋元學案八十一西山眞氏學案，總頁 1524，及，總頁，1531 引黃文潔兩朝政要之文；並參魏了翁鶴山先生大全文集卷六十九，頁 12～22 之眞德秀墓誌銘；四庫提要有關西山諸作之提要。

宋史本傳所記，眞氏無尚書專門之作，魏了翁撰墓誌，亦未言及；宋史藝文志，及其後諸目錄，亦無有。然經義考中，列眞德秀「書說精義」三卷，而云「未見」，復引趙希弁曰：「右西山先生眞文忠德秀之說也〔註2〕。」其書既不可見，而著錄之來歷亦甚可疑。

考元代尚書之著作，其引用眞德秀之說者甚多，其中以董鼎書集傳輯錄纂註，及王天與尚書纂傳二書引用為最多，可見眞氏尚書之說，亦見重於元代；然董、王二書所引眞氏之說，俱見於西山讀書記及大學衍義之中，未見有其他尚書專門之述作。且董鼎纂註嘗列引用書目，於眞氏名下，止於讀書記而已；而王天與推崇西山最力，其序曰：

> 西山先生讀書記纂三十餘篇，大學衍義講數十條，愚嘗稽首敬嘆曰：古人傳書者之是非，至晦菴而遂定，晦菴先生折衷傳書者之是非，至西山先生而愈明。學者不於二先生乎據將焉據〔註3〕。

然王天與所用西山之書說，亦不出讀書記及大學衍義二書，無所謂「書說精義」之作也。推而論之，疑此書乃後代輯拾讀書記及大學衍義二書中有關尚書之義說以成，託西山之名耳，此說或得其眞。

西山雖未有尚書專著，然其尚書之說甚備，一如王天與所云「纂三十餘篇」，「講數十餘條」，若輯而論之，亦足見其尚書學矣。且其說既見重於宋末及元代，自有特色，雖欲勿論，亦不可也。

雖然，抑又有難者焉。蓋西山讀書記本為撰次未完之書，湯漢西山讀書記原序云：

> 西山先生讀書記，惟甲乙丁為成書。甲丁二記，近年三山學官已刊行，乙記則大學衍義是也。其下卷未及繕寫而先生沒，稿藏於家，學者罕見之。漢來建安，請於先生之嗣子仁夫右司，傳鈔以來，手自校定。……又原稿間有附注別說者，乃漢一時所見，先生未及有所去取，今皆削之，覲於初稿者，其無所疑云〔註4〕。

是讀書記有初稿之本與湯漢削正之本，陳振孫書錄解題所錄，即為三十九卷之初稿本〔註5〕。故前輩引用讀書記之文，與今本或有義解相矛盾者，蓋即初稿本與削定本之異歟！又大學衍義雖本為讀書記中卷帙，然早經抽出，自成體系，其說或有與

〔註2〕參見經義考卷八十三，頁5。

〔註3〕見其書前附。

〔註4〕參西山讀書記前附。湯漢者，乃西山之徒也。

〔註5〕其論證詳參讀書記之四庫提要，其論明確。

讀書記不相吻合者。若皐陶謨「巧言侫色孔壬」，大學衍義解「孔壬」曰：

壬者，包藏姦慝之意〔註6〕。

而董鼎纂註引眞氏曰：

孔壬，古註以爲甚佞，介甫謂其包藏禍心，蓋以壬爲妊娠之妊，胡氏非之，以爲此訓將以腹非罪人也；不若從孔註爲長〔註7〕。

二說不同，未可以定孰爲眞氏之定說。此亦猶朱子解大誥「我之弗辟」有二說，一作「避」解，一作「大辟」之辟，謂殺也；遂生爭議。眞西山之說，若此者有數條。

三、眞德秀之尚書學

眞氏無尚書之專門著作，然彼生於韓侂冑立僞學之後，善類爲黨禁所抑，若周、程、朱、張諸大儒之書，皆在被禁之列；西山晚出，獨以斯文自任，講習服行；黨禁既開，而正學遂明於天下，此西山爲力甚多，亦以是故，西山之說，見重於時，故雖無專著，而其尚書說每爲世所引用，影響甚鉅。

（一）真德秀尚書學之淵源

眞西山之學術師承，宋元學案謂「詹氏門人，屏山、晦翁再傳」〔註8〕，而詹體仁少從朱子學，得其正傳〔註9〕；西山早從詹氏遊，雖或爲時未久，要之亦得紫陽之傳。學案又列眞氏於慈湖、絜齋兩學案中，標作「私淑」〔註10〕，蓋亦嘗與之從遊也，然道學未能相契，西山亦未自刊門牆〔註11〕。眞德秀又嘗爲蔡沈撰墓誌，乃因蔡沈之子模所請也〔註12〕；然則彼亦與西山蔡氏有關聯，要之亦朱子一脈也。且以地而言，西山與朱子同鄉；以時而言，西山與朱子相去亦未遠，故其學源出朱子，當無疑焉。

今以讀書記及大學衍義考之，亦可見其尚書說之宗朱熹也。讀書記及大學衍義之中，所引尚書經文，如屬二典、大禹謨者，則多與蔡傳相同，甚至可謂撮蔡沈書傳而成，蓋蔡沈書傳中二典、禹謨，嘗經朱子親筆點定，可視作朱子尚書說之代表，故用蔡傳即用朱子之說也。然若蔡傳與朱子說相異，則又棄蔡沈而從朱子說。若說

〔註6〕見衍義卷十五，頁3。此用蔡傳之文。

〔註7〕見其書卷一，頁45。

〔註8〕見宋元學案八十一西山眞氏學案，總頁1522。

〔註9〕參見前書卷六十九滄州諸儒學案上，總頁1291。

〔註10〕參見前書卷七四、七五。

〔註11〕考西山文集卷三五，有〈慈湖先生行述〉、〈慈湖訓語〉、〈絜齋先生訓語〉三篇，其中明言慈湖、絜齋皆有以教西山；然西山於〈慈湖行述〉中，未自視爲門人高弟也。

〔註12〕參見前書卷四十二，頁6～9〈九峰先生蔡君墓表〉。

命下「舊學于甘盤，既乃遯於荒野」，蔡沈書傳以爲遯者乃高宗，與孔傳同，然朱熹則以爲遯者乃甘盤，與蘇東坡、呂東萊同。西山大學衍義云：

> 高宗之爲太子也，學于甘盤，學未大成而甘盤遯歸荒野，自河而亳，不知所終〔註13〕。

可見其用不以蔡傳爲基準也。又大學衍義解洪範皇極爲「君之至極」，即取朱熹之說〔註14〕；其解大禹謨十六字傳心訣「人心惟危，道心惟微，惟精惟一，允執厥中」，以爲朱熹之說最精，並引朱子中庸章句序之言爲說〔註15〕；而西山讀書記有「書要指」一篇，其中引用朱子論今文難，古文易而致疑之辭〔註16〕；西山無疑經之言，然其於此特引之以爲「要指」者，可見其私淑服膺之深矣。

（二）真德秀尚書學之特色

眞西山尚書之說，散見於讀書記及大學衍義之中，而此二書，均自有其體系結構及作用，故書說之義亦隨之而調整。

1、強調尚書與大學之關係

大學衍義既以大學一篇爲基礎，故所有立論，無不以之爲依歸。西山大學衍義序云：

> 爲人君而不知大學，無以清出治之源；爲人臣而不知大學，無以盡正君之法。既又考觀在昔帝王之治，未有不本之身而達之天下者，然後知此書所陳，實百聖傳心之要典，而非孔氏之私言也。……近世大儒朱熹嘗爲章句或問以析其義。……臣不佞，竊思所以羽翼是書者，故剟取經文二百有五字載于是編，而先之以堯典、皋謨、伊訓，與思齊之詩，家人之卦者，見前聖人規模不異乎此也〔註17〕。

是故衍義所論尚書，不爲解書義，乃在羽翼大學之言也。若其論堯典自「克明俊德」至「黎民於變時雍」一段曰：

> 明俊德者，脩身之事；親九族者，齊家之事，所謂身修而家齊也。九族既睦，平章百姓，所謂家齊而國治也。百姓昭明，協和萬邦，黎民於變時雍，所謂國治而天下平也。……先言克明俊德，謂堯能自明其德；次言百姓昭明，謂民亦有以明其德也。德者，人之所同得，本無智愚之間，凡

〔註13〕見其書卷三，頁1。
〔註14〕參見卷二，頁9。
〔註15〕參見卷二，頁1、2。
〔註16〕參見西山讀書記卷二三，頁25、26、27。
〔註17〕見大學衍義前附。

民局於氣稟，蔽於私欲，故其德不能自明，必賴神聖之君，明德爲天下倡，然後各有以復其初；民德之明，亦君德之先明也。夫五帝之治，莫盛於堯，而其本則自克明俊德始，故大學以明明德爲新民之端，然則堯典者，其大學之祖宗歟〔註18〕！

其解堯典首段，皆環繞大學之義立言，而終結以堯典即大學之權輿，可見其解尚書之基準也。

2、明標道德性理名目之源始

夫人之生也，稟乎天理，成其本性，率性而道出，修道而教行，是道德性理之本相，與人生俱在焉。然眾人之中，有生而不知其所以生者，不知其所有生者焉，惟聖人反躬自省，盡心知性，下學上達，遂以教人以其所以生，生而有者爲何，由是道德性理之目生焉。

西山大學衍義一書，所以教人成聖之途，讀書記一書，所以論人生之全備，是以尤重道德性理之目所以起始之處也。故西山說書，每言「某目始見於此」者。若讀書記引湯誥「若有恆性」，則曰：「愚按六經言性，始見於此〔註19〕。」引畢命「雖收放心，閑之惟艱」，則曰：「按放心二字，始見於此〔註20〕。」引仲虺之誥「克寬克仁」，則曰：「六經言仁始於此〔註21〕。」引大禹謨「朕志先定，詢謀僉同，鬼神其依」，則曰：「按六經之言鬼神始於此〔註22〕。」又其說堯典「敬授民時」，曰：「敬之見於經始此〔註23〕。」其說皐陶九德，曰：「九德之名自皐陶始〔註24〕。」其說太甲下「鬼神無常享，享於克誠」，曰：「誠字始見於此〔註25〕。」其說說命下「學於古訓，乃有獲」、「斆學半」，曰：「六經至此始言學字，學之一字，前此未經見也〔註26〕。」其論太甲下「克敬惟親，民罔常懷，懷于有仁，鬼神無常享，享于克誠」，則言曰：「敬、誠、仁並言，始於此三者〔註27〕。」凡此者，乃西山解經之常言。夫千里積于跬步，萬仞積于寸土，既有始，乃有終，此修身成德成聖之要領也。

3、取捨眾言，不作新解

〔註18〕見大學衍義卷一，頁2。
〔註19〕見讀書記卷一，頁3。
〔註20〕見前書卷三，頁12。
〔註21〕見前書卷六，頁1。
〔註22〕見前書卷四十頁2。
〔註23〕見王天與尚書纂傳卷一，頁3引。
〔註24〕見前書卷三中頁3引。
〔註25〕見前書卷十二下，頁1引。
〔註26〕見前書卷十五下，頁2引。
〔註27〕見董鼎書集傳輯錄纂註卷三，頁17引。

宋代學者，自慶曆以下，皆好以己意解經，故每有異論新說，紛紛擾擾。然通觀西山之作，其說尚書，雖宗朱子之說，亦博採群言，時有去取，甚或有置評於其間，然多陳列眾說，示所去取，復據其所取者發揮議論，如此而已。宋元學案於西山眞氏學案，嘗比較魏了翁與眞德秀二人，其言曰：

> 百家嘗聞先遺獻之言曰：兩家學術，雖同出於考亭，而鶴山識力橫絕，眞所謂卓犖觀群書者；西山則依傍門户，不敢自出一頭地，蓋墨守之而已〔註28〕。

此評洵有見地，非虛語也。

四、眞德秀尚書學之評價與影響

眞氏尚書之學，概若上述；彼本非爲尚書一經而作，乃爲發顯大學之義也；故其說配合大學而言，其重成德立治之過程與功夫，若多標明道德性理名目之始源，即此意也。而慇慇懃懃，守前人之說，拾珠鑲玉，自亦有一番工夫，惟無開創之氣魄，是以元代若董鼎書集傳輯錄纂註，王天與尚書纂傳等多有引用之，然皆以爲羽翼朱熹之說義耳，非所能獨當一面也。

第二節　王應麟

一、生宜事略

王應麟，字伯厚，慶元府鄞縣人，九歲通六經，從王埜、徐鳳受學。淳祐元年舉進士，調西安主薄。登第時嘗言曰：今之事舉子業者，沽名譽，得則一切委棄，制度典故漫不省，非國家所望於通儒。於是閉門發憤，誓以博學宏辭科自見；遂假館閣書讀之。寶祐四年，年三十四，中是科，添差浙西安撫司幹辦公事。帝御集莫殿策士，召應麟覆考，考第既上，帝欲易第七置其首；應麟讀之，乃頓首曰：是卷古誼若龜鑑，忠肝如鐵石；臣敢爲得士賀。遂以第七爲首選。及唱名，乃文天祥也。遷主管三省樞密院架閣文字，遷國子錄，進武學博士。時丁大全諱言邊事，應麟遂罷。未幾，起通判台州。度宗即位，視朝謂應麟曰：爲學要灼見古人之心。應麟對曰：嚴恭寅畏，不敢怠皇，克勤克儉，無自縱逸，強以馭下，制事以斷，此古人之心；然操舍易忽於眇綿，兢業每忘於遊衍。帝嘉納之。後以論大江邊防事，帝不懌，賈似道謀斥逐之，適丁毋憂去。及似道師潰江上，授中書舍人兼直學士院，即引疏

〔註28〕見宋元學案卷八十一，總頁1525。

陳十事以圖挽國於艱難，屢疏入不報，遂東歸；復召，力辭。德祐二年，宋亡，杜門不出，朝夕坐堂上取經史諸書講解辯論，著作甚豐。後二十年卒，時元成宗元貞二年也。年七十四。學者稱之曰厚齋先生。

王氏著作，多在宋亡不仕二十年間。所著有古易考，周易鄭康成注，詩考，尙書草木鳥獸譜，詩地理考，詩辨，詩草木鳥獸蟲魚廣疏，補注王會篇，集解踐阼篇，春秋三傳會考，論語考異，論語鄭康成注，孟子考異，六經天文篇，漢藝文志考證，通鑑答問，通鑑地理考，通鑑地理通釋，漢制考，困學紀聞，筆海，玉海，蒙訓，小學紺珠，小學諷詠，補注急就篇，姓氏急就篇，詞學題苑，詞學指南，玉堂類稿，掖垣類稿，深寧集等〔註29〕。

二、尙書學之著述與著錄

王應麟尙書之著作，有尙書草木鳥獸譜，補注王會篇。其中尙書草木鳥獸譜，僅見於倪燦宋史藝文志補，無卷數，已佚〔註30〕。經義考著錄王應麟「周書王會解」一卷，曰存〔註31〕；此即本傳所謂補注王會篇也；宋志不載，舊鄞縣志作「王會九州異物獻會解」，亦同。今見於元玉海附刻之中〔註32〕。

尙書著作之外．王應麟於整理收輯尙書，亦有建樹。清孫星衍岱南閣叢書收有王應麟集輯，孫星衍補集之馬融、鄭玄注「古文尙書十卷」；而張海鵬輯刊之學津討原叢書，亦收有王應麟撰集，清孔廣林增訂之「尙書鄭注十卷」。按王應麟本傳、年譜等文獻資料，均未嘗言及撰集「尙書鄭注」之事；然考王厚齊嘗爲「周易鄭康成注」一書，此書雖不載於宋志本傳中，然見載於王氏高弟子袁桷師友淵源錄，又見浙江通志引經義考〔註33〕；則王伯厚之曾集輯鄭玄之說矣；周易既輯，於尙書何獨不然。王應麟年譜亦著有「論語鄭康成注二卷」，雖或後人所託〔註34〕，要之王應麟之於鄭玄，頗爲重視。今傳爲王氏所撰集之「尙書鄭玄注」，均非原本，蓋已爲孔廣林、孫星衍所增補，孫星衍並以馬、鄭同脈而合輯之，更無緣考其眞僞矣。孫星衍序其書曰：

> 今所傳宋王應麟撰集古文尚書鄭氏注本，李君調元曾刊于蜀中；王光

〔註29〕參見宋史卷四百三十八儒林本傳。並參四明叢書王深寧先生年譜，宋元學案八十五深寧學案。

〔註30〕參見王深寧年譜之張譜頁53。

〔註31〕參見卷九七，頁11。

〔註32〕見於華文書局影印元慶路儒學刊本，四庫全書本玉海則分別刊行。

〔註33〕同註30。

〔註34〕同註30。

祿鳴盛作注，又加增補，漸無漏略。然王伯厚則不採馬注，鄭注亦不備，又誤以盤庚優賢揚歷爲大誓之文，以粊誓次文侯之命〔註35〕。

據孫氏之言，此書先爲李調元刊行，考李君乃輯刊函海叢書者也，乾隆二十八年進士，四川人。然則此書出現，至遲亦於乾隆四十七年，函海刊成之時。孫氏稱其書頗有失誤，以盤庚文爲大誓文，又以粊誓次文侯之命，與今僞孔本之序同；以理推之，王厚齋學歷功深，登博學鴻詞科，又沉潛鄭玄之學，必知鄭注尚書序刊，粊誓在呂刑、文侯之命之前，與僞孔本異；而以盤庚之「優賢揚歷」入大誓，則一般學士亦不應有之誤；伯厚大儒通識，其豈有如此大誤哉！故以爲此傳王氏撰集之「尚書鄭注」，當爲僞託者；然厚齋嘗撰集鄭玄尚書注，則亦理所當然。

此外，王深寧有六經天文篇，其中有專解尚書之天文相關事辭者；又困學紀聞卷二，乃王氏論尚書之說所聚，雖片斷不全，亦足窺其一斑矣。

三、王應麟之尚書學

王伯厚尚書之學，其六經天文篇中，有專解尚書天文事詞者，然通觀其書，乃博引歷代諸家之說以成，鮮下己見；其所引用於宋代學者，有朱熹、葉夢得、林之奇、陳鵬飛、夏僎、蔡沈、張九成、曾旼、王安石、蘇東坡、薛季宣、呂祖謙、吳棫、吳仁傑、司馬氏、范氏、黃氏、胡氏、方氏、鄭氏等。至於周書王會篇，其前半部均敘四海之內諸侯所貢獻之物，會於朝之事，其中多寫各人情狀，王厚齋亦多引山海經立言作解；其下又附「伊尹朝獻商書」，言商湯時伊尹令四方所宜進貢之物；二篇惟有似於尚書夏書之禹貢，然與今本尚書無甚相關。故欲論王伯厚之尚書學，則必以困學紀聞與漢書藝文志考證中論尚書之言爲依歸。

（一）王氏尚書學之淵源

王氏之學，據本傳云嘗從王埜受學。王埜者，眞德秀之弟子也〔註36〕，亦爲朱子、呂祖謙之弟子王介之子〔註37〕，眞德秀受學於詹元善體仁，亦爲朱子門人，故王應麟之學，其接朱子，眞西山之學甚明。元袁稱清客居士集云：

宋季詞科，呂成公、眞文忠傳諸徐鳳，徐鳳傳諸王公應麟〔註38〕。

然則厚齋之學，亦有淵源於呂祖謙中原文獻之學及文章詞科也。

困學紀聞論尚書語中，亦引袁絜齋燮之言〔註39〕，絜齋爲象山高弟，而象山之

〔註35〕見其書前附。

〔註36〕參見宋元學案卷八十一西山眞氏學案，總頁1532。

〔註37〕參見前書卷七十三麗澤諸儒學案，總頁1379。

〔註38〕見王深寧年譜張譜頁5小注引。

學行於四明，王伯厚與之地緣爲近；且王應麟父師事史獨善以接陸氏之緒，伯厚從其家學〔註 40〕，亦與象山一脈有關係，是以於袁絜齋之說，亦有取焉。

若以尙書之學言，據困學紀聞卷二中所記論書之文，可見其淵源之緒也。

1、遠祧程、朱之學

朱子之學，上繼二程，大開道問學一門，而朱子解尙書，亦時以程子之說立論；伯厚之學既出於眞氏而上接朱子，故於程頤之說，亦時取之。若其評堯典「五典克從」孔傳曰：

> 五典克從。孔安國傳本於左氏；程子解本於孟子。左氏言五教，不及君臣、夫婦、朋友，天敘有典，而遺其三焉，惟孟子得之〔註 41〕。

按程伊川嘗謂：「孔氏謂父義、母慈、兄友、弟恭、子孝，烏能盡人情哉！夫婦，人倫之本，夫婦正而後父子親，而遺之可乎！孟子云：堯使契爲司徒，教以人倫；五者，人倫大典，豈舜有以易之乎〔註 42〕？」可見其說全出程子之言也。又論堯典曰：

> 程子謂共兜之徒，及舜登庸之始，側陋之人，顧居其上，此凶亂之人所不能堪，故其惡顯，而舜誅之。韓非曰：堯欲傳天下於舜，鯀諫，共工又諫。曰：熟以天下而傳之於匹夫乎。堯不聽。此可以證程子之說〔註 43〕。

程氏之說，見於伊川經說，而林之奇解尙書亦引之。王應麟不獨引其說，復爲求證據以固其立足之實，是程子之功臣也。

至於朱熹之說，王應麟用之更多。若其論大禹謨曰：

> 大禹謨言念哉者二；益稷言念哉者一，皆禹告舜之辭。心者，治之本，心斯須不存，治忽分焉。恭惟千載心，秋月照寒水。於此見之〔註 44〕。

按此論大禹謨特重「念哉」，蓋念者繫之於心，念茲在茲，無所間斷，則此心之不懈可知矣，造次顚沛必於是矣。故引朱子感興詩中語以印證其義〔註 45〕，亦可見王應麟之推許朱子，以爲實已得聖人典謨之意也。故其於朱子之說取之甚固執。若其論書序「帝釐下土，方設居方」云：

> 書序帝釐下土，方設居方、釋文云：一讀至方字絕句。商頌禹敷下土

〔註 39〕見翁注困學紀聞卷二，總頁 116、117。
〔註 40〕參見宋元學案之深寧學案，總頁 1615 全祖望案語。
〔註 41〕見困學紀聞卷二，總頁 112。
〔註 42〕見前註文下翁注引。
〔註 43〕見困學紀聞卷二，頁 113。
〔註 44〕見前書卷二，頁 115。
〔註 45〕見前註文下註引。其詩曰：「放勛始欽明，南面亦恭已；大哉精一傳，萬世立人紀；猗與歎日躋，穆穆歌敬止；戒㚇光武烈，待旦起周禮；恭惟千載心，秋月照寒水。」

方，外大國是疆。朱文公亦以方字絕句，云：楚辭天問。禹降省下土方，蓋用此語。然書序已有此讀矣〔註 46〕。

按孔傳於此云：「舜理四方，諸侯各設其官，居其方。」乃以方字絕句；兩孔疏則云：「帝舜治理下土，諸侯爲各於其方，置設其官，居其所在之方而統治之。」以方字連下句讀。朱子之說，見詩集傳商頌長發下。然朱子於書序說曰：「逐方各設其居之道。」又從孔疏之句讀。王伯厚取其善者而用之。

此外，若朱子以爲大誥「我之弗辟」爲「避」，即蔡沈所得最後定論，伯厚亦以爲然〔註 47〕。若金縢「是有丕子之責于天」，蔡傳用正義之說，而朱子則採晁以道之說，王氏亦引晁以道之說，是用朱子之言也〔註 48〕。若朱子之說有失，王氏亦爲之辨護。如康王之誥，釋喪服而被袞冕一事，王應麟曰：

康王釋喪服而被袞冕，且受黃朱圭幣之獻，諸儒以爲禮之變。蘇氏以爲失禮。朱文公謂天子諸侯之禮，與士庶人不同，故孟子有吾未之學之語。如伊訓元祀十二月朔，奉嗣王祇見厥祖，固不可用凶服矣。漢唐即位行冊禮，君臣亦皆吉服，追述先帝之命，以告嗣君。蓋易世傳授，國之大事，當嚴其禮也。蔡氏書傳，取蘇氏而不用文公之說。愚觀孝宗初上太上帝后尊號，有欲俟欽宗服除奉冊者；林黃中議唐憲宗上順宗冊，在德宗服中，謂行禮無害，第備樂而不可作也。劉韶美議曰：唐自武德以來，皆用易月之制，既葬之後，謂之無服，群臣上尊號，亦多在即位之年，與本朝事體大相遠也。觀韶美之言，則文公語錄所云漢唐冊禮，乃一時答問，未爲定說也〔註 49〕。

按王氏以朱子之說與蔡沈傳所採者不同，以考諸史事，考諸今制，以明蔡沈之說，其採蘇氏之言爲得，然彼亦不以爲朱子之言爲誤，且爲之辭曰「未爲定說」。考朱子之說此，乃答潘子善之問也。朱子說書義，前後有二說者亦非一，若前引「我之弗辟」，朱子亦嘗用孔傳以誅殺解「辟」字，而不用鄭義。然則王伯厚亦以此爲朱子辯護，並調停朱、蔡之異也。

2、近接真西山之學

西山於尚書並無專著，然其大學衍義及西山讀書記中，論及尚書諸篇者過半，而元初學者亦頗宗述之。王應麟既從王埜受學，接西山之傳，其說尚書，亦多用西

〔註 46〕見前書卷二，總頁 114。
〔註 47〕見前書卷二，總頁 158。
〔註 48〕見前書卷二，總頁 16。
〔註 49〕見前書卷二，總頁 176、177。

山意也。若其論尙書中之德目曰：

> 仲虺之誥，言仁之始也。湯誥，言性之始也。太甲，言誠之始也。說命，言學之始也。皆見於商書〔註 50〕。

重視某自某時始者，朱子嘗曰：「經籍古人言學字，自說命始有〔註 51〕。」而大倡於眞西山，西山於讀書記中每一目下皆多言某德某事自此始，此眞西山說書特異之處也。又其論書中言「命」曰：

> 我生不有命在天，得之不得曰有命。一爲獨夫之言，一爲聖人之言。眞文忠公曰：命，一也，時焉而弗脩，賦乎天者也；安焉而弗求，樂乎天者也；此聖狂所以異〔註 52〕。

按此條皆眞西山「送張元顯序」中語，「眞文忠公曰」五字，宜置在前。

眞西山著大學衍義，以大學之理，牢籠五經六藝之文；故其論堯典首段，以爲大學義理之源也。王伯厚亦重大學之義曰：

> 曾子固奏疏曰：洪範所以和同天人之際，使之無間，而要其所以爲始者，思也。大學所謂誠意正心修身治其國家天下；而要其所以爲始者，致其知也；正其本者，在得之於心而已；得之於心者，其術非他，學焉而已矣。古之人自可欲之善而充之，至於不可知之神，自十五之學而積之，至於從心不踰矩，豈他道哉，由是而已矣。二程子以前，告君未有及此者〔註 53〕。

按眞西山大學衍義序云：

> 獨唐韓愈、李翶嘗舉其說，見於厚道、復性之篇，而立朝議論，曾弗之及。蓋自秦漢以後，尊信此書者惟愈及翶，而亦未知其爲聖學之淵源〔註 54〕。

王氏之論，其本諸西山無疑也。且彼徵引曾鞏之事，以證二程以前，確未有以此理倡於廟堂者，而倡之者首見於曾子固也。

3、兼採於呂東萊之說

呂東萊說書，其影響宋末甚深；朱子稱之高妙，蔡傳襲之傳經，胡士行更據改之以成士子通行讀本，魏了翁亦多用其言〔註 55〕。夫王埜之父王介，亦受學於東萊，

〔註 50〕見前書卷二，總頁 14。
〔註 51〕見朱子語類卷七十九論說命篇之文。
〔註 52〕見困學紀聞卷二，總頁 214。
〔註 53〕見前書卷二，總頁 155。
〔註 54〕見其書前附。
〔註 55〕參見本論文各家尚書學中。

或以此故於呂氏之說，甚加採納。若其論堯、舜、禹三聖曰：

若稽古稱堯、舜、禹三聖，而皐陶與焉。舜以天下遜禹，禹獨推皐陶。孟子論道之正傳，亦曰若禹、皐陶，則見而知之。又曰：舜以不得禹、皐陶爲己憂。子夏亦曰：舜舉皐陶。觀於謨而見皐陶之學之粹也〔註 56〕。

按此說本諸東萊之說也。東萊書說云：

虞廷之臣，獨皐陶稱若稽古，史臣將以是推皐陶，而附之於三聖人之列，皐陶與禹分位，相去不遠，皆亞聖也〔註 57〕。

又其論畢命曰：

畢命一篇，以風俗爲本，殷民既化，其效見於東遷之後；盟向之民，不肯歸鄭；陽樊之民，不肯從晉；及其末也，周民東亡，而不肯事秦，王化之入人深矣〔註 58〕。

按呂祖謙左傳說曰：

三盟向之民，不忍輕棄周而服鄭；陽樊、溫原之民，亦不忍輕棄周而服晉；以此見周之德澤，結民深處，不肯捨周服諸侯如此〔註 59〕。

此解畢命之義，更出尚書之外而別引左傳之說，蓋見其用東萊之說，遵伯恭之義，既廣且深也。

王深寧尚書學之淵源，以朱、眞、呂爲大源，其他諸家，亦每取用。若朱子屢稱吳棫考證甚好，稱吳仁傑解洪範五行與庶徵相配，稱鄭樵解禹貢九江，稱王安石酒誥之句讀，稱蘇氏解書最好，稱薛季宣長於地理，稱林之奇解之詳盡，稱張九成解書有氣魄等〔註 60〕，王應麟皆引及之。可見其博學約取，不偏主一家者也。

（二）王應麟尚書學之特色

王應麟學承朱熹、眞西山等義理大家，其以義理說經，可想而知；若其論仲虺之誥「好問則裕」曰：

好問則裕，謂聞見廣而德有餘也。中庸曰：舜好問、博學之，必審問之；學以聚之，必問以辨之；敏而好學，必不恥下問。老子亦云：知而好問者聖，勇而好問者勝〔註 61〕。

〔註 56〕見困學紀聞卷二，總頁 121。

〔註 57〕見增修東萊書說卷四，頁 1。

〔註 58〕見困學紀聞卷二，總頁 178。

〔註 59〕見前註同文下註引。

〔註 60〕朱子對上述諸家之評讚，可參見朱子語類卷七十八綱領，又董鼎書集傳輯錄纂註前附之綱領，鄭樵一條，見董鼎書中禹貢九江條下輯錄中引。

〔註 61〕見困學紀聞卷二，總頁 21。

又論君奭「格于皇天」曰：

格于皇天，格其非心，皆誠意感通，而極其至，事君如事天〔註62〕。

凡此者，皆是也。然伯厚好學勤覽，綜攝各家，其自謂爲學之旨曰：

聖人之道，淡而寡味，故學者不好也；及至期月，所觀彌博，所習彌多，日聞所不聞，日見所不知，然後心開意朗，敬業樂群，忽然不覺大化之陶己，至道之入神也。學者不患才不及，而患志不立〔註63〕。

王氏爲學之旨，在先博聞廣見，日積其功，則自然入道。此說與朱子大學格物補傳之義無異也。故王應麟之說尚書，博觀廣蒐，鈎沉剔秘之功多，發揚心性義理之力寡。茲述其尚書學之特色：

1、據書以闡為政之道

眞西山爲大學衍義，以爲大學一書，乃爲政之要，故以其理涵籠六經之文，以資爲政者之助。而王應麟論尚書義，亦每就書以論治理，或據書以評爲治之得失。其言曰：

烹魚煩則碎，治民煩則亂，故以叢脞爲戒；器久不用則蠹，政不常修則壞，故以屢省爲戒；多事非也，不事事亦非也〔註64〕。

按此引益稷之言「率作興事，愼乃憲，欽哉，屢省乃成，……元首叢脞哉，股肱惰哉」以言爲政之道。益稷之言叢脞、惰、墮，止言其現象關係，未言其中之理，王伯厚則引毛詩誰能烹魚傳文作解，以爲爲政戒煩瑣，上侵下職，故上叢脞則下墮惰也。老子亦云：「治大國若烹小鮮。」其理同也。然益稷復言「屢省乃成」者，即以與「叢脞」相輔，煩瑣之幣在多事，然若懲於多事而垂拱不爲，則又有荒政不修之病，是治國事應爲其大者，而非斤斤於小者；爲君之道，在「起」其大而屢省，戒叢脞或不修也。

王應麟亦每以尚書之義評議歷代爲政者之得失。若其論漢代曰：

既獲仁人，武所以克商也。養民以致賢人，興漢在於一言；延攬英雄，務悅民心，復漢在於一言〔註65〕。

按武成曰：「既獲仁人」，王氏以爲此武王克商之要旨也，其意謂武王之所以成，在得賢人；以此理推而論漢劉邦之興，東漢光武劉秀之復，若出一轍。漢書蕭何傳云：「夫能詘於一人之下，而信於萬乘之上者，湯、武是也。臣願大王王漢中，養其民

〔註62〕見前書卷二，總頁29。

〔註63〕見宋元學案八十五，總頁162中引。

〔註64〕見困學紀聞卷二，總頁28。

〔註65〕見前書卷二，總頁27。

以致賢人，收用巴蜀，還定三秦，天下可圖也。」後漢書鄧禹傳鄧禹曰：「於今之計，莫如延攬英雄，務悅民心，立高祖之業，救萬民之命。」何、禹之言，與武王之獲仁人何異。此漢興復之理得矣。

王氏又嘗論秦漢爲政之失曰：

> 學古入官，然能後議事以制；伯夷以禮折民，漢儒以春秋決獄。子產曰：學而後入政，未聞以政學者也。荀卿始爲法後王之說，李斯師之，謂諸生不師今而學古，太史公亦惑於流俗之見。六國表云：法後王，何也，以其近己而俗變相類，議卑而易行也。文帝謂卑之無甚高論，宣帝謂俗儒好是古非今。秦既亡，而李斯之言猶行也。孟子曰：爲政不固先王之道，可謂智乎〔註 66〕！

按此論周官「學古入官，議事以制」之義，以論秦、漢襲習荀子法後王而悖於理，史公、文帝、宣帝之言，皆惑於荀卿之論也。此皆不學古之幣，而政亦隨之矣。

2、說書因時事而發議

王厚齋身處南宋之季，而權臣當路，志不能伸，空有圖謀之忠，恨無進用之階，屢奏不報；國事去矣；而垂暮更遭陽九之厄，親嚐亡國之痛，雖杜門不仕，然其心慘怛之可不言而喻也。陳振孫論陳鵬飛書解曰：

> 今觀其書紹興十三年所序，於文侯之命，其言驪山之禍，申侯啓之，平王感申侯之立己，而不知其德之不足償怨，鄭桓公友死於難，而武公復娶於申；君臣如此望其振國恥難矣。嗚呼！其得罪於檜者，豈一端而已哉〔註 67〕！

是有志之士，多感國難之厄，而發於著述之中也。王應麟說尚書，亦每就時事感發而言。其言曰：

> 張子韶書說，於君牙、冏命、文侯之命，其言峻厲激發，讀之使人憤慨，其有感於靖康之變乎！胡文定春秋傳，於夫椒之事，亦致意焉？朱子詩傳，其說王風揚之水亦然〔註 68〕。

王氏稱舉張九成，胡安國、朱熹，以爲能有感於時而發也；而其論尚書曰：

> 商之澤深矣。周既翦商，歷三紀而民思商不衰；考之周書，梓材謂之迷民，召誥謂之讎民，不敢有忿疾之心。蓋皆商之忠義士也。至畢命始謂之頑民。然猶曰：邦之安危，惟茲殷士，兢兢不敢忽也。孔子刪詩，存邶、

〔註 66〕見前書卷二，總頁 25。
〔註 67〕見直齋書錄解題卷二，頁 6。
〔註 68〕見困學紀聞卷二，總頁 181。

> 鄘於風，繫商於頌。吁！商之澤深矣〔註69〕。

按全氏曰：「厓山未平時，元人以告變之章，大捕四明遺老，以為欲迎二王。深寧所以唏噓而言此〔註70〕。」其言當是。商澤之深，殷士不忘，則宋澤之深，士子當亦有所不可忘也，其寄意於尚書之論，豈不明哉！

厚齋又論後世用尚書作典，即可見其為人之用心，其言曰：

> 漢董賢冊文，言允執其中；蕭咸謂此堯舜之文，非三公故事，班固筆之於史矣；而固紀竇憲之功曰：納于大麓，惟清緝熙，其諛甚於董賢之冊；當憲氣燄方張，有議欲拜之伏稱萬歲者，微韓稜正色，則無君之惡肆矣。此固所以文姦言而無忌憚也。倪正父駁昆命元龜之制，有以也夫〔註71〕。

按王氏所言倪正父，乃宋當朝之臣倪思也。昆命元龜之制，乃史彌遠拜右相之制詞。倪思時知福州，讀之駭歎，以為用舜禹揖遜文，請貼改。王應麟稱倪思之正君臣之大分，以絕臣下窺伺之心，此忠臣節志之所為也。以此觀漢之蕭咸之正節，班固之諂附，其異同可見也。全氏曰：「若寶慶大臣，即不至萌無君之心，而諂之者不異班固之於竇憲矣。時草制者為陳晦，又史氏之私人也。……豈知深寧於此，固有深慨也夫。又云：宋初趙中令制詞，亦有此語；陳晦據以黜倪思之說，以史氏之勢，而倪敢論之，其直節自不可沒〔註72〕。」以上述之例見王應麟因感時而說尚書，寄其意於議論之間矣。

3、重鄭玄之尚書說

范曄後漢書儒林傳云：「中興扶風杜林傳古文，林同郡賈逵為之作訓，馬融作傳，鄭玄注解。」又鄭玄傳云：「從東郡張恭祖受古文尚書。」是鄭玄之學，多古文也。而隋書經籍志錄鄭玄尚書大傳注，是鄭玄又習今文之說也。鄭玄綜攬古今，自成一家之學，東漢之季，號曰大儒。王肅以王朗之勢，與之爭辯，作聖證論，由是學者有鄭、王之異。北史儒林傳稱南北章句好尚，互有不同；江左尚書則孔安國，河洛尚書則鄭康成。隋書經籍志則稱至隋，孔、鄭並行而鄭氏甚微也。唐孔穎達修五經正義，信用偽孔安國本，而鄭學益衰，然正義中尚多徵引；至宋性命性理之學興，而鄭說亡矣。夫鄭玄之學，多涉讖緯，義理之家，每以此摒棄之；然其說於視諸家最近古，亦研經之一助也。王應麟之學重勤積之功，旁搜遠紹，靡有遺漏，鄭玄大儒，豈可乏矣！故其集鄭玄周易注成書，而尚書鄭玄注不見著錄，今世所傳，或出

〔註69〕見困學紀聞卷二，總頁167。
〔註70〕見前註條下註文。
〔註71〕見困學紀聞卷二，總頁125。
〔註72〕見前註條下註文。倪思之事亦同。

於後世所托者，然王氏於當時曾集鄭玄尚書之注，理亦當然。觀夫困學紀聞之中可知。其言曰：

書裨傳云：鄭大儒必有所據而言〔註73〕。

按其引吳棫裨傳之言；以此見其信用鄭康成之說。困學紀聞之中言及鄭玄之說者十九條，不爲不多矣；其中或明鄭說之所本，或據鄭以評他說，或比較鄭、孔之異，或存鄭玄之說，或指某說根於鄭，不一而足，亦有指鄭說之不是者三條。若其論舜典曰：

鄭康成讀舜典云：舜生三十，謂生三十年；登庸二十，謂歷試二十年〔註74〕。

按此見尚書正義引，與孔傳說異，王氏未加評騭，是存鄭氏之一說也。又論禹貢「滎波既豬」曰：

豫州、滎波既豬。古文云：滎嶓既都。職方氏：豫州其浸波溠。鄭注云：波讀爲播，禹貢曰滎播既都。賈公彥疏云：禹貢有播水，無波。然則漢唐本皆作滎播也〔註75〕。

此王以鄭玄本及他本作「嶓」「播」，以明古本尚書不作「波」而作「播」也。又其言「朔南暨聲教」曰：

朔南暨爲句。下云聲教訖于四海，史記註本如此〔註76〕。

按此據史記夏本紀集解，於「朔南暨」下引鄭玄曰：「朔，北方。」是以暨字截句也。此見鄭注之所錄，並據之以言句讀也。又其論益稷十二章服曰：

鄭康成書注，間見於疏義；如作服十二章，州十二師，孔注皆所不及〔註77〕。

按此見孔、鄭之異也。又其論大誥「三監」云：

三監，孔氏謂管、蔡、商。……唯鄭康成以三監爲管、蔡、霍。蘇氏從孔說，林氏、蔡氏從鄭說〔註78〕。

而王應麟原註曰：「詩譜以三叔爲三監；孫毓云：三監當有霍叔。鄭義爲長。」此見其準鄭玄而評孔傳也。又其論君陳曰：

命君陳分正東郊成周。鄭注：周之近郊五十里。今河南、洛陽相去則

〔註73〕見困學紀聞卷二，總頁142。

〔註74〕見前書卷二，總頁114。

〔註75〕見前書卷二，總頁129。

〔註76〕見前書卷二，總頁131。

〔註77〕前書卷二，總頁138。

〔註78〕見前書卷二，總頁161。

然，鄭以目驗知之〔註79〕。

按鄭玄戒子書嘗謂：「吾嘗遊學周秦之都，往來兗豫之域。」則康成於河南、洛陽間道理地形甚稔，故王應麟謂鄭說親目所驗而可信也。

雖然，王應麟亦有以爲鄭說不然者焉。其論禹貢「九河」曰：

> 鄭康成注禹貢九河云：齊桓公塞之，同爲一。詩正義云：不知所出何書。愚按書正義引春秋緯寶乾圖云：移河爲界，在齊呂塡閼八流以自廣。鄭蓋據此文。九峰蔡氏曰：曲防，齊之所禁。塞河非桓公所爲也〔註80〕。

按此不獨補明鄭說之所自出，亦評鄭說之不然。

綜而論之，鄭玄之學，衰於唐，亡於孔；有宋義理之學者恥言之；而王應麟學承朱、眞，而用心力於鄭玄之說，既可見其博學，復可見朱熹考古疑經之衍變，學風漸有所移矣。

4、考辨尚書之文字

尚書之難，除眞僞之辨外，復有所謂古文、今文之異，文字不同，師說相乖；且又有典籍異文，皆足使人生畏也。而厚齋恃其博習功深，孜孜於此。彼述隸古尚書之流傳云：

> 釋文序錄云：尚書之字，本爲隸古，既是隸寫古文，則不全爲古字。今宋齊舊本，及徐、李等音，所有古字，蓋亦無幾，穿鑿之徒，務欲立異，依傍字部，改變經文。然則今所傳古文尚書，未必皆孔安國之本。宋景文筆記云：楊備得古文尚書釋文，讀之大喜，書訊刺字皆用古文。按國史藝文志，唐孝明寫以今字，藏其舊本；開寶五年，別定今文音義；咸平三年，孫奭請摹印古文音義，與新定釋文並行，今亦不傳。然漢至唐，所謂古文者，孔安國以隸存古，非科斗書也。今有古文尚書，呂微仲得本於宋次道、王仲至家〔註81〕。

其下尚有註文曰：「郭忠恕定古文尚書并釋文，今本豈忠恕所定歟。」可見王應麟於隸古定本之源流傳授，知之甚詳。薛季宣後據古文本作訓，呂曰書古文訓。

字既有古、今、隸、楷之異，復經多人之手，則文字有變訛非不可能。故王應麟亦每加分辨。若其論堯典「昧谷」曰：

> 周禮注引書曰：分命和仲，度西曰柳穀。虞翻云：鄭玄所注尚書，右篆丣字，反以爲昧；古大篆丣字，讀當爲柳，古柳、丣同字，而以爲昧。

〔註79〕見前書卷二，總頁173。

〔註80〕見前書卷二，總頁138。

〔註81〕見前書卷二，總頁13。

裴松之謂翻言爲然〔註82〕。

按此據鄭玄所引尙書文字作「柳穀」，與今本作「昧谷「相比論，並以見作「柳」爲長。又其論臯陶謨「天明畏自我民明威」曰：

古文，天明畏自我民明畏；今文下畏字作威，蓋衛包所改，當從古〔註83〕。

按此言尙書經文之所以變，乃後人所改易也。

王氏考辨尙書文字，亦重典籍所引之異文。其嘗引吳棫之書裨傳曰：

吳才老書裨傳考異云：伏氏口傳，與經傳所引，有文異而有益於經，有文異而無益於經，有文異而音同·有文異而義同。才老所述，今不復著。以閏月定四時成歲，古文定作正，開元誤作定。舜讓於德弗嗣，班固典引作不台。在治忽，今文作來政忽，史記作來始滑，漢書作七始詠；忽又或作曶……〔註84〕

可見王氏採吳棫之說，留心於經籍所引異文也。

5、對孔安國傳之硏究與啟發

王應麟於困學紀聞中，多言鄭玄之說，甚有以鄭說駁孔傳者，其不甚信用孔傳可知。孔氏傳尙書，朱熹力致其疑，然未能舉出實證，僅就文章體格爲說，雖眼光銳利而未能服眾。王應麟既勤奮於文字考辨，漢唐異說，鉤沉發隱，遂得前人之所未見者。其論曰：

論語：予小子履，敢用玄牡，敢昭告於皇皇后帝。孔安國注云：墨子引湯誓，其辭若此。疏云：尚書湯誓無此文，而湯誥有之，又與此小異，惟墨子引湯誓，其辭與此正同〔註85〕？

按王氏引論語注與僞孔傳相比觀，其可疑者現焉。二者同爲孔安國注，而何以二者有此異；若謂論語注有誤，則其注文與墨子正同，可見論語注不誤；若然，則注論語之孔安國，未嘗見所謂孔壁多出之古文，亦無所謂湯誥之篇，若進而論之，孔傳本之僞迹，呼之欲出矣。王氏又言曰：

雖有周親，不如仁人。孔安國注論語，言雖有管蔡爲周親，不如箕子、微子之仁人。與注尚書異〔註86〕。

按王氏知此二者之異矣，然未論其所以異也，若論之與前條共觀，則僞孔之售其欺

〔註82〕見前書卷二，總頁11。
〔註83〕見前書卷二，總頁121。
〔註84〕見前書卷二，總頁15、16。
〔註85〕見前書卷二，總頁145。
〔註86〕見前書卷二，總頁149。

必不如是之久。

四、王應麟尚書學之評價及影響

王應麟之學，眞積力學，搜羅考辨之工夫深，而義理參悟之工夫寡，視前輩儒者，近於吳棫。全祖望嘗謂曰：

> 和齊斟酌，不名一師；宋史但夸其辭業之盛，予之微嫌於深寧者，正以其辭科習氣未盡耳。若區區以其玉海之少作爲足盡其底蘊，陋矣〔註87〕。

全氏之說是也。正因彼詞科習氣未盡，故而孜孜矻矻於文字考證，搜輯佚文之事。王氏所收者，不止於鄭玄之說，於尙書之逸文，亦力求索之，復重視逸周書，注王會篇，此亦有異於其他學者也。王氏尙書之學，可謂開由宋入清之門徑也。

王厚齋之尙書說，亦見重於清代考據之家。以考成僞孔本成名之閻若璩，亦多徵引應麟之說。王應麟以論語引尙書之孔安國註與僞孔本之孔安國註相比觀，見二者之不相侔，似非一人之手，雖未言其可疑，然足與後人之疑竇。清閻氏若璩於其古文尙書疏證中，亦引此兩孔安國註之大不倫，以證孔傳本之僞；其言曰：

> 余嘗取孔註論語與孔傳尚書相對校之，如予小子履，敢用玄牡三句；孔曰：履，殷湯名；此伐桀告天之文；殷家尚白，未變夏體，故用玄牡；皇，大；后，君也；大大君帝，謂天帝也；墨子引湯誓，其辭若此。朕躬有罪，無以萬方四句，孔曰：無以萬方，萬方不與也，萬方有罪，我身之過。雖有周親，不如仁人二句，孔曰：親而不賢不忠，則誅之，管蔡是也；仁人謂箕子、微子，來則用之。……今安國傳湯誥、泰誓、武成語，絕不類。安國親得古文二十五篇，中有湯誥、、泰誓、武成，豈有註論語時遇引及此三篇者，而不曰出逸書某篇者乎！……據古文則予小子履等語，正湯誥之文也，作論語者亦引湯誥，而孔不曰此出湯誥，或曰與湯誥小異，而乃曰墨子引湯誓，其辭若此；何其自爲乖剌至於如是其極乎！余以是知予小子履一段，必非眞古文湯誥之文，蓋斷斷也。又從來訓故家於兩書之辭相同者，皆各爲詮釋，雖小有同異，不至縣絕；今安國於論語周親仁人之文，則引管、蔡、微、箕以釋之，而周之才不如商；於尚書周親仁人之文，則釋曰：周，至也，言紂至親雖多，不如周家之多仁人，而商之才又不如周，並相懸絕如是，是豈一人之手筆乎！且安國縱善忘，註論語時至此獨不憶及泰誓中篇有此文，而其上下語勢，

〔註87〕見宋元學案卷八十五深寧學案，總頁1615。

皆盛稱周之才而無貶辭乎〔註 88〕！

按閻氏之析論，誠不易之論也，然若王應麟未先引二者比觀，則後人未必能據此而考之；閻氏於此未稱王厚齋先有此見，稍有掩美之嫌。然閻氏於他處，則多引王氏紀聞及玉海之說，雖或有評議，亦足見其舉足輕重也。若疏證第六十六條引困學紀聞曰：

按困學紀聞謂葛伯仇餉，非孟子詳述其事，則異說不勝其繁矣。又謂孟子之時，古書猶可考，今有不可彊通者也；此等識見最確。予謂讀言合稷契者，亦當以是求之〔註 89〕。

閻氏於此亟稱厚齋之識見，以爲有過人者焉。而孫星衍、孔廣林均據傳爲王氏所撰集之「尙書鄭注」，精益求精，廣爲增訂，使鄭玄之學，復得窺其大概〔註 90〕；可見王應麟博學功深，勤於抉剔，旁搜遠紹，輯纂舊文，於後學之裨益亦云大矣。

〔註 88〕見其書卷二第十九條。

〔註 89〕見其書卷五上，頁 4。

〔註 90〕見前論王應麟尚書之著述部份。

第十二章　項氏尚書學案

項世安

一、生平事略

項世安，字平甫，號平庵。括蒼人，遷江陵。登淳熙二年進士，除祕書正字。光宗以疾不過重華宮，安世上書切諫，不報。尋遷校書郎。寧宗即位，時朱熹召至闕，未幾予祠；安世言朱熹本二千里外一庶官，陛下即位未數日，召侍經筵，天下皆以爲初政之美，供職甫四十日，即以內批逐之，舉朝不知所措，願留朱熹以輔聖學。不報，俄以僞黨罷。後除戶部員外郎、湖廣總領，坐事免。復以龍圖閣爲湖南轉運判官，未上，用臺章奪職罷。嘉定元年卒。所著有易玩辭、項氏家說、平庵悔稿〔註1〕。

二、尚書學之著述與著錄

項安世無尚書之專著，然項氏家說中有書說一卷，未獨立成篇。宋志及直齋書錄解題並著錄項氏家說，然其書久佚，今本乃四庫全書輯自永樂大典者；提要云：

> 自明初以來，其本久佚，今惟散見永樂大典各韻內，核其所載，多兼及說經、說事、說政、說學等篇名，而逐條又各有標題，其原書體例約略可見，篇帙亦尚多完善，謹依類排纂；經則按各經之文次之，卷一卷二並易，卷三書說……〔註2〕

〔註1〕參見宋史卷三百九十七，頁6本傳。宋元學案卷四十九晦翁學案下，總頁898。宋人傳記資料索引冊四，總頁2939。

〔註2〕見項氏家說前附。

是項氏家說卷三，全為說尚書之文。此外卷一說經篇有「三正說」多引書經之文立論，亦足參考。

三、項安世之尚書學

項安世長於易，著有周易玩辭一書，而家說中經說篇說易者有兩卷，可以概見矣。其說書之文雖不多，然頗有精闢之見。茲述其尚書學如次：

（一）項氏尚書學之來源

項氏之學，史傳皆未言其師承；宋元學案置項氏於晦菴學案之中，蓋因項氏嘗力辯朱熹當留朝廷經筵，以輔聖政，是其與朱熹學術脈絡相近也。茲析論其說義與諸家學說之關係。

1、重孔傳而不盡相從

孔安國傳，宋慶曆以前，學者無不從之；自劉敞、王安石、蘇東坡諸說出，始疑議經傳，自為新說，自是厥後論解尚書者多步武之，孔傳之說不振矣。陸游曰:「自漢儒至於慶曆間，談經者守放故而不鑿；七經小傳出，而稍尚新奇，至三經新義行，視漢儒之學若土梗。……不難於議經，況傳注乎〔註 3〕！」可見孔傳之失勢。項安世則以為孔傳有功於經，故雖有所指評，大體仍以孔傳為主。其論孔傳之功曰：

> 先儒傳注，其有補於經者甚多，凡行於世者，皆不苟也。孔安國之于尚書，至為有功，如注湯欲遷夏社，不可，眾人不過屈于伊陟、臣扈之諫耳，安國則曰：以棄代稷，無可代社者，故仍用句龍氏，然後知社稷之制，至今沿之者為有由也。酒誥曰：盡執拘以歸于周，予其殺。眾人止言待新民寬，故勿殺，待舊民嚴，故盡殺之。安國則曰：予當擇其罪之大而殺之；然後周公之訓為可傳也。其他如此類者甚多。經學既廢，人習新說，古注皆不知讀，先儒苦心不明于今者，何可勝數〔註 4〕！

項氏所取於孔傳者，多就說義而言，謂孔傳得古聖人之心，是有勝於宋代新說也。然於訓釋之事，則偶有棄孔傳而用鄭義者。若論金縢「我之弗辟」曰：

> 孔氏謂辟者行法也，居東則東征也，信然，則周公誅謗以滅口，豈所以自明于天下哉！鄭氏謂辟讀為避，居東則避之也；予嘗反復本文，則鄭說為是；蓋周室初基，中外未定，流言乘間而作，成王疑于上，國人疑於下，周公苟不避之，禍亂忽發，家國傾危，將無以見先王于地下矣〔註 5〕。

〔註 3〕見王應麟困學紀聞卷八，頁 4 經說。

〔註 4〕見項氏家說卷三，頁 2。

〔註 5〕見前書卷三，頁 19。

其於論君奭「割申勸寧王之德」曰：

> 鄭氏禮記注曰：周申觀文王之德。古文爲割申勸寧王之德，今博士爲厥亂寧王之德。古文近似之。割之言蓋也。安世按……鄭氏訓割爲蓋，于古讀爲通；古字多假借，如此之類甚多。……今人曲爲割之申之勸之之說，皆不若鄭氏之簡明也〔註6〕。

就此二例觀之，項氏重孔傳之義，而旁取鄭氏之義訓以成其說也。

2、博採有宋諸儒之說

有宋一代，學術號爲變古，議難經傳，所在多有，然就發揮經文義理，考證經文得失言之，亦有愈於前代者；項世說經，主孔傳及漢儒傳注之外，並旁採宋代諸家之說。若王安石之新義，胡宏之皇王大紀，張景、胡瑗之洪範論說多加採用。其論武成曰：

> 王介甫以此爲脱簡，當以厥四月哉生明至予小子其承厥志，移在天下大定之下；此說良是，必如此然後文理可讀，日月亦順〔註7〕。

此明引王安石之說而用之。然亦有評王氏者，其論洪範「曰貞曰悔」曰：

> 人但知内卦爲貞，外卦爲悔，不知其何說也。王介甫謂靜爲貞，動爲悔，亦臆之而已。此占家之事，惟京氏易謂發爲貞，靜爲悔，則知于筮法〔註8〕。

此謂王安說憑空臆說，了無根據，故求之於卜筮之家說，是得正解也。其論西伯戡黎則用胡宏之說，其言曰：

> 先儒謂西伯戡黎，故殷始咎周，此非書意也。……蓋文王之世，殷未嘗咎周也，至武王之末年，殷始咎周，疑間生而責讓至，度其事勢，必有侵伐之謀，武王於是戡黎國，以據壺關之險，東向臨之，牧野之事，蓋決于此時矣。……史記膠鬲問武王之師曰：西伯曷爲而來此。武王稱西佰之驗也〔註9〕。

此乃用胡宏大紀之說也。胡氏以武王元年在商紂二十四年，而戡黎事在二十四年之後，是戡黎者武王也〔註10〕。其論洪範「五福六極」之說，則用張景、胡瑗之說。其言曰：

〔註 6〕見前書卷三，頁 25。
〔註 7〕見前書卷三，頁 13。
〔註 8〕見前書卷三，頁 17。
〔註 9〕見前書卷三，頁 11、12。
〔註10〕參見宥宏皇王大紀卷十頁 5、6。

凶者考終命之反，短折者壽之反，在福爲二，在極爲一也；貧與弱者，富之反；疾與憂者，康寧之反；在福爲一，在極爲二也；惡與好德，一福一極也〔註 11〕。

按此以福極相配而又非一一相對之說，蓋出於張景洪範論七篇，胡瑗洪範口義用其說；此說與劉向外加「皇極不建」對「弱」者不同。張景謂「五福六極」曰：

其義相反，不必數之相敵。五福曰壽、曰考終命，六極曰凶短折，此一極而反二福也；五福曰富，六極曰貧，此一極而反一福也；五福曰康寧，六極曰疾、曰憂，五福曰攸好德，六極曰惡、曰弱，此二極而反一福也，蓋亦各盡其意而已矣〔註 12〕。

兩者相較，其配對之形式相同，惟「弱」之一極，張景與「攸好德」相配，而項氏則與「富」相配爾。

（二）項氏尚書說新義

1、論古文易，今文難

夫伏生所得今文二十八篇，多聱屈口舌，難以通讀，而所謂孔壁古文，則文從字順，意義明白；故若林之奇、朱熹皆有以說之者，林氏以爲乃伏生齊語使然〔註 13〕，朱子則以爲先秦引書文與伏生同，不可謂齊語使之如此，又伏生所記誦偏得其難者，若以爲紀錄之實語難工，而潤色之雅詞易好，則何以伏生所記無平易之雅詞；此又不可理解者也；是以朱子終無定說〔註 14〕。項氏則曰：

二十五篇皆孔氏自以隸書古篆訓釋科斗之文，乃皆明白瀏亮，略無疑闕，而其餘與今文同者三十三篇，以孔氏之字書，參伏生之親授，當更明白，乃反多聱牙不可誦說，又伏生耄矣，于難誦者一字不遺，而明白易曉者乃皆忘之，此亦事理之不可曉者。意者古語古字，本自難通，孔氏訓時，頗有改定之功，如今之譯經潤文者爾〔註 15〕。

此論古文之所以易，乃因孔安國所改定潤色故也；按此說未充，若孔安國既能潤色孔壁古文，則何以不並伏生所有三十三篇而潤色之乎！至於其論今文之所以難，則曰：

商盤、周誥，古今以爲聱牙，而當時用之以告民庶，何哉？曰：此其

〔註 11〕見項氏家說卷三，頁 18。
〔註 12〕見林之奇尚書全解卷二十五，頁 31 引張晦之。
〔註 13〕參見前書前附林之奇序文。
〔註 14〕參見朱文公文集卷六十五，頁 4、5 尚書序說。
〔註 15〕見項氏家說卷三，頁 1。

> 所以爲聱牙也。告民庶之辭與作文章不同，告民庶者，必俯而就之，或用時語，或用方言，或用官府吏文，或辨釋當時事，因所以在當時眾庶易疏曉，在異代異俗爲難道也〔註16〕。

項氏以爲今文之所以難，蓋在夫告眾庶，用時語方言故也。謂「告眾庶」使然，其說未允，蓋若君奭一篇，非告眾庶之辭，而其文與大誥、召、洛語相去無幾。至若謂「用時語方言」，則爲千古灼見也；蓋古代時語，不用於今，今世慣詞，未必源古，語隨時而失其音，詞隨時而易其字，此古代文言之所以難通也。項氏不獨以此論盤庚，亦據之論禹貢「沱潛」曰：

> 凡山南溪谷之水，皆至江而出，山北溪谷之水，皆至漢而出；其水眾多，不足盡錄，故南總爲沱，北總爲潛，蓋當時之方言，猶今溪谷云爾〔註17〕。

此項氏以方言之說，明今文之所以聱牙難通也。此說至清末王國維始復明之。王國維曰：

> 詩書爲人人誦習之書，然於六藝中最難讀。……其難解之故有三：譌闕一也；古語與今語不同二也；古人頗用成語，其成語之意義與其中單語分別之意義又不同三也〔註18〕。

王國維氏此說，誠爲精確之論。項氏生千載之前，而能有此觀念，知語文隨世變易之理，不盲從崇古之弊，其視朱子之辨古文、今文之說，亦不遑多讓，若合朱、項之說而論之，則古文僞迹或可早揭發之矣。

2、以兵謀論武王伐紂

項安世論西伯戡黎，用胡宏皇王大紀之說，以爲戡黎者非文王，乃武王也；武王之所以戡黎，蓋計紂必有伐我之事，故先戡黎以據壺關之險以防之。其論泰誓中「西土有眾」曰：

> 武王渡河，雖曰群后畢會，及聆其誓語，專以西土邦君爲言，則孟津之會，皆西土之諸侯也。蓋紂都河北，正天下之勁兵所處，用南方之人，未必勝之，故武王之所用，皆關隴蜀漢之士，先以河東之兵塞壺關之險以爲疑兵，而武王自以西土之眾自關向洛，整陣徐行，以爲正兵；自孟津北沽攻之，故曰同力度德，武王之慮精矣〔註19〕。

〔註16〕見前書卷三，頁9。

〔註17〕見前書卷三，頁8。

〔註18〕見觀堂集林藝文二，總頁75，〈與友人論詩書中成語書〉。

〔註19〕見項氏家說卷三，頁12。

項氏又論武成「癸亥陳于商郊」曰：

紂好勇而善疑，有伸句索鐵之力，而專養亡命逋逃之人以爲親兵，百戰百克，天下畏之。……故武王伐紂，其規模與湯不同；武王先取壺關以塞紂西向之路，然後自洛陽渡河攻之。初以戊子日離宗周，整眾徐行，日三十里，自周至洛九百里，凡一月而後至，人力不勞，兵勢不急，紂因恃兵之強與大河之固，安坐而未出也。既戊午涉河，一日而誓師，明日復誓，遂行；自孟津至朝歌四百餘里，凡五日而至；癸亥之夕，徑陳於國門之外；甲子之朝，紂狼狽出師，人心震駭，皆望塵而奔，周人自攻之，盡勦其多罪逋逃之眾，血流漂杵，舊惡無餘；于是善良奠枕，而天下定矣〔註20〕。

項氏以兵謀之意解武王伐紂之事，戡黎者扼險而自保也；誓西土之眾者，以南方之士爲疑兵，獨勵西方之卒以爲主力．先徐行，示緩以懈敵志，後忽陳，是攻其所無備；思慮如此之周，其視戰國策士猶有過之也。孔傳謂「升自陑」爲「出奇不意」，謂武王十一年觀兵而退，乃示弱也，如此說者，已亟招後人詬病矣，而項氏更有過之。

3、論九年大統未集

武成「惟九年大統未集」，孔傳謂文王受命之九年也，歐陽修泰誓論則以爲九年乃指武王之九年，而非指文王也。項安世創爲新說曰：

史記周本紀、太公世家、周公世家皆言武王即位九年，乃觀兵于盟津，明此即武王之九年也。時已十一年矣，何以謂之九年？古者天子諸侯皆除喪之後，始即政事之位，通初喪數之爲十一年，但數即政之年則九年耳。……惟親政九年大統未集，故武王來得盡承文王由舊之志〔註21〕。

此以武成之「九年大統未集」即泰誓之「十一年」，其差在守文王之喪期，若數之，是武王即位之年數十一年也，若不數之，是武王即政之年數九也；其說前此未之有也。

（三）疑經改經

項氏雖重孔傳之義，然未篤守其說，故兼採王氏、胡宏之說，是亦勇於疑議經傳者也。彼疑改經文之說，條述如次：

1、武成脫簡

武成因脫而錯簡。於是有改正武成之說。其言曰：

王介甫以此篇爲脫簡，當以厥四月哉生明至予小子其承厥志，移在天

〔註20〕見前書卷三，頁14。

〔註21〕見項氏家說卷三，頁12、13。

下大定之下；此說良是。必如此然後文理可讀，日月亦順，又見武王所承之志。上講文王欲由商之舊政而未得，今予小子不可不承，故次以乃反商政，政由舊，此即承志之事也。若如本文，則是文王志在厎裔之罪，而武王承之也〔註22〕。

2、洪範「五紀、皇極」脫簡

項氏論「五紀、皇極」曰：

> 此二章皆有脫簡。曰王省惟歲至則以風雨，當在五紀章之內，與庶徵章全無干涉也。惟辟作福，至民用僭忒，當在皇極章之末，其文與爲天下王相接，其意與惟皇作極相類，且所言福威，皆皇植章內之事，與三德殊不相關也〔註23〕。

考項氏以「王省惟歲」至「則以風雨」一段，乃五紀之文，錯簡在庶徵，其說出於龔鼎臣、蘇軾〔註24〕。而以「惟辟作福」至「民用僭忒」爲皇極章下之文，則爲一己之創見。按「惟辟作福」一段，晁說之、姜潛以爲乃五福之疇文〔註25〕，與項氏說不同。

四、項安世尚書學之評價及影響

項氏之學，長於周易，至於尚書之說，非其重鎭，然其說尚書，退則守孔傳之義說，進則訂孔傳之或失，旁採漢、宋諸儒之說，而能不爲所限，創爲新說，勇於疑改，所得亦有可觀知焉。

項氏論盤庚篇之所以難，以爲古語方言，今世不識，時移勢易使然也，此實靈犀通照之智，百代以下，方識其眞妙；其視古之唯貴古賤今者，不可同日而語矣。

項氏創「惟辟作福」一段爲皇極疇文之說，此說王柏書疑亦用之。王柏論曰：

> 自曰以下，指上文爲皇極之敷言，始爲箕子語，此當爲皇極傳。上曰敷言，告其君也；下曰敷言，告其民也，再曰天子作民父母，此指皇極之位而言；合接惟辟作福至僭忒，言此分之不可干也。舊綴於三德之下，其義紊〔註26〕戾。

王柏雖未明言此說所來自，然其說與項氏無異，或即汲取於項氏也。

〔註22〕見前書卷三，頁13。
〔註23〕見前書卷三，頁16。
〔註24〕見東原錄及東坡書傳卷十。
〔註25〕參見嵩山文集卷十一洪範小傳。
〔註26〕見王柏書疑卷五，頁1。

第十三章　趙、史尚書學案

第一節　趙善湘

一、生平事略

趙善湘，字清臣，濮安懿王五世孫。其父從高宗渡江，聞明州多名儒，徙居焉。善湘以恩補入仕，慶元二年，舉進士，歷官至煥章閣直學士，知紹興府。紹定中，李全犯淮東，善湘以江淮制置使屢討逆有功，封天水郡公。監察御史嘗劾奏之，帝以討逆復城之功寢其奏。淳祐二年，帝手詔求所解春秋，進觀文殿學士，守本官致仕，卒〔註1〕。

趙善湘所著述有周易約說八卷、周易或問四卷、周易續問八卷、周易指要四卷、學易補過六卷、洪範統論一卷、中庸約說一卷、大學解十卷、論語大意十卷、孟子解十四卷、老子解十卷、春秋三傳通議三十卷、詩詞雜著三十五卷。

二、尚書學之著述與著錄

趙善湘長於周易，所著以周易爲多，而洪範與周易頗相關切，故善湘亦著意於洪範也。所作洪範論一卷，見於宋史本傳，藝文志則未錄。經義考名之曰：「洪範統紀」，云「未見」，並按曰：「葉氏菉竹堂目有之〔註2〕。」四庫提要則名之曰「洪範統一」，提要云：

> 宋史謂之洪範統論，文淵閣書目又作統紀；今據善湘謂漢儒解傳祇以五事、庶徵爲五行之驗，而五紀、八政諸疇，散而不知所統，……定皇極

〔註 1〕參見宋史卷四百一十三，頁8、9、19。宋人傳記資料索引冊四，總頁3577。
〔註 2〕參見其書卷九六，頁4。

爲九疇之統，……得其統而九疇可以一貫之矣云云，則永樂大典題曰洪範統一，爲名實相應矣〔註3〕。

其實善湘之書，以爲洪範九疇，皆有所統，統於皇極也，皇極統九疇，九疇自亦有所統之者，以綱統維，以維繫目，此所謂統也，故謂之統論、統一、統紀，均無不可。今其書前附趙氏自序，則稱之曰「洪範統一」，亦可遵之矣。

三、趙善湘之尚書學

趙氏於尚書洪範特著意焉者，蓋其本長於易，而洪範與周易，既有河圖洛書同出之說，亦有稽疑卜筮之相似，故研易者每及洪範也。茲析論其洪範之說如后：

（一）趙氏洪範學之淵源

趙善湘洪範統一自序云：

> 自漢世儒者爲災異之說，乃以五行、五事、皇極、庶徵、福極五者，合求而災異之應，而於八政、五紀、三德、稽疑四者，離不相屬，其後爲史，又皆或祖漢儒。獨歐陽唐史紀災異而不言事應，眉山之學，亦以福極于五福不相通，悉歸於皇極之建不建。……竊謂漢儒離合之說，非洪範之本旨，遂譔洪範統一，庶幾成歐陽、眉山之志〔註4〕。

可知趙氏之洪範學說，多取於歐陽修、蘇洵二家也。

歐陽修修新唐書，於五行志記災異之事，而不言事類之應；此外歐陽修亦嘗奏「論刪去九經正義中讖緯箚子」，謂「士之所本，在乎六經，而自暴秦焚書，聖道中絕，漢興收拾亡逸，所存無幾，或殘編斷簡，出於屋壁，而餘齡昏眊，得其口傳，去聖既遠，莫可考證，偏學異說，因自名家，……（正義）然其所載既博，所擇不精，多引讖緯之書以相雜亂，怪奇詭僻，所謂非聖之書〔註5〕」故欲刪去九經中讖緯之文，使學者不爲怪異之論也。而蘇洵作洪範圖論三篇，一以闢漢儒五行災異之說，此與歐陽修同也；二以皇極統九疇也；其言曰：「大法本乎五行，理五行資乎五事，正五事賴乎皇極。五行，含羅九疇者也；五事，檢御五行者也；皇極、裁節五事者也。……然則含羅者其統也，裁節者其端也，執其端而御其統，古之聖人正如是耳〔註6〕。」是其說以皇極統九疇也。今考趙善湘洪範統一，全書皆不言災異類應，此與歐陽修、蘇洵之言論相契合。又其書前序云：

〔註3〕見洪範統一書前前附提要。
〔註4〕見前書前附自序。
〔註5〕見歐陽文忠公全集卷一百十二，頁8。
〔註6〕見嘉祐集卷七，頁2。

由五行至五紀，安行乎皇極者也，由三德至福極，輔成乎皇極者也，皇極居于五，主張綱維是者也；疇雖有九，其統則一。

其論「五行」疇曰：

土者坤之承乎乾而厚載物者也，合乾坤之氣而成位乎下，故行水火木金之中，而爲統一之道也〔註 7〕。

其論「五事」疇則曰：

思，貌言視聽之皇極也。

其論「五紀」疇曰：

歷數，歲月日星辰之皇極也。

其論「稽疑」曰：

註曰：善鈞從眾，亦皇極也。

可見其以皇極一疇統九疇，而每疇亦各有一皇極；此與蘇洵以皇極爲端，執端以御其統之說相一致。

（二）洪範說與周易

趙氏本即擅長周易，故其解洪範，往往以周易之說相比附，以資爲說。其後敘曰：

河出圖，洛出書，而八卦九疇，以數示人：八卦，虛中之數也，九疇，建極之數也，其道一也。何以言之？八卦奠位而包皇極于內，皇極居中而運八卦于外，此八卦九章相爲表裏也。……洛書未出，則九疇建極之道，默用于聖人之經世；九疇既著，則洪範之書，遂爲經世之大法。易與洪範，因無二本也〔註 8〕。

按趙氏以爲洪範與周易，本無二致，其異在虛中、居中爾。八卦虛中，無皇極統之，故必待聖人而用之，始見其道也；九疇皇極居中；皇極者，趙氏謂「合天下之道而歸於聖人之建極」，是道之行於居中之皇極也，此亦蘇洵之意也。

趙氏解洪範諸疇，亦不離於周易。其論五行之疇曰：

太極始分爲乾坤，乾一變而爲坎，坤一變而爲離，是生水火；乾再變而爲震，坤再變而爲兑，是生木金，水火得乾坤之中氣，木金得乾坤之偏氣，是爲四象也；土者坤之承乎乾而厚載物者也；合乾坤之氣而成位乎下，故行水火木金之中而爲統一之道也〔註 9〕。

〔註 7〕此及以下三條，分別見於洪範一，頁 6、7、8、12。

〔註 8〕見前書，頁 16。

〔註 9〕見前書，頁 6。下論庶徵條見頁 14。

其論五行，以八卦乾坤之變解之，則九疇之五行，與八卦之四象加坤，無以異也。又其解庶徵曰：

> 水、雨、肅，皆坎之象；火、暘、乂，皆離之象；木、燠、哲，皆震之象；金、寒、謀，皆兑之象也；土、風、聖行乎四象之中，坤承乎乾之象也。

按趙氏以八卦之四象解五行，而五行與五事，庶徵相條配，故有此論；然其條配之法與蘇洵不同；蘇氏以木配貌、雨，金配言暘，火配視燠，水配聽寒，土配思風；其不同者蓋趙氏按五行、庶徵之原序相配，而以四象貫之也。按此論出吳仁傑之說也。吳氏有尚書洪範辨圖，爲圖以辨歐陽修、蘇洵、蘇轍之所論也〔註10〕；其書已佚、朱熹引而稱之曰：

> 曾見吳仁傑說得也順。它云：貌是水，言是火，視是木，聽是金，思是土。將庶徵來說，便都順。……貌是濕潤底，便是水，故其徵便是肅時雨若。……寒如何屬金？曰：他討得證據甚好，左傳云：金寒玦離。又貌言視聽思，皆是以次相屬〔註11〕。

然則趙氏又非純用歐陽、蘇洵之說也。

四、趙善湘尚書學之評價及影響

趙善湘精擅周易，其旁及洪範，亦彼周易學之餘義耳，觀其論洪範與周易無異，以八卦乾坤解五行、庶徵，可以見矣。其說皆前有所承，無甚發明特異之處，故論洪範者多未及之。四庫提要評論其書曰：

> 考朱子與陸九淵論皇極之義，往復辨難，各持一說，此書以大中釋皇極，本諸注疏，與陸氏合；復謂九疇皆運於君心，發爲至治，又合朱子建極之旨，蓋能通懷彼我，兼取兩家之說者，生當分朋講學之時，而超然不預於門户，是難能也〔註12〕。

按四庫之評，實無中生有，憑空揑造也。趙善湘以皇族之親，平逆之功，身居廟堂之上，官爵封天水郡公，官拜觀文殿學士，實無與於朱、陸之爭，其洪範說與朱、陸均無關連，乃出於一己之意也。其長於易而以易說範，即可知矣。其皇極取大中之義，出於孔傳，不必與陸氏相牽爲說；若其說稽疑「三人占，則從二人之言」曰：

〔註10〕參見經義考卷九十六，頁3引王應麟之言。

〔註11〕見朱子語類卷七十九尚書二，總頁243夔孫、胡泳所錄之語。

〔註12〕同註3。

註曰：善鈞從眾。亦皇極也〔註13〕。

此亦用孔傳，而云「亦皇極也」，與全書之義一致，此亦可謂與陸相關乎？至於謂九疇皆運於君心，此蘇洵之意也，蘇洵曰：「皇極裁節五事，五事得而五行從，是三卒歸之一也。然則所守不亦約而易乎！所守約而易，則人君孰欲棄得取失，棄時取常，棄福取極哉〔註14〕！」且趙氏於序自言繼歐陽唐史，蘇氏眉山之志，未嘗言及朱、陸也。而黃宗羲作宋元學案，不列趙善湘於朱、陸之門，亦可見趙氏與陸、朱無關也。

第二節　史堯弼

一、生平事略

史堯弼，字唐英，世稱蓮峰先生，眉州人也。童稚時已迥出不凡。紹興中，已有文名。年方十四，試眉州，李燾爲解魁，而蓮峰時在第二，人疑其文未工，赴鹿鳴宴，猶著粉紅袴；太守試之，援筆立就，眾皆驚服。東書游東南，時張浚在潭，以所著樂府及洪範等論贄見之；浚得其文，以示張栻曰：「此東坡先生之學也。」留館於潭。明年試湖南漕運，蓮峰第一，南軒第二；因以文章正宗示南軒，開正大之學，是以南軒尊東坡而懷蓮峰也。紹興辛巳登第，未授官而卒。著有蓮峰三十卷〔註15〕。

二、尚書學之著述與著錄

史堯弼著蓮峰集，乃其兄孫史師道所輯掇重刻而成，後亦不復見，今本蓮峰集十卷，乃四庫輯自永樂大典者，其中卷六有洪範論上下并引一篇〔註16〕。因其書久佚，故諸家及經義考皆未之錄。

三、史堯弼之尚書學

蓮峰集李清全序及省齊序，皆云史氏以洪範論贄見張浚，而浚謂其義理之學，大類東坡，是史堯弼著洪範在紹興二十餘年之間也。今史氏尚書之說，惟有此論耳。茲論其洪範之說如后：

〔註13〕見洪範統一，頁12。

〔註14〕見嘉祐集卷七，頁3。

〔註15〕參見蓮峰集前附省齊、任清全二序。並四庫提要所引周密浩然齋雅談；又宋人傳記資料索引冊一，總頁486。

〔註16〕參見四庫提要。蓮峰集前附。

（一）以數言洪範

夫洪範之文，孔傳云：「天與禹，洛出書，神龜負文而出，列於背，有數至于九，禹遂因而第之，以成九類。」史氏信孔傳此說，以爲洪範之要有二，出於天者其數也，施於人者其用也。天不能以言其用，故示之以數；且天之與人，其勢必不能以相接，則洪範之所以錫，蓋亦因數而錫之也。故論洪範當以數；聖人知天之意，是以原其數而得其用也。其論曰：

> 六經之中，惟易與洪範乃皆出於天而有所不可知者，而或者乃一以詩書春秋禮樂之法而求之，則亦不思而已矣。……天之有所畀付而後二聖人者，始得以措意乎其間，此必有所系乎數而非人之所能與也。數者雖非聖人所用心，道之出於天下，亦非數之所能盡，然而非數則道無以見；故夫不通於數而論易與洪範者，皆一時曲說，而非其實耳〔註17〕。

論洪範既必以數，然則其所謂之數蓋何所指哉？洪範之數，止于九，初一、次二之序即其數也。史氏推而論之曰：

> 洪範之數，蓋與河圖合，河圖則施於天，而洪範則施於人者也。河圖之數本於九，獨五處其中而爲之用，其所謂五者，即易之天五，其餘八位，則五之所統也。……皇極之次五而處於九疇之中者，蓋取夫五之爲用；而疇之所以有九者，蓋本夫河圖之數；加之不可爲十，損之不可爲八，而天地事物之理，無所不在是也。……知天之數，然後禹與箕子之意明；知夫五之爲用，然後皇極之所以列于次五之意可見〔註18〕。

史氏既以洪範與易皆以數現，而易之數顯而洪範之數隱，故借易之數解洪範也。洪範之疇有九，而五居中焉，五者皇極之疇而居中，是其意必以建皇極而統八疇，彝倫始得攸敘。明夫五爲數之中，皇極爲九疇之中，斯然後可以言洪範也。

（二）以五數皇極貫九疇

夫劉向作五行傳，以五行、五事、庶徵、福極相配而合災類應之說以解洪範，宋蘇洵作洪範圖論以攘闢之，倡以皇極統五事，五事節五行，五行含羅九疇之說，曰以一治三，以三治九，以九治五十，以五十治百；而晁說之作洪範小傳，取張景五行之說，以五行貫九疇之中，示九疇皆可條配相應。趙善湘作洪範統一，則以皇極之義分貫九疇〔註19〕。史堯弼亦主皇極一疇以統九疇，然其所以統之者，則以爲皆五數故也。其言曰：

〔註17〕見蓮峰集卷六，頁2。
〔註18〕見前書卷六，頁3、4。
〔註19〕上述諸家洪範之說，參見本論文論諸家各章中。

> 五行之數五，五事之數五，五福之數五，庶徵之數五，其理有相應者，故彼得以合之，舉庶徵、福極，以應五行、五事，而系之於皇極，而遂以八政、五紀、三德、稽疑爲不相應而在數之外，則亦惑矣。……故嘗論之，皇極雖均爲一疇，然以道觀之，其他八疇皆不過入於形器事物之間，而皇極蓋居其虛位而無所不治者也。……苟知皇極之無所不治，則知禹與箕子之意無難也。……則曰以一而無所不治〔註20〕。

其論皇極於九疇，近乎晁說之，不以五行貫之，而易之以五數；又取蘇洵以皇極爲統之義，而非其以一治三，以三治九之論，又評劉向五行傳之妄說，此亦與蘇洵、東坡同。張浚嘗觀其文及洪範論，謂此爲東坡之學；然則史氏之說，其大體出於眉山蘇氏之學也。

四、史堯弼尚書學之評價及影響

蓮峰集久失傳，歷來學者未之睹，惟當時張浚評之曰「此東坡之學」一句耳。四庫全書輯蓮峰集自永樂大典，而作提要曰：

> 其論策諸篇明白曉暢，瀾翻不窮，亦有不可羈勒之氣，大抵有其鄉蘇氏之遺風。……任清全序乃因集中有論學之作，遂以張栻少年自得爲堯弼磨礲浸灌之功，欲援而入于道學之列，則門户標榜之習，轉不足以見堯弼矣〔註21〕。

其意若謂史堯弼不足入道學之列，今據洪範析而論之，則其學亦自有根源，出於眉山蘇氏一脈，不必攀張栻而標榜也。黃宗羲宋元學案未列史氏，蓋未見其書，無由列之；馮雲濠、王梓材補遺，列之入卷五十南軒學案中，是又陷提要所訾者之中矣，亦不合史氏之學脈；當列入卷九十九，蘇氏蜀學略中爲當也。

〔註20〕見蓮峰集卷六，頁6。
〔註21〕同註16。

第十四章　張、章、陳、黃尚書學案

第一節　張文伯

一、生平事略

張文伯，字正夫，樵陽人。南宋光宗、寧宗間人也〔註 1〕。生平不詳，有九經疑難十卷，生平事亦僅見於其書序。

二、尚書之著述及著錄

張文伯有九經疑難十卷，其中第三卷乃論尚書者；經義考尚書部目錄不見著錄，蓋其書傳世甚希故也〔註 2〕。

三、張文伯之尚書學

張文伯之書，名曰九經疑難，可見其於諸經，每持疑難之態度爲之，是勇於發異議，疑經書者也。其序曰：

> 疑生於不信，難起於不服；經之有疑難，其殆出於專門之學，臆見異說，自相矛盾者乎！然所疑有是有非，而難有當否。……昔孔門之學，大槩務通倫類而已，顏子聞一知十，子貢告往知來，故師友琢磨而德業日進，使其舉一隅而不反以三隅，決不能有所疑、有所難也。……凡平日得於先

〔註 1〕參見宋人傳記資料宗引冊三，總頁 2352。然其中云張氏乃宋末人，則不然；考張氏九經疑難所引諸家之說，不及朱熹、吳棫、胡宏之異說，又章如愚山堂群書考索多徵引張氏疑難之文，章氏爲寧宗慶元中進士也；而疑難文中，於論旅獒條引南宋孝宗之事，則其時當在孝宗之後，章氏之前，是光宗、寧宗間人，非宋末也。

〔註 2〕九經疑難今刊於宛委別藏。

儒之議論者，寸長片善，靡有不錄；今取其切於場屋之用者，纂爲一書，題曰九經疑難；非惟述其辨駁口口而已。凡其說之新奇，意之高遠，詳備無遺，開卷一覽，九經大旨瞭然在其中矣〔註3〕。

按其序所言，九經疑難之書，乃爲場屋應試而纂編者。蓋北宋熙寧八年，三經新義頒行，經義程式，一以爲準，由是王氏之學，獨行於世六十年，科舉士子熟於此，乃合程度，士子習之，其說如脫墼然。更靖康之難，其風乃已〔註 4〕；宋室南渡，學者以爲國難之所由起，因新法寖漸而成，故諸臣如楊龜山、陳過庭、馮澥等皆上奏罷三經義，如馮澥奏曰：

臣願陛下明詔有司，訓敕中外，凡學校科舉考校去取，不得專主元祐之學，亦不得專主王氏之學；或傳注，或己說，惟其說之當理而已〔註5〕。

馮氏言上，奉聖旨依奏。南宋高宗亦明詔科舉可用異說，紹興八年六月，將行科舉，前一年六月丙辰，下詔定其事曰：

尚書省請申令舉，程文，許通用古今諸儒之説及自出己意，但文理優良，即爲合格。從之〔註6〕。

以是之故，張文伯纂集九經異說及或有疑難之處，編爲一書，以備試闈發揮應對之用，此九經疑難之所以作也。故其書中尚書之卷，有引正義及諸儒之說者，有引之而復加申辨駁斥之者；其引而不辨者，未必其意即同於前儒，其引而辨之，乃其一己之論也。其所引者，正義爲多．蓋正義多申孔傳未明言之義也；若「禹謨何以稱大」，孔傳止云「大其功」，正義則云「禹與皐陶同爲舜謀，而禹功實大，禹與皐陶不等，史加大其功，使異於皐陶〔註 7〕」，此即正義辨孔傳之疑難也。正義之外，所引多宋儒之說，前於宋者以劉知幾史通之論爲多，蓋劉氏有尚書十疑故也〔註 8〕。宋代則有司馬溫公、劉敞、蘇洵、楊繪、楊時、程頤、王安石等而止，而林之奇，吳棫、胡宏、朱熹、呂祖謙等之說，皆未引及，亦可見其生平時代也。

張文伯書既名之曰「疑難」，所集載者亦尚書有疑難之事，及前輩諸儒所發疑議之論；張氏於其中亦每因疑議之論而復加辨證。茲舉其大者數例以見一斑於后：

（一）論武成之文

〔註 3〕見九經疑難前附。
〔註 4〕參見陳振孫直齊書錄解題卷二，頁 5。
〔註 5〕見程元敏先生著三經新義輯考彙評（一）——尚書中，總頁 348。
〔註 6〕參同前書，總頁 358 引。
〔註 7〕見九經疑難卷三，頁 7 引。
〔註 8〕參劉知幾史通卷十三疑古篇。

自孟子云「盡信書不如無書，吾於武成，取二三策而已，以至仁伐不仁，何其血之流杵也」，后世解經，於武成疑之甚力，至爲平常。孔穎達以不破注說，猶云「此篇序事多而王言少，其辭又首尾不結，體裁異於餘篇，無作神羞，當有其辭，今無其語，是言尚未訖」，簡編斷絕，自漢以來，豈惟孔疏疑之。宋世王氏、程氏之徒，莫不疑之然張文伯則不然，以爲武成無錯簡，不必改。其言曰：

> 若夫武成之書，則似顛倒錯亂，然深究其旨，實未嘗錯誤也。蓋古書之體自不同，仲虺之誥，全載仲虺之言；……若堯典則雜記堯用人之言，至於稱堯之德，與乃命羲和以下，蓋史官之辭。……武成則不然，武成者，武王伐紂之功已成，其政事之書，皆史官記武王征伐及其歸周所行之事，此則堯典、舜典、顧命之書體同。……武成一書，惟知古人作書之體者，乃知其無誤也。……或曰：孟子之於武成，固盡信之矣，豈得無疑乎？曰：孟子時疑其仁人伐罪不至於流血漂杵爾。孟子雖疑其理之或非，未嘗疑其文之錯誤。後人疑武成當如孟子而後爲知書也〔註9〕。

張氏以爲武成之書，雖有日月參差之疑，又有孟子不盡信之說，然其本無可疑者，蓋日期先後不倫，乃因記事之體使然，而孟子言不信，乃不信其理，而孟子之於經文，則未嘗不信，故張氏曰「疑其理，信其文」也。

（二）洪範九疇不可相配為說

洪範九疇，於庶徵之文，有配五事而應之說，故漢劉向作五行傳，專言災異類應，自是厥後，言洪範者多以此申大禹箕子之義。迨宋蘇洵作洪範圖論，明指劉向五行傳及漢儒之失，闢災異類應之說，然猶以五行、五事、庶徵、皇極、福極相條配立言，其視漢儒之說若五十步爾。張文伯於疑難中，既引蘇洵洪範圖論之文，復辨之曰：

> 漢儒災異之學，何其戾經，爲道惑人之甚也。夫子作春秋，記時之災異，未嘗言其應者，以天道之難言也。……悲夫，漢儒之說勝，則春秋始暗昧，洪範九疇復斁矣。……夫箕子言九疇，自五行至五福六極，因不能無先後緩急之序，……謂九疇以五行爲重可也，而謂九疇皆配合於五行則非也；九疇之相配，惟五事庶證而已，曰肅時雨若，乂時暘若，哲時燠若，謀時寒若，聖時風若；此以人時上應天時，經則明言之矣，其他皆無相配之理也。五行之於五事，亦自不相涉，況及其他乎！……苟以五行、皇極、五福六極皆合於五事，則八政、五紀、三德、稽疑亦可強合之乎！知彼之

〔註9〕見九經疑難卷三，頁33。

不可而惟此之求，戾箕子之意明矣。近世蘇子知劉氏之失，立論以非之，是矣，而其自爲説又以理五行資五事，正五事賴於皇極，五行含羅九疇者也，五事檢節五行者也，皇極裁節五事者也，此亦不可。……六極之中，生而抱病謂之疾，狀貌醜陋謂之惡，勢力孤寡謂之弱，此皆出於天命，非人所爲也，今以皇極不建，五事不當，五行不順，乃使人疾，使人惡，使人弱者，有是理乎！故夫蘇子之論，正與五行傳辨而未免五行傳之惑也，誠使劉氏之傳，舉而焚之，不爲後儒惑，則九疇之義昭矣〔註10〕。

張文伯力辨劉向五行傳之失，亦稱蘇洵之辨爲是，然蘇氏既辨之未明，猶蹈條配類應之覆轍；其反九疇相配之說，至於焚五行傳之書，可謂深惡痛絕之極矣。

（三）辨君奭召公所以不悅

夫君奭序云：「召公爲傅，周公爲師，相成王爲左右。召公不悅，周公作君奭。」孔傳未言不悅之因，史遷於燕世家謂成王幼，周公攝政，因踐阼，召公疑之，乃作君奭；此說甚謬，考經文中皆周公留召公之言，非辨已所以踐阼之事可知。孔穎達謂周公既攝王政，不宜復列於臣職，是以召公不悅周公之留也。蘇軾則以爲伊尹既復政而告歸，周公不歸，故而不悅；其說與孔疏爲近，皆以爲不知去就之禮與時也。王安石則以爲召公以成王聰明不足，難與有爲，是以召公不欲身任太保之責；若如是說，則召公者懼難好逸，不能任大責者也，豈聖賢之意哉！故張文伯爲之說曰：

熟讀君奭一書，無召公憂成王難與共治之事，亦無召公欲周公告去之意。召公之不悅者，非爲周公也，自有所不悅也。……召公相文、武、成王三世矣，至成王能自爲政，召公之年已老矣，而復尊以師保之任，方功成身退之時，而加以莫重之寄，雖成王之所眷注，周室之所倚賴，爵位日隆，任責日重，非召公所樂也，況召公已封於燕，身留相周而不得優游於國，不悅之旨，蓋爲此爾；是以周公勤勤作書以留之，蓋不以寵利居成功者，人臣去就之節，忘身徇國，愛君不忍去者，大臣始終之義；召公欲告老，雖得去就之節，未可以爲忘身徇君之義，此君奭之書所爲作也〔註11〕。

張文伯既評司馬遷、孔穎達、蘇軾、王安石諸家之說，以爲於理不通，遂倡告老優游不獲命之說，一可免誣成王爲中材之主，二可成召公之賢能，三亦能與經文之意相配無阻，其說視前輩諸家爲勝；此說朱熹、蔡沈亦與之相近〔註12〕，足見此說之

〔註10〕見前書，頁27、28、29。
〔註11〕見前書卷三，頁43、44。
〔註12〕參見書集傳卷五，總頁171。

可取也。

（四）辨穆王非荒怠之君

穆王爲君，其是非臧否，自古論者紛紛。列子有穆王與西極化人同遊飛昇之說；左傳有穆王欲肆其心，周行天下，將皆有車徹馬迹焉；韓退之有徐偃王廟碑，言周穆王無道，意不在天下，巡遊瑤池而忘歸，諸侯爭辨而無所資，至三十六國執贄於徐庭，穆王聞之懼而伐徐；皆以爲穆王爲荒怠之君也〔註 13〕。至蘇軾東坡書傳，則以昭王南征而不復，至齊桓公乃以問楚，是終穆王之世，君弒而賊不討，而穆王初無憤恥之意，乃欲以車徹馬迹周于天下，君牙、冏命二書，無哀痛惻怛之語，足見穆王無道之情；若非祭公謀公以祈招之詩收穆王之心，則穆王不復矣；呂刑之作，蓋在感悔之後，時已耄矣〔註 14〕。張九成承其說，甚至以爲君牙、冏命二書，出於賢大夫之手，而不出於穆王。張文伯爲穆王辨之曰：

> 今之世儒有讀命伯景爲大僕正者，則曰穆王好馬故也；讀呂刑王享國百年耄荒，則曰王老而荒怠，故好游也。蓋列子之說，傳爲左氏，以及於韓子，信韓子之說必至於此也。據書曰王享國百年耄，言時已老矣，年雖老而猶荒度作呂刑，以詰四方，正見王之不怠也。荒度之義，與荒度土功同，若果既耄且荒，何暇訓夏贖刑乎〔註 15〕！

按此據呂刑「王享國百年耄荒度作刑以詰四方」，以「荒度」與益稷「荒度土功」同義；荒、大也；此用蘇軾書傳之說也。蓋蘇軾以呂刑可見穆王之德故也〔註 16〕，然張文伯亦不用東坡論君牙、冏命之言，而爲之論曰：

> 今觀穆王三書，其命君牙爲大司徒，則自謂守文武成康之遺緒，其心憂危，若蹈虎尾，涉春冰，必賴股肱心膂爲之翼也。其命伯景爲太僕正，則自謂怵惕惟厲，中夜以興，思免厥愆，至有僕臣諛，厥后自聖之言，非惟見其任君牙、伯冏之得人，且知其飭躬畏咎也。其命呂侯以刑也，則歷告以謹刑罰、恤非辜，雖當耆年而其心未嘗不在民，反謂之意不在天下，何耶！使穆王作二書，皆無實之言，所任之人亦不當，則夫子不取之也。夫子存其書，則君牙、伯冏、呂侯非妄人，穆王非不恤國事之主明矣〔註 17〕。

〔註 13〕參見九經疑難卷三，頁 47 引述。
〔註 14〕參見東坡書傳卷十八，頁 6。
〔註 15〕見九經疑難卷三，頁 49。
〔註 16〕參見東坡書傳卷十九，頁 1。
〔註 17〕見九經疑難卷三，頁 48。

按此既辨穆王非不恤國事之君，亦論君牙、伯冏、呂侯非妄人，此反駁張九成之論也；九成以爲君牙、伯冏乃無能之嬖臣耳，故於穆王之荒，無所勸正，適足馳其荒怠之志爾。

四、張文伯尚書學之評價及影響

張文伯著九經疑難，乃爲場屋發揮應對而作，集輯前輩諸儒之可疑可難可議可以爲試題者，錄而一之，可謂猶今之參考題庫也；然其於諸異說疑難之中，每爲辨駁，其立論多持傳疏之論，若論伊尹之放太甲，本孔傳「不知朝政」之說；論武成則日月不順，以爲乃書法記事之體使然，原無錯簡之事；論君奭近乎孔疏；論穆王三書本乎二孔，於玆可見。是雖以「疑難」爲名，而猶守傳疏之說也。

其書以輯集諸說，故亦不免繁蕪，至有相互矛盾者；若其論說命，有「疑書出漢之後」一條曰：

> 說命之書，疑出於漢之後也；觀孟子舉書曰：若藥弗瞑眩，厥疾弗瘳。今以說命觀之，辭皆然也，而趙岐於注乃云：書逸篇。趙岐猶以說命之書爲逸篇，則出於漢之後可知〔註18〕。

依其書之例，此一段頂格書之，是輯諸家之說也，然其爲何人之說，則未加注明。而於論大禹謨「禹謨不謂夏書」條下，則抒己意辨之曰：

> 皐陶邁種德，德乃降；乃虞書之辭，莊六年引之以爲夏書，以左氏之富而艷，其言浩博，非常人所及，不應以虞書爲夏書，特附會之誤爾。杜氏不知出此，乃因陋就寡，指皐陶邁種德，德乃降爲逸書，豈不悖哉！且誤引篇目，不獨左氏爲然。以禮經考之，乃舉咸有一德爲尹誥，舉君牙爲君雅，其誤益甚矣〔註19〕。

按張文伯以杜預注左傳，稱所引先秦尚書文爲逸書爲非爲誤，而趙岐注孟子，所注孟子引之者，則據之以爲疑議；其事同而或信或否，矛盾如此，是其失也。

張氏疑難之書作，後世鮮有流傳，評之者亦無有；然南宋末章如愚作山堂群書考索，取用其說甚夥，至於全錄其辨論之文。若考索「說命出於漢後」，全同張氏〔註20〕。「辨諸儒疑武成之非」、「武成一篇之旨」、「辨疑武成當如孟子」三條，全出張氏「疑其理信其文」一則〔註21〕。「九疇以五行爲首」、「辨蘇論惑於劉傳」

〔註18〕見前書卷三，頁26。
〔註19〕見前書卷三，頁18。
〔註20〕考索文見其書卷五經籍門，頁2；疑難則見於卷三，頁26。
〔註21〕考索文見卷五，頁5；疑難文則見卷三，頁3、31、32。

二條，全抄張氏之文〔註 22〕。「諸儒議君奭非是」、「辨召公所以不悅」，亦張氏之文也〔註 23〕。「穆王非荒婬之主」、「辨世儒議穆王之非」二條，亦疑難之文〔註 24〕其論召公不悅，蔡沈書傳說與之甚近，或亦有取於茲乎！。以此觀之，則文伯之說，當亦嘗風行於宋末，而其後則寖微爾。

第二節　章如愚

一、生平事略

章如愚，字俊卿，號山堂，婺州金華人。自幼穎悟，負才尚氣。登寧宗慶元二年中進士第，初授國子博士，凡詔誥制勅，皆出於其手。未幾改知貴州，政績大著。開禧初，被召上疏，極陳時政，忤韓侂冑，罷秩歸鄉，乃結山堂數十間，以講道義，故遠邇之士，咸尊師之。及卒，門人謚爲山堂先生。所著有群書考索及文集百十卷行於世〔註 25〕。

二、尚書之著述與著錄

群書考索一書，遠至天文地理之幽賾，近於君臣道義之宏遠，及經史禮樂之淵懿，以至兵刑、財用之盈縮，官制邊防之沿革，靡所不包，具載無遺，可謂博矣。其中六經門中書類乙項，載與書經相關之事甚夥，舉凡歷代書經學之沿革，古今文之遞演，諸家前輩之精義，尚書各篇之問題，靡不加以掇拾鳩合，並時加己見以辨其當否，故從中亦可睹其尚書學之面貌。

三、章如愚之尚書學

山堂考索一書，內容豐富，包羅極廣，可見章氏之博識，而其尚書之學，亦持其博識而詳加論議，或予考辨，或抒義理，茲分析陳述之。

（一）章氏尚書學之考辨功夫

縱觀有宋學者，其以博洽名著而治尚書，多有考辨之言，蓋時代之風氣，博識之駿發，尚書僞跡漸顯，諸因相交錯而成；章氏身處其世，兼有其能，故考辨功夫亦特深。今陳述之如左：

〔註 22〕考索文見卷五，頁 8、9；疑難文見卷三，頁 8、9。
〔註 23〕考索文見卷五，頁 11；疑難文見卷三，頁 43、44。
〔註 24〕考索文見卷五，頁 13；疑難文見卷三，頁 47、48、49。
〔註 25〕此據山堂考索前序附案章如愚之傳，並參宋人傳記資料索引章氏傳而成。

1、主二孔傳義

章如愚之尚書學，奠基於傳統孔傳、正義之學，而往往稍加修正。其經籍門〈辨傳、義有力於書〉條曰：

> 伏生以書教授齊魯之間，後傳而爲歐陽、大小夏侯之三家。漢世立之學官，是以謂今文書也。然其僞妄甚多，不可據信。唯安國之書，得於孔壁，是古文舊典也。……至唐孔穎達爲正義以翼之，而孔傳益詳可考；前代遺文得傳至今者，非二子之力哉！

可見章氏之學實以二孔傳疏爲砥基，然彼亦非食古而不化者，於二孔可議之處，亦時有商榷焉。如〈辨作書者以王稱〉條云：

> 湯由七十里起，順四方徯后之心，以伐夏救民，鳴條之野不自王也。孔安國謂桀爲一夫，而自稱王，必無是理；使當諸侯欲王湯耶？則克夏之後，諸侯自王之矣；使諸侯不欲王湯，則朝覲不至，貢賦不入，雖遽稱王，亦無益也。要知作書者追述之爾。說者又引武王稱有道曾孫周王，殊不知泰誓言小子發，至武成之書史文其言以記其成功爾。

章氏以情理推之，湯以弔民伐罪之心伐桀，其目的非欲稱王，書湯誓之所以記王曰者，乃作書者追述之言辭，非當時之語，而孔傳據之遂以稱王之說解之，甚不合理。而末引所謂「說者」，乃指孔疏。孔疏湯誓正義於釋湯之稱王之後，復曰：「周書泰誓稱王，則亦伐紂之時始稱王也。」章氏以爲泰誓中稱王曰者，亦記者之辭，而泰誓上篇中有武王自稱「肆予小子發」者，則武王於當時未嘗稱王也。而武成中有「有道曾孫周王發」，似武王自稱王矣，然章氏於〈武成一篇之旨〉條云：「行之雖若不相倫續，蓋相雜記其政事，無害作書之體也。」則武成亦事後記述之言，未足遽以爲稱王之證也。章山堂於孔穎達正義，責之尤深。於《穎達得罪於經》條云：

> 或曰：安國之傳，穎達之正義，其有功於書，信矣。敢問傳義之中，果盡得聖人之意而無失乎？曰：否也。二子之於書，其所得固多，其失亦有之：如安國以四嶽爲四人，以傳說板築爲胥靡之類，世共知其爲非矣。而穎達之陋，不專在於解釋之間，正在於引讖緯之書以亂經也。讖緯之書，出於漢哀平之間，迂闊怪妄，引聖經以折其誕可也，而及援以證經，則是以經爲不足信，而以讖緯爲可信也。就二子而較之，穎達得罪於經多矣。

章氏之深責於孔穎達者，蓋在其引讖緯以證說經事，實本末例置，直妄混淆，遺害後學，其罪大矣。

2、斥讖緯之說

章氏之所以深責於正義者，在其以讖緯解經，迂闊怪誕，違背聖人之旨，故其於讖緯之說，實深惡痛絕。考讖緯之說，起於漢哀平之際；光武以符瑞中興，故篤信其術，雖有尹敏、桓譚、鄭興之徒力非之而不得，至有幾於斬首者〔註 26〕，鄭康成亦嘗自言睹祕書緯術之奧〔註 27〕。然則讖緯之說經，其來久遠矣。而以讖緯災異符應說尚書者，劉向之洪範五行傳實其中之明彰大較者也。讖緯之學，至魏，王肅推行古學，王弼、杜預又從而明之，自是古學稍明，而讖緯之學寖微。隋書云：「至宋大明中，始禁圖書。梁天監以後，又重其制。及高祖受禪，禁之愈切。煬帝即位，乃發使四出，搜天下之書籍，與讖緯相涉者，皆焚之，為吏所糾者至死，自是無復其學；祕府之內，亦多散亡。」則有唐之時，其學熄矣。然考之唐志，猶存九門四十七卷，而孔穎達作五經正義，亦往往引為經書之說，此章氏之所以責於穎達者也。宋代學者，多鄙讖緯陰陽災異之學，歐陽修嘗為刪去九經正義中讖緯之文箚子，而其言不果行，其他如林光朝「艾軒集」、劉炎「邇言」，廖偁「洪範論」等，均有類同之論。而章如愚之論書，亦摒棄災異陰陽讖緯之說。其論洪範，則以為洪範不本於洛書，其言云：

> 洛書之物果如後世所傳一六畫北，二七畫南者乎？則其數有位而無文，禹安知其一為五行，二為五事也：果如先儒所傳，自五行至嚮用五福，威用六極乎，則其書有凡而無目，禹安知其五事之為視、聽、言、貌、思，八政之食、貨、禮、司徒、司空也？若以為終篇皆出洛書，則上天之言，又不應如是之繁悉也。……今九疇之中，所謂卜筮者，伏羲已兆之；所謂曆數者，黃帝已發之；所謂司徒、司空者、堯、舜已官之；是無待乎洛書而後禹如之也。則洪範不本於洛書審矣〔註 28〕。

此以人事之理反讖緯符瑞之論，以洪範九疇之內容，禹之前本已有之，非自洛書天賜，禹始得之，然後九疇始見於人間也。此論與廖偁洪範論相類〔註 29〕。章如愚論九疇之序，以五行為首，蓋以九疇重五行可也，而謂九疇皆配合於五行則非〔註 30〕；並引蘇洵之論以非劉向、劉歆之失，至引張文伯之言評之云：「誠使劉氏之傳，舉而焚之，不為後儒惑，則九疇之義昭昭矣。」其棄陰陽五行災異之論者若此其厲哉〔註 31〕。

〔註 26〕詳見漢書各人本傳。漢書桓譚傳曰：「桓譚對帝言曰：臣不讀讖書。且極論讖書之非經。帝大怒，以為非聖無法，欲斬之。」

〔註 27〕見漢書鄭康成傳戒子益恩書。

〔註 28〕見山堂考索續集卷之五經籍門〈辨洪範大本於洛書〉條。

〔註 29〕詳參見廖偁之尚書學章。

〔註 30〕見考索續集卷五〈九疇以五行為首〉條。

〔註 31〕同註 30。張文伯之言見九經疑難卷三，頁 39。

其論洛誥，於周公營洛，居土中，亦反對孔穎達引周禮大司徒之文〔註32〕，以陰陽寒暑風之言爲論。孔氏正義以爲「日至之影尺有五寸，謂之地中，天地之所合也，四時之所交也。風雨之所會也，陰陽之和也。然則百物阜安，乃建王國焉」。章氏辨之曰：

營王邑者，欲居天下之中，使四方道理均，此則可矣，而謂天地必合於此，四時必交於此，恐無是理。況於風雨之會，陰陽之和，無非在人君德政，故應天心如何爾。但居洛邑以求風雨之會，陰陽之和，空言也〔註33〕。

章氏以爲洛誥止云「卜澗水東、瀍水西」，未嘗有絲毫如大司徒之言者，經無是說而後人如孔氏者強以陰陽附會而已。雖章山堂於讖緯、陰陽五行之說，深痛斥之，然其論說之中，亦偶犯其所否者。其論〈禹貢治水順五行〉云：

攷地理言之，豫居九州之中，與兗、徐接境，何爲自徐之揚，顧以豫爲後乎？蓋禹順五行而治之耳。冀爲帝都，既在所先，而地居北方，實於五行爲水，水生木，木、東方也，故次之以兗、青、徐，木生火，火，南方也，故次之以揚、荊；火生土，土中央也，故次之以豫；土生金，金、西方也，故後於梁、雍，所謂彝倫攸敘者此也〔註34〕。

此論與劉向、劉歆之以五行論洪範，亦何異乎！若以人事言禹貢，則朱熹以爲治水自下流碣石始，而治河重於治江，故始於兗，以其水患最烈也〔註35〕。朱熹之論，其適於章氏遠矣，而章氏不用，終至自相齟齬，實亦怪哉！

3、疑議經傳

章如愚承前輩議經疑經之風，對尚書一經，亦有置疑之事。如彼疑〈舜典紀事不相屬〉條云：

堯典命鯀以治水，而其功不成，舜遂殛鯀而以禹代之；當舜攝位之初，巡行四方，各至乎方岳之下，使是時洪水未平，則其禮豈可得而講；若巡狩之禮講於洪水既平之後，則鯀之死蓋已久矣。今作書者於舜典受終文祖之後，先言其朝諸侯，考制度，肇十有二山濬川，然後及於欽卹用刑之事，而以誅四凶之事繼之，何其所紀舜事之先後乃如是之不相屬乎！此其可疑者也〔註36〕。

〔註32〕見尚書正義洛誥孔疏。
〔註33〕見考索續集卷五〈辨大司徒論中土之非〉條。
〔註34〕見考索續集卷四。
〔註35〕見朱子語類卷七九尚書二。
〔註36〕見山堂考索續集卷之四。

章氏以爲舜典之所記事，其先後順序有不合情理與事實者，除章氏所言者之外，尙有命禹平水土在之後，而肇十有二州，封十有二山，濬川，其事反記於前；堯典記堯試用鯀治水，九載而績用弗成，當即殛之，而至舜典，反記於川既濬之後；凡如此之類，均使前儒多費口舌以說之。吳棫才老亦嘗議論及此，以爲蓋記事者雜記其事，本無倫次〔註37〕。章氏則止於置疑，而未考其所以然之故。審夫舜典，其記事皆以連類相屬，而非以事實發生之先後爲次也：自受終於文祖，迄封山濬川，皆與禮制有關者：自象以典刑至四罪而天下咸服，皆言刑法之原本及施法之大者也：自詢於四岳以後，皆命官之事；事皆以類相從，章氏之疑，蓋亦有見。

此外，章氏亦疑命官之中，夔所自言「於！予擊石拊石，百獸率舞」一段，乃脫簡重出。其言曰：

> 舜之命九官也，各相遜於朝。命禹則遜于稷、契、皐陶……若棄，若契、若皐陶，若龍，皆未嘗言己之功，獨命夔典樂，則自言其擊石拊石，百獸率舞之效，乃與上文不類。及讀益稷篇，則又有此文載於其間，豈有脫簡之重出乎，此其可疑者也〔註38〕。

章氏此疑，蘇東坡已言之。蘇氏曰：「舜方命九官，濟濟相讓，無緣夔於此獨言其功。此益稷之文，簡編脫誤，復見于此耳〔註39〕。」蔡沈集傳亦是其說，章氏蓋亦繼踵前修耳。

於禹貢文中，章山堂以爲按納賦近重遠輕之法，則二百里納銍與三百里納秸，乃文互誤也。山堂考索續集卷四〈五服貢賦之差〉條云：

> 王畿千里，千里之內，皆爲天子治田而納其貢賦者也。賦以遠近爲差，一差爲一等，自一而言之五等，二百里納銍，宜在五百里之下，文互誤也。何以言之？總者總藁穗也。秸者，藁也。爲天子治田，無止納藁秸之理。說者謂并穗而納，則與納總何異乎哉！蓋總爲芻秣之用，秸爲藁秸之設。禮器莞簟之安，秸之設，則秸者施之爲席也。施之爲藉，必藁之柔軟者。大柢禾之種不一，惟柔韌者可以爲席，則賦之，其餘則否，此納秸所以輕於納總也。三百里納銍，則去其藁而納其穗，四百里則又略穗而納粟，五百里則又脫粟而納米。其納愈遠，其賦愈輕。是以知納銍納秸之間互誤也。

秸者藁也，乃孔傳之文。納賦止於藁，孔穎達亦知其無理，故正義爲之疏解曰：「然計什一而得藁粟皆送，則秸服重於納銍，則乘近重遠輕之義，蓋納粟之外，斟酌納

〔註37〕見元代王天與尚書纂傳卷二引。
〔註38〕見山堂考索續集卷四〈命官脫簡重出〉條。
〔註39〕見東坡書傳舜典篇。

藁。」孔疏之意，蓋以銍為穗，而秸則為粟外加可為莞簟之藁，則比銍輕而比粟重也。章氏則以銍為穗，而秸為穗外加藁，故秸比銍所賦尤重，宜置之於王畿二百里之服，固有是疑簡誤。蔡沈書集傳則以銍為半藁，以別於總，又以秸為半藁去皮，以輕於銍。則此疑之癥結，蓋在乎銍秸之解釋不同耳。

章如愚雖有疑經之觀念，然於宋代前輩之諸疑中，亦有以為不當疑者。如武成之疑，始於孟子，宋代學者，亦多有移易章節而加以訂正者，然章氏以為雖歷來疑武成者甚夥，然深究其旨，武成未嘗錯繆。蓋武成乃伐紂成功，史官記事之言，與堯典、舜典之書體類同，不應以事之先後次序以求其義，知此以探之，何斤斤於章節之重組哉。而孟子之疑武成，雖疑其理之或非，而未嘗疑其文之錯誤，後人之疑武成者，當如孟子，而後方為知書者也。此說亦出於張文伯九經疑難之論也〔註40〕。

4、辨前儒之失

章氏於二孔疏有所指罪，於經傳復有所疑議，而於前儒之說，更每加指正批評，蓋家為一說，眾說紛陳，惑亂易生故也。其論君奭「召公不說」之義，以為前人說，皆因序而誤。如史遷以為成王幼，周公主政，因踐祚，召公疑之，乃作君奭〔註41〕。唐孔穎達則以為周公攝政之後，不宜復列臣位，是以不悅〔註42〕。王安石則以為習文武至治之後，則難為繼，成王又非有過人之聰明，則易以壞，以易壞之質，任難繼之事，此召公於親政之始有不悅也〔註43〕。蘇東坡則以為周公當如伊尹，既復政而告歸，今周公不歸，故不說〔註44〕。上述諸說，史記之誤，在無視君奭其事在既復政之後，不在四國流言之時；王氏之說，則召公鄙視成王之資，非聖賢之意；孔氏蘇氏之說，是周公不知以禮進退，反使召公喻之，然後知之乎，則啓後世之疑聖賢也。章氏以為召公自有不悅之因。其辨曰：

> 召公相文武成王三世矣，至成王能自為政，召公之年已老矣。而復尊以師保之任，方功成身退之時，而加以莫重之寄；雖成王之所眷注，周室之所倚賴，爵位日隆，任責日重，非召公所樂也。況召公已封於燕，身留相周而不得優游，於公不悅之旨，蓋為此爾〔註45〕。

〔註40〕見山堂考索續集卷五〈辨諸儒疑武成之非〉〈武成一篇之旨〉〈辨疑武成當如孟子〉等條。諸條其實乃錄張文伯九經疑難卷三，頁 3～33 論武成〈疑其理，信其文〉條之文。

〔註41〕見史記燕世家。

〔註42〕見尚書正義召誥疏。

〔註43〕見三經新義輯考索評（一）尚書中召誥所引佚文。

〔註44〕見蘇氏書傳召誥篇。

〔註45〕見考索續集卷五〈辨召公所以不悅〉條。

彼蓋以爲召公不悅，實倦勤之意厚。遂論君奭之所由作，乃周公勸留召公，以爲不以寵利居成功者，固人臣去就之節，然忘身徇國，愛君而不忍去，亦大臣始終之義；召公之欲告老，雖得去就之節，未可以爲忘身徇君之義，此周公作君奭之由也。蔡沈書集傳承師說，亦以爲君奭乃周公留召公之言，然其論主在「盛滿難居，欲避權位」，而章氏則兼及告老之義，章氏之論較之蔡說，尤順而周焉。

其論呂刑，則以爲穆王非昏耄之君，一反二孔之說。其論云：

> 穆王之爲人，不墜文武成康之風烈矣。今觀穆王三書：其命君牙爲大司徒，則自謂守文武成康之遺緒，……其命伯冏爲大僕正，則自謂怵惕爲厲，中夜以思免厥愆……其命呂侯以刑也，則歷告以謹刑罰，恤非辜。雖當耄年而其心未嘗不在民也，反謂之意不在天下，何耶？使穆王作二書，皆無實之言，所任之人，亦不當，則夫子不取之也。夫子存其書，則君牙、伯冏、呂侯非妄人，穆王非不恤國事之主明矣〔註46〕。

按孔傳以「耄亂荒忽……雖老而能用賢以揚名」解呂刑之首句，其解亦前有所承者。左傳嘗載曰：「昔穆王欲肆其心，周行天下，將皆必有車轍馬跡焉〔註47〕。」是其以穆王好車馬巡行之君也。歷來解說者，亦多據之以穆王乃一荒怠之主；韓愈謂「周穆王無道，意不在天下」〔註48〕，歐陽修以爲「亂始於穆王，而繼出幽厲之禍」〔註49〕，至朱熹則以爲穆王訓夒贖刑，乃在聚財貨以供其迭樂之費〔註50〕；程子有策問曰：「商之盤庚，周之呂刑，聖人載之於書，其取之乎，抑將垂戒後世乎〔註51〕？」首發其疑義，至蘇子瞻書傳則謂「耄荒度作刑者，以耄年而大度作刑，猶禹曰：予荒度土功」，蘇子雖亦言穆王有「無道之情」，然其耄年感悔，訓夏贖刑，施爲仁政，老耄而猶勤於作爲，是老而彌堅之意也。張九成書傳統論則以爲伯冏、君牙，爲無補之臣，冏命、君牙二書乃當時賢者所代作。蔡沈集傳，乃承師說，猶以蘇東坡之解雖亦通，而「耄」之一字，猶是貶辭，力主孔子垂成之說，而非有以取其贖刑之法也。蔡沈論呂刑贖法之弊曰：

> 今穆王贖法，雖大辟亦與其贖免矣。漢張敞以討羌兵食不繼，建爲入穀贖罪之法，初亦未嘗及夫殺人及盜之罪，而蕭望之等猶以爲如此則富者

〔註46〕見考索續集卷五〈穆王非荒婬之主〉條。
〔註47〕見左傳昭公十二年冬十月載事。
〔註48〕見韓文徐偃王遺碑。
〔註49〕見歐集正統論下。
〔註50〕見朱子語類卷七九呂刑條。
〔註51〕見董鼎書集傳輯錄纂註呂刑篇引。

得生，貧者獨死，恐開利路以傷治化，曾謂唐虞之世而猶是贖法哉〔註 52〕。

章氏則本張文伯之說曰：

今之世儒者讀命伯冏爲大僕正，則曰穆王好馬故也；讀呂刑，王享國百年，耄荒。則曰：王者而荒怠，故好游也。據書曰：王享國百年耄，言時已老矣；年雖老而猶荒度作呂刑，以告四方，正見王之不怠也。荒度之義與荒度土功同。若果既耄且荒，何暇訓夏贖刑乎〔註 53〕？

章氏採此論，析理詳明，復於理亦有據，是有進於蘇軾矣。彼之所以主此說，蓋本之孔傳「雖老而能用賢揚名」之說也。惜乎其未悟君牙、冏命二書，乃後人所僞作，故有是言。

5、責難於史記

章如愚尚書學，既主二孔而稍加修正，棄其讖緯之說，復參前輩之見，旁徵博引，而時注以己見，補充發揚，自有其價值。唯於太史公書，則大加撻責。考索續集卷五〈遷史得罪於經〉條云：

書學不明，其馬遷之過歟？馬遷未嘗釋書而吾獨咎之，非咎其不能釋經也，究其史記之作，考正不精，使書因是不明也。蓋夫子以前，載籍無經史之殊，夫子既刪定之，然後經爲經，史爲史；經以明道，史以記事，經略而史詳，則世之學者，引史以讀經，其理也。遷當焚書之後，經之闕遺多矣。幸而伏生孔壁之傳，至于石室之書，可得而考，然而不能以翼經爲心，而自棄於史家者流，好奇尚異，雖惑甚害於理者，有不忍棄焉。蓋自以爲史家之學，貴多貴博，與經異體，而不知說書者皆引遷爲證，則遷雖無意於惑經，而經之惑實由遷致也。

章氏之所以責司馬遷者，蓋因宋儒前輩，每每議疑聖經，凡所以疑議，皆輒引史記爲論證，章氏雖不盡取孔傳，然亦特言二孔有力於經，故特指名而責之耳。文後章如愚嘗引數例以指史遷之失：如書稱舜僅云側微，而史遷列堯舜世系甚詳，至使後世謂上娶伯姑〔註 54〕。史記以四凶一時而罪之，而據左氏傳及韓子之言，則殛鯀在舜未舉之時，而流共工於舜既攝之後，二事相去時日甚遠，而史記誤合而一之，致使後世謂禹專其功，而舜不能貸其父〔註 55〕。書中云朕虞者唯自益，而史記於舜本

〔註 52〕見書集傳呂刑篇題下。

〔註 53〕見考索續集卷五〈辨世儒議穆王非是〉條。其文乃錄自張文伯九經疑難卷三，頁 47～5〈辨韓愈譏穆王〉條。

〔註 54〕如歐陽修〈帝王世系圖序〉嘗云：「據（史記）圖爲曾祖姑。」即指舜娶二女事。

〔註 55〕見考索續集卷五〈史遷得罪於經〉條中所述。

紀既言伯益，而於秦本紀復載柏翳，致使後世謂柏翳為女華之子，以伯益為皐陶之子，一分為二。書云大甲桐宮乃居廬之制，史遷以為放其君；周公踐祚乃冢宰之事，史遷以為攝位；文王稱王乃後世追稱，史遷以為受命於虞芮質成之後；召公不說乃懼主少國疑，而史遷以為忌周公之為師，凡此等皆以書傳為據，而指史記為非，其持論雖有偏頗，而思維周詳，功夫深厚，亦足稱焉。

（二）章氏尚書學中之義理

章如愚研究尚書，除博蒐力考之外，亦嘗措意於君臣為政之道，及人心人性之論焉；蓋尚書本上古君臣論治道之書，而宋儒心性之論，亦無所弗及。今撮其義理之要論，厥分兩端：一曰論治道，一曰言心性。分論如下：

1、論治道

史記自敘云：「書記先王之事，故長於政。」是書乃為政之要典也。歷代君臣，多能研參以明治道。治道之於外者，即有外交之事。章氏嘗就禹貢之文以明其義。章氏以為禹治水時所及之地，其跡遠矣，至弼成五服之後，甸服、侯服、綏服三者，有納賦貢，揆文教，奮武衛之義；至於要服、荒服，則止於與患難之時，急其憂，而平成之後，從其便，此孟子所謂以四海為壑也。作禹貢者知之，九州之域，既載治水之所及，復明王化之所止；後世不能知此義，遂將夷狄羈縻，俱入中國圖籍，此實繆矣。故禹貢之書，所以示王者親內略外之大義也〔註 56〕其論則又本諸春秋「內諸夏而外夷狄」之義也。

山堂考索中，有君道門、臣道門兩部，蓋集取尚書中有關政治之措置，君臣之本分等佳謨，以立聖君賢臣之楷範也。其中說義，多取於呂祖謙、眞德秀，間亦有掇於楊時、程頤，可見其於義理諸家學者，多所吸收拾掇。固知章氏雖未名列道學理學之林，宋元學案亦未收之，然處其世風，亦不免於薰染矣。茲例舉以見其一斑。其論堯舜樂言條云：

> 洪水滔天，下民昏墊，四岳不以是而儆堯，堯乃以是而咨四岳；寇賊奸宄，蠻夷猾夏，皐陶不以是而戒舜，舜乃以是而命皐陶。古人樂言如此〔註 57〕。

書中所錄，後世視為人臣所當進言之事，古皆由君主積極主導先言，以見堯、舜為治之主動積極精神。其論盤庚之治，在法令恩惠並用。其言曰：

> 盤庚曰：無有遠邇，用罪伐厥死，用德彰厥善。盤庚責人以必遷之辭

〔註 56〕見考索續集卷四〈辨禹貢文示略外之義〉條。
〔註 57〕見考索續集卷五十三君道門〈樂言〉條。

也。又曰：邦之臧，惟汝眾；邦之不臧，惟予一人有佚罰。盤庚自咎而不咎人之辭也。上兩言法令也。下兩言恩惠也。商君之徒，有法令而無恩惠；盤庚則賞罰並用，蓋無下兩言，則徒法不能以自行，無上兩言，則徒善不足以爲政〔註58〕。

其論治主恩威並濟，人法共同，是有取於孟子之言也。

其論武王伐紂，作牧誓，左杖黃鉞，右秉白旄以麾，乃示不在征伐而在於教化也。其論曰：

武王左杖黃鉞，右秉白旄以麾。釋者曰：左手杖鉞，示無事於誅；右手秉旄，示有心於教。牧野之戰，武王何心哉〔註59〕！

蓋若右手執鉞，將以殺人，今左手執之，示執鉞非所以致殺戮也。以是見武王之心不在殺而在教也。若此等說，雖本諸孔傳，而王安石亦有取焉，可見此即章氏之以尚書而明其治道之義。

2、言心性

章氏論尚書，不免染習於義理之學，間亦以心、性情而論。其論舜爲君之心曰：

蒸蒸之乂，非所以自強也；夔夔之齊，非以正行也；業業之致，非以要譽也；吾職之不共，吾力之不竭，於吾天性有累焉，於吾至願有歉焉，於吾眞樂有虧焉，是則所憂耳〔註60〕。

章氏就舜之本心以論其施政爲事之所以然，而不以目的事功爲說，其重內聖之義理傳統，彰明可見。其說盤庚遷民非強民曰：

盤庚之遷亳曰：丕從厥志。曰：恭承民命。蓋志者，民之良心，命者，心之正理。盤庚非從其情，乃從其心也，非順其事，乃順其理也〔註61〕。

彼以爲盤庚遷亳，民咨胥怨，民之所以怨，乃人情欲之動，非眞正人心之理，故盤庚從其眞理之正，而以恩威並用以制民之情欲，遂底成功，奠厥攸民，正厥當位，即其從人心正理之功也。如是則人君求民意以爲施政之資，當詳察其心志與情欲之別。以此觀之，章氏以尚書爲據以言義理，亦自有心得。

四、章如愚尚書學之影響與評價

章如愚雖無尚書之專著，然山堂群書考索中論尚書之語，實集前輩諸家之說

〔註58〕見考索續集卷五四君道門庚〈法令恩惠並用〉條。
〔註59〕見考索續集卷五四君道門〈有心於教〉條。其義則取孔傳。
〔註60〕見考索續卷五十三君道門舜〈盡其常爲〉條。
〔註61〕見考索續卷五四〈遷亳非強民〉條。

而成。而所採者孔傳、朱熹、呂祖謙之外，於考辨之說，甚取張文伯九經疑難之見。張氏疑難之作，本爲科場應試而作，而其中論說多本孔傳，若辨穆王三書、辨疑改武成者，皆是也。然則章如愚之尚書學，雖多引宋代學者之說，而基礎於孔傳無疑也。

黃宗羲宋元學案未列章氏，而補遺則附於西山學案之下，蓋章氏與西山同榜登第故也。今考山堂考索論尚書之語，引宋、呂、眞三氏說甚多，亦足證章氏之學與西山頗有關聯也。山堂群書考索一書，世稱淵博，然其中抄撮輯錄之功多，而獨抒己見之意少，此其尚書說之所以未見稱於世也。

第三節　陳振孫

一、生平事略

陳振孫，字伯玉，安吉人，所居號直齊；博古通今，掌鄞縣學，紹興教官，宰南城。寶慶二年，通判興化軍。嘗佐郡人陳宓修壕塘，踰月而成。……端平三年，以朝散大夫知台州，除浙東提舉。嘉熙元年，知嘉興府。…制以振孫研精經術，有古典型，除國子司業。後以某部侍郎，除寶章閣侍制致仕，贈光祿大夫。家藏舊籍書至萬卷，倣讀書志作解題，極其精詳。摭舊事輯吳興人物志、氏族志、書解、易解〔註62〕。

二、尚書之著述與著錄

陳振孫之書解，朱彝尊經義考云：

> 陳振孫尚書說，佚。袁桷曰：書有今文古文，陳振孫綴拾援據，確然明白。周密曰：直齋有書說二冊行世。

陳氏書解雖亡，而直齋書錄解題中，陳氏於尚書書目諸條下，每加案語，其中各存陳氏尚書學之相關觀念，是以據此亦可窺其尚書學之一斑。

三、陳振孫之尚書學

元袁桷龔氏四書朱陸會同序云：「書別於古文今文，晉世相傳，馴致後宋時，則有若吳棫氏，趙汝談氏，陳振孫氏疑焉，有考；過千百年而能獨明焉〔註63〕。」由是可知，陳振孫之尚書學，以置疑于古文今文爲其特徵。

〔註62〕陳振孫，宋史無傳，事跡遂多湮滅。清陸心源宋史翼拾摭群書中相關資料，爲作傳而列於文苑傳卷廿九中。復參喬珩瑄先生著陳振孫學記。

〔註63〕見清容居士集卷二一。

陳氏尚書之見，就書錄解題所得，厥可分析言之者：其疑辨尚書及相關典籍，一也；就尚書以發其感慨，二也；解尚書之態度，三也。茲列述如下：

（一）置疑於尚書及相關典籍

陳振孫疑尚書，除疑尚書本文之外，亦及於相關典籍，如三墳書，汲冢周書者是也。今分析陳之。

1、置疑於尚書本文

直齋書錄解題卷二書類，有尚書十二卷尚書注十三卷一條，其言曰：

> （孔國安）作傳既成，會巫蠱事，作不復以聞，故未嘗列於學官，世亦莫之見也。攷之儒林傳安國以古文授都尉朝，弟弟相承，以及塗惲、桑欽；至東都，則賈逵作訓，馬融、鄭康成作傳注解，而逵父徽，實受書於塗惲。逵傳父業，雖曰遠有源流，然而兩漢名儒，皆未嘗見孔氏古文也。豈惟兩漢，魏晉猶然。凡杜征南以前所注經傳，有援大禹謨、五子之歌、胤征諸篇，皆云逸書，其援泰誓者，則云今泰誓無此文。……然則馬、鄭所解，豈眞古文哉？故孔穎達謂賈馬輩惟傳孔學三十三篇，即伏生書也，亦未得爲孔學矣。……夫以孔注歷漢末無傳，晉初猶得存者，雖不列學官，而散在民間故耶？然終有可疑者，余嘗辨之。

陳氏以爲孔氏古文雖傳援有統緒，然東漢、魏、晉諸儒者徵引，皆未及之，是賈逵、馬融等所傳，即伏生三十三篇而已，無所謂古文；而古文忽晚出於晉世，其傳授之跡，亦僅見於孔穎達疏，是眞不能無疑。惜其所謂「嘗辨之」者已失傳，無所見其所辨之內容。宋王觀國著學林，其卷第一之第一條書篇條，亦有同樣之意見。王觀國屢舉揚雄，杜預之於左傳，鄭玄之於禮記，趙岐之於孟子，所引尚書古文諸篇之文，皆云未見，然其結論曰：

> 當西漢之時，周之遺風未遠，以揚雄之博學名儒，於科斗書且不能究，況於後世屢歷兵火，識古文者愈少，古文道幾熄矣。

陳、王二氏，其持論相似，然一以疑古文非眞，一以歎古文道幾熄，斯亦見持論者之主觀見解，實能左右所得之結論。陳振孫於晦庵書說下，盛稱朱子之能疑，其曰：

> 晦庵於書一經獨無訓傳，每以爲錯簡脱文處多不可強通。……又嘗疑孔安國傳恐是假書，小序決非孔門之舊，安國序決非西漢文章，至謂與孔叢子、文中子相似，則豈以其書出於東晉之世故耶！非有絕識獨見，不能及此〔註64〕。

〔註64〕見直齋書錄解題卷二晦庵書說條。

然則雖未能見陳氏疑書之全貌，然就此而推之，則朱子所疑孔傳、孔安國序、小序，陳氏當亦同之。至於疑尚書本文，則同條下又引朱熹之見曰：

> 至言今文多艱澀，古文多平易，伏生倍文暗誦，乃偏得其所難，而安國改定於科斗古書錯亂磨滅之餘，反專得其所易，此誠不可曉者。

陳氏疑古文尚書，其當亦與朱子同。而復以前述尚書古文增多之篇，其見引於古代典籍而註者均云未見，或謂已佚，則較之朱熹之疑，又益進而有證據，雖彼猶言未曉，而疑古文之僞跡，其心甚決可推而知之。陳氏於尚書大傳，亦疑其未必當時本書。

2、辨與尚書相關典籍之偽

書錄解題中所列書目，除尚書本經及後代傳注之作外，尚有相關者二：古三墳書及汲冢周書。陳氏以爲二書皆後人倣僞而成書。解題汲冢周書十卷下云：

> ……相傳以爲孔子删書所餘者，未必然也。文體與古書不類，似戰國後人依倣爲之者。

陳氏疑汲冢周書，蓋就文體風格與古書不類爲言，此一觀點，亦本之朱熹而來。朱熹辨尚書序云：

> 尚書序不似孔安國作，其文軟弱，不似西漢人文，西漢文粗豪；也不似東漢人文，東漢人文有骨肋。也不似東晉人文，東晉如孔坦疏，也自得。他文是大段弱，讀來卻宛順，是做孔叢子底一手做〔註65〕。

以是觀之，陳氏誠有取法於朱熹矣。其解題古三墳書條下云：

> 其辭詭誕不經，蓋僞書也。三墳之名，惟見於左氏右尹子革之言。蓋自孔子定書，斷自唐虞以下，前乎唐虞，無徵不信，不復採取，於時固已影響不存，去之二千載而其書忽出，何可信也！況皇謂之墳，帝謂之典，皆古文也，不當如毛所錄，其僞明甚。人之好奇，有如此其僻者。晁公武云：張商英僞撰，以比李筌陰符經。

陳振孫考三墳書之僞，可謂詳且盡矣。蓋就其內容之詭誕不經，定其爲僞作；又從尚書成書之歷程及源流而言，三墳書皆無所徵，遂以定其僞；復就其形式當爲史體，與五典類，而今其體不倫〔註66〕以定其僞；再推其作僞之固，在人之好奇。末更引前人之論以佐證之，其辨僞之法，何可復加焉。

〔註65〕見朱子語類卷百二十五。

〔註66〕錢遵王讀書敏求記校記一之上，古三墳書條下引繆荃孫云：「明刊本作一卷，爲范氏奇書二十種之一。」

（二）就尚書而發其感慨

陳振孫雖未以義理名家，黃宗羲宋元學案亦以之列入。而清王梓材補遺宋元學案，補列陳振孫於景迂學案之中，吳棫之後，或者亦以爲陳氏屬考辨之學，要之亦有義理之學存焉。今觀書錄解題中，亦載陳氏有感於前輩據書以發義理者。其東坡書傳條下云：

> 昭王南征不復，穆王初無憤恥之意，哀痛惻怛之語；平王當傾覆禍敗之極，其書與平康之世無異，有以知周德之衰，而東周之不復興也。嗚呼！其論偉哉！

陳振孫甚服東坡之說，於此可見。其所以盛譽東坡者，蓋東坡之論，有以見朝代興衰之幾微。夫繼體之君，於前君之罹難，無復追溯；於先世之禍敗，不加取戒，則其心之私欲，其志之逸豫，明見於文辭之中矣，東坡以是知周德之衰，東周之不復興也；是以陳振孫許以偉哉之語。

其於陳博士（鵬飛）書解下云：

> 鵬飛說書崇政殿，因論春秋母以子貴，言公羊說非是，檜怒謫惠州以沒。今觀其書，紹興十三年所序，於文侯之命，其言驪山之禍，申侯啓之，平王感申侯之立己，而不知其德之不足以償怨；鄭桓公友死於難，而武公復娶於申；君臣如此，而望其振國恥，難矣。嗚呼！其得罪於檜者豈一端而已哉！

陳鵬飛之書解，今已佚〔註 67〕；經義考引中興藝文志云其「發明理學，爲陳博士書解」，則彼說書不爲章句可知。而每據書以詳論君父人倫世變風俗之際〔註 68〕，一如前引，借古以諷今，無畏於權臣之淫威。陳振孫敘其事甚詳，或者其學有慕模之者焉；是陳振孫亦以書觀人，此義理之一端也。夫以書觀人，亦見於張綱尚書講義條〔註 69〕。

（三）解尚書之態度

振孫既置疑於尚書，爲求不虛疑，不誣說，則必旁徵博引以求證其疑之不虛，既證其疑，舊說已頹復必有新說以解之，破立之間，相因相輔。今就解題以見其解尚書之態度。析論如下：

1、務求博洽以求證

〔註 67〕見經義考八十卷云：「陳氏鵬飛書解，宋志三十卷，佚。」

〔註 68〕經義考卷八十陳鵬飛書解條下引葉適墓志曰：「……其於經不爲章句新說，至君父人倫世變風俗之際，必反復詳至而趨於深厚。……」

〔註 69〕直齋書錄解題卷二尚書講義三十卷條下曰：「參政金壇張綱彥正撰。……其仕三朝，歷蔡京、王黼、秦檜三權臣，皆不爲之屈。」

陳振孫於解題中，每稱「博洽」之士。如於陸佃之二典義，言「長於改訂」；葉夢得石林書傳，曰「博極群書，強記絕人」；吳棫書裨傳，云「改據詳博」；鄭樵書辨訛，稱「博物洽聞」；張九成無垢尚習詳說，謂「援引詳博」；凡此者皆可見其務求博洽詳盡之意〔註70〕。

2、亟為新義擺脫傳注

陳氏於孔安國傳既以爲可疑，而尚書大傳亦或非當時本文，孔穎達據孔傳爲正義，於孔說亦步亦趨，無所辨正，斯亦不可取，故必求新說新傳新解以彌補其缺。解題之中，於凡有新意之作，必有所稱焉。若東坡書傳，以爲其論胤征，明羲和貳於羿而忠於夏；康王之誥，以釋衰服冕爲非禮，可謂卓然獨見於千載之後。若程大昌論禹貢，則稱其戳舊傳失實，皆辨證之，爲卓然不詭隨傳註者也。若黃度書說，則言其時得新意。至於王雱之書義，獨有貶者，其言曰：

> 王氏學獨行於世者六十年，科舉之士，熟於此乃合程度，前輩謂如脫墼然，案其形模而出之爾，士習膠固。更喪亂乃已。

陳氏之所以貶王雱書義，蓋在其定於一尊，爲科場程度之標準，如是則士子服習膠固如案模，則難有精義可發明矣，此猶五經正義之於唐也。陳氏之主不詭隨傳注以此，亦望天下士子之不詭隨新義也。

3、疑古文不疑今文

陳振孫於趙汝談南塘書說三卷下云：

> 趙汝談撰疑古文非眞者五條。朱文公嘗疑之而未若此之決也。然於伏生所傳諸篇，亦多所掊擊牴排，則似過甚。

伏生所傳，即今文三十三篇。可見陳振孫疑古文不疑今文也。

四、陳振孫尚書之影響

陳振孫所持之論點，清閻百詩若璩亦取用之，以證成其說。其古文尚書疏證卷一第十五條，言左傳國語引逸書皆今有，而韋昭之注國語，杜預之注左傳，未見所謂古文；第十六條言禮記引逸書皆今本所具有、且誤析一篇爲二，以明鄭玄亦未見古文。閻百詩據此更進一步，以論僞古文乃摭拾左傳、國語、禮記而成，誠後出而轉精。雖然，陳振孫此一發現及見解，當亦有以啓之者矣。

〔註70〕上述均見直齋書錄解題卷二各條之中。

第四節　黃　倫

一、生平事略

黃倫，字彝卿，閩縣人。乾道四年，以太學兩優釋褐，授太學錄。歷官秘書丞、著作郎，軍器少監。有編次尚書精義六十卷〔註71〕。

二、尚書著述與著錄

黃倫尚書精義，宋史藝文志著錄六十卷，今四庫提要云「十六卷」，宋人傳記資料索引亦云「十六卷」；四庫全書所錄尚書精義，乃輯自永樂大典，而存文不甚備，猶可釐訂爲五十卷，則其完本必有逾於此，無由僅十六卷之理；故作「十六卷」者，蓋傳鈔之誤也。

尚書精義之作，見錄於陳振孫直齋書錄解題。陳氏於其下，僅寥寥數語云：

> 三山黃倫彝卿編次。或書坊所託〔註72〕。

是其書宋末猶見傳於士人之手，陳氏尚能見之，永樂大典收錄各韻中。至朱彝尊經義考，則云佚矣。四庫提要云：

> 其書傳本久絕，朱彝尊經義考亦曰已佚；今從永樂大典各韻中採撮編綴，梗概尚存〔註73〕。

是今本精義傳本已非原來之規模，一經永樂大典編纂者之離析，以分附各韻之中，已失其原貌，再經四庫全書輯逸者之手，按尚書通行本之序，裒合而成；提要云僅錄大典原載之文，並未補錄，則今本精義文字，即永樂大典之本來面目也。

其書前有張鳳從原序一篇，及建安余氏萬卷堂刊行小序一篇；而刊書之余氏萬卷堂，四庫提要以爲：

> 岳珂九經三傳沿革例稱，世所傳九經本，以興國于氏及建安余仁仲本爲最善；又林之奇尚書全解，亦唯建安余氏刊本獨得其眞，見之奇孫畊所作跋語中。此編所稱余氏，當即其人；是在宋時坊刻中，猶爲善本也〔註74〕。

提要所推甚是。則其書之刊行，在福建建安，與黃倫之三山，地緣甚近；書前原序，張鳳從署時爲「淳熙庚子」，而余氏刊行小序，亦署「淳熙庚子」，是皆在南宋孝宗

〔註71〕見宋人傳記資料索引冊四，頁2852，並參經義攷卷八三，頁。
〔註72〕見直齋書錄解題頁9。
〔註73〕見黃倫精義前附四庫提要頁2。
〔註74〕同前註。

淳熙七年時事。而黃倫舉孝宗乾道四年進士，距淳熙七年，其間有十二年之久，則其書之成，當在此十二年之間也。

其書所引諸家書說，其最晚者當爲呂東萊祖謙之說。呂東萊與朱熹、張栻、陸九淵同時，精義所引，未及朱熹、張栻之說，更無蔡沈書傳，以其時更晚故也。呂祖謙卒於淳熙八年，年四十五，可謂早卒。東萊書說早成，朱熹嘗評之曰「傷于巧」〔註 75〕。以時推之，亦與序文所署日期相當，則精義之成，其時必在前述十二年間也。

陳振孫書錄解題謂尙書精義「或書坊所託」〔註 76〕，是陳氏疑其書乃僞託黃倫之名，實書坊併湊以求售者。其實不然。考此書刊行於余氏萬卷堂，建安余氏刊本，當時已稱最善，一如四庫提要所云，〔註 77〕所刊之書，當甚可信，此其一也。余氏刊行小序稱黃倫爲「釋褐黃公」，其辭氣甚尊崇，或余氏書坊與黃倫本即相識，故得其書而稱其人甚敬也；此其二也。其書內引用諸家之說，凡近七十家之夥，而所徵引之範圍，不限於尙書之專門著述，而旁及諸家文集，甚至非以尙書專門名家如李覯、富弼、林希、蒲宗孟者，亦有所徵及。其包羅之廣，選材之博，自非書坊庸手所可能者；且其中諸家，其人其說輕重多寡，亦自有其條理規模，當出於精於尙書者之手，非無倫次者可比；此其三也。以此三者察之，精義一書，當不如陳氏之所疑，蓋黃倫擬述而不作，而於編纂中示其尙書之學也。

三、黃倫之尙書學

尙書精義刊於建安余氏萬卷堂，余氏於刊行小序，嘗言及黃倫編此書之由來曰：

> 書解數百家，或泛而不切，或略而未備，或得此而失彼，或互見而疊出；學者病之。釋褐黃公，以是應舉，嘗取古今傳注及文集語錄，精研而翦截之，片言隻字，有得乎經旨者，纂輯無遺類。爲成書，博而不繁，約而有要，實造渾灝噩之三昧，非胸中衡鑑之明，焉能去取若是〔註 78〕。

彼云黃倫「以是應舉」，則黃倫舉試，即以尙書爲本經，是黃倫本即精於尙書經，故余氏稱其「造渾灝噩之三昧」，斯非虛語。精義之編纂，考其目的有二：一以寄其尙書之識見；一以爲士子學人研究尙書者據以知經義，或亦可以爲舉第之參考，故余氏序云：「志於經學者，倘能嚅嚌是書，不必他求矣。」其書徵引諸家文字，述而不

〔註 75〕見朱文公續集卷三，頁 11〈答蔡仲默〉，亦見朱子語類卷七八尚書一綱領，總頁 1988。
〔註 76〕同註 72。
〔註 77〕同註 73。
〔註 78〕見黃倫精義前附余氏刊行小序，頁 2。

作未加斷語，故欲明乎黃倫尚書之學，厥有二端：其一就精義之體例以推知，其二就所列諸家學說內容及其輕重多寡推知。

（一）尚書精義之體例

1、徵引諸家學說之範圍

余氏序云：「取古今傳注及文集語錄，精研而翦截之〔註79〕。」四庫提要亦曰：「其所徵引，自漢迄宋，亦極賅博〔註80〕。」今考精義徵引諸家，最早起於漢之王肅、鄭氏，中有唐之孔氏正義，而以宋代學者之說爲最多，幾近七十家，而最晚者止於呂祖謙東萊書說；此其時代之範圍也。而其所引文獻，除尚書之專門著述外，尚旁及文集及語錄者；今考其書，於大禹謨「罪疑惟輕，功疑惟重；與其殺不辜，寧失不經」下，引東坡之言曰：

> ……當堯之時，皋陶爲士，將殺人。皋陶曰殺之三，堯曰宥之三。故天下畏皋陶執法之堅，而樂堯用刑之寬。……〔註81〕

此爲東坡應舉時所作科文「刑賞忠厚之至論」，而精義取以闡書義，是有取於文集也。又其於益稷十二章下引王安石之說曰：

> 臨川問公：宗彝所以象孝也。象孝奚取於虎蜼？文公曰：虎，義也；蜼，知也；義以制事，知以察物，然後可以保宗廟，故取於虎蜼〔註82〕。

此所引誠爲介甫之說，然是否乃三經新義之文，不得而知；審其文辭，一如語錄問答之體；是亦有取於語錄也。由此徵引之文獻範圍，可見黃倫徵引之博洽。

2、徵引諸家學說之順序編排

余氏刊行序云：「所載諸儒姓氏，混以今古。余不暇次其先後〔註83〕。」四庫提要亦云：「惟編次不依時代〔註84〕。」今輯本尚書精義，一如余氏、提要之說，不以時代先後相次，或此即精義本來面目之大概。考今本精義全書，每條之下，多首列張九成之說，四庫提要以爲似即本九成所著尚書詳說而推廣之，然其中有三十一條未首列張無垢之說。若堯典「朞三百有六旬有六日，以閏月定四時成歲」下，則首引胡伸之說，次無垢，再次王日休之說〔註85〕，而所說之內容相疊；又有五十

〔註79〕同前註。
〔註80〕同註73。
〔註81〕見黃倫精義卷五，頁19、20。
〔註82〕見前書卷八，頁3。
〔註83〕同註78。
〔註84〕同註73。
〔註85〕詳見精義卷二，頁5。

一條無無垢之說，若舜典「象以典刑」一節下，首引荊公、次引楊繪、次引張綱、殿以陳鵬飛，無張九成之說〔註 86〕；然全書多首列九成之說，可見黃倫信用九成之說也。是精義之編排，其順序本不按時代之先後爲序，乃以其學說之價值輕重爲序，列於前者乃黃倫以爲最可取者，列於後者則僅供參考者。又全書凡引呂祖謙之說，幾全置於諸家之末，此亦一常態之現象，與九成說之列首位相似；以余推之，蓋或黃倫精義初成之後，呂東萊之書說始成刊行，黃倫復有取之而補錄於諸說之末；呂氏之殿於後，非其說之僅供參考而已也。

3、徵引文獻之繁簡

四庫提要曰：「其爲全錄摘錄，無由參校，今亦不復補錄〔註 87〕。」考之黃倫精義所徵引，而今猶存之尚書著作，兩相校對，以知今本精義徵引文獻，多爲節錄，以其中多「又曰」可知。且引文之中亦時有撮要改寫者，若堯典「曰放勳」以下，東萊書說原文曰：

> 曰放勳以下，乃典文，歷說堯事也。當時史官謂我順考於古，得堯之爲君。勳者，凡天地萬物成理之著見者也，堯則依放之而已；堯治天下，一順天地萬物之成理，初未嘗加一毫人力於其間；放勳，深見聖人之氣象，非名也，覩述而不作，行其所無事，有天下而不與之意，則知放勳之意矣〔註 88〕。

而精義所引，則作：

> 曰放勳以下，是歷說堯事。凡天下功績皆曉然著見，自有成理，堯則依放之，而初未嘗加一分人力，此孔子述而不作之意〔註 89〕。

可見精義所引，有撮要改寫之現象。然亦有全錄者，所引林之奇之說，則多全錄之。

4、徵引諸家之姓氏

黃倫精義所徵引之學者甚夥，其中有稱姓名者，有稱號者，其中尤以稱某氏者最多。四庫提要曰：

> 惟永樂大典之例，凡諸解已見前條者，他書再相援引，則僅註某氏曰見前字，其爲全錄摘錄，無由參校〔註 90〕。

而精義所引甚博，其中多家之說，今已失傳，無由探知其爲誰氏矣；其中又或有同

〔註 86〕詳見精義卷三，頁 17、18、19。
〔註 87〕同註 73。
〔註 88〕見增修東萊書說卷一，頁 2。
〔註 89〕見精義卷一，頁 9。
〔註 90〕同註 73。

姓者，可能混淆，是以甚難計算。今約略共得七十家，今列述如后：

司馬光	顧臨	黃君俞	徐氏	孔文仲	范祖禹	高氏
張九成	楊繪	上官公裕	李覯（泰伯）	黃成	王肅	張綱
程頤（伊川）	呂祖謙	王正仲	吳孜	李定	陳鵬飛	胡伸（彥時）
鄭玄	于實	蘇洵	劉正叟	蘇軾	蕭竑	劉敞
富弼	陸氏（佃）	蘇子才	王安石	王日休	周範	葉祖洽
朱子發	宋齊愈	范氏（祖禹）	薛氏	吳氏	黃熙載	閔馬父
晁無咎	史氏（浩）	林之奇	孔穎達	張沂	黃敏	史楠
林希	顏復	余氏	蘇穎濱	毛氏	司馬樵	賈氏（昌朝）
黎氏	曾氏（旼）	甘氏	聶氏（次山）	傅楫	包氏	戴氏
孫覺	韋氏	陳暘	陳晉之	周諶	蒲宗孟	孔武仲

（二）尚書精義徵引諸家條目數量之分析

尚書精義所徵引諸家學說雖博，然其中多僅引用一、二條者，無以見其輕重之份量。茲就全書所引用諸家，有在二十條次以上者，按其多寡列之如后：

張九成　全書除其中五十一條未引九成之說外，其他皆有之，不可勝數。
張綱　共三百四十三條
呂祖謙　共二百五十二條
林之奇　共八十三條
王安石　共六十八條
蘇軾　共六十六條
陳鵬飛　共四十九條
胡伸　共三十八條
史浩　共三十三條
蕭竑　共二十條

而孔氏正義僅有十二條，可見精義所引，主要在宋代學者之說也。以上述所引十家觀之，其多據張九成之說，確然無疑。然若就此十家作分析歸納以察之，則亦有可說者；茲分析歸納如后：

1、從思想關係以觀之

精義前有張鳳從敘，以為尚書存聖人心傳之學，先經秦火之厄，再有漢儒章句之惑，遂使理學噎蔽，綿歷之久，而義理心傳，大明於宋。其序曰：

> 皇朝祖宗全盛之際，關洛有二程二張之學，崇索理致，根乎聖賢之心

> 法，以發明千載不傳之秘，而福後學，俾天下之士，畢宗嚮夫理學之指南，一洗漢唐注疏舊習，豈第踸踔藩籬，咀嚼餘胾者哉！又有宗工碩儒，落落復相望乎其間，各出意表，所見理根於心，而心會於理，更與啓其未悟者。……有黃君倫者，素定規繩於方寸，所謂疏通知遠，不誣而深於書者，萃古今議論而裁之，其發揮五代帝王遺書之奧，……信精而又精，其於理學，殆無餘蘊矣〔註91〕。

可見黃倫本亦一理學學者，而精義所取，亦以理學爲宗。考夫理學源流，自周濂溪而程伊川，自程伊川而楊龜山，龜山而張無垢，無垢而史浩；龜山又傳呂紫微，紫微復傳林之奇，之奇再傳呂祖謙〔註92〕。以此淵源數家言之，呂本中無尙書之作，楊時雖有三經義辨，然其書專辨三經之失，而精義所引，多正面之說，鮮有評騭之語，是以未見引及龜山者；而引伊川凡七條，伊川雖有解二典，然非全書，引用本自鮮少。而張九成、史浩、林之奇、呂祖謙，皆有尙書之專著行世。黃倫既爲理學之士，其徵引此四家尙書說爲多，乃當然之理。而張九成尙書之說，又淵源於東坡甚深，故於東坡之說亦甚取之。

考夫張無垢之學，於理學爲別支，蓋其有取於佛氏而近於心學也。九成嘗云：

> 學者之引六經，當先得六經之道明于心，美于身，充于家，布于一國，行于天下。凡吾所以唯諾可否，進退抑揚，遇事接物，立政鼓眾，皆六經也。故得六經之道矣，意欲有爲，皆成六經〔註93〕。

又云：「立意在前，詩書在后。」與陸九淵所謂：「六經注我，我注六經〔註94〕。」其義幾無異也。九成之學，可謂陸學之先聲。全謝山云：

> 宋乾淳以後，學派分西而爲三，朱學也，呂學也，陸學也；三家同時，皆不甚合，朱學以格物致知，陸學以明心，呂學則兼取其長，而復以中原文獻之統潤色之〔註95〕。

且呂氏嘗曰：「人情、法意、經旨、本是一理，豈有人情法意皆安，反不合經旨者〔註96〕。」是呂學介於朱、陸之間，而與張九成之學爲近似；而陸九淵於尙書無著述。黃倫精義既首列張無垢之學而殿之以呂東萊之說，是其思想義理，有近於二者，而

〔註91〕見精義前附原序，頁1、2。

〔註92〕參見宋元學案卷二五龜山學案、卷三六紫微學案，卷四十横浦學案，卷五十一東萊學案。

〔註93〕見張九成孟子傳卷七。

〔註94〕見陸九淵集語錄上，頁399。

〔註95〕見宋元學案卷五一東萊學案全祖望補「同山三先生書院記」。

〔註96〕同前書，總頁945，東萊學案引。

尤宗於九成也。又精義全書未引朱熹之說，除時間或有不相侔外，思想之不相合，或亦其因由〔註97〕。以此推之，黃倫之學，亦近於心學者也。

2、從地緣關係以察之

黃倫乃福建閩縣人，而精義所徵引甚夥者，亦多與閩有關。蓋南宋之時，學術之重鎮在閩；而精義所引前十名者中，張綱雖非閩人，然其書解成於閩士之手，而行於江南，故其書歷靖康之禍而猶存〔註98〕。林之奇乃福建侯官人，號三山先生，與三山黃倫地緣最近〔註99〕；胡伸乃婺源人，紹聖五年進士〔註100〕，於閩爲前輩學者；蕭竑乃福建尤溪人，嘉祐八年進士〔註101〕，於閩亦爲前輩學者；復有黃君俞者，精義引用十一條，亦福建莆田人，與劉敞同時〔註102〕。呂祖謙亦婺州人。張九成雖非閩籍，然亦嘗謫居南安軍十四年之久，與江南地緣亦有關。以此察之，諸家皆與黃倫地緣甚密切，黃倫取之以編纂成書，亦頗合理。

3、以諸家人格行為論之

張九成之謫居南安軍十四年，蓋因忤秦檜不少屈而起〔註103〕；張綱嘗里居不仕二十餘年，亦以不屈於佞臣秦檜故〔註104〕；至於陳鵬飛亦然，嘗對上問母以子貴，以爲堯舜皆聖人而與于微賤，其父母待之而顯，所以貴也；若失道與民以憂其父母，則非所以爲貴。檜寖不悅鵬飛；每見檜，言戰事，指檜忘讎恥以自佚，檜益怒；又每指檜子熺文案多不應法，更益秦檜父子之怒，乃除名，居惠州十四年而卒〔註105〕。凡此三家，皆親歷靖康之禍；張綱書解成於靖康之前，而張九成、陳鵬飛之作，則成於靖康之後，故九成解穆王三篇－君牙、冏命、呂刑，皆以爲穆王無志，而於文侯之命言平王有罪〔註106〕；而陳鵬飛解文侯之命，以爲平王德不足而難振國恥，皆有感於時而論之〔註107〕；是皆有不屈於佞臣之節，而有振興之志者也。黃倫選編，

〔註97〕朱文公文集卷四二「答石子重」書中曰：「聞洪适在會稽盡取張子韶經解板行，此禍甚酷，不在洪水夷狄猛獸之下，令人寒心。」又卷七十二有「雜學辨、張無垢中庸解」，亦有類似之意。並可參宋元學案之卷四十橫浦學案。

〔註98〕參看華陽集卷四十，頁24、25。

〔註99〕參見宋史本傳。

〔註100〕參見宋人傳記資料索引冊二，頁1559。

〔註101〕參見前書冊五，頁433。

〔註102〕參見前書冊四，頁2896。

〔註103〕參見宋史本傳。

〔註104〕參見宋史本傳。

〔註105〕參見宋史翼卷二四，頁8、9。並可參見陳振孫直齋書錄解題卷二，頁6陳博士書解條下。

〔註106〕參見本論文張九成一節。

〔註107〕同註105。

多取於彼等之言，或亦有取於其人格行爲也。

4、以尚書著作之風氣言之

王應麟困學紀聞卷八經說，嘗謂慶曆以前，學者每守章句之學，自劉敞七經小傳出，學者務爲新奇，至三經新義行，則視章句如土梗，人人皆得有新說異論。王安石尚書號稱新義，其說每喜立異而棄先儒之說；蘇東坡作書傳，專爲辨王氏新義而發，故每立異義以難之，而亦多不與先儒同；王、蘇二氏之說，蓋北宋尚書成績之最巨擘者，且王氏新義嘗專行科舉六十餘年，至南宋而未絕，影響深遠，學者無由外之。而理學諸家，皆以理學解尚書，每欲抉剔發明聖人心傳，而頻出新論；張九成，林之奇皆主以心、理爲宗，多不遵先儒而宗孟子；呂祖謙書說，朱子評曰「傷于巧」，是每爲一己之見以彌縫經文。是諸家皆能立異說者也。黃倫取於此數者，其尚書學之風氣，可推而知之矣。

歸納以上所論，可得黃倫尚書學之大概，厥有三端：以心、理之學爲宗，一也。不拘於先儒，務以己意解經，二也。務博採並蓄，不拘一家，三也。若就所引諸家學說之內容察之，尚有一端可說者，諸家尚書之說中，多有疑經改經之論，尤以東坡、安石、晁說之爲甚，今精義所引，皆不及之，是黃倫不尚疑改之說也。

四、黃倫尚書精義之價值

四庫提要評述黃倫尚書精義之價值曰：

> 每次皆首列張九成之說，似即本九成所著尚書詳說而推廣之，故陳振孫頗疑其出於僞托。然九成詳說之目，僅見宋志，久經湮晦，即使果相沿襲，亦未嘗不可藉是書以傳九成書也。其他如楊氏繪，顧氏臨，周氏範，李氏定，司馬氏光，張氏沂，上官氏公裕，王氏日休，王氏當、黃氏君俞、顏氏復，胡氏伸，王氏安石，王氏雱，張氏綱，孔氏武仲、孔氏文仲，陳氏鵬飛，孫氏覺，朱氏震，蘇氏洵，吳氏孜，朱氏正大，蘇氏子才等當時著述，並已散佚，遺章賸句，猶得存什一於是。是編體裁雖稍涉汜濫，其裒輯之功，要亦未可盡沒〔註 108〕。

其論精義有存佚之功，所言誠是。本論文之據之以採張九成，張綱之尚書學，即以此也。程元敏先生據之以輯王安石尚書新義數十條，亦以此也。然提要謂其「稍涉汜濫」，則余據前述諸節所論，不敢苟同也。程元敏先生亦以爲黃氏編集非漫無體制〔註 109〕；其深識明察，余有同感焉。

〔註 108〕同註 73。
〔註 109〕參程氏輯尚書新義，頁 264。

第四編　結　論

本論文之撰，歷經七載，終有小成，雖未能盡統括宋代尚書學之全體，然研究所得，其可述者，厥有下列五端：

一、明漢、宋尚書學之異同

漢學、宋學之異，論之者多矣。清代自乾隆迄光緒，漢學與宋學互爭長短，指責對方，若方東樹、曾國藩之評漢學，載震、阮元、江藩之評宋學是也。漢、宋兩代，時殊事異，其間背景有異，環境不同，論學重心或殊，可以論其同異，不必論其優劣也。焦循曰：

> 蓋古學未興，道在存其學，古學大錫，道在求其通；前之弊患乎不學，後之弊患乎不思。證之以實而運之於虛，庶幾學經之道也〔註 1〕。

「存其學」者，漢代之學也；「求其道」者，宋代之學也。漢、宋各有其長，亦各需補其所短，斯爲學之要也。

尚書爲上古帝王爲治之書，故歷代帝王，皆所必習，而諸臣奏事，每引尚書之文爲據，有以明古事者，有以論治道者，或規諫，或勸勉，不一而足〔註 2〕。考夫漢代君王，無不研習尚書，授尚書者，代爲帝師，尊榮已極；而宋代諸帝，亦勤加鑽研，視漢帝猶有過之〔註 3〕；其同一也。

漢以秦火之故，典籍散失，多方蒐求，得古書於孔壁，遂有古文尚書之學；然遺冊古文，漢儒多不能識，孔安國亦僅以今文讀之，以起其家說，爲古文派。宋以前，唐明皇命衛包改隸古爲今字，宋太祖開寶間，亦詔命陳鄂改釋文中所存隸定古文，同於宋朝文字；而又命郭忠恕定古文尚書。是漢、宋俱有考訂尚書文字之事。其同二也。

前漢東萊張霸，因朝廷求書之詔，遂釐析今文二十八篇及取左傳書序等典籍爲首尾，僞作百兩篇尚書以獻；然以中書校之，其僞立辨〔註 4〕。宋代承唐正義之緒，多用孔傳，至吳棫、朱熹出，即疑書序、孔安國序、傳之僞，並經文中孔傳古文諸篇之可疑。是漢、宋皆有尚書辨僞之事也；其同三也。

西漢司馬遷作史記，自唐堯以下至春秋，其史事多依尚書經文爲據，今文二十八篇，全引及之〔註 5〕；東漢班固爲漢書，於郊祀志、封禪書、地理志、五行志、

〔註 1〕見雕菰樓文集卷十三〈與劉端臨教喻書〉。

〔註 2〕參見師大國文研究所碩士論文〈後漢書尚書考辨〉中第六章結論，總頁 212～213。

〔註 3〕參見孔孟學報第四十一期，李振興先生〈尚書流衍述要〉，總頁 78；亦可參註 2 所引〈後漢書尚書考辨〉導論，總頁 20、21、22。

〔註 4〕參見漢書儒林傳。

〔註 5〕詳參古國順者《史記述尚書研究》一書。

律曆志、刑法志等引尚書爲說者有極夥〔註 6〕。而宋代則若胡宏之皇王大紀、金履祥之通鑑前編，亦每因尚書經文而爲史者。是漢、宋俱有以經文作史者；其同四也。

漢代文章體格，有以尚書爲典範者，若朝廷之誥命，或用尚書語，或仿尚書辭氣，若漢書翟方進傳所引王莽大誥，即全仍尚書大誥而成，此其明彰者也；自唐韓愈進學解謂「周誥殷盤，詰屈聱牙」，古文家有用其意氣散樸，而鮮用其語辭體格。宋代則有若薛季宣，效尚書語辭體格作「周鼎銘〔註 7〕」。此漢、宋皆有以尚書之語體而爲文者；其同五也。

以上五者觀之，漢、宋兩代雖有異，然學問之道，有開必先，宋儒所有者，漢儒多先開其端，可知漢、宋之間，亦有相承之迹。雖然，漢之與宋，亦因世異事變，於尚書學之立場、態度、方法、目標，每有差別。茲析論如次：

（一）漢儒詳章句，宋儒衍義理

漢代承暴秦之後，典籍散佚，老成凋敝，故文帝時除禁書之令，廣蒐遺文，探訪餘獻，雖得伏生耄耆，所傳亦止二十八篇較完整，其餘殘句斷簡，不可卒讀。及孔壁古文出，亦止多十六篇，且爲蝌蚪古文，世人罕識；孔安國以孔子之後，身任博士之職，亦僅能以伏生今文二十八篇相校讀，以起其家說。是故當時學士，務通經文之文字訓讀而已；尚書之學，遂行於世。及其既立學官，傳授益盛，且尊爲帝師，因演說而爲章句之學，流而爲碎義逃難，巧辭辯說。若秦恭尚書說，承小夏侯之學，增師法至百萬言；其說堯典篇目兩字，至十餘萬言，但說「曰若稽古」亦三萬言〔註 8〕。班固評章句之學曰：

> 古之學者耕且養，三年而通一藝，存其大體，玩經文而已，是故用日少而畜德多，三十而五經立也。後世傳經，既已乖離，博學者又不思多聞闕疑之義，而務碎義逃難，便辭巧說，破壞形體，說五字之文，至於二三萬言，後進彌以馳逐，故幼童而守一藝，白首而後能言，安其所學，毀所不見，終以自蔽，此學者之大患也〔註 9〕。

至東漢，此風未滅，如周防受古文尚書，撰尚書雜記四十萬言；朱普爲歐陽尚書章句四十萬言；桓榮以朱普章句淫辭繁多，減爲二十三萬言；榮子郁復刪減定爲十二萬言。牟氏尚書章句四十五萬言，張奐亦以其浮辭繁多，減爲九萬言，然其自著尚

〔註 6〕詳參師大碩士論文〈漢書尚書說考徵〉，駱文琦著。

〔註 7〕參見本論文論薛季宣尚書學中。

〔註 8〕參見經義考卷七六，頁 1 引桓譚新論之言。

〔註 9〕【缺內容】

書記難，竟至三十餘萬言〔註10〕。可見兩漢尚書學，不離訓詁章句也。

宋代則不然。唐時孔穎達等修五經正義，經學定於一尊，尚書之說，於訓詁而言，大體已備。朱子雖云五經疏中尚書最下〔註11〕，然其告弟子亦每以訓詁制度之屬，以疏文為主〔註12〕。傳疏於訓詁制度名物之考證既備，而宋儒又受禪、道學之薰習，義理之學漸興〔註13〕，大倡直接孔、孟之傳，深賾聖人之道，故解說尚書，無不以發揮義理大道為宗旨。若范純仁進尚書解，主理當義通，不必盡用孔傳。蘇洵洪範圖論，褒經擊傳，剗磨瑕垢，以見聖祕。楊時書義辨疑，論五十九篇蔽以一言曰「中」。林之奇尚書全解，務合於人心所同然之義，苟合於義，近說可取，苟不合義，先儒可鄙；聖人之經旨，於此煥然。張橫渠曰：「尚書最難得胸臆如此之大。」朱子、陳亮皆取其言〔註14〕。呂祖謙東萊書說，以唐虞三代之氣不著於吾心，何以接典謨訓誥之精微。黃度書說，訓詁多取孔傳，而推論三代興衰治亂之端，與夫典謨訓誥，微辭妙義、如危微精一、安止惟幾、建中建極之旨，皆明諸心而注之。朱熹命蔡沈為書集傳，明二帝三王之治本於道，二帝三王之道本於心，得其心則道與治固可得而言，言雖殊而理則一，無非明此心之妙。陳經尚書詳解，謂帝王之書，乃帝王之行事，即帝王之心；故讀此書之法，當以今人之心以求古人之心。金履祥尚書表注，在提書之要旨與夫義理之微事〔註15〕。幾乎所有宋代尚書之著述，無論其宗孔傳與否，皆以義理為宗也。

（二）漢儒言讖緯災異，宋儒反五行相應

夫災異之說，起於春秋之際，左傳多有載之。逮乎漢世，其說益熾，讖緯之說，偽起哀平，所記尤夥。名儒若董仲舒，即大倡災異之論者也。其春秋繁露曰：

> 天地之物，有不常變者謂之異，小者謂之災。災常先至而異乃隨之。災者天之譴也，異者天之威也；譴之而不知，乃畏之以威，詩云：畏天之威。殆此謂也。凡災異之本，盡生於國家之失。國家之失，乃始萌芽，而天生災害以譴告之，譴告之而不知變，乃見怪異以驚駭之，驚駭之尚不知畏恐，其殆咎乃至；以此見天意之仁而不欲害人也〔註16〕。

〔註10〕見漢書藝文志。
〔註11〕上所述皆見後漢書儒林傳。
〔註12〕參見董鼎書集傳輯錄纂註前附綱領，頁6、7所引朱子之說。
〔註13〕參見錢穆先生《中國學術思想史論叢》冊四〈禪宗與理學〉，總頁216～231。
〔註14〕朱子說可參同註12。陳亮之說參見於鄭伯熊數文書說序。
〔註15〕上述宋代諸儒之說，均可見於其書前所引序文中，本論文於各家尚書學論中，亦多引述；而翻尋之便，則可參見歷代經籍典第一百十四卷書經部彙考四，總頁69～615。
〔註16〕見春秋繁露卷八仁且智第三十中。

按古者帝王居上，一舉一措，均成科律，臣民無得而易之，故詩、書每言天命；聖賢之君，天之所命，得命者昌；暴虐之主，喪其天命，失命者亡；此說不獨有畏天之意，亦有神道設教之念存焉。漢儒多論災變異祅，蓋亦欲以此天人相與之說，匡正其君，洵具苦心矣。儒漢據春秋而言災異，固不待言，據尚書而言災異，亦大宗也。漢有許商五行傳記、劉向洪範五行傳記，皆是也〔註17〕。洪範五行之說，始於伏生大傳；夏侯勝傳其學，亦每言之。勝以昌邑王行爲淫亂，每出遊戲，嘗當輿諫曰：「天久陰不雨，臣下有謀上者，陛下出，欲何之？」王怒，以勝所說爲祅言，縛吏治罪；時霍光果謀廢昌邑王，以爲事洩；卒召問夏侯勝，勝曰：「在洪範傳曰：皇之不極，厥罰常陰，時則下人有伐上者。」可見夏侯勝據洪範言五行災異也〔註18〕，後漢書劉云傳戴李淑上書曰：「夫三公上應台宿，九卿下括河海，故天工人其代之。」亦言天人相應之道也。

宋儒既主義理，本諸人心之所同然，是心之所向，事亦隨之；修德則善，失道則惡；所以然者在人而不在天也，孟子所謂盡心、知性、知天也。若歐陽修上劄子，奏刪九經正義中讖緯之說，使學者毋入歧途。胡瑗以人事說洪範；蘇洵責劉向五行傳之失〔註19〕。王安石以天人分道，故訓洪範庶徵「若」字爲「如」，則天之有異，人君取戒則可，言天人相應則不可矣，是以評之者皆就其「天人不相與」、「天變不足畏」之說立論也。朱熹雖評王氏此說，然亦以爲庶徵固不必定如漢儒之說也〔註20〕。

其實宋儒亦非全不言災異相應者，若蘇東坡書傳，雖評劉向五行傳，然於舜典「納於大麓，烈風雷雨、不迷」、金滕「天大雷電以風」、高宗肜日「有飛雉升鼎耳而雊」、說命「恭默思道，夢帝賚予良弼」等處，皆言類象感應；程頤說高宗夢得傳說，亦云可以感通。雖然，宋儒言有天人之應，皆就人事修德以參天而論也。蘇氏論高宗肜日曰：「故祖己以謂當先格王心之非。……人有不順之德，不聽之罪，天未即誅絕之，而以孽祥爲符信，以正其德〔註21〕。」而程頤論高宗夢得傳說曰：「高宗只是思得聖賢之人；須是聖賢之人，方始應其感，若傳說非聖賢，自不相感。如今人卜筮，蓍在手，事在未來，吉凶在書策，其卒三者必合矣。使書策之言不合於理，則自不驗〔註22〕。」是所論據人之修德而立言也。此與漢儒以天爲主不同。

〔註17〕參見漢書藝文志。

〔註18〕參見漢書夏侯勝傳。

〔註19〕參見本論文諸家尚書學。

〔註20〕參見程元敏先生《三經新義輯考彙評（一）——尚書》中，總頁121、143所引諸家之論及本論文論王安石之尚書學一節。

〔註21〕見東坡書傳卷八，頁23。

〔註22〕見二程遺書卷十五，頁14。

（三）漢人重師傳家法，宋儒每師心自用

漢代尚書之學，俱出於伏生，衍脈流派，遂分三家；至東漢其學更盛，然各守師說以相立，無或逾章句樊籬。後漢書儒林傳論云：

> 自光武中年以後，干戈稍戢，專事經學，自是其風世篤焉。其服儒衣，稱先王，遊庠序，聚橫塾者，蓋布之於邦城矣。若乃經生所處，不遠萬里之路，精廬暫建，贏糧動有千百，其耆名高義開門授徒者，編牒不下萬人，皆專相傳祖，莫或訛雜，至有分爭王庭，樹朋私里，繁其章條，穿求崖穴，以合一家之說。故揚雄曰：今之學者，非獨爲之華藻，又從而繡其鞶帨。夫書理無二，義歸有宗，而碩學之徒，莫之或徙，故通人鄙其固焉。又雄所謂譊譊之學，各習其師也。且觀成名高弟，終能遠至者，蓋亦寡焉，而迂滯若是矣〔註23〕。

按東漢博士弟子，亦主專精家學。徐防嘗上疏曰：

> 漢承秦亂，經典廢絕，故立博士十四家，設甲乙之科，以勉勸學者，所以示人好惡，改敝就善也。專精務本，儒學所先；博士及甲乙科，宜從其家章句，開五十難以試之，解釋多者爲上第，引文明者爲高說。若不依先師，義有相伐，皆正以爲非〔註24〕。

考試重師說，朝廷重家法，則學者皆隨風而行矣。前述章句之學，雖或有減省，然師法相傳，大致相同也。

宋代則不然。宋代理學，每求於心理之所當然以爲正，是以己心吾意爲準繩也。而人各有識有悟，所謂理之所同，雖近人之說，亦有是採，義之不合，雖先儒之論，亦可鄙棄；然則當理義之前，可不讓於師矣，故師弟之間，亦有異意；若孟子之於告子也。宋儒尚書之學，其師承相繼而學說有異者，如三蘇雖以父子之親，學術之近，而論洪範雖皆指劉向五行之說爲非，而三者說各有不同。林之奇尚書全解解至洛誥，而呂祖謙取之以去，爲之續作，而其說與林之奇之孫畊所補集者亦不盡同。朱熹以書集傳屬授蔡沈，且爲之訂正二典禹謨，又親稿百餘段，而書集傳中，每有與師說相異者，朱、蔡師承之親若是，猶有如斯之異，其他可以類舉矣。又如王柏與金履祥，二者洪範分經傳之說亦有異，而對書篇次序亦有不同之見解。楊簡、袁燮，同受學於陸象山，而二者之說尚書，亦大不同〔註25〕。如此之類，俯拾即是。而祖述之事，其最明而純者，莫若張綱之述王安石新義也，然張綱書解，乃講於國

〔註23〕見後漢書儒林傳論卷七九下，總頁288、289。

〔註24〕見後漢書徐防傳。

〔註25〕參見本論文論諸家尚書學部份。

學之講義，其時新義頒立學官，定爲一尊，故張綱因用其說而未加異義，非張綱之尙書學必與王安石全同也〔註 26〕。

（四）漢儒容新篇，宋儒疑舊章

漢代繼虐秦之後，文獻焚滅，典章散佚，若非伏生尙存，則尙書亡佚殆盡矣；雖後來或有古文簡牘之發現，然非有伏生所傳二十八篇以讀之，則科斗古文簡冊，形同廢物。文獻殘逸，得之不易，故每有所見，多欲爲之疏釋，以納爲傳授之資料。若漢有今文泰誓之篇。劉歆移太常博士書云：

> 至孝武皇帝，……泰誓後得，博士集而讀之，……及魯恭王壞孔子宅，欲以爲宮，而得古文於壞壁之中〔註 27〕。

劉向別錄亦云：

> 武帝末，民有得泰誓書于壁內者，獻之。與博士使讀說之，數月皆起，傳以教人〔註 28〕。

劉歆七略亦記此事〔註 29〕。此今文泰誓所述錄之文字內容，與先秦典籍所引不同。許師錟輝嘗論之曰：

> 今考大誓之篇，先秦之所固有，先秦典籍多引大誓之文，即其明證。戰國中葉以後，此書已亡，故呂氏春秋、韓非子等戰國末年作品，多引尚書，獨未引大誓之文。又考國語周語下引大誓故，則大誓之故訓，非大誓本經。以此度之，戰國初，當有說大誓本事作意之書，有類後世之書序、書傳，戰國中葉以後，大誓本經既亡，而此等大誓之書，則流行民間，故墨子（非攻下）、呂氏春秋（名類篇）得徵引其赤烏瑞兆之說，以其非大誓本經，故不稱書云，不舉篇名也〔註 30〕。

是所謂今文泰誓，乃大誓篇經文之演義傳說，而非本經明矣。此篇既出，漢儒必知其與先秦泰誓不同，然仍集博士而讀之，數月皆起，傳以教人，是不得泰誓本經而猶取泰誓演義之說補之，而不必計較其爲經傳與否也。蓋禮失而求諸野，愈於全盤無有也。不惟今文泰誓尙有可採之說，至於東萊張霸百兩篇，明知其僞而猶不欲盡斥黜。漢書儒林傳載曰：

> 世傳百兩篇者，出東萊張霸，分析今文二十九篇以爲數十，又采左氏

〔註 26〕參見本論文論張綱之尚書學。
〔註 27〕見漢書楚元王傳。
〔註 28〕見尚書序正義引。
〔註 29〕參見上述〈移書讓太常博士〉注引，卷四三，頁 23。
〔註 30〕見高仲華老師七秩華誕論文集〈今文泰誓疏證〉一文，總頁 68。

傳、書敘爲作首尾，凡百二篇，篇或數簡，文意淺陋。成帝時，求其古文者，霸以能爲百兩徵；以中書校之，非是。霸辭受父，父有弟子尉氏樊並，時太中大夫平當，待御史周敞勸上存之。後樊並謀反，乃黜其書。

可見漢世於新出之篇，勿論其爲本經，抑或傳說；爲眞古文，抑僞作者，皆未嚴加辨覈，取以傳授生徒，使之傳流。

宋代則不然。宋代學者，以義理說經，是以每求以一理貫通全經者；而於經文之中，有不合於文理者，則每疑其誤。若劉敞、蘇東坡之疑舜典「夔曰：於予擊石拊石，百獸率舞」十二字，乃益稷之衍文錯簡；蓋就文理而言，兩段文字重複無異，此甚可疑；而就義理而言，舜命九官，他人皆或讓或受，別無異辭，唯夔於此自稱其功而不讓，此舜廷之上所不應有者；故疑其爲衍文也〔註31〕。疑之而至極，論證亦足助其說，則進而改之；若宋儒之改武成是也。武成之疑，肇自孟子，疑其義也；至唐孔穎達不究僞孔而用之，故於僞孔本武成篇，疑其記事之顚倒訛漏也。至宋劉敞、王安石、程頤、王柏等，紛紛依所識以改易之，是以人各有改本。蓋彼等所以改武成，其論據即在僞孔本武成所記日月，前後不倫，且記事之中，克殷之事每記於歸豐之後；有此明癥，故亦敢於改易矣。夫既有疑矣，於文無可改以從其順，於義辨之而不得理之達，則辨眞僞之思生焉。若朱熹之辨孔安國序、小序、孔傳，皆以爲文體氣格，不類先秦，唯若漢魏者；故謂孔安國序爲僞作，小序非孔子之言，孔傳亦不出安國之手也〔註32〕。又朱熹辨尚書古文易，今文難曰：

今按漢儒以伏生之書爲今文，而謂安國之書爲古文，以今考之，則今文多艱澀而古文反平易。或者以爲今文自伏生、女子口授鼂錯時失之，則先秦古書所引之文皆已如此，恐其未必采也。或者以爲記錄之實語難工，而潤色之雅詞易好，故訓誥誓命有難易之不同；此爲近之。然伏生倍文暗誦，乃偏得其所難，而安國考定於科斗古書錯亂滅之餘，反專得其所易，則又有不可曉者〔註33〕。

朱子於孔本古文，反覆爲之辯護而不獲，雖其言止云「有不可曉者」，其實已深辨其可能爲僞，故馴至元、明、清三代，終能使其僞迹現形，此朱熹之功也。

可見漢代尚書之學，因文生說，故優容採納，不辨眞贋，欲增其可說之資也；宋朝尚書之學，據義說文，故覈文察理，疑改辨僞，欲彰其義理之信也。疑經、改

〔註31〕參見東坡書傳卷二，頁14〉劉敞七經小傳卷上，頁2。

〔註32〕參見本論文論朱熹之尚書學中有關辨僞部份。

〔註33〕見朱文公文集卷六五，頁4、5尚書序說，此說又見於周書卷八二，頁20、21〈書臨漳所刊四經後〉。

經，至於辨察眞僞之說，遂為宋代尚書學之特色也。

二、辨古籍之僞迹

金履祥尚書著述中，其大者有二：一為尚書表注，一為通鑑前編；然經義考尚錄有「尚書注十二卷」，以為乃金仁山少年所作者，今刊於陸心源所校十萬卷樓藏書中。然經予考辨，所稱仁山少作之「尚書注十二卷」，乃明末至清初間，好事之徒，掇拾金氏通鑑前編中引尚書之文，及所附注解、論議及案語，再按今僞孔本之篇目順序重新排列比附而成，非仁山之少作也。其中體例結構、內容論述，與乎措辭用語，皆足見其僞迹。是此書為僞無疑矣。雖然，其書亦鈔錄自仁山著作，其中論述意見，亦眞仁山之言，故尚可視為仁山尚書學說之輯本。然其體例與仁山尚書學之本意不侔，並按僞孔本排列，不知者易為所誤，步入歧途也〔註34〕。

三、正學術之流衍

宋代學術，以理學為主流，其學術流衍之迹，前人述之詳矣，其中以黃宗羲之宋元學案，所論最備且精，後經全祖望補充整頓，體例更完足。然體之大者，其失於微，在所不免，故學案於分流別派之時，亦有疏漏。若范浚之學，既無師傳，以朱子之博通，當時猶謂不知其學所來自；黃宗羲論其學，則曰「若未見關洛諸公書」，故學案止謂范氏為潘默成講友，而自立范許諸儒學案。今考其尚書之學，則其引程頤遺書之說，既明且確，是其學亦淵源於程伊川無疑；雖范氏嘗自言自得於遺經，然私淑伊川之迹在焉。故當列入程伊川一脈之下，不必別立一案也。

又宋元學案列傅寅於「說齋學案」中，並註曰：「說齋門人」，今考其「禹貢說斷」，既未稱引說齋之說，反多引呂祖謙之言，且稱之謂「東萊先生」，而傅寅亦為呂祖儉所邀，至麗澤書院講述禹貢之學；然則傅寅之學，當以為與呂東萊為近，而與說齋唐仲友未必有關係也；是列傅氏於說齋學案，甚不妥當，當易置於東萊學案或麗澤諸儒學案中為是。

又今本宋元學案，王梓材亦有所改易，若黃度者，黃宗羲本列入艮齋學案中，而王梓材易置於止艮學案，列為同調。今考黃度尚書說，其學多出於薛季宣，而年齡亦可及薛氏之門，列於艮齋之下，絕非妄為，而王梓材之改易，雖非大誤，亦失之草率，誤解前儒之旨矣。

宋元學案所羅列之人物雖多，然亦有未及收入而漏網者，是以馮雲濠、王梓材

〔註34〕參見本論文金履祥尚書學之著作與著錄一節。以下所論「正學術之流衍」、「明尚書學之原委」、「訂著述之本意」等，皆可參見本論文各章節，諸儒尚書學案中所論之文。

合作，爲宋元學案補遺，然其中於學術流衍，辨別未甚精確，今以尙書一門考之，已見其失。若其書置陳大猷於慈湖門人之別，其所據者，乃四庫提要之說，而四庫所據，僅在陳氏於尙書集傳或問中，嘗偶引孔叢子「心之精神是謂聖」一語，而此語乃楊慈湖所屢標示爲學術要旨者。提要之意，似乎以爲凡引此語者，必皆慈湖一脈，他人不可引用，視此語爲慈湖專利。殊不知陳大猷尙書之說，雖引孔叢子之言，然就整體而論，當爲程、朱之支脈無疑，與象山、慈湖大異。補遺止據提要片言，即列陳大猷於慈湖學案中，是失之草率也。

又胡士行者，宋元學案未列其人，而胡氏生平不詳，所著亦唯尙書詳解，且傳於世，然則欲考其學術流衍之迹，捨尙書詳解而莫由。今以其書考之，知其學宗呂東萊也。今補遺列胡氏於龜山學案中，是不考其書也。

四、明尙書學之原委

宋儒以義理爲宗，欲明大道於胸，以彰聖賢之心也，故泛觀博取，學非一門，多通諸經，而經非一家，其來多源·故欲據其一端以定其學脈歸屬，未必得其正也。若程大昌者，著有易原八卷，又有禹貢之學，世多稱其博洽，可視作程氏學術之標竿也。然宋元學案未列程氏，馮雲濠補遺，則列之入卷二泰山學案之中，屬劉牧長民私淑者，馮雲濠案曰：

> （程）先生作易原八卷，發明劉長民之說

是馮氏據程氏易學以定其學術端緒也，然考諸程氏尙書之學，則多用王安石之說，若以尙書學而計之，則當入荊公學略矣。馮氏之見雖未必非，然易導學者於一偏也。

又若胡士行著尙書詳解，四庫提要謂其解經多以孔傳爲主，而存異說；然據其書考之，其說實幾全出於東萊書說，提要實不察而大誤也。

若胡瑗洪範口義，四庫提要謂其駁正註疏而已，而未述其說之淵源，今考其書，於五福六極之說，全用張景之說。林之奇於全解洪範篇中，前引胡瑗之說，而於五福六極之疇，則未引胡氏而全引張景之說，蓋張景乃其源頭故也。

若趙善湘洪範統論，四庫提要謂其取捨周旋於朱、陸之間；然細考其文，實遠承歐陽修唐史及蘇洵洪範圖論之意，而間引孔傳也；非如提要所云，謂解皇極爲「大中」，即定其採象山之說也。

若史堯弼作洪範論，宋元學案補遺據其書序文而列之爲南軒講友；南軒雖有尙書學之著述，而今已失傳，無由考其淵源，而據洪範論，則見其學近於眉山蘇氏，與南軒學派異路也。

若范浚，其尙書學私淑程頤；鄭伯熊則遠祧程子，近接胡安國、胡宏父子之學，

皆班班可考。

魏了翁之學，歷來皆以爲繼朱子而來，然考其尚書之說，則多取於呂祖謙；此亦前人所易忽者。

又象山之門，亦有尚書學之著述；然其學主心即理，六經皆注我者也，經書之文，乃多藉以發揮吾心之理而已；而欲籍經籍文獻之疏義與程、朱相拮抗；是以尚書之說，多採東坡、東萊二家；楊簡、袁燮、錢時皆是也。

五、訂著作之大旨

鶴山魏了翁，其尚書之著述有尚書要義，四庫提要以爲其大旨乃摘注疏之精義，標以目次，以便簡閱；又謂要義之作，乃效歐陽修刪讖緯之意而成；其實皆非也。予幸及覽元代方回承魏氏古今考而作之續古文考，得知魏鶴山作要義，其實爲作古文考而爲之爾；提要之說，皆揣測之辭〔註 35〕。

〔註 35〕見宋元學案補卷二，頁 96。

參考書目

一、經學類

	書　名	作　者	出版社名稱
1.	十三經注疏	阮元等校勘	東昇文化事業公司
2.	七經小傳	劉敞	漢京通志堂經解本
3.	河南經説	程頤	中華四部備要本
4.	周官新義	王安石	百部叢書經苑本
5.	詩義鈎沉	王安石著邱漢生輯校	（大陸）中華書局
6.	四書章句集注	朱熹	廣東出版社
7.	九經疑難	張文伯	宛委別藏本
8.	絜齋毛詩經筵講義	袁燮	商務四庫珍本九集
9.	六經天文編	王應麟	藝文學津討原本
10.	經學歷史	皮錫瑞	商務印書館
11.	中國經學史	馬宗霍	商務印書館
12.	中國經學史	日人本田成之	廣文書局
13.	中國歷代經籍典		鼎文書局古今圖書集成
14.	宋代經學研究	汪惠敏	國立編輯館
15.	春秋宋學發微	宋鼎宗	文史哲出版社

尚書學類

宋代以前

	書　名	作　者	出版社名稱
1.	尚書孔傳本		新興書局
2.	尚書正義	孔穎達等疏、阮元校勘	東昇文化事業公司
3.	唐寫本尚書顧命殘本、補考		敦煌叢刊初集第六冊
4.	隸古定尚書殘本		敦煌叢刊初集第八冊
5.	尚書釋文（敦煌殘本）附跋	陸德明	敦煌叢刊初集第八冊

宋代

	書名	作者	出版社名稱
1.	東坡書傳	蘇軾	藝文學津討源本
2.	尚書全解	林之奇	漢京通志堂經解本
3.	尚書詳解	夏僎	商務四庫珍本九集
4.	尚書詳解	陳經	商務四庫珍本十集
5.	書集傳「書經讀本」	蔡沉	大方出版社
6.	絜齋家塾書抄	袁燮	商務四庫珍本初集
7.	融堂書解	錢時	商務四庫珍本別集
8.	尚書講義	史浩	四明叢書三集本
9.	尚書精義	黃倫	藝文經苑本
10.	書疑	王柏	漢京通志堂經解本
11.	尚書注	金履祥	藝文十萬卷樓叢書本
12.	尚書表注	金履祥	漢京通志堂經解本
13.	書古文訓	薛季宣	漢京通志堂經解本
14.	五誥解	楊簡	商務四庫珍本別集
15.	增修東萊書說	呂祖謙著、時瀾增修	漢京通志堂經解本
16.	尚書集傳或問	陳大猷	漢京通志堂經解本
17.	尚書要義	魏了翁	商務四庫珍本六集
18.	尚書說	黃度	漢京通志堂經解本
19.	尚書詳解	胡士行	漢京通志堂經解本
20.	敷文書說	鄭伯熊	大通書局經苑本
21.	洪範口義	胡瑗	商務四庫珍本別集
22.	禹貢後論	程大昌	漢京通志堂經解本
23.	禹貢山川地理圖	程大昌	漢京通志堂經解本
24.	禹貢說斷	傅寅	藝文武英殿聚珍版叢書本
25.	洪範統一	趙善湘	藝文經苑
26.	禹貢詳解	傅寅	漢京通志堂經解本

元代及以下

	書名	作者	出版社名稱
1.	書集傳輯錄纂註	董鼎	漢京通志堂經解本
2.	書集傳纂疏	陳櫟	漢京通志堂經解本
3.	定正洪範集說	胡一中	漢京通志堂經解本
4.	讀書叢說	許謙	藝文叢書集成本
5.	尚書砭蔡編	袁仁	商務四庫珍本十二集
6.	尚書大傳輯校	陳壽祺	藝文叢書集成本
7.	古文尚書疏證	閻若璩	漢京皇清經解續編本
8.	古文尚書考	惠棟	漢京皇清經解本

9.	尚書隸古定釋文	李遇孫	新文豐出版社叢書集成續編
10.	尚書歐陽夏侯遺說考	陳喬樅	漢京皇清經解續編本
11.	尚書後案	王鳴盛	漢京皇清經解本
12.	尚書今古文注疏	孫星衍	漢京皇清經解本
13.	欽定書經傳說彙纂	王頊齡	商務四庫珍本
14.	閻毛古文尚書公案	戴君仁	國立編輯館中華叢書
15.	尚書新證	于省吾	崧高書社
16.	尚書集釋	屈萬里	聯經出版事業公司
17.	尚書異文彙錄	屈萬里	聯經出版事業公司
18.	三經新義輯考彙評（一）尚書	程元敏輯著	國立編譯館中華叢書
19.	尚書讀本	吳璵	三民書局
20.	尚書思想新論	宋承書	治群圖書公司
21.	史記述尚書研究	古國順	文史哲出版社
22.	清代尚書學	古國順	文史哲出版社
23.	尚書學史	劉起釪	（大陸）中華書局
24.	尚書論文集	陳新雄、于大成編	木鐸出版社
25.	尚書研究論集	劉漢德等	黎明文化事業公司
26.	尚書引論	張西堂	崧高書社
27.	尚書通論	陳夢家	仰哲出版社
28.	尚書異文集證	朱延獻	台灣中華書局

二、史學類

	書　名	作　者	出版社名稱
1.	逸周書	孔晁	台灣中華書局
2.	史記	司馬遷	藝文印書館
3.	漢書	班固	藝文印書館
4.	後漢書	范曄	鼎文書局
5.	史通通釋	劉知幾著浦起龍釋	里仁書局
6.	新唐書	歐陽修等	藝文印書館
7.	宋史	脫脫等	藝文印書館
8.	宋會要輯本		新文豐出版公司
9.	宋史翼	陸心源輯	（大陸）中華書局
10.	皇王大紀	胡宏	商務四庫全書本
11.	通鑑前編	金履祥	世界書局四庫全書薈要本
12.	續資治通鑑長編	李燾	世界書局
13.	經幄管見	曹彥約	商務四庫珍本
14.	宋朝事實類苑	江少虞	源流出版社
15.	太平治跡統類	彭百川	商務四庫珍本五集

16. 中興聖政　宋某氏　文海出版社
17. 東都事略　王偁　中央圖書館善刊叢刊
18. 文獻通考　馬端臨　商務印書館十通第七種
19. 玉海　王應麟　華文書局
20. 通鑑長編紀事本末　楊仲良　文海出版社
21. 歷代帝王年表　齊召南　台灣中華書局
22. 宋稗類鈔　潘永因編　（大陸）書目文獻出版社
23. 宋論　王夫之　洪氏出版社
24. 廿二史箚記　趙翼　世界書局
25. 中國選士制度史　劉虹　（大陸）湖南教育出版社
26. 宋人逸事彙編　丁傳靖輯　商務印書館
27. 中國書院制度　盛朗西　華世出版社
28. 宋代修史制度研究　蔡崇榜　文津出版社
29. 兩送經濟重心的南移　張家駒　帛書出版社
30. 宋元理學家著述生卒年表　麥仲貴　香港新亞研究所專刊之三
31. 群儒考略　姚永樸　廣文書局
32. 宋元政治思想　王雲五　商務印書館
33. 歷代刻書概況　向達等　（大陸）印制工業出版社
34. 宋代書院與宋代學術關係　吳萬居　文史哲出版社
35. 宋初風雲人物　惜秋　三民書局
36. 南宋史研究　黃重寬　新文豐出版公司

三、子學類

	書　名	作　者	出版社名稱
1.	皇極經世書	邵雍	廣文書局
2.	朱子語類	黃靖德編	文津出版社
3.	象山全集	陸九淵	台灣中華書局
4.	大學衍義	魏了翁	中國子學名著集成編印基金會
5.	讀書雜鈔	魏了翁	藝文百部叢書集成
6.	研幾圖	王柏	藝文金華叢書本
7.	古微書	孫瑴編	商務四庫珍本十二集
8.	朱子新學案	錢穆	文津出版社
9.	心體與性體	牟宗三	正中書局
10.	中國學術思想論叢	錢穆	東大圖書公司
11.	宋代學術思想研究	金中樞	幼獅文化事業公司
12.	宋明理學	蔡仁厚	學生書局
13.	朱子哲學思想之發展與完成	劉述先	學生書局
14.	二程學管見	張永儁	東大圖書公司

15.	唐代後期儒學的新趨向	張躍	文津出版社
16.	北宋中期儒學復興運動	劉復生	文津出版社
17.	洛學源流	徐遠和	（大陸）齊魯書局

四、集　類

	書　名	作　者	出版社名稱
1.	歐陽文忠公全集	歐陽修	中華四部備要本
2.	二程全書	程顥、程頤	中華四部備要本
3.	臨川集	王安石	中華四部備要本
4.	嘉祐集	蘇洵	商務四部叢刊本
5.	蘇東坡全集	蘇軾	世界書局
6.	欒城集	蘇轍	中華四部備要本
7.	嵩山文集	晁説之	商務四部叢刊續編
8.	攻媿集	樓鑰	商務四部叢刊本
9.	困學紀聞	王應麟	世界書局中華四部備要本
10.	公是弟子記	劉敞	藝文知不足齊叢書本
11.	考古質疑	葉大慶	上海古籍出版社
12.	捫蝨新話	陳善	藝文津逮秘書本
13.	范香溪文集	范浚	藝文金華叢書本
14.	朱文公文集	朱熹	商務四部叢刊本
15.	朱子大全集	朱熹	中華四部備要本
16.	默堂文集	陳淵	商務四部叢刊續編
17.	容齋隨筆	洪邁	商務四部叢刊續編
18.	東萊集	呂祖謙	商務四庫珍本十一集
19.	蓬峰集	史堯弼	商務四庫珍本初集
20.	慈湖遺書	楊簡	四明叢書本
21.	元豐類稿	曾鞏	商務四部叢刊本
22.	潞公文集	文彥博	商務四庫珍本六集
24.	范忠宣集	范純仁	商務四庫珍本八集
25.	黃氏日鈔	黃震	商務四部叢刊本
26.	山堂群書索考	章如愚	台北新興書局
27.	宋文鑑	世界書局	
28.	涑水紀聞	司馬光	世界書局
29.	演繁露	程大昌	新文豐出版社
30.	古今考	魏了翁初、方回續	學生書局中央圖書館藏本
31.	考古篇	程大昌	商務儒學警悟本
32.	五峰集	胡宏	商務四庫全書本
33.	夢溪筆談	沈括	商務四部叢刊本

34.	橫浦集	張九成	商務四庫珍本四集
35.	拙齋文集	林之奇	商務四庫珍本二集
36.	學林王觀國		新文豐出版公司
37.	西山讀書記	眞德秀	商務四庫珍本六集
38.	孫明復小集	孫復	商務四庫珍本八集
39.	河南邵氏聞見前後錄	邵伯溫	廣文書局
40.	渠陽讀書雜鈔	魏了翁	商務寶顏堂叢書本
41.	鶴山先生大全集	魏了翁	商務四部叢刊本
42.	容齋隨筆	洪邁	商務四部叢刊本
43.	嬾眞子	馬永卿	藝文儒學警悟本
44.	項氏家説	項安世	商務四庫珍本別集
45.	小畜集	王禹偁	商務四部叢刊本
46.	佩觿	郭忠恕	商務叢書集成簡編本
47.	公是集	劉敞	新文豐出版社
48.	石魚偶記	楊簡	新文豐叢書集成續編本
49.	魯齋集	王柏	商務四庫全書本
50.	浪語集	薛季宣	商務四庫全書本
51.	仁山集	金履祥	商務叢書集成簡編本
52.	仁山文集	金履祥	藝文金華叢書本
53.	鶴林玉露	羅大經	（大陸）中華書局
54.	鄮峰眞隱漫錄	史浩	商務四庫全書本
55.	華陽集	張綱	商務四部叢刊續編本
56.	王深寧先生年譜		四明叢書本第一集
57.	朱熹辨僞書語	開明書局編	台灣開明書局
58.	後山叢談	陳師道	廣文書局
59.	愛日齋叢鈔	宋某氏	藝文守山閣叢書本
60.	黃文獻集	黃溍	商務金華叢書本
61.	陳振孫學記	喬衍琯	文史哲出版社
62.	王厚齋學術及著述考略	莊謙一	文史哲出版社
63.	李覯與王安石研究	夏長樸	大安出版社
64.	觀堂集林	王國維	河洛圖書出版社
65.	宋代教育散論	李弘祺	東昇出版事業公司
66.	歐陽修的治學與從政	劉子健	新文豐出版社
67.	歐陽修研究	劉若愚	商務印書館
68.	王柏之生平與學術	程元敏	國立編譯館
69.	天問正簡	蘇雪林	廣東出版社

五、小學、目錄類

	書　名	作　者	出版社名稱
1.	說文解字	許慎著、段玉裁註	黎明文化公司
2.	汗簡	郭忠恕	商務四部叢刊廣編
3.	韻補	吳棫	藝文百部叢書連筠簃叢書本
4.	郡齋讀書志	晁公武	廣文書局
5.	直齋書錄解題	陳振孫	廣文書局
6.	經義考	朱彝尊	台灣中華書局
7.	四庫總目提要	紀昀等	商務四庫全書本
8.	鐵琴銅劍樓藏書目錄	瞿子雍	廣文書局
9.	皕宋樓藏書志	陸心源	廣文書局
10.	讀書敏求記校記	錢遵王	廣文書局
11.	金華經籍志	胡宗楙	古亭書屋
12.	十三經引得		宗青圖書公司
13.	敦煌叢刊初編	黃永武主編	新文豐出版公司第六冊第七冊
14.	宋人傳記資料索引	王德毅等	鼎文書局
15.	宋元語言詞典	龍潛庵編著	上海圖書出版社
16.	宋代蜀人著作存佚錄	許肇鼎	大陸巴蜀書社

六、論　文

	書　名	作　者	出版社名稱
1.	宋代疑經改經之風	屈萬里	大陸雜誌史學叢書第二輯第二冊
2.	先秦典籍引尚書考	許師錟輝	自印本
3.	今文泰誓疏證	許師錟輝	慶祝高仲華教授七秩大壽論文集
4.	尚書與文學	許師錟輝	古典文學第四集
5.	宋人在學術資料方面之貢獻	程元敏	國立編譯館刊第二卷第三期
6.	宋元之際的學者——金履祥和他的遺著	程元敏	宋史研究集第四輯
7.	尚書流衍述要	李振興	孔孟學報四十一期
8.	宋人疑經改經考	葉國良	國立台灣大學出版委員會文史叢刊
9.	宋人洪範學	蔣秋華	國立台灣大學出版委員會文史叢刊
10.	漢書尚書說考徵	駱文琦	台灣師範大學碩士論文自印本
11.	兩漢尚書學及其對當時政治思想的影響	李偉泰	台灣大學碩士論文
12.	明人疑經改經考	陳恆嵩	東吳大學碩士論文
13.	王安石洪範傳中的政治思想	王明蓀	宋史研究集第十九輯
14.	五經正義研究	張寶三	台灣大學博士論文
15.	後漢書尚書考辨	蔡根祥	台灣師範大學碩士論文